도커/쿠버네티스를 활용한
컨테이너 개발 실전 입문

현장에서 바로 활용할 수 있는 컨테이너 개발 기법과 실전 기술

도커/쿠버네티스를 활용한 컨테이너 개발 실전 입문

현장에서 바로 활용할 수 있는 컨테이너 개발 기법과 실전 기술

지은이 야마다 아키노리

옮긴이 심효섭

펴낸이 박찬규   엮은이 전이주   디자인 북누리   표지디자인 Arowa & Arowana

펴낸곳 위키북스   전화 031-955-3658, 3659   팩스 031-955-3660

주소 경기도 파주시 문발로 115, 311호 (파주출판도시, 세종출판벤처타운)

가격 28,000   페이지 476   책규격 188 x 240mm

초판 발행 2019년 03월 20일

2쇄 발행 2019년 08월 20일

3쇄 발행 2020년 04월 20일

4쇄 발행 2022년 06월 24일

ISBN 979-11-5839-144-7 (93000)

등록번호 제406-2006-000036호   등록일자 2006년 05월 19일

홈페이지 wikibook.co.kr   전자우편 wikibook@wikibook.co.kr

Docker/Kubernetes JISSEN CONTAINER KAIHATSU NYUMON by Akinori Yamada

Copyright © 2018 Akinori Yamada

All rights reserved.

Original Japanese edition published by Gijutsu-Hyoron Co., Ltd., Tokyo

This Korean language edition is published by arrangement with Gijutsu-Hyoron Co., Ltd.,

Tokyo in care of Tuttle-Mori Agency, Inc., Tokyo through Botong Agency, Seoul.

Korean translation copyright © 2019 by WIKIBOOKS.

이 도서의 국립중앙도서관 출판시도서목록(CIP)은

서지정보유통지원시스템 홈페이지(http://seoji.nl.go.kr)와

국가자료공동목록시스템(http://www.nl.go.kr/kolisnet)에서 이용하실 수 있습니다.

CIP제어번호 CIP2019008669

도커/쿠버네티스를 활용한
컨테이너 개발 실전 입문

현장에서 바로 활용할 수 있는 컨테이너 개발 기법과 실전 기술

야마다 아키노리 지음 / 심효섭 옮김

위키북스

05

쿠버네티스 입문

09

가벼운 도커 이미지 만들기

부록 C

주요 명령어 정리

이 책의 내용은 정보 전달만을 목적으로 합니다. 따라서 이 책의 내용을 운용할 때는 자기 책임하에 판단하시기 바랍니다. 회사 및 저자는 이들 정보에 따른 운용 결과에 어떠한 책임도 지지 않습니다.

소프트웨어에 대한 내용은 특별한 언급이 없는 한 2018년 7월 현재를 기준으로 합니다.

그리고 이 책의 내용은 윈도우 10 Pro와 macOS 하이시에라 환경에서 테스트를 거쳤습니다. 윈도우 Home 버전이나 그 외 에디션, 혹은 구 버전에서는 동작하지 않을 수 있습니다.

[예제 코드 내려받기]

원서출판사

- https://gihyo.jp/book/2018/978-4-297-10033-9

위키북스

- http://wikibook.co.kr/docker-kubernetes/

[상표, 등록상표에 관하여]

Docker는, Docker, Inc.의 상표입니다. 기타 책에 등장하는 제품명 등은, 일반적으로 각사의 상표 또는 등록 상표입니다. 본문 중의 ™, ® 마크는 표기하지 않습니다.

이 책은 컨테이너 기술의 사실상 표준이라 할 수 있는 도커를 다루는 책이다. 개발자가 머리를 감싸쥐고 고민하게 만드는 가장 큰 이유는 환경 변화로 인한 트러블일 것이다. 운영환경에 배포만 하면 개발 환경에서 없던 오류와 맞닥뜨리게 된다. 오류 해결은커녕 개발환경에서 오류를 재현해내는 것부터가 어려운 일이었다. 컨테이너 기술은 가상화를 통해 이러한 어려움을 원천적으로 해결해주는 기술이다. 애초에 운영 환경과 개발 환경이 동일하다면 환경 차이로 인한 트러블이 발생할 수 없다.

가상화라고 하면 가상머신으로 대표되는 서버 가상화가 떠오른다. 서버 가상화 역시 운영 환경과 개발 환경을 동일하게 할 수 있다는 점에서 같은 장점을 갖는다. 그렇다면 컨테이너 가상화가 서버 가상화보다 더 뛰어난 이유는 무엇일까? 컨테이너 가상화 기술은 게스트 운영체제 없이 호스트 운영체제 위에 격리된 환경에서 가상화를 구현한다. 게스트 운영체제가 따로 존재하지 않으니 호스트 운영체제의 요소를 공유하며 그만큼 중복되는 요소가 줄어 성능적 이점을 누릴 수 있다.

이 책은 이러한 컨테이너 가상화 기술을 애플리케이션 개발 및 배포에 도입하기 위한 입문서다. 이 책의 내용은 크게 세 부분으로 나뉜다. 먼저 도커와 컨테이너 기술을 소개하고 애플리케이션 배포에 도커를 도입하는 방법과 그 이점을 설명한다. 두 번째 부분은 컨테이너 오케스트레이션 개념을 소개하고 스웜을 통해 컨테이너 오케스트레이션을 체험한다. 어느 정도 개념을 잡았다면 쿠버네티스를 통해 좀더 정교하고 세련된 방식으로 클러스터를 다루는 방식을 설명한다. 마지막으로 어떤 애플리케이션이 도커로 배포하기 적합한지 알아보고, 그러한 애플리케이션을 개발하기 위한 요령을 설명한다.

개인적으로는 간단한 테스트 용도 외에는 도커를 활용해본 적이 없었지만, 홈 서버에서 가동하던 업무용 애플리케이션을 책의 내용을 참고해 무사히 도커 환경으로 이전해 볼 수 있었다. 컨테이너 기술이 낯설게 느껴지는 사람이라도 효율적인 학습이 가능한 책이라고 생각한다.

필자가 도커를 처음 접한 것은 2014년 여름이다. 컨테이너를 간단하고 빠르게 실행할 수 있다는 놀라움이 도커에 대한 첫인상이었다. 그리고 곧 도커를 실행환경으로 사용하기 시작했다. 그때까지는 매번 다시 설치하던 미들웨어나 데이터 스토어를 설정하는 데 도커를 사용하였다.

이때까지는 운영환경에 도커를 적용한다는 생각까지는 미처 이르지 못했다. 도커를 사용한 개발은 기존 애플리케이션 개발과는 그 개념이 크게 달랐기 때문에, 앞으로 운영 및 개발 방법론을 크게 변화시키리라는 예상은 할 수 있었으나 실제 도입해 보아야 알 수 있으리라는 생각이었다.

2015년 봄 필자는 사이버 에이전트에서 신규 개발하는 동영상 서비스(현재는 FRESH LIVE)에 적용할 기술을 선정하는 업무를 맡고 있었다. 먼저 운영 환경에서 대규모로 도커를 사용할 수 있을지를 모색하기 시작했다. 도커 및 인접 기술을 자세히 파악한 결과, 운영 상 신경써야 할 부분이 많지만 애플리케이션 개발에 큰 잇점이 있다는 결론을 얻었다.

그러나 직접 업무를 수행하는 개발자에게 도커 도입을 납득시켜야 한다는 과제가 남아있었다. 컨테이너의 잇점을 이해시켰다 하더라도 기존 방법을 바꾸는 데는 심리적 저항이 있게 마련이다.

도커는 그냥 경량 가상환경이 아니라 애플리케이션 배포에 특화된 기술이라는 점. 환경과 상관없이 컨테이너로 배포하기 유리한 애플리케이션은 어떻게 개발해야 하는지, 컨테이너 하나에 어느 정도의 역할을 맡겨야 하는지, 배포는 어떤 방식으로 해야 하는지 등 팀 내에서 컨테이너에 대한 기본적인 개념은 물론 설계 지침까지 정착시킬 수 있도록 많은 노력을 기울였다.

개발 및 운영 업무를 수행하면서 노하우도 축적되었고, 이제는 팀에서 도커 없는 개발은 생각할 수 없게 되었다. 웹 애플리케이션과 API 서버는 물론이고 동영상 서버 역시 컨테이너로 운영하고 있다.

요 몇 년 동안 도커의 컨테이너 기술, 그리고 관련된 생태계가 성숙해 가는 모습을 지켜보았다. 쿠버네티스는 컨테이너 오케스트레이션(서버의 리소스를 고려하여 적절히 컨테이너를 배포하는 기술)의 사실상 표준으로 자리잡으며 도커를 대체할 컨테이너 기술로 떠오르고 있다.

이렇듯 주변 기술이 빠르게 변화하는 환경에서 웹 상에 정보가 너무 많고 그 수명도 짧기 때문에 배움에 어려움을 겪는 경우를 많이 보았다. 사실 지금부터 도커를 배우려는 사람이나, 이미 도커를 배웠더라도 운영환경에 아직 도입하지 못한 분들이 효율적으로 배울 수 있는 책을 필요로 하고 있다. 필자의 경험을 잘 살린다면 이를 보다 실전적인 내용으로 공유할 수 있으리라 생각하였다.

그 결과물이 바로 이 책이다. 이 책을 쓰기 시작할 때, 한 가지 마음먹은 것이 있다. 그저 많은 정보를 쑤셔넣은 책이 아니라 컨테이너를 이용한 개발 및 운영을 수행하기 위해 가져야 할 사고 방식을 키우는 책을 만들겠다는 것이다. 이 책은 도커와 쿠버네티스에 대한 기초 실력을 키우고, 컨테이너에 친화적인 애플리케이션을 개발하기 위한 포인트, 더 나아가 실제 운영 환경에 적합한 기본적인 기법 및 노하우를 전달할 수 있도록 구성하였다. 그리고 최신 기술 경향을 좇는 데도 도움이 될 것이다.

필자는 운영 환경에 적용해야 도커가 의미가 있다고 생각한다. 이 책을 계기로 개발 환경뿐만 아니라 운영 환경에서 컨테이너의 잠재력을 마음껏 살리는 데 도전해 보기 바란다.

이 책을 집필하면서 많은 분들의 도움을 받았다. 특히 흔쾌히 원고 리뷰를 수락해주신 @toricls님, @upamune님, @_mpon님, @syossan27님. 그리고 동료이신 @kakerukaeru님, @nghialv2607님께 많은 조언을 받았다. 이분들 덕에 이 책이 더 나은 책이 될 수 있었다. 그리고 도커와 쿠버네티스를 사랑하는 여러 개발자 분들께도 감사드린다.

2018년 8월 야마다 아키노리

CHAPTER

01

도커의 기초

이 책은 컨테이너와 관련된 2가지 기술인 도커(Docker)와 쿠버네티스(Kubernetes)를 다룬다. 이 책의 목표는 애플리케이션 개발 및 배포, 운영에 컨테이너를 자유로이 활용하는 것이다.

이번 장에서는 먼저 도커에 대해 알아본다. 도커 중심의 컨테이너 개발이 어떤 이유로 현재 시스템 개발 기법의 주류가 됐는지와 그 개념 및 역사와 함께 도커의 존재 의의를 알아본다.

이와 함께 뒤에서 다룰 내용을 위해 윈도우 및 맥 환경에서 도커 환경을 구축하는 방법도 살펴볼 것이다.

01 도커란 무엇인가

도커(Docker)[1]는 컨테이너형 가상화 기술을 구현하기 위한 상주 애플리케이션[2]과 이 애플리케이션을 조작하기 위한 명령행 도구[3]로 구성되는 프로덕트[4]다. 애플리케이션 배포에 특화돼 있기 때문에 애플리케이션 개발 및 운영을 컨테이너[5] 중심으로 할 수 있다.

---

1 https://docker.com

2 dockerd라는 데몬이 상주 실행된다.

3 약자로 CLI라고도 한다.

4 넓은 의미로는 컨테이너를 인터넷에서 공유하는 메커니즘인 도커 허브와 도커 클라우드를 비롯한 주변 생태계를 포함한다. 전 세계에서 널리 사용되며, 컨테이너 가상화 기술 영역의 선두 주자 플랫폼으로 성장하고 있다.

5 컨테이너란 도커가 만들어내는 게스트 운영 체제라고 보면 된다.

도커의 이해를 돕기 위해 예를 들겠다. 가장 쉽게 생각할 수 있는 유스 케이스는 애플리케이션 테스트에 사용할 경량 가상 환경이다.

예를 들어, 웹 애플리케이션을 개발하기 위해 로컬에 아파치나 엔진엑스(Nginx) 같은 웹 서버를 구축하는 경우를 생각해 보자. 가상 환경에 운영 환경과 같은 운영 체제를 설치하고 문서를 참고해 패키지 관리자로 필요한 요소를 설치하는 환경 구축 작업을 많이 경험해 봤을 것이다[6]. 이러한 기존 방법과 달리, 도커를 사용하면 좀 더 편리하게 환경을 구축할 수 있다. 로컬 환경에 도커만 설치하면 몇 줄짜리 구성 파일[7]과 명령어 한 줄로 애플리케이션이나 미들웨어가 이미 갖춰진 테스트용 가상환경(도커 컨테이너)을 빠르게 구축할 수 있다. 가상화 소프트웨어와 비교해도 오버헤드가 적어진다는 장점이 있다.

이렇듯 조작이 간편하고 경량 컨테이너라는 장점 때문에 도커는 로컬 머신의 개발 환경 구축에 널리 사용된다[8].

이것만으로는 기존 가상 머신과 비교했을 때 도커가 그렇게까지 큰 장점은 없다고 생각할 수도 있다. 그러나 도커는 개발 환경 구축뿐만 아니라 개발 후 운영 환경에 대한 배포나 애플리케이션 플랫폼으로 기능할 수 있다는 점에서 기존 가상 머신보다 더 뛰어나다.

도커는 기존 가상화 소프트웨어보다 더 가볍게 동작한다. 그러므로 테스트 환경뿐만 아니라 운영 환경에서도 컨테이너를 사용할 수 있다.

또한 도커는 이식성이 뛰어나다. 로컬 머신의 도커 환경에서 실행하던 컨테이너를 다른 서버에 있는 도커 환경에 배포하거나 반대로 다른 서버의 도커 환경에서 동작하던 컨테이너를 로컬로 가져올 수 있다. 즉, 개발 환경과 운영 환경을 거의 동등하게 재현할 수 있다.

이 덕분에 도커 컨테이너는 운영 환경에도 널리 사용된다. 이 외에도 컨테이너 간의 연동이나 클라우드 플랫폼 지원 등 여러 면에서 장점이 있다.

---

6 예전에는 소프트웨어의 공식 문서를 읽고, 설명대로 파일을 하나씩 복사하면서 환경을 구축하는 방법이 일반적이었다. 설치 절차를 간소화하는 패키지 관리자가 등장하면서 환경 구축에 걸리는 시간이 크게 줄었지만, 그래도 운영 체제의 차이 등 고려해야 할 점도 많고 수고가 많이 드는 작업이다.

7 Dockerfile. 자세한 내용은 2장에서 설명한다. 이 구성 파일만 있으면 명령어 한 줄로 환경을 생성할 수 있다.

8 버추얼박스 가상환경에 베이그런트를 이용해 개발 환경을 구축하는 방법이 한동안 유행했으나 도커를 쓰는 쪽이 필요 리소스도 적고 빠르게 반복적으로 컨테이너를 실행하고 폐기할 수 있다. 도커와 베이그런트 중 어느 것이 더 좋은지에 대해서는 9장에서 설명한다.

도커가 어떻게 애플리케이션 배포 및 실행 환경으로 사용되는지에 대해서는 이 책의 뒤에서 차근차근 설명할 것이다. 이 과정에서 개발 및 운영 업무에 드는 리소스를 어떻게 줄여나갈 수 있는지도 배우게 될 것이다.

도커는 시스템 개발 및 운영 환경에서 사용하는 것이 일반적이지만, 그 외에도 다양한 방법으로 활용할 수 있다. 다음은 그 예 중 일부다. 9장에서 다음 내용에 대해 다룰 것이다.

- 설치가 번거로운 명령형 도구를 도커 컨테이너로 가져다 사용함으로써 호스트를 깔끔하게 유지하면서도 바로 실행할 수 있음.

- 다양한 의존 라이브러리나 도구를 도커 컨테이너에 포함시켜 배포함으로써 실행 환경과 상관없이 스크립트의 동작 재현성을 높임.

- 도커 컨테이너를 HTTP 부하 테스트의 워커(worker)로 사용해 HTTP 요청 수를 증가시킴.

칼럼 1-1. 도커가 적합하지 않은 경우

도커가 제공하는 가상 환경도 만능은 아니다. 도커가 적합하지 않은 때도 분명히 있다. 도커 컨테이너의 내부는 리눅스 계열 운영 체제와 같은 구성을 취하는 것이 많은데, 컨테이너는 운영 체제의 동작을 완전히 재현하지는 못하기 때문이다. 좀 더 엄밀한 리눅스 계열 운영 체제의 동작이 요구되는 가상 환경을 구축해야 한다면 기존 방법대로 VMWare나 VirtualBox 같은 가상화 소프트웨어를 사용하는 것이 낫다. 또 FreeBSD 같은 비리눅스 환경이 필요한 경우에도 도커가 적합하지 않다. 도커는 애초에 가상화 소프트웨어와는 지향하는 바가 다르며, 이들과 경쟁하기 위한 제품도 아니기 때문이다. 다만 애플리케이션을 배포하는 목적에 특화된 박스라고 생각하는 편이 좋다(9장 참조).

도커의 역사

2013년 봄 닷클라우드(dotCloud, 현재는 Docker) 사의 엔지니어였던 솔로몬 하익스(Solomon Hykes)가 최초로 도커를 오픈 소스로 공개했다[9]. 이때부터 그 편리함 덕분에 도커는 점차 널리 퍼져 나갔다.

도커가 인기를 얻게 되자 도커 사는 오케스트레이션 도구인 Fig[10]를 시작으로 도커의 지원 도구를 하나씩 인수하면서 세력을 확대했다. 현재는 컨테이너 관련 기술의 사실상 표준 지위를 차지하고 있다. 그 뒤로 크로스 플랫폼 지원을 확대하고 엔터프라이즈용 지원을 보강하면서 기업과 개인 등 다양한 계층으로 사용층을 넓히고 있다.

---

9 도커 사의 전신은 닷클라우드 사로, 본래 PaaS를 개발하던 기업이었다. 도커가 인기를 얻으면서 사명을 현재와 같이 변경하고 사업 영역을 도커에 집중한다. 솔로몬 하익스는 도커 사의 CTO를 역임했으나 현재는 퇴사했다.

10 현재의 도커 컴포즈.

최근에는 컨테이너 기술을 한층 더 개방해 도커 및 관련 생태계 개발을 추진한다고 발표했다[11].

개발 커뮤니티 역시 매우 활발하다. 도커를 기반 기술로 하는 여러 제품이 탄생했으며 이에 따른 노하우도 축적됐다. 2014년부터는 도커 관련 컨퍼런스인 DockerCon이 매년 개최돼 커뮤니티 활성화에 기여하고 있다.

도커와 관련된 오픈 소스 제품 개발 경쟁 역시 열기가 뜨겁다. 컨테이너 오케스트레이션 도구[12] 분야에서는 도커 사가 개발을 주도하는 도커 스웜(DockerSwarm)[13] 외에도 현재 이 분야에서 한발 앞서 있다는 평가를 받는 쿠버네티스(Kubernetes)[14], 아파치 메소스(Apache Mesos)[15] 등이 있다.

여러 클라우드 플랫폼에서도 도커를 지원하는 관리 도구를 속속 추가하면서 현재는 도커가 개발에서 주류 기술이 됐다.

도커의 기본 개념

앞서 설명했듯이 도커는 컨테이너형 가상화를 구현하기 위한 상주 애플리케이션과 이를 관리하는 명령형 도구로 구성된다.

애플리케이션 배포에 특화됐고 컨테이너 활용에 유리한 생태계가 잘 갖춰져 있다.

도커를 본격적으로 다뤄보기 전에 우선 도커의 기초 개념과 기본적인 용어를 짚어 보겠다.

컨테이너형 가상화 기술

도커는 컨테이너형 가상화 기술[16]을 사용한다.

컨테이너형 가상화 자체는 도커 이전에도 존재하던 기술이다. 도커가 등장하기 전에는 LXC(Linux Containers)가 유명했는데, 도커도 초기에는 컨테이너형 가상화를 구현하는 데 LXC를 런타임으로 사용(현재는 runC를 사용)했다.

컨테이너형 가상화를 사용하면 가상화 소프트웨어 없이도 운영 체제의 리소스를 격리해 가상 운영 체제로 만들 수 있다. 이 가상 운영 체제를 컨테이너라고 한다. 컨테이너를 만들면서 발생하는 오버헤드

---

11 2017년 봄 Moby 프로젝트를 출범하면서 개방성을 더욱 높이고 있다.

12 도커 컨테이너를 각 호스트 서버에 효율적으로 배치하기 위한 기술.

13 https://github.com/docker/swarm, 이 책의 4장에서 다룬다.

14 https://kubernetes.io, 이 책의 5장과 6장에서 다룬다.

15 http://mesos.apache.org

16 운영 체제 수준 가상화(Operating-system-level virtualization)라고도 한다.

는 다른 가상화 소프트웨어보다 더 적다. 빠르게 시작 및 종료할 수 있고 이에 들어가는 리소스도 작은 편이다.

이와 달리, 운영 체제 위에서 가상화 소프트웨어를 사용해 하드웨어를 에뮬레이션하는 방법으로 게스트 운영 체제를 만드는 방식을 호스트 운영 체제 가상화[17]라고 한다. 컨테이너형 가상화와 비교하면 구조적으로 오버헤드가 더 크다.

컨테이너형 가상화 기술을 사용해서 컨테이너를 쉽게 만들고 사용하고 버릴 수 있다는 점이 도커의 주요 특징 중 하나다.

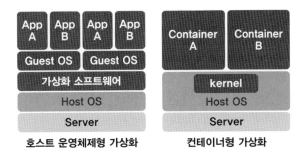

호스트 운영체제형 가상화   컨테이너형 가상화

칼럼 1-2. 도커에서 사용되는 컨테이너형 가상화 기술의 변화

도커도 처음에는 LXC를 사용해 동작했다. 그러다 0.9x 버전부터 리눅스 커널에서 컨테이너를 구현하는 Linux namespaces나 cgroups 등의 API를 직접 실행하는 "libcontainer" 라이브러리를 개발하고 LXC 없이도 동작할 수 있게 됐다. 도커 1.11 버전부터는 OCI[18]를 구현한 runC를 런타임으로 사용한다[19].

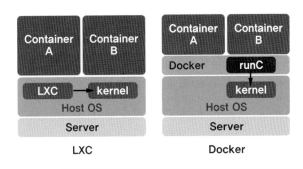

LXC   Docker

---

17 VMWare Player나 오라클 버추얼박스 등이 여기에 속한다.

18 Open Container Initiative에서 규정한 컨테이너 포맷과 런타임 표준 규격으로, 현재 버전은 1.0이다.

19 OCI를 준수하는 컨테이너 런타임으로 rkt와 쿠버네티스의 런타임인 cri-o 등이 있다.

애플리케이션이 중심이 되는 도커

LXC는 호스트 운영 체제 가상화보다 성능 면에서 유리하다는 장점으로 시스템 컨테이너[20]로서 어느 정도 자리를 잡았다. 그러나 LXC에서는 복제한 애플리케이션을 다른 LXC 호스트에서 실행했을 때 LXC 설정의 차이로 인해 기대했던 대로 애플리케이션이 동작하지 않는 등의 문제가 있었다. 애플리케이션 배포 및 운영이라는 관점에서 보면 꼭 필요한 기능이 빠진 것이다.

반면 도커는 컨테이너가 갖는 성능적 이점을 잘 살리면서도 애플리케이션 배포에 초점을 맞췄다. 도커와 LXC의 차이점은 다음과 같다.

- 호스트 운영 체제의 영향을 받지 않는 실행 환경(Docker Engine을 이용한 실행 환경 표준화)
- DSL(Dockerfile)을 이용한 컨테이너 구성 및 애플리케이션 배포 정의
- 이미지 버전 관리
- 레이어 구조를 갖는 이미지 포맷(차분 빌드가 가능함)
- 도커 레지스트리(이미지 저장 서버 역할을 함)
- 프로그램 가능한 다양한 기능의 API

도커는 컨테이너 정보를 Dockerfile 코드로 관리할 수 있다. 이 코드를 기반으로 복제 및 배포가 이루어지기 때문에 재현성이 높은 것이 특징이다. 이 외에도 만들어 둔 기존 컨테이너를 다른 환경에서 동작시키기 위한 메커니즘이 잘 갖춰져 있다. 먼저 나온 LXC를 제치고 배포 스타일이 도커 기반으로 확립되고 보급된 것은 이러한 점 때문이다.

도커 이전에는 애플리케이션을 호스트 운영 체제 또는 게스트 운영 체제에 배포하는 스타일이 주류였다. 이런 방식에서는 애플리케이션이 운영 체제의 영향을 강하게 받는다. 반면 도커는 컨테이너에 애플리케이션 실행 환경이 함께 배포되는 방식이다. 아예 실행 환경째로 배포하는 방식으로 골치 아픈 의존성 문제를 근본적으로 해결하는 것이다. 애플리케이션 배포본을 그냥 복사하는 게 아닌가 싶을 정도로 간단히 컨테이너(애플리케이션)를 배포할 수 있다는 장점도 있다[21].

애플리케이션 배포 환경으로 도커가 널리 쓰이는 원인은 이렇듯 환경의 영향을 덜 받고 배포가 간편하기 때문이다.

---

20 애플리케이션 배포 용도가 아닌, 단순한 리소스 분리 목적.

21 도커만 설치돼 있다면 CentOS에 최적화된 애플리케이션을 우분투 서버에 설치할 수도 있다.

도커 스타일 체험하기

설명만으로는 애플리케이션과 실행 환경을 함께 배포하는 도커 스타일의 배포 방식이 잘 이해되지 않을 수도 있다.

실제로 도커를 사용해 애플리케이션을 배포하는 코드를 살펴보자. 애플리케이션이 포함된 도커 이미지를 어떻게 만들고, 컨테이너를 어떻게 실행하는지를 간단한 예를 들어 설명하겠다. 아직은 도커를 설치하지 않아도 무방하다. 여기서는 어떤 방식으로 배포가 이루어지는지 간단히 살펴보는 것이 목적이다[22].

helloworld라는 이름으로 셸 스크립트 파일을 만든다. 단순한 스크립트지만 여기서는 이것이 애플리케이션 역할을 한다.

```
#!/bin/sh

echo "Hello, World!"
```

이제 이 스크립트를 도커 컨테이너에 담아 보겠다. Dockerfile이나 애플리케이션 실행 파일을 사용해서 도커 컨테이너의 원형이 될 이미지를 만드는 이 과정을 '도커 이미지 빌드'라고 한다.

셸 스크립트와 같은 폴더에 Dockerfile을 작성한다. 도커가 어떻게 이미지를 만들고 실행할지가 이 코드에 정의된다.

Dockerfile의 FROM 절은 컨테이너의 원형(틀) 역할을 할 도커 이미지(운영 체제)를 정의한다. 여기서는 우분투 도커 이미지를 지정했다.

COPY 절은 조금 전 작성한 셸 스크립트 파일(helloworld)을 도커 컨테이너 안의 /usr/local/bin에 복사하라고 정의한 것이다.

RUN 절은 도커 컨테이너 안에서 어떤 명령을 수행하기 위한 것이다. 여기서는 helloworld 스크립트에 실행 권한을 부여하기 위해 사용했다. 여기까지가 도커 빌드 과정에서 실행되며 그 결과 새로운 이미지가 만들어진다.

CMD 절은 완성된 이미지를 도커 컨테이너로 실행하기 전에 먼저 실행할 명령을 정의한다. 여기서는 사실상 애플리케이션을 실행하는 명령을 지정했다.

---

22 Dockerfile 작성 방법은 2장에서 더 자세히 설명한다. 이번 장 뒷부분에서 도커 설치를 다루므로 그 이후에 이 내용을 복습해도 좋을 것이다.

```
FROM ubuntu:16.04

COPY helloworld /usr/local/bin
RUN chmod +x /usr/local/bin/helloworld

CMD ["helloworld"]
```

이 Dockerfile을 사용해 이미지를 빌드하고 실행해 보자. Dockerfile이 있는 폴더에서 docker image build 명령을 실행한다.

```
$ docker image build -t helloworld:latest .
Sending build context to Docker daemon 97.5MB
```

빌드가 끝난 다음 docker container run 명령으로 도커 컨테이너를 실행하는 것이 기본 사용법이다.

```
$ docker container run helloworld:latest
Hello, World!
```

이런 방식으로 도커 이미지에 애플리케이션에 필요한 파일을 운영 체제와 함께 담아서 컨테이너 형태로 실행하는 것이 기본적인 스타일이다. 지금 본 예제는 셸 스크립트를 우분투 운영 체제와 함께 컨테이너로 실행한 것이다.

더 실용적인 예제

조금 전 예제에서는 echo 명령을 한 번 실행하는 스크립트를 지정해서 도커 컨테이너를 실행하자마자 스크립트가 실행되고 종료된다[23].

실제 개발에서 도커 컨테이너로 배포되는 대상은 주로 웹 애플리케이션이나 API 애플리케이션처럼 항상 가동되는 것들이다.

예를 들어 Node.js 웹 애플리케이션을 배포 대상으로 하는 상황을 가정해 보자. 애플리케이션은 계속 실행된 상태로 남아 있을 것이고, 이미지 빌드도 좀 더 복잡할 것이다. 애플리케이션이 의존하는 Node.js 버전의 기반 이미지[24]를 이용하되, npm으로 모듈을 추가 설치하거나 애플리케이션 빌드를 컨

---

23 docker 명령어는 이번 장 다음 절과 2장에서 설명한다.
23 docker 명령어는 이번 장 다음 절과 2장에서 설명한다.
24 Node.js를 실행할 수 있는 환경이 갖춰진 리눅스

테이너 안에서 수행해 이미지를 만든다. 애플리케이션 실행은 echo 같은 간단한 스크립트와 큰 차이가 없다. 완성된 이미지는 도커가 실행되는 환경이라면 어떤 환경에서도 실행할 수 있다. 호스트 운영 체제에 Node.js나 npm을 설치할 필요가 전혀 없다[25].

실제 사용 예와는 조금 차이가 있지만, 지금까지의 설명으로 그럭저럭 도커를 어떻게 사용하는지는 감을 잡았을 것이다. 더 실용적인 도커 사용법에 대해서는 이 책의 뒤에서 배우게 될 것이다.

칼럼 1-3. Moby 프로젝트

2017년 봄에 개최된 DockerCon에서 Moby 프로젝트를 발표했다. Moby 프로젝트 역시 컨테이너 기술과 관련된 오픈 소스 프로젝트로, 도커 프로젝트가 이름을 바꾼 것이다.

도커 역시 오픈 소스 프로젝트이므로 결과물이 달라지지 않았기 때문에 도커와 Moby의 관계가 조금 혼란을 일으켰다.

당시 도커 사의 CTO였던 솔로몬 하이크스는 트위터에서 도커와 Moby 프로젝트의 관계에 대해 다음과 같이 밝혔다[26].

Moby is the project to build Docker itself(or something like it). Moby는 도커 자체(혹은 그와 비슷한 것)를 빌드하기 위한 프로젝트다.

다시 말해, Moby가 개발 프로젝트고 도커는 Moby에서 개발하는 컴포넌트 및 도구의 집합체인 제품이라는 관계를 갖는다. 도커 사는 Moby 프로젝트와 실제 출시되는 도커 CE/EE의 관계를 다음과 같이 정의한다.

이름	역할
Moby	컨테이너 기술을 이끄는 오픈 소스 프로젝트로, 다양한 컴포넌트를 제공한다.
Docker CE	Moby 프로젝트에서 개발된 컨테이너 관련 컴포넌트를 조합한 무료 제품. 다시 말해 지금까지의 도커는 이 버전을 가리킨다.
Docker EE	도커의 상용 버전

현재 github.com/docker/docker 리포지토리에 접근하면 github.com/moby/moby 리포지토리로 리다이렉트됨을 알 수 있다. 향후 도커 CE의 개발 상황이나 출시 정보를 알고 싶다면 깃허브의 github.com/moby/moby 프로젝트를 관심 있게 보는 것이 좋다.

이렇게 제품으로서의 도커는 도커 CE와 도커 EE로 나뉘어 승계된다. 오픈 소스 프로젝트로서의 도커는 Moby로 이름이 바뀌긴 했으나 도커 제품 자체에 근본적인 변경이 있거나 도구의 이름이 바뀌지는 않았다. Dockerfile이 Mobyfile로 바뀌는 것 같은 명칭 변경도 현재로서는 없다. 그러므로 기존 도커 사용자는 전과 마찬가지로 도커를 사용하면 된다.

---

25 4장에서 구현할 TODO 애플리케이션에서 구체적인 예를 볼 수 있다.

26 https://twitter.com/solomonstre/status/855041639718506496에서 인용. 저자의 번역.

도커로 개발된 컨테이너 계열 컴포넌트가 이미 수십 가지에 이르기 때문에 도커는 말 그대로 컨테이너 계열 컴포넌트의 집합체라고 할 만한 존재가 됐다. 이렇게 추상적인 컨테이너 계열 컴포넌트 군을 Moby 프로젝트에서 개발하고 제공하기 때문에 컨테이너 기술 개발자는 도커 이외의 선택지를 자신이 직접 개발하거나 이미 도커에서 사용되는 유용한 컴포넌트를 자유롭게 취사 선택할 수 있다.

도커 프로젝트는 Moby 프로젝트로 다시 태어나 컨테이너 관련 생태계 개발을 더욱 개방적으로 바꿨다. 그리고 Moby 프로젝트를 통해 거둔 성과는 도커라는 제품에 다시 돌아가게 된다. 개인적으로는 이것이 Moby 프로젝트의 탄생 의의라고 생각한다.

칼럼 1-4. LinuxKit

도커 사는 Moby 프로젝트와 함께 새로운 리눅스 배포판인 LinuxKit[27]를 오픈 소스로 공개했다. 윈도우/맥용 도커는 이 LinuxKit를 경량 서브 시스템으로 사용해 도커를 실행한다.

LinuxKit는 도커 사가 주도해서 리눅스 재단, 마이크로소프트, 인텔, ARM, IBM 등과 함께 개발 중이다. 각 플랫폼에서 사용할 수 있는 안전하고 이식성[28] 높은 리눅스 서브 시스템을 목표로 한다.

도커는 이미 큰 성공을 거둔 제품이다. 그러나 사용자의 요구가 높은 데스크톱 운영 체제나 클라우드 플랫폼에 대한 만족할 만한 지원이라는 관점에서 보면 아직 완전한 성공이라고 할 수 없는 상황이다.

윈도우와 macOs에서는 도커를 있는 그대로 동작시킬 수가 없다[29]. 그 때문에 윈도우 및 macOs 사용자는 VirtualBox를 경유하는 형태로 도커를 사용해왔다. 이런 방법은 번거롭기도 하거니와 성능적으로도 오버헤드가 크다. 따라서 도커 사 입장에서는 이들 플랫폼에 간편한 설정과 더 나은 성능을 제공하는 일이 급선무였다.

LinuxKit는 이러한 문제를 해결하기 위한 대책이다. 윈도우용 및 macOS용 도커에는 LinuxKit가 포함돼 리눅스 서브 시스템을 제공하고 그 위에서 도커가 동작하는 형태로 오버헤드를 감소시킨다[30].

아마존 웹 서비스(Amazon Web Service, AWS)나 구글 클라우드 플랫폼(Google Cloud Platform, GCP), 마이크로소프트 애저(Microsoft Azure) 같은 클라우드 플랫폼에서도 컨테이너를 구동할 호스트 운영 체제로 LinuxKit를 사용한다. 온프레미스(on-premise) 환경(OpenStack) 역시 지원하며, 지금도 지원 플랫폼을 넓혀가며 개발이 진행 중이다.

LinuxKit는 도커를 더 다양한 플랫폼 및 시스템으로 확산시키는 전략에서 기둥 역할을 하는 기술의 하나다.

---

27 https://github.com/linuxkit/linuxkit, 정확히 말하면 컨테이너에 맞게 커스터마이즈된 배포판을 만드는 도구다.

28 어느 플랫폼에서든 똑같이 동작하는 일관성을 말함.

29 도커 본체(dockerd)는 리눅스에서만 동작한다. 다른 플랫폼에서 동작하게 하려면 사이에 리눅스 계층을 끼워 넣어야 한다.

30 윈도우에서는 Hyper-V, macOS에서는 HyperKit(https://github.com/moby/hyperkit)를 이용한다. HyperKit는 Moby 프로젝트의 일부다.

02 | 도커를 사용하는 의의

앞에서 설명했듯이 이 책은 도커를 애플리케이션의 개발과 배포, 운영에 어떻게 사용하는지를 다룬다. "익숙한 방식을 버리면서까지 도커를 도입해야 할 이유가 뭘까?"라고 생각하는 사람도 적지 않을 것이다.

이번 절에서는 실제 개발 업무에서 겪을 수 있는 문제를 예를 들어 도커를 사용하는 의의를 설명한다. 이 절을 읽고 나면 도커를 도입해야겠다는 생각이 들 것이다.

개인적으로는 도커를 사용하는 의의를 다음과 같이 꼽는다.

- 변화하지 않는 실행 환경으로 멱등성(Idempotency) 확보
- 코드를 통한 실행 환경 구축 및 애플리케이션 구성
- 실행 환경과 애플리케이션의 일체화로 이식성 향상
- 시스템을 구성하는 애플리케이션 및 미들웨어의 관리 용이성

웹 애플리케이션 개발을 예로 들어 보자. 도커를 사용하면 로컬 개발 환경에서 필요한 애플리케이션을 신속하게 갖출 수 있고 그대로 플랫폼과 상관없이 배포할 수 있다. 도커 컨테이너로 변화하지 않는 실행 환경을 구축해 실행 환경이 원인이 되는 말썽을 최소한으로 줄일 수 있다. 더욱이 웹 애플리케이션의 프론트엔드에 아파치나 엔진엑스 같은 웹 서버를 두는 것도 복잡한 절차 없이 컨테이너로 설정할 수 있게 된다. 미들웨어를 포함하는 시스템 구성 역시 설정 파일로 정의할 수 있다. 도커를 도입하면 개발 및 운영 업무가 쉬워진다.

그럼 위에서 소개한 장점을 하나씩 순서대로 확인해 보자.

환경 차이로 인한 문제 방지

애플리케이션 개발을 수행하면서 다음과 같은 문제를 경험한 적이 있을 것이다.

"B 서버에도 같은 애플리케이션을 배포하고 싶은데, 애플리케이션이 A 서버와 다르게 동작하네...",

"모든 서버에 같은 아카이브를 배포하고 싶은데...",

"서버 설정과 설치된 라이브러리가 서버마다 다르면 어쩌지?",

"B 서버에 설치된 라이브러리가 버전이 낮은 거였네. 업데이트해야겠다!",

"서버 상태를 똑같이 유지하는 수단이 필요하겠어."

위 상황은 모두 배포 대상 서버 간에 차이가 있어 애플리케이션이 기대했던 대로 동작하지 않는 상황이다. 이 문제의 근본적인 원인은 인프라의 가변성(mutable infrastructure)을 허용하고 있기 때문이다.

애플리케이션은 항상 뭔가에 의존성을 갖는다. 운영 체제는 물론이고, CPU나 메모리 같은 컴퓨터 리소스, 언어 런타임, 라이브러리, 애플리케이션 내부적으로 별도 프로세스로 실행하는 다른 애플리케이션 등 다양한 요소에 의존성을 가질 수 있다.

각 서버에 배포된 애플리케이션이 동일하다면 애플리케이션이 의존하는 환경의 차이를 가능한 한 배제하는 것이 이 문제를 해결하는 지름길이다.

코드로 관리하는 인프라(Infrastructure as Code)와 불변 인프라(Immutable Infrastructure)

이 문제를 해결하기 위해 최근 제안된 것이 코드로 관리하는 인프라와 불변 인프라 개념이다.

코드로 관리하는 인프라는 코드 기반으로 인프라를 정의한다는 개념이다. 서버를 어떻게 구성할 것인지, 어떤 라이브러리와 도구를 설치할지를 코드로 정의하고 셰프(Chef)나 앤서블(Ansible) 같은 프로비저닝 도구로 서버를 구축한다. 수작업이 개입할 여지를 줄이고 코드 중심으로 바꿈으로써 쉽게 같은 구성의 서버 여러 대를 복제할 수 있다.

다만 코드로 관리하는 인프라 역시 만병통치약은 아니다. 예를 들어 프로비저닝 도구로 다음과 같은 코드를 실행한 경우를 살펴보자.

```
$ nodebrew install-binary stable
```

이것은 Node.js 버전 관리 도구인 nodebrew에서 안정 버전(stable)을 설치하도록 설정하는 명령이다. stable이 가리키는 버전은 생각보다 자주 변하기 때문에 이런 방식으로는 항상 같은 결과가 보장되지 않는다.

환경 차이 문제를 피하려면 언제든 몇 번을 실행해 같은 결과가 보장되는 멱등성을 확보해야 한다[31]. 애플리케이션이 의존하는 런타임이나 라이브러리 모두가 확실하게 특정 버전으로 설치되도록 코드를 작성해야 한다.

그러나 코드 기반으로 인프라 구축을 관리한다고 해도 멱등성을 보장하기 위해 항구적인 코드를 계속 작성하는 것은 운영 업무에 부담을 주기 쉽다. 서버의 대수가 늘어날수록 모든 서버에 구성을 적용하는 시간도 늘어난다.

---

31 셰프와 앤서블 같은 프로비저닝 도구로도 멱등성을 실현할 수는 있다. 그러나 그렇다고 하더라도 구현에 따라 멱등성이 항상 보장되지는 않는다.

이 문제에 대한 대책이 불변 인프라 개념이다. 불변 인프라는 어떤 시점의 서버 상태[32]를 저장해 복제할 수 있게 하자는 개념이다. 제대로 설정된 상태의 서버를 항상 사용할 수 있다는 점이 가장 큰 장점이다.

서버에 변경을 가하고 싶은 경우에는 기존 인프라를 수정하는 대신 새로운 서버를 구축하고 그 상태를 이미지로 저장한 다음 그 이미지를 복제한다. 한번 설정된 서버는 수정 없이 파기되므로 멱등성을 신경 쓸 필요조차 없다.

도커를 사용하면 코드로 관리하는 인프라와 불변 인프라의 두 개념을 간단하고 낮은 비용으로 실현할 수 있다.

인프라 구성이 Dockerfile로 관리되므로 코드로 관리하는 인프라는 도커의 대원칙이다. 도커는 컨테이너형 가상화 기술을 사용한다. 호스트형 가상화에서 가상 머신의 OS를 재현하는 것과 달리, 컨테이너형 가상화는 운영 체제 대부분을 호스트 운영 체제와 공유한다. 그만큼 실행에 걸리는 시간이 수초 가까이 짧아진다. 실행에 걸리는 시간이 적은 만큼 구성을 수정하지 않고 인프라를 완전히 새로 만드는 불변 인프라와 궁합이 잘 맞는다.

도커는 도커 이미지(Dockerfile)로 (서버) 구성을 코드로 관리할 수 있다. 그러므로 기존 컨테이너를 빠르게 폐기하고 새로이 구축할 수 있다. 코드로 관리하는 인프라와 불변 인프라라는 두 개념 모두를 쉽게 실현할 수 있는 도구라고 할 수 있다.

칼럼 1-5. 코드로 관리하는 인프라와 불변 인프라를 클라우드에서 실현하기

인프라를 매번 새로 만든다고 하면 굉장히 번거로운 일처럼 들리지만, 클라우드 플랫폼에는 이를 가능하게 하는 조건이 잘 갖춰져 있다.

최근에는 아마존 웹 서비스(AWS)나 구글 클라우드 플랫폼(GCP), 마이크로소프트 애저 같은 훌륭한 IaaS가 있다. 이들 플랫폼은 물리 머신 위에서 가상 서버를 실행하는 방식을 사용한다. 그러므로 클라우드 플랫폼에서 사용자가 생성한 서버는 기본적으로 가상 머신이다. 가상 머신의 특징으로 서버의 상태를 이미지로 저장한 후 그 이미지로 새로운 서버를 만들 수 있다는 점을 들 수 있는데, 이런 방법으로 같은 상태를 갖는 서버 여러 대를 손쉽게 만들 수 있다. 클라우드 서비스를 이용하고 있다면 다음과 같은 원칙을 따라 환경 차이로 인한 말썽을 상당 부분 방지할 수 있을 것이다.

- 프로비저닝 도구로 가상 환경의 이미지를 만들어 저장
- 애플리케이션을 배포할 때 만들어 둔 이미지로 새로 서버를 생성
- 생성한 서버에 애플리케이션을 배포
- 새로운 서버를 서비스에 투입하고 오래된 서버는 파기(Blue Green Deployment)

그러나 아무리 가상 머신을 쉽게 만들고 파기할 수 있는 시대가 됐다고 하더라도 호스트 가상화 방식에서는 가상 머신을 시작하는 데 적어도 1분에서 수분까지 시간이 걸린다. 호스트 가상화 기술은 가상화 소프트웨어로 컴퓨터 리소스를 추상화하는 방식이기 때문이다. 클라우드에서 도커를 사용할 때도 이런 점을 감안하는 것이 좋다.

---

32 서버 이미지라고도 한다.

애플리케이션과 인프라 묶어 구축하기

도커에서 제공하는 인프라 관리와 애플리케이션 배포 개념도 도커의 장점 중 하나다. 기존 방법에서 애플리케이션은 이미 구축된 서버에 배포되는 것으로, 인프라 복제와 애플리케이션 배포는 전혀 별개의 작업이었다. 이러한 경계도 환경의 차이가 생기는 주요 원인이었다. 도커 컨테이너는 운영 체제(인프라)와 애플리케이션을 함께 담은 상자 같은 개념이다. 도커 이미지 빌드는 인프라와 애플리케이션을 함께 묶는 과정일 수밖에 없기 때문에 그 경계가 없어진 만큼 작업 환경의 차이도 줄었다. 컨테이너는 도커 이미지 형태로 저장하고 재사용할 수 있다.

애플리케이션과 인프라를 함께 관리한 결과로 얻는 높은 이식성도 도커의 매력이다. 생성해 둔 도커 이미지는 도커가 설치된 머신이라면 어디서든 실행할 수 있다. 로컬 환경에서 도커를 실행할 수 있다면 서버에서 실행되는 도커 컨테이너를 개발자의 로컬 도커 환경에서도 똑같이 실행할 수 있다. SaaS 스타일의 CI 서비스에서도 도커가 널리 쓰인다. Travis CI나 CircleCI 2.0, Codeship 같은 서비스에서도 도커를 사용한 CI를 지원하면서 도커 이미지로 E2E 테스트를 수행하는 일이 가능해졌다.

애플리케이션 구성 관리의 용이성

도커 컨테이너는 애플리케이션과 인프라를 함께 담은 상자다. 일정 규모를 넘는 시스템은 주로 여러 개의 애플리케이션과 미들웨어를 조합하는 형태로 구성한다. 즉, 이 상자를 여러 개 조합하지 않으면 시스템을 구성할 수 없다는 뜻이다. 그 결과 시스템 전체에 대한 적절한 구성 관리가 필요해졌다.

도커는 필요한 컨테이너를 각각 실행하는 방법으로 이러한 시스템을 구성한다. 도커를 사용함으로써 배포 작업이 매우 쉬워지기는 했지만, 복잡한 시스템을 한 덩어리로 동작시키기는 쉽지 않다. 각 컨테이너의 의존 관계나 실행 순서가 어긋나면 제대로 동작하지 않는 등의 문제가 생기기 때문이다. 애초에 여러 애플리케이션이나 미들웨어를 조합해 정확하게 동작하게 하는 일은 도커를 사용하더라도 쉬운 일이 아니다.

도커 컨테이너 오케스트레이션 시스템

이런 문제는 도커에서 이미 해결했다. 여러 컨테이너를 사용하는 애플리케이션을 쉽게 관리할 수 있도록 도커 컴포즈(Docker Compose)라는 도구를 제공한다. 도커 컴포즈를 사용하면 yaml 포맷으로 작성된 설정 파일로 컨테이너를 정의하거나 컨테이너 간의 의존 관계를 정의해 시작 순서를 제어할 수 있다. 예를 들어 어떤 웹 애플리케이션에 Redis가 필요하다면 웹 애플리케이션과 Redis 컨테이너의 구성을 다음과 같이 정의해 실행하면 된다.

```
version: "3"
services:
    web:
        image: gihyodocker/web
        ports:
            - "3000:3000"
        environment:
            REDIS_TARGET: redis
        depends_on:
            - redis
    redis:
        image: "redis:alpine"
```

도커와 도커 컴포즈를 통해 여러 애플리케이션과 미들웨어의 의존관계를 간결한 코드로 관리할 수 있다.

대규모 트래픽 처리 같은 많은 작업을 해야 하는 시스템은 도커가 설치된 서버(도커 노드)를 여러 대 갖추고 이 노드 그룹에 필요한 만큼의 애플리케이션 컨테이너를 배포해야 한다. 도커 컴포즈가 단일 서버를 넘어 여러 서버에 걸쳐 있는 여러 컨테이너를 관리할 수 있도록 한 도구가 도커 스웜(Docker Swarm)이다. 여러 컨테이너를 관리하는 것만이 목적인 도커 컴포즈와 달리 도커 스웜은 컨테이너 증가 혹은 감소는 물론이고 노드의 리소스를 효율적으로 활용하기 위한 컨테이너 배치 및 로드 밸런싱 기능 등 더욱 실용적인 기능을 갖추고 있다. 또, 배포 시에도 롤링 업데이트(오래된 컨테이너와 새로운 컨테이너를 단계적으로 서비스에 교체 투입하는 것)가 가능해 운영 면에서도 장점이 많다. 이렇게 여러 서버에 걸쳐 있는 여러 컨테이너를 관리하는 기법을 컨테이너 오케스트레이션(container orchestration)이라고 한다.

컨테이너 환경이 아닌 환경에서도 서버 리소스를 감안한 스케일 아웃이나 롤링 업데이트 등의 운영 자동화 기능을 구현할 필요가 있다. 그러나 컨테이너 오케스트레이션에서는 가용성을 확보하기 위한 이러한 기능이 당연히 포함된다.

컨테이너 오케스트레이션 분야에서 사실상 표준으로 자리 잡은 것은 쿠버네티스(Kubernetes)다. 쿠버네티스는 구글이 오랫동안 컨테이너를 운영[33]하면서 얻은 노하우를 담은 오픈 소스 소프트웨어다. 도커 스웜보다 기능이 충실하며 확장성이 높다[34].

---

33 구글은 도커가 널리 사용되기 전부터 컨테이너 기술에 주력해왔다. https://speakerdeck.com/jbeda/containers-at-scale
34 이 점은 복잡성이 높다고도 할 수 있다.

도커는 도커 컴포즈와 도커 스웜을 통해 단일 컨테이너 단위를 넘어서는 편의성을 제공한다. 수준 높은 컨테이너 오케스트레이션을 원한다면 쿠버네티스라는 선택지도 있다. 도커를 편리하게 사용할 수 있게 해주는 주변 도구가 잘 갖춰져 있다는 것도 도커의 장점이다[35].

쿠버네티스 로고. 최근 컨테이너 운영에서 빼놓을 수 없는 존재가 됐다.

운영 환경에서 빛을 발하는 도커

개인적으로 클라우드나 도커 관련 스터디에 자주 참가한다. 거기서 도커를 개발 환경에는 사용하지만 운영 환경에는 적용하지 않는다는 말을 자주 듣는다. 도커에 대한 다음의 의견은 한 번쯤 들어본 적이 있을 것이다.

- 도커의 신뢰성에 대한 의문

- 성능 면에서의 우려

- 현실적으로 운영이 가능한지에 대한 우려

이러한 생각은 모두 쓸데없는 걱정이다. 운영 환경이야말로 도커가 빛을 발하는 자리다. 최근 몇 년 동안 도커는 전 세계 운영 환경에 도입됐으며 확실히 주류에 편입되고 커뮤니티의 성숙과 함께 신뢰성도 인정받았다. 성능 면에서도 스케일 아웃이 쉽다는 장점이 있음에도 오버헤드는 매우 적다. 중소규모에서도 컨테이너 이용이 확산되면서 적절한 서비스 이용을 생각한다면 운영하기가 그리 어렵지 않은 단계에 도달했다.

내가 소속된 사이버 에이전트 그룹에서도 동영상 서비스 'AbemaTV'나 'FRESH LIVE' 같은 신규 서비스는 물론이고 '아메바블로그' 같은 오래된 서비스에서도 적극적으로 컨테이너를 도입하고 있다. 이 서

---

35 도커 컴포즈는 2장, 도커 스웜은 3장과 4장, 쿠버네티스는 5장과 6장, 7장에서 각각 자세히 다룬다.

비스는 모두 높은 수준의 SLA를 달성하고 있으며 도커 도입 이전과 비교했을 때 성능 저하를 보인 적도 없다. 친근한 예를 들자면 '포켓몬고'[36] 역시 도커를 운영 환경에 도입한 사례의 하나다.

도커에는 운영에 도움을 주기 위한 여러 도구가 있다. 이미 주요 클라우드 플랫폼에 컨테이너 운영 환경이 갖춰져 있다. GCP는 쿠버네티스 기반의 구글 쿠버네티스 엔진(GKE)이 있고, AWS는 아마존 엘라스틱 컨테이너 서비스(ECS), 애저는 애저 컨테이너 서비스 등 도커 컨테이너를 운영하기 위한 관리 서비스를 제공한다. 컨테이너 사용을 전제로 하는 환경이 이미 갖춰져 있으므로 도커를 운영 환경에 적용하기 위한 장벽은 많이 낮아진 상태다. 클라우드 플랫폼은 트래픽 증감에 따라 서버 대수를 늘리거나 줄이는 오토 스케일링 메커니즘을 제공한다. 도커는 컨테이너 수를 변화시키기 쉬우므로 이런 수요 변동에도 유연하게 대응할 수 있다.

지금까지 설명한 내용대로라면 도커를 쓰지 않는 쪽이 이상하게 생각될 것이다. 그러나 도커가 아무 용도에나 적합한 것은 아니다. 데이터 스토어처럼 도커를 운영하기 어려운 분야도 존재한다.

최근에는 클라우드 플랫폼에서도 운영 부하가 적고 스케일링에 유리한 매니지드 데이터 스토어를 잘 갖추고 있다[37]. 굳이 도커를 도입하지 않아도 이 매니지드 데이터 스토어를 적절히 조합해 사용하면 된다. 중요한 것은 적재적소에 배치하는 것이다. 웹 애플리케이션이나 API 서버처럼 스테이트리스(stateless)한 성격을 갖는 부분은 그리 큰 어려움 없이 도커화 할 수 있을 것이다.

높은 이식성이라는 장점을 고려하면 도커는 운영 환경에서 그야말로 제 능력을 발휘할 수 있는 기술이다. 이미 여러 실적을 거둔 바 있으며 클라우드에서도 매니지드 서비스를 통해 쉽게 다룰 수 있다.

새로운 개발 스타일

도커가 널리 확산되고 매니지드 서비스가 갖춰지면서 개발에 컨테이너를 도입하는 것도 장벽이 많이 낮아졌다. 서버 및 인프라의 존재를 전혀 의식하지 않아도 된다고까지는 할 수 없지만, 전보다는 애플리케이션 개발에 집중할 수 있는 분위기가 된 것은 분명하다.

도커가 등장하고 컨테이너 오케스트레이션 기술이 성숙하면서 다양한 영역에서 개발 스타일에 변화가 나타났다.

---

36 나이앤틱 사와 주식회사 포켓몬이 공동 개발한 위치 정보 기반 모바일 게임으로 전 세계에서 큰 인기를 얻었다. 구글 쿠버네티스 엔진(GKE)를 이용해 수백만 명의 플레이어를 막대한 수의 도커 노드와 컨테이너로 감당하고 있다.

37 Amazon Aurora, Amazon ElastiCache 등.

도커를 통해 인프라와 애플리케이션이 모두 컨테이너로 형태로 제공되면서 인프라와 애플리케이션의 설정을 모두 코드 수준에서 쉽게 수정할 수 있게 됐다. 기존에는 명확했던 인프라 엔지니어와 서버 사이드 엔지니어의 영역 구분이 점점 희미해지고 있다[38].

서버 사이드 애플리케이션 개발 분야에서는 최근 마이크로서비스 아키텍처가 등장하면서 도커를 이용한 개발에도 유리한 점이 있어 애플리케이션을 잘게 분할해 만드는 스타일이 꽤 지지를 받게 됐다[39].

개발에 외부 API를 사용하는 경우에도 도커가 제공하는 목업 서버 개발 환경을 사용하는 경우가 늘고 있다. 안드로이드 개발을 예로 들면 도커가 CI 속도를 빠르게 하는 데 효율적이다.

도커는 인프라 엔지니어와 서버 사이드 엔지니어의 전유물이 아니다. 현대적인 개발을 수행한다면 프론트 엔드 엔지니어와 모바일 애플리케이션 엔지니어에게도 기초 기술이 될 것이다.

03 로컬 도커 환경 구축하기

지금까지 도커의 개념과 현재 상황에 대해 알아봤다. 이번 절에서는 뒤에서 수행할 실습을 위해 로컬 도커 환경을 구축하는 과정을 살펴보겠다. 이미 도커 환경을 갖춘 사람은 이 절을 건너뛰어도 좋다.

여기서는 윈도우용/macOS용 도커를 기준으로 설치 방법을 설명한다[40].

윈도우용/macOS용 도커에는 하이퍼바이저형 가상화가 사용되는데, 이 기술은 운영 체제 자체에 내장된 가상화 시스템을 이용[41]해 오버헤드를 최소한으로 억제한다.

도커를 이용한 개발에서는 호스트 운영 체제 위에 여러 도커 컨테이너를 전개하고 이 컨테이너끼리 통신을 주고받는 방식으로 애플리케이션을 구축하는 경우가 많다. 이런 방식에는 개발용 머신 리소스를 효율적으로 활용한다는 면에서도 하이퍼바이저형 가상화 기술이 적합하다. 개발 과정에서 도커 컨테이너를 빈번하게 생성하고 파기할 수 있다는 것도 중요한 점이다. 윈도우용/macOS용 도커는 게스트 운영 체제를 거치지 않으므로 기본 환경[42]과 비교할 때 더 다루기 쉽다.

---

38 개발과 운영 부문의 협업이 쉬워졌고 앞에서 설명한 '코드로 관리하는 인프라'와 '불변 인프라' 개념이 이를 뒷받침한다.

39 마이크로서비스 아키텍처에 대해서는 찬반이 분분하지만, 이 책의 주제를 벗어나므로 자세한 내용은 생략한다.

40 기존의 도커 툴박스는 버추얼박스와 함께 사용해야 했지만, 2016년 봄에 윈도우용/macOS용 도커가 발표되면서 이 문제가 해결됐다.

41 호스트형 가상화 기술에서는 호스트 운영 체제를 거쳐 하드웨어를 제어하기 때문에 그만큼 오버헤드가 발생할 수밖에 없다. 윈도우용 도커는 Hyper-V를, macOS용 도커는 Hypervisor.framework를 각각 이용해 더 직접적으로 하드웨어를 다룸으로써 속도를 개선했다.

42 docker machine 등의 도구를 사용해야 했기 때문에 번거로웠다.

윈도우용 도커를 사용하려면 윈도우 10 프로, 엔터프라이즈, 에듀케이션 버전에서만 제공하는 Hyper-V 기능이 필요하며, macOS용 도커는 macOS 10.11(엘 캐피탄) 버전 이상이 필요하다. 이 외의 환경에서 도커를 설치하려면 도커 툴박스(Docker Toolbox)[43]를 설치하기 바란다. VirtualBox를 따로 설치해야 하지만, 여전히 명령행에서 도커를 다룰 수 있다.

윈도우용 도커 설치

윈도우용/macOS용 도커는 안정 버전(stable)과 개발 버전(edge)[44]로 나뉘어 제공된다.

윈도우용 도커를 실행하려면 Hyper-V 가상화 기능이 필요하다. 이 기능이 활성화돼 있는지 먼저 확인해 보겠다. 윈도우의 '작업 관리자' 창에서 '성능' 탭을 선택한다. 가상화 항목이 '사용'으로 돼 있는지 확인한다. 사용하지 않음으로 돼 있다면 컴퓨터의 바이어스(UEFI) 설정에서 가상화 기능을 활성화한다. 인텔 CPU를 사용하는 컴퓨터라면 'Intel(R) Virtualization Technology', AMD CPU를 사용하는 컴퓨터라면 'SVM' 항목을 활성화하면 된다.

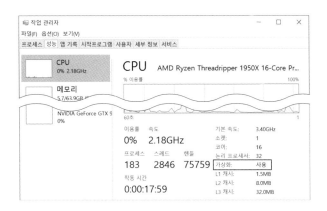

다운로드 및 설치

윈도우용 도커 안정 버전은 다음 URL에서 내려받을 수 있다. 다운로드하려면 도커 ID가 필요하다. 2 장의 칼럼 '도커 허브'를 참조하기 바란다.

https://hub.docker.com/editions/community/docker-ce-desktop-windows

---

43 윈도우와 macOS에서 로컬 도커 실행 환경을 갖추기 위해 이전에는 도커 툴박스를 이용했다. 호스트 운영 체제에서 버추얼박스 등을 이용해 가상환경을 구축하고 이 가상 환경에서 도커를 동작시키는 호스트형 가상화 기술이기 때문에 호스트 운영 체제에서는 다소 조작이 어려운 단점이 있었다. 게다가 가상 머신을 실행하면 상당한 머신 리소스가 점유되는데, 거기에 추가로 도커 컨테이너를 동작하려면 상당히 높은 사양의 장비가 필요했다.

44 안정 버전에는 없는 최신 기술이 실험적으로 적용된다.

다운로드하려면 도커 ID가 필요하다. 먼저 도커 ID로 로그인한 다음 'Get Docker' 버튼을 눌러 Docker for Windows Installer.exe 파일을 내려받아 실행한다.

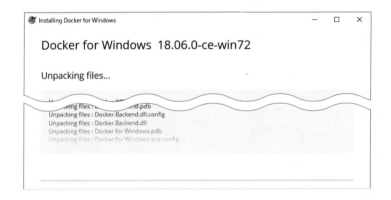

Hyper-V 기능이 활성 상태가 아니라면 이를 활성화하고 Ok를 눌러 윈도우를 재시작한다.

도커가 실행되고 작업 표시줄에 'Docker is running'이라는 메시지가 나타나면 정상적으로 설치된 것이다.

도커 아이콘에서 마우스 오른쪽 버튼을 클릭하고 'Setting'을 선택해 설정창을 연다. 설정 내용은 뒤에 나오는 '윈도우용/macOS용 도커 기본 설정'(24쪽) 절을 참조하기바란다.

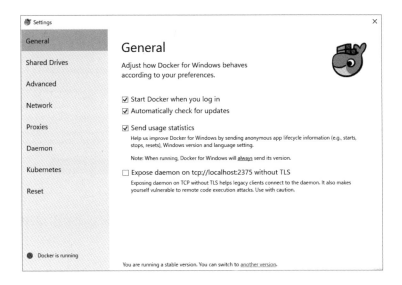

도커가 실행된 상태에서 PowerShell에서 docker version 명령을 실행하면 현재 실행 중인 도커의 버전이 출력된다.

칼럼 1-6. 윈도우용 도커가 실행되지 않는 경우

윈도우용 도커는 메모리 확보 실패 등의 이유로 실행에 실패하는 경우가 있다. 서비스가 동작하지 않는다면 지시를 따라 서비스를 시작 혹은 재시작하기 바란다.

반복해서 재시작해도 정상적으로 실행되지 않는 경우에는 설정에서 CPU 코어나 메모리 할당을 줄여본다.

---

macOS용 도커 설치

macOS용 도커를 설치한다[45].

다운로드 및 설치

macOS용 도커 안정 버전은 다음 URL에서 내려받을 수 있다[46]. 윈도우용과 마찬가지로 다운로드하려면 도커 ID가 필요하다.

https://hub.docker.com/editions/community/docker-ce-desktop-mac

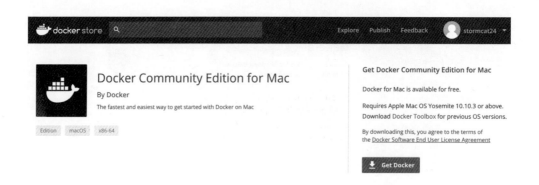

먼저 도커 ID로 로그인한 다음 'Get Docker' 버튼을 눌러 Docker.dmg 파일을 내려받아 실행한다. 설치가 끝나면 애플리케이션 폴더에서 Docker를 실행한다.

처음 실행 시에는 실행할 때 주의 사항이 나타난다. 이 화면에서 Next를 클릭하면 'Docker needs privileged access'라는 대화창이 나타난다[47]. Ok를 클릭한다.

---

45 윈도우보다 필요 사양이 높지 않다. 현재 개발업무에 사용 중인 일반적인 매킨토시라면 설치가 가능하다.

46 홈브루 패키지로도 설치할 수 있다.

47 하이퍼바이저형 가상화이므로 도커가 직접 호스트 운영체제의 네트워크 컴포넌트 등을 제어할 수 있기 때문에 그에 대한 권한을 부여해야 한다.

그러면 메뉴 바에 도커 아이콘이 나타난다. 'Docker is starting...'이라는 메시지가 출력되면 1-2분 정도 기다린다[48].

'Docker is now up and running!'이라는 메시지가 출력되면 도커가 정상적으로 실행돼 준비가 끝난 것이다.

도커는 대부분 명령행을 통해 조작한다. 터미널에서 docker version 명령을 실행해서 현재 설치된 버전이 무엇인지 확인한다.

```
Client:
  Version: 18.06.0-ce
  API version: 1.38
  Go version: go1.10.3
  Git commit: 0ffa825
  Built: Wed Jul 18 19:05:26 2018
  OS/Arch: darwin/amd64
  Experimental: false

Server:
  Engine:
    Version: 18.06.0-ce
    API version: 1.38 (minimum version 1.12)
```

---

48 사용자명과 패스워드 입력 화면이 나타나는데, 입력하지 않아도 상관없다. 여기서 입력하는 내용에 대해서는 2장에서 설명하겠다.

```
Go version: go1.10.3
Git commit: 0ffa825
Built: Wed Jul 18 19:13:46 2018
OS/Arch: linux/amd64
```

위와 같은 내용이 출력된다면 정상적으로 설치된 것이다.

윈도우용/macOS용 도커 기본 설정

윈도우용/macOS용 도커의 기본 설정 항목을 살펴보겠다[49]. 윈도우용 도커는 트레이에 위치한 도커 아이콘을 오른쪽 클릭해 'Settings' 항목을 선택하면 설정창이 나타난다. macOS용 도커는 상태바에 도커 아이콘을 클릭하고 'Preferences'를 클릭하면 된다.

도커 자동 실행

'General' 탭에서 'Start docker when you log in'을 체크하면 운영 체제에 로그인할 때 도커가 자동으로 실행된다. 운영 체제를 부팅할 때마다 도커를 직접 실행하기는 귀찮으므로 이 설정을 켜두는 것이 좋다.

자동 업데이트 확인

'General' 탭에서 'Automatically check for updates'를 체크해 업데이트 여부를 자동으로 확인한다. 이 기능은 최신 버전 출시를 알려주기만 할 뿐으로 사용자의 의도와 어긋나게 강제 업데이트가 일어나지는 않는다.

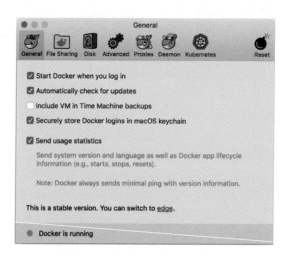

호스트 운영 체제 디렉터리 마운트

'File Sharing' 탭은 도커 컨테이너에 마운트할 호스트 운영 체제의 디렉터리[50,51]를 설정한다. 기본값은 /Users, /Volumes, /tmp, /private으로 돼 있다. 이들 디렉터리 아래에 위치한 디렉터리를 컨테이너에 마운트할 수 있다. 그 외의 디렉터리는 경고 메시지가 출력되며 마운트되지 않는다.

```
$ docker container run -v /opt:/opt alpine:latest ls -l /
docker: Error response from daemon: Mounts denied:
The path /opt
is not shared from OS X and is not known to Docker.
You can configure shared paths from Docker -> Preferences... -> File Sharing.
See https://docs.docker.com/docker-for-mac/osxfs/#namespaces for more info.
.
ERRO[0000] error waiting for container: context canceled
```

가상 디스크 용량 설정

'Disk' 탭에서 도커를 실행할 가상 디스크[52] 크기를 조절할 수 있다. 16GB 단위로 슬라이드를 움직여 크기를 조절할 수 있다.

---

50 도커는 호스트와 게스트 운영 체제 간에 파일을 주고받기 위해 디렉터리를 마운트한다.

51 윈도우용 도커에는 Shared Drives라는 설정 항목이 있다. 여기서는 디렉터리 대신 마운트할 드라이브를 지정한다.

52 macOS를 기준으로 가상 디스크의 경로는 ~/Library/Containers/com.docker.docker/Data/vms/0/Docker.qcow2다.

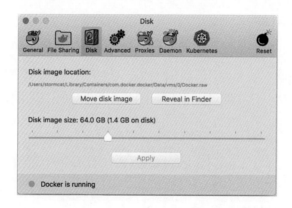

CPU 코어 및 메모리 할당

'Advanced' 탭에서는 호스트 운영 체제의 CPU 코어와 메모리 리소스를 얼마나 도커에 할당할지를 설정할 수 있다. 기본값은 최댓값이다. 설정한 리소스를 항상 사용하는 것은 아니며 컨테이너를 하나도 실행하지 않은 상태에서는 리소스 소비가 거의 없다.

기본값은 CPUs=2, Memory=2GB이지만, 도커를 집중적으로 사용한다면 부족하다고 느낄 수도 있다. 그런 경우에는 슬라이더를 움직여 리소스를 원하는 만큼 조절한다.

윈도우용 도커에서 메모리를 지나치게 할당하면 다음과 같이 도커 서비스가 정상적으로 시작되지 않을 수 있다. 이럴 때는 작업 관리자의 성능 탭에서 메모리 사용량을 확인하고 할당량을 조금 줄이면 된다.

프록시

'Proxies' 탭에서 원격 도커 레지스트리에서 도커 이미지를 받아올(pull) 때 사용할 HTTP/HTTPS 프록시를 설정할 수 있다. 제한된 대상에만 접근을 허용하는 프라이빗 레지스트리로부터 이미지를 받아와야 하는 경우에는 'Manual proxy configuration'을 선택해 설정하면 된다.

비보안 레지스트리

'Daemon' – 'Basic' 탭의 'Insecure registries'에서 비보안 도커 레지스트리를 등록할 수 있다. 도커 레지스트리는 기본적으로 HTTPS 통신을 권장하며, HTTP 통신을 사용하려면 옵션에서 별도로 설정을 해야 한다. 윈도우용/macOS용 도커에서는 여기서 대상 레지스트리를 등록하면 된다.

'Daemon' - 'Advanced' 탭에서는 JSON 포맷으로 도커를 설정할 수 있다. 윈도우용/macOS용 도커의 설정 화면에 나오지 않는 사항을 변경하려면 이곳에서 JSON 문자열을 수정하면 된다.

쿠버네티스

윈도우용/macOS용 도커에서 사용할 쿠버네티스를 설정한다. 'Enable Kubernetes' 항목을 체크하면 쿠버네티스 사용이 활성화된다. 이 책에서 5장까지는 쿠버네티스를 사용하지 않는다.

모든 데이터 삭제

도커 컨테이너 및 이미지 등 모든 데이터를 삭제해야 할 때도 있을 것이다. 'Remove all data'를 클릭하면 도커가 막 설치된 초기 상태로 돌아간다.

도커 제거

윈도우용/macOS용 도커를 제거한다. 도커를 제거하면 컨테이너 및 이미지도 모두 함께 파기된다.

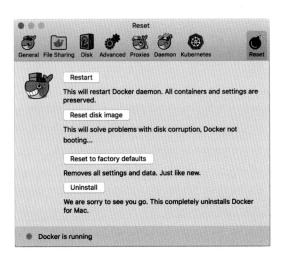

칼럼 1-7. 도커 툴박스(Docker Toolbox)

이 책의 설명에서 로컬 환경은 윈도우용/macOS용 도커를 기준으로 한다. 그러나 윈도우에서 환경에 따라 설치에 어려움을 겪는 경우가 있다. 이런 경우에는 도커 툴박스를 사용하는 것이 좋다. 도커 툴박스는 VirtualBox로 게스트 운영 체제를 구축한 다음 그 위에 도커를 실행하므로 순수하게 윈도우용/macOS용 도커를 실행하는 것보다는 리소스 효율 면에서 불리하다. 그러나 호스트 운영 체제의 리소스를 공유하지 않는 만큼 환경 구축에서 일어날 수 있는 말썽이 적다. 이를 위해 윈도우 환경의 도커 툴박스 설치 방법을 추가로 살펴보겠다.

도커 툴박스는 VirtualBox를 사용하므로 윈도우용 도커를 설치할 때와 마찬가지로 물리 머신의 BIOS 설정에서 가상화 기능을 활성화해야 한다. 또한 VirtualBox와 Hyper-V 기능을 동시에 사용할 수 없으므로 Hyper-V 기능이 활성 상태라면 '제어판' – '프로그램' – 'Windows 기능 켜기/끄기'에서 다음과 같이 Hyper-V를 비활성화한다. 설정이 반영되려면 윈도우를 재시작해야 한다.

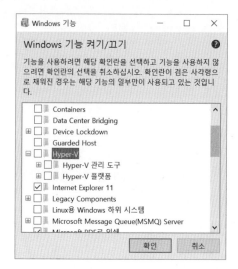

도커 툴박스의 공식 문서 페이지[53]에서 도커 툴박스를 내려받아 설치한다. 윈도우용과 macOS용으로 나뉘어 제공된다. 설치 방법은 윈도우용을 기준으로 설명하겠다.

내려받은 DockerToolbox.exe 파일을 실행해 설치 과정을 시작한다. 기본적으로 설치 마법사의 지시를 따르면 되지만, 'Select Additional Tasks'에서 'Install VirtualBox with NDIS5 driver[default NDIS6]' 항목에 체크해야 한다. NDIS6은 Host Only Network와 관련된 버그가 있으므로 이전 버전인 NDIS5를 선택할 수 있다.

---

53 https://docs.docker.com/toolbox/toolbox_install_windows/

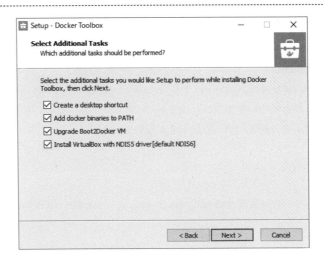

설치가 끝나면 Docker Quickstart Terminal 아이콘을 클릭해 도커 환경을 실행한다.

그러면 곧 터미널이 실행되는데, 도커 툴박스를 처음 실행했다면 먼저 VirtualBox에서 도커를 실행할 가상환경을 만들어야 하므로 조금(몇 분 정도) 시간이 걸린다. 설치가 끝나면 다음 화면과 같이 docker 명령을 사용할 수 있다.

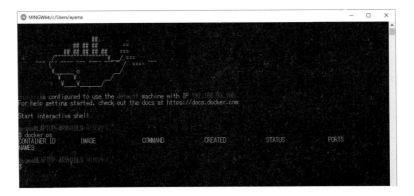

이 터미널은 호스트 운영 체제에서 동작하지만, docker 명령은 VirtualBox에서 동작하는 게스트 운영 체제에 구축된 도커 환경과 연결돼 있다. 그러므로 Docker Quickstart Terminal에서 마치 도커가 로컬에 설치된 것처럼 사용할 수 있다. 그리고 윈도우용 Docker Quickstart Terminal은 Bash를 사용하기 때문에 도커 툴박스를 사용하면 macOS와 거의 동일한 명령을 사용할 수 있다.

칼럼 1-8. 리눅스 환경에서 도커 설치

서버에서 도커를 실행하는 경우에는 대부분 리눅스를 선택하게 될 것이다. 사람에 따라서는 개발 머신으로도 리눅스를 선호하는 사람이 있을 것이다. 여기서는 우분투에 도커를 설치하는 방법을 소개한다.

우분투 16.04 버전에 도커 CE 17 버전을 설치하겠다. 리눅스에는 윈도우용이나 macOS처럼 GUI 도구가 없다. 도커 전용 패키지 저장소를 추가한 다음, 패키지 관리자로 도커 CE를 설치한다.

우분투는 apt 패키지 관리자를 사용한다. 먼저 패키지 목록을 업데이트한다.

```
$ sudo apt update -y
```

도커 CE는 몇 가지 패키지에 의존하는데, apt로 apt-transport-https, ca-certificates, curl, software-properties-common 패키지를 설치한다.

```
$ sudo apt install -y apt-transport-https ca-certificates curl software-properties-common
```

도커 패키지 저장소를 apt에 등록한다. stable은 안정 버전을 의미한다.

```
$ curl -fsSL https://download.docker.com/linux/ubuntu/gpg | sudo apt-key add -
$ sudo add-apt-repository \
  "deb [arch=amd64] https://download.docker.com/linux/ubuntu \
  $(lsb_release -cs) \
  stable"
```

다시 한 번 apt 패키지 목록을 업데이트한다.

```
$ sudo apt update -y
```

설치할 버전을 지정해 도커 CE를 설치한다.

```
$ sudo apt install -y docker-ce
```

18.03.0 ce-0 ubuntu와 같이 설치할 버전을 지정할 수 있다(버전을 지정하지 않으면 가장 최신의 안정 버전이 설치된다).

```
$ sudo apt install -y docker-ce=18.03.0 ce-0 ubuntu
```

docker version 명령을 실행해 원하는 버전 정보가 출력되면 설치가 잘 된 것이다.

```
Client:
  Version: 18.03.0-ce
  API version: 1.37
  Go version: go1.9.4
  Git commit: 0520e24
  Built: Wed Mar 21 23:10:01 2018
  OS/Arch: linux/amd64
  Experimental: false
  Orchestrator: swarm

Server:
  Engine:
    Version: 18.03.0-ce
    API version: 1.37 (minimum version 1.12)
    Go version: go1.9.4
    Git commit: 0520e24
    Built: Wed Mar 21 23:08:31 2018
    OS/Arch: linux/amd64
    Experimental: false
```

지금 설치한 도커 CE는 systemd에 데몬으로 등록돼 있으므로 운영 체제를 재시작해도 자동으로 다시 실행된다.

지금까지 윈도우/macOS/리눅스 환경에서 도커를 설치하는 방법을 알아봤다. 다음 장부터 도커 환경을 실제로 사용해 볼 것이다.

칼럼 1-9. 커뮤니티 에디션(도커 CE)과 엔터프라이즈 에디션(도커 EE)

2017년 2월 도커 v1.13.1이 출시될 때까지 도커는 단일 제품으로 제공됐다. 그러나 그 이후 버전부터는 엔터프라이즈 에디션과 커뮤니티 에디션의 두 가지로 나뉘어 제공된다.

이와 함께 버전 넘버링도 변경돼 1.13대 다음 버전은 17.03대가 됐다. 메이저 버전에 해당하는 17은 출시연도인 2017년의 끝 두 자리고, 마이너 버전 03은 출시된 달인 3월을 의미한다. 버전 넘버가 출시 시기를 의미하는 것이다. 도커 EE는 분기 단위로 출시되므로 17.03, 17.06, 17.09...와 같이 3개월 간격으로 출시된다.

도커 EE는 유상으로 제공되는 기업용 제품이다. 대규모 스케일링이 필요한 미션 크리티컬 애플리케이션에 사용되는 것을 전제로 한다. 기업용 제품이므로 도커 사의 기술 지원을 받을 수 있으며 다양한 운영 체제 및 IaaS를 지원한다. 특히 다음에 언급된 플랫폼은 도커 EE에서만 지원한다.

- 마이크로소프트 윈도우 서버 2016

- 오라클 리눅스

- 레드햇 엔터프라이즈 리눅스

도커 EE는 다시 Basic, Standard, Advanced 3가지 제품군으로 나뉘며 기능상 다음과 같은 차이가 있다.

기능	Basic	Standard	Advanced
보안성 높은 네트워크 및 스토리지를 갖춘 컨테이너 엔진	O	O	O
인증된 환경, 이미지, 플러그인 제공	O	O	O
도커 이미지 관리(프라이빗 레지스트리 등)	–	O	O
통합된 컨테이너를 이용한 애플리케이션 관리	–	O	O
확장 RBAC와 LDAP/AD 지원	–	O	O
기밀 정보 관리 및 이미지 서명	–	O	O
안전한 멀티 테넌시	–	–	O
규칙 기반 도커 이미지 태그 부여 및 배포	–	–	O
이미지 레지스트리 미러링 지원	–	–	O
도커 이미지 보안 스캔	–	–	O

반면 도커 CE는 무료로 제공되며 v1.13.1 이전의 기존 도커를 승계하는 제품이다. 도커 CE가 포크된 이후로는 v18.03.0–ce와 같이 버전 넘버 끝에 ce를 붙여서 구분한다. 도커 CE가 무료이기는 하지만, 전 세계 다양한 서비스에서 사용될 만큼 충분히 실용적인 제품이다. 그러므로 이 책 역시 도커 CE를 기준으로 한다. 기업용에 걸맞은 기술 지원이 필요하다면 도커 EE의 도입을 검토해야 할 것이다.

도커 컨테이너
배포

1장에서는 도커의 기본 개념과 환경 구축 방법을 알아봤다. 이번 장에서는 도커의 기본 조작 방법을 배우고 애플리케이션을 배포하는 과정까지 알아본다.

01 컨테이너로 애플리케이션 실행하기

컨테이너로 애플리케이션을 실행하는 방법을 배우기 전에 도커 이미지와 도커 컨테이너의 관계를 먼저 이해하자. 이들의 역할과 관계를 다음 표에 정리했다.

개념	역할
도커 이미지	도커 컨테이너를 구성하는 파일 시스템과 실행할 애플리케이션 설정을 하나로 합친 것으로, 컨테이너를 생성하는 템플릿 역할을 한다.
도커 컨테이너	도커 이미지를 기반으로 생성되며, 파일 시스템과 애플리케이션이 구체화돼 실행되는 상태.

예를 들어 우분투 파일 시스템 이용을 정의한 도커 이미지로 도커 컨테이너를 생성한 상황은 다음과 같이 나타낼 수 있다.

도커 이미지와 도커 컨테이너의 관계

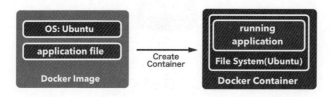

도커 이미지 하나로 여러 개의 컨테이너를 생성할 수 있다.

위 예제에 나온 도커 이미지는 우분투 파일 시스템을 실행하는 애플리케이션 파일을 담고 있다. 컨테이너가 생성될 때 이미지로부터 이를 구체화하고 컨테이너 안의 우분투 파일 시스템상에서 애플리케이션이 실행된다. 컨테이너로 애플리케이션을 실행하려면 컨테이너 형태로 구체화될 템플릿 역할을 하는 이미지를 먼저 만들어야 한다.

이번 절에서는 HTTP 응답을 반환하는 간단한 애플리케이션을 실제로 만들어보며 이러한 관계를 정리해 본다. 도커 이미지를 만들기 위한 Dockerfile을 작성하고, 이렇게 만든 이미지를 사용해서 도커 컨테이너를 실행해 볼 것이다.

그다음 도커의 포트 포워딩 기능도 사용해 본다. 컨테이너에서 실행되는 애플리케이션에 HTTP 요청을 보내고 애플리케이션에서 돌려주는 응답을 받는 과정까지 설명한다.

도커 이미지와 도커 컨테이너

자세한 내용을 설명하기 전에 도커 이미지로 도커 컨테이너를 만드는 과정을 한번 살펴보고 시작하겠다.

먼저 gihyodocker/echo:latest라는 도커 이미지를 받아온다. 이 이미지는 누구나 받을 수 있도록 공개돼 있으며 다음과 같이 docker image pull 명령으로 내려받을 수 있다.

```
$ docker image pull gihyodocker/echo:latest
latest: Pulling from gihyodocker/echo
723254a2c089: Pull complete
...
Digest: sha256:4520b6a66d2659dea2f8be5245eafd5434c954485c6c1ac882c56927fe4cec84
Status: Downloaded newer image for gihyodocker/echo:latest
```

내려받은 이미지를 docker container run 명령으로 다음과 같이 실행한다[1, 2].

```
$ docker container run -t -p 9000:8080 gihyodocker/echo:latest
2018/03/18 17:20:35 start server
```

지금 만든 컨테이너는 옵션을 통해 포트 포워딩이 적용돼 있다[3]. 도커 실행 환경의 포트 9000을 거쳐 HTTP 요청을 전달받는다.

터미널을 하나 더 띄워 curl[4] 명령으로 접근해 보겠다. 응답 내용이 화면에 출력되는 것을 봐서 정상적으로 동작하고 있음을 알 수 있다.

```
$ curl http://localhost:9000/
Hello Docker!!
```

docker container stop 명령으로 컨테이너를 정지시킬 수 있다. 인자로 $(docker container ls -q)를 지정하여 docker stop $(docker container ls -q) 명령을 사용한다.

도커 이미지를 만들고 이 이미지에서 다시 컨테이너를 실행해 포트 포워딩을 통해 사용자가 컨테이너 안에서 실행 중인 애플리케이션을 사용하는 이 과정이 도커 컨테이너를 사용하는 기본 방법이다. 그럼 실습을 통해 더 자세히 알아보자.

간단한 애플리케이션과 도커 이미지 만들기

먼저 도커 컨테이너를 어떻게 만들고 실행하는지에 대한 감을 잡을 필요가 있다. 예제로 Go 언어로 만든 간단한 웹 서버를 도커 컨테이너에서 실행해 보겠다.

main.go라는 파일에 다음 코드를 작성한다.

```
package main

import (
    "fmt"
```

---

1   도커 이미지로 컨테이너를 실행하는 명령이다. 이 명령의 인자와 옵션은 이 장의 '도커 컨테이너 다루기'(61쪽)에서 설명한다.

2   윈도우 일부 환경에서 방화벽 관련 경고가 뜨는 경우가 있다. 접근을 허용하면 된다.

3   -p 9000:8080 부분. 포트 포워딩 기능은 뒤에서 더 자세히 설명한다. 지금은 임의의 포트로 애플리케이션에 접근하기 위한 기능이라고 생각하면 된다.

4   파워셸에서 curl 명령으로 HTTP 요청을 보낼 수 있다. 파워셸의 curl은 엄밀히 따지면 curl이 아니라 파워셸에서 웹 요청을 보내기 위한 명령의 별명이다. 그래서 출력되는 정보도 약간 다르다. 그리고 이 책의 내용은 macOS를 기준으로 하지만, 윈도우 환경의 보충 설명은 파워셸을 기준으로 한다.

```
    "log"
    "net/http"
)

func main() {
    http.HandleFunc("/", func(w http.ResponseWriter, r * http.Request) {
        log.Println("received request")
        fmt.Fprintf(w, "Hello Docker!!")
    })

    log.Println("start server")
    server: = & http.Server {
        Addr: ":8080"
    }
    if err: = server.ListenAndServe(); err != nil {
        log.Println(err)
    }
}
```

이 코드는 간단한 서버 애플리케이션으로, 다음과 같은 기능을 갖는다[5].

- 모든 HTTP 요청에 대해 'Hello Docker!!'라는 응답을 보낸다.

- 포트 8080로 요청을 받는 서버 애플리케이션으로 동작한다.

- 클라이언트로부터 요청을 받으면 received request라는 메시지를 표준으로 출력한다.

그다음 이 Go 언어 코드를 도커 컨테이너에 배치한다. main.go 파일을 포함하는 새로운 도커 이미지를 만드는 것이다. 이를 위해 main.go 파일과 같은 디렉터리에 Dockerfile을 다음과 같이 작성한다.

```
FROM golang:1.9

RUN mkdir /echo
COPY main.go /echo

CMD ["go", "run", "/echo/main.go"]
```

---

5 이 코드의 내용을 모두 이해하지 못해도 책의 내용을 이해할 수 있다.

Dockerfile에 전용 도메인 언어로 이미지의 구성을 정의한다. 여기 사용된 FROM이나 RUN 같은 키워드를 인스트럭션(명령)이라고 한다.

인스트럭션의 종류가 여러 가지 있으나, 우선 기본적인 것부터 사용해 볼 것이다.

FROM 인스트럭션

FROM 인스트럭션은 도커 이미지의 바탕이 될 베이스 이미지를 지정한다. Dockerfile로 이미지를 빌드할 때 먼저 FROM 인스트럭션에 지정된 이미지를 내려받는다.

FROM에서 받아오는 도커 이미지는 도커 허브(Docker Hub)라는 레지스트리에 공개된 것이다. 도커는 FROM에서 지정한 이미지를 기본적으로 도커 허브[7] 레지스트리에서 참조한다.

main.go를 실행하려면 Go 언어의 런타임이 설치된 이미지가 있어야 한다. 이 런타임이 설치된 golang 이미지를 사용하자.

1.9라고 된 부분은 태그라고 한다. 각 이미지의 버전 등을 구별하는 식별자다. 예를 들어 같은 golang 이미지 중에도 Go 언어 1.8이 설치된 것과 1.9가 설치된 이미지가 따로 있다.

각 도커 이미지는 고유의 해시값을 갖는데, 이 해시만으로는 필요한 이미지가 무엇인지 특정하기가 어렵다. 특정 버전에 태그를 붙여두면 사람이 그 내용을 쉽게 파악할 수 있다[8]. 대부분 golang 언어 이미지처럼 언어 버전 등을 따서 태그를 붙이는 경우가 일반적이다.

RUN 인스트럭션

RUN 인스트럭션은 도커 이미지를 실행할 때 컨테이너 안에서 실행할 명령을 정의하는 인스트럭션이다. 인자로 도커 컨테이너 안에서 실행할 명령을 그대로 기술한다. 여기서는 main.go 애플리케이션을 배치하기 위한 /echo 디렉터리를 mkdir 명령으로 만들었다[9].

COPY 인스트럭션

COPY 인스트럭션은 도커가 동작 중인 호스트 머신의 파일이나 디렉터리를 도커 컨테이너 안으로 복사하는 인스트럭션이다.

---

6 도커 이미지를 호스팅하는 서비스

7 https://hub.docker.com

8 깃에서 커밋 해시로 커밋을 구별하기 어려울 때 태그를 붙이는 것과 같은 이치다.

9 여러 명령을 실행할 수 있도록 RUN 인스트럭션은 여러 번 사용할 수 있다. 반면 FROM이나 CMD 인스트럭션은 도커 이미지 하나에 한 번밖에 사용하지 못한다. 그러나 한 파일에서 유효한 인스트럭션을 여러 개 작성하는 것은 가능하다. 자세한 내용은 9장의 '멀티 스테이지 빌드'(386쪽)에서 설명하겠다.

이 예제에서는 호스트에서 작성한 main.go 파일을 도커 컨테이너 안에서 실행할 수 있도록 컨테이너 안으로 복사하는 데 이 인스트럭션을 사용했다. 복사 위치는 앞의 RUN 인스트럭션에서 만든 echo 디렉터리다.

COPY와 기능이 비슷한 ADD 인스트럭션도 있는데, COPY와는 용도가 좀 다르다. ADD 인스트럭션에 대해서는 9장의 'scratch'(361쪽) 절에서 더 자세히 알아볼 것이다.

CMD 인스트럭션

CMD 인스트럭션은 도커 컨테이너를 실행할 때 컨테이너 안에서 실행할 프로세스를 지정한다. RUN 인스트럭션은 이미지를 빌드할 때 실행되고 CMD 인스트럭션은 컨테이너를 시작할 때 한 번 실행된다. RUN은 애플리케이션 업데이트 및 배치에, CMD는 애플리케이션 자체를 실행하는 명령이라고 생각하면 된다.

즉, 셸 스크립트로 치면 다음과 같은 실행 명령 역할을 한다[10].

```
$ go run /echo/main.go
```

이 명령을 CMD 인스트럭션에 기술하면 다음과 같이 명령을 공백으로 나눈 배열로 나타낸다[11].

```
CMD ["go", "run", "/echo/main.go"]
```

칼럼 2-1. CMD 명령 오버라이드

CMD에 지정한 명령을 docker container run에서 지정한 인자로 오버라이드할 수 있다. 다음과 같은 Dockerfile로 이미지를 만든 후에 컨테이너를 실행하면 uname 대신 echo yay 명령이 실행된 것을 확인할 수 있다. 이 장의 'docker dontainer run – 컨테이너 생성 및 실행' 절에서 더 자세히 설명할 것이다.

```
FROM alpine:3.7
CMD ["uname"]
```

```
$ docker container run $(docker image build -q .) echo yay
```

---

10 여기서는 main.go를 빌드하지 않고, Go 언어 인터프리터인 go run 명령을 이용해 main.go 파일을 그대로 실행했다. 실제 사용할 때는 빌드된 바이너리를 배치하는 경우가 많다.

11 CMD go run/echo/main.go처럼 인자 배열 대신 명령어를 그대로 작성할 수도 있다. 인자 배열 방식과의 차이점은 칼럼에서 설명한다. 되도록이면 인자 배열 방식을 사용하는 것이 좋다.

도커 이미지 빌드하기

main.go 파일과 Dockerfile 작성이 끝났으면 docker image build 명령으로 도커 이미지를 빌드한다.

docker image build 명령은 도커 이미지를 빌드하기 위한 명령[12]이다. docker image build 명령의 기본 문법은 다음과 같다.

-t 옵션으로 이미지명을 지정한다. 태그명도 지정할 수 있으며, 생략 시에는 latest 태그가 붙는다.

-t 옵션과 이미지명은 반드시 지정해야 한다고 생각하는 편이 좋다. -t 옵션 없이도 빌드 자체는 가능하지만, 이미지명 없이는 해시값만으로 이미지를 구별해야 하므로 사용하기가 상당히 번거롭다.

```
docker image build -t 이미지명[:태그명] Dockerfile의_경로
```

이 예제에서는 example/echo라는 이미지명을 사용했다.

이때 앞에서 참조했던 golang 이미지에는 없었던 '/'가 추가된 것이 신경 쓰이는 사람도 있을 것이다. / 앞에 오는 example은 네임스페이스다. 이미지명에 이렇게 사용자 네임스페이스를 추가할 수 있다. 이미지명의 충돌을 피하기 위해 되도록 네임스페이스를 붙일 것을 추천한다[13].

그럼 이미지를 빌드해 보자. 현재 작업 디렉터리에 Dockerfile이 있다면 마지막 인자를 .(현재 작업 디렉터리)로 한다. 뒤에 나오는 'docker image build - 이미지 빌드' 절을 참조하라.

```
$ docker image build -t example/echo:latest .
```

빌드를 실행하면 베이스 이미지를 내려받고 RUN이나 COPY 인스트럭션에 지정된 명령이 단계적으로 실행되는 것을 확인할 수 있다[14].

```
$ docker image build -t example/echo:latest .
Sending build context to Docker daemon 67.07kB
Step 1/4 : FROM golang:1.9
1.9: Pulling from library/golang
Digest: sha256:f755ff87e4b7a5f597a4ed5f0a1013dd5550f21615ce71312936dc36988cb274
```

---

12 docker 명령에 하위 명령어를 붙여 컨테이너와 이미지를 조작한다. 컨테이너를 실행하기 위한 docker container run 명령을 이미 앞에서 설명했다.

13 golang 이미지의 정식 이름은 library/golang이다. 네임스페이스 library를 생략할 수 있다.

14 윈도우에서는 파일 실행 권한 문제로 보안 알림이 뜬다. 기밀 정보를 취급하지 않는 한 이 알림은 무시해도 좋다.

```
Status: Downloaded newer image for golang:1.9
---> bba10fd6d576
Step 2/4 : RUN mkdir /echo
---> Using cache
---> 7427b7d6be96
Step 3/4 : COPY main.go /echo
---> 7d2fe695ba8a
Removing intermediate container ad9292fa74ab
Step 4/4 : CMD go run /echo/main.go
---> Running in 8c67ad9a51eb
---> 4118fd5783c9
Removing intermediate container 8c67ad9a51eb
Successfully built 4118fd5783c9
Successfully tagged example/echo:latest
```

docker image ls 명령으로 생성된 이미지의 REPOSITORY[15], TAG[16], IMAGE ID[17], CREATED[18], SIZE[19] 값 등을 확인할 수 있다. 여기까지 잘 됐다면 이미지를 성공적으로 빌드한 것이다.

```
$ docker image ls
REPOSITORY TAG  IMAGE  ID  CREATED  SIZE
example/echo latest 4118fd5783c9 1 minutes ago 733M
```

칼럼 2-2. ENTRYPONT 인스트럭션으로 명령을 좀 더 세밀하게 실행하기

ENTRYPOINT 인스트럭션을 사용하면 컨테이너의 명령 실행 방식을 조정할 수 있다.

ENTRYPOINT는 CMD와 마찬가지로 컨테이너 안에서 실행할 프로세스를 지정하는 인스트럭션이다.

ENTRYPOINT를 지정하면 CMD의 인자가 ENTRYPOINT에서 실행하는 파일에 인자로 주어진다. 즉, ENTRYPOINT에 지정된 값이 기본 프로세스를 지정하는 것이다.

예를 들면, golang:1.10 이미지에는 ENTRYPOINT가 지정돼 있지 않으며 CMD에 bash가 지정돼 있다. 이를 그대로 실행하면 bash가 실행된다.

---

15 같은 이름을 가졌지만 서로 다른 태그가 달린 이미지의 집합으로, 일반적으로 깃허브 저장소처럼 '소유자명/애플리케이션명'과 같이 이름이 붙는다. docker container run 명령으로 컨테이너를 실행할 때 이 리포지토리를 지정한다.

16 특정 이미지를 식별하기 위해 사용하는 값이다. 도커 이미지의 애플리케이션 버전 식별값으로 인식하며 docker container run 명령에서 실행할 이미지를 특정하기 위한 정보다.

17 이미지를 유일하게 식별하기 위한 식별자.

18 이미지를 생성한 후 경과된 시간.

19 이미지 파일 크기.

```
$ docker container run -it golang:1.10
root@48e00275fd86:/go#
```

이 컨테이너에서 go version 명령을 실행하려면 다음과 같이 인자로 명령을 넘긴다. 그러면 기존 명령 bash가 새로운 명령으로 오버라이드돼 go version이 실행된다.

```
$ docker container run golang:1.10 go version
go version go1.10.3 linux/amd64
```

이 컨테이너에서 go 명령을 좀 더 편하게 사용해 보자. Dockerfile을 다음과 같이 작성하고 ENTRYPOINT에 go를 지정한다. CMD는 빈 문자열로 오버라이드한다.

```
FROM golang:1.10

ENTRYPOINT ["go"]
CMD [""]
```

이 Dockerfile을 ch02/golang:latest라는 이름으로 빌드한다.

```
$ docker image build -t ch02/golang:latest .
Sending build context to Docker daemon 2.048kB
Step 1/3 : FROM golang:1.10
---> d0e7a411e3da
Step 2/3 : ENTRYPOINT ["go"]
...
Successfully built 7eb3d3ae2051
Successfully tagged ch02/golang:latest
```

이 이미지로 컨테이너를 실행해 보면 go 명령을 인자로 전달하지 않아도 go를 실행할 수 있다. go 이후의 명령만 인자로 넘기면 된다.

```
$ docker container run ch02/golang:latest version
go version go1.10.3 linux/amd64
```

ENTRYPOINT는 이미지를 생성하는 사람이 컨테이너의 용도를 어느 정도 제한하려는 경우에도 유용하다.[20]

---

20 단, docker container run --entrypoint 옵션으로 실행할 때 오버라이드될 수도 있다.

02 _ 도커 컨테이너 배포 43

여기서 다루지 않은 인스트럭션 중 비교적 자주 보이는 것을 다음 표에 정리했다. 더 자세한 내용은 해당 인스트럭션의 참조 문서[21]를 참조하라.

인스트럭션	의미
LABEL	이미지를 만든 사람의 이름 등을 적을 수 있다. 전에는 MAINTAINER라는 인스트럭션도 있었으나 더 이상 사용하지 않는다(deprecated).
ENV	도커 컨테이너 안에서 사용할 수 있는 환경변수를 지정한다.
ARG	이미지를 빌드할 때 정보를 함께 넣기 위해 사용한다. 이미지를 빌드할 때만 사용할 수 있는 일시적인 환경변수다.

```
FROM alpine:3.7
LABEL maintainer="dockertaro@example.com"

ARG builddate
ENV BUILDDATE=${builddate}

ENV BUILDFROM="from Alpine"

ENTRYPOINT ["/bin/ash", "-c"]
CMD ["env"]
```

```
$ docker image build --build-arg builddate=today -t example/others . # ARG에 인자를 지정
$ docker container run example/others
환경변수가 출력됨...
```

칼럼 2-4. CMD 인스트럭션 작성 방법

CMD의 인자를 작성하는 방법은 크게 3가지다.

인자 표기 방식	동작
CMD ["실행 파일", "인자1", "인자2"]	실행 파일에 인자를 전달한다. 사용을 권장하는 방식.
CMD 명령 인자1 인자2	명령과 인자를 지정한다. 셸에서 실행되므로 셸에 정의된 변수를 참조할 수 있다.
CMD ["인자1", "인자2"]	ENTRYPOINT에 지정된 명령에 사용할 인자를 전달한다.

도커 컨테이너 실행

이미지를 생성했으니 docker container run 명령으로 컨테이너를 실행해 보겠다. 정상적으로 실행이 되면 'start server'라는 로그가 출력될 것이다.

```
$ docker container run example/echo:latest
2017/09/30 17:53:53 start server
```

docker container run 명령으로 echo 컨테이너를 실행했다. 그러나 이 컨테이너는 계속 포어그라운드에서 동작한다. 컨테이너를 종료하고 싶다면 터미널에 Ctrl+C(SIGINT 전송)를 입력한다.

이 이미지에서 Go 언어로 만든 프로그램은 서버 애플리케이션이다. 이 애플리케이션을 데몬으로 실행하고 싶지만 그렇게 하면 조금 번거로워진다. docker container run 명령에 -d 옵션을 붙여 백그라운드로 컨테이너를 실행한다.

```
$ docker container run -d example/echo:latest
016442ceaa588913eaf6ce8bec61e30a9950e354e28cfc0b0518feb890ce9237
```

-d 옵션을 붙여 컨테이너를 실행하면 표준 출력에 해시값처럼 보이는 문자열이 출력된다. 이 문자열은 도커 컨테이너의 ID다. 컨테이너 ID는 컨테이너를 실행할 때 부여되는 유일 식별자로, docker 명령으로 컨테이너를 조작할 때 컨테이너를 특정하기 위한 값으로 사용된다.

예를 들어 현재 실행 중인 도커 컨테이너의 목록을 보는 명령인 docker container ls가 있는데, 이 명령을 실행하면 CONTAINER ID 칼럼에 현재 실행 중인 컨테이너를 식별하기 위한 ID가 출력된다. 이 값은 docker container run 명령을 실행할 때 출력된 값에서 앞 12자리만 뽑은 것이다. docker 명령에서 컨테이너 ID를 지정할 때는 이렇게 생략된 값을 사용한다.

```
$ docker container ls
CONTAINER ID IMAGE COMMAND CREATED TATUS PORTS NAMES
016442ceaa58 example/echo:latest "go run /echo/main.go" 22 seconds ag Up 21 seconds
focused_torvalds
ash
```

포트 포워딩

그렇다면 실행된 도커 컨테이너 안의 애플리케이션이 정상적으로 실행되고 있는지 확인하려면 어떻게 해야 할까? 여기서 Go 언어로 작성한 코드를 보면 이 애플리케이션은 포트 8080을 리스닝한다. 우선 로컬 환경에서 curl을 사용해 포트 8080으로 GET 요청을 보내보겠다.

```
$ curl http://localhost:8080/
curl: (7) Failed to connect to localhost port 8080: Connection refused
```

Connection refused라는 메시지가 출력됐다. 이것만 보면 애플리케이션이 리스닝하는 포트는 로컬 환경의 포트 8080이 아닌 것 같다. 이 지점에도 도커만의 특징이 있다.

도커 컨테이너는 가상 환경이지만, 외부에서 봤을 때 독립된 하나의 머신처럼 다룰 수 있다는 특징이 있다. echo 애플리케이션은 8080 포트를 리스닝하고 있지만, 이 포트는 컨테이너 포트라고 해서 컨테이너 안에 한정된 포트다. curl을 컨테이너 안에서 실행하면 올바른 응답을 받을 수 있겠지만, 컨테이너 밖에서는 컨테이너 포트를 바로 사용할 수 없기 때문에 Connection refused라는 메시지가 출력되는 것이다.

이처럼 HTTP 요청을 받는 애플리케이션을 사용하려면 컨테이너 밖에서 온 요청을 컨테이너 안에 있는 애플리케이션에 전달해줘야 한다. 그 역할을 담당하는 것이 바로 도커의 포트 포워딩이다. 포트 포워딩이란 호스트 머신의 포트를 컨테이너 포트와 연결해 컨테이너 밖에서 온 통신을 컨테이너 포트로 전달한다. 이 기능 덕분에 컨테이너 포트를 컨테이너 외부에서도 이용할 수 있다[22].

---

22 이 장 앞에서 컨테이너를 사용할 때 이 기능을 사용했다.

포트 포워딩을 사용하기 전에 앞서 실행한 컨테이너를 다음과 같이 정지시킨다[23].

```
$ docker container stop $(docker container ls --filter "ancestor=example/echo" -q)
```

docker container run 명령에서 -p 옵션을 붙이면 포트 포워딩을 지정할 수 있다. -p 옵션값은 호스트_포트:컨테이너_포트 형식으로 기술하면 된다.

호스트 포트도 8080으로 지정하면 명령을 이해하기가 어려우므로 호스트 포트 9000을 컨테이너 포트 8080에 연결하도록 포트 포워딩을 적용해 보겠다.

```
$ docker container run -d -p 9000:8080 example/echo:latest
7aa3c5dc157ead53c317c719c68a4d379c20db7e972d6919bf4fd43e2e807425
```

컨테이너가 실행되면 호스트 포트, 다시 말해 localhost 포트 9000에 curl로 GET 요청을 보내보자.

```
$ curl http://localhost:9000/
Hello Docker!!
```

'Hello Docker!!'라는 메시지가 출력됐다. 도커 컨테이너 안에서 실행한 애플리케이션에 HTTP 요청이 전달됐고 그 응답을 받아온 것이다.

이렇게 해서 도커 이미지 생성, 컨테이너 실행, 포트 포워딩까지 도커의 기본 사용법을 알아봤다.

또한 호스트 포트를 다음과 같이 생략할 수도 있다. 이런 경우에는 빈 포트가 에페메랄(ephemeral) 포트로 자동 할당된다. 어떤 포트가 할당됐는지는 docker container ls 출력 결과의 PORTS 칼럼에서 확인할 수 있다.

```
$ docker container run -d -p 8080 example/echo:latest
8de77d5ead0351b424cce9880c028a6bda2d58f8156edbd5469ef26af37722b0
```

```
$ docker container ls
CONTAINER ID IMAGE COMMAND CREATED STATUS PORTS NAMES
8de77d5ead03 example/echo:latest "go run /echo/main.go" 16 seconds ago Up 23 seconds 0.0.0.0:32769-
>8080/tcp jolly_wescoff
```

---

23 docker container ls --filter 옵션으로 실행 중인 컨테이너 중 조건을 만족하는 것(example/echo)만을 출력하도록 했다. -q는 컨테이너 ID만 출력하게 하는 옵션이다.

```
$ curl http://localhost:32769/
Hello Docker!!
```

02 도커 이미지 다루기

앞 절에서 도커 이미지를 실제로 만들고 컨테이너로 실행시키는 기본 과정을 살펴봤다. 그러나 이 정도는 도커가 어떻게 동작하는지 감을 잡기 위한 간단한 예제에 지나지 않는다.

도커 사용법은 크게 이미지를 대상으로 하는 것과 컨테이너를 대상으로 하는 것으로 나뉜다. 도커의 기본 기능[24]을 이 두 가지 관점에서 살펴보겠다. 이번 절은 이미지를 다루는 법, 다음 절은 컨테이너를 다루는 법으로 나누어 설명한다.

도커 이미지를 다루는 법을 설명하기 전에 도커 이미지가 구체적으로 무엇인지 먼저 알아보자.

한 마디로 말하면 도커 이미지는 도커 컨테이너를 만들기 위한 템플릿이다.

도커 이미지는 우분투 같은 운영 체제로 구성된 파일 시스템은 물론, 컨테이너 위에서 실행하기 위한 애플리케이션이나 그 의존 라이브러리, 도구에 어떤 프로세스를 실행할지 등의 실행 환경의 설정 정보까지 포함하는 아카이브다. Dockerfile 역시 이미지를 구성하는 순서를 기술한 코드에 지나지 않기 때문에 Dockerfile 자체가 이미지라고 할 수는 없다. 컨테이너의 템플릿 역할을 하는 이미지를 만드는 과정을 일반적으로 '도커 이미지를 빌드한다'고 한다. 그리고 컨테이너를 실행할 때 이 빌드된 이미지를 사용한다.

이미지를 빌드하는 명령인 docker image build부터 시작해 이미지를 다루는 기본 명령을 하나씩 살펴볼 것이다. 그리고 마지막으로 도커 허브에 이미지를 등록하는 과정까지 수행해 봄으로써 직접 만든 이미지를 다른 사람이 이용할 수 있게 하는 단계를 목표로 한다. 여기서 중요한 부분은 빼놓지 않고 설명하고 있으나, 세세한 옵션에 대해 더 자세히 알고 싶다면 다음과 같이 도움말을 확인해 보기 바란다.

```
$ docker help
```

그리고 도커의 명령행 도구는 하위 명령 형태로 구성돼 있기 때문에 docker COMMAND SUBCOMMAND 같은 형태로 사용해야 한다. docker help를 실행하면 다음과 같은 상위 명령이 나온다.

---

24 주로 명령어.

```
Management Commands:
  checkpoint Manage checkpoints
  config Manage Docker configs
  container Manage containers
  image Manage images
  network Manage networks
  node Manage Swarm nodes
  plugin Manage plugins
  secret Manage Docker secrets
  service Manage services
  swarm Manage Swarm
  system Manage Docker
  volume Manage volumes
  ...
```

이미지를 다루는 하위 명령은 image 명령에 --help 옵션을 붙여 도움말을 확인하면 된다.

```
$ docker image --help

Usage: docker image COMMAND

Manage images

Options:


Commands:
  build   Build an image from a Dockerfile
  history Show the history of an image
  import  Import the contents from a tarball to create a filesystem image
  inspect Display detailed information on one or more images
  load    Load an image from a tar archive or STDIN
  ls      List images
  prune   Remove unused images
  pull    Pull an image or a repository from a registry
  push    Push an image or a repository to a registry
  rm      Remove one or more images
  save    Save one or more images to a tar archive (streamed to STDOUT by default)
```

```
    tag     Create a tag TARGET_IMAGE that refers to SOURCE_IMAGE

Run 'docker image COMMAND --help' for more information on a command.
```

docker image build --help와 같이 하위 명령의 도움말을 확인할 수 있다. 그리고 docker build 같은 예전의 축약 명령은 docker image build 명령의 앨리어스로 취급된다.

지금부터 어떤 명령이 있는지 살펴보자.

docker image build – 이미지 빌드

docker image build는 Dockerfile에 기술된 구성을 따라 도커 이미지를 생성하는 명령이다[25].

```
docker image build -t 이미지명[:태그명] Dockerfile의_경로
```

위 명령 예를 보면 -t 옵션이 붙어있다. docker image build 명령에는 옵션이 몇 가지 있는데, 이 중 -t 옵션은 이미지명과 태그[26]명을 붙이는 것으로, 실제 사용에서 거의 필수적으로 쓰인다. Dockerfile 경로는 말 그대로 Dockerfile이 위치한 디렉터리 경로를 기재하면 된다. docker image build 명령에는 반드시 Dockerfile이 필요하므로 그 경로에 Dockerfile이 없다면 명령을 실행할 수 없다.

Dockerfile이 현재 작업 디렉터리에 있다면 다음과 같이 실행한다.

```
$ docker image build -t example/echo:latest .
```

-f 옵션

docker image build 명령은 기본으로 Dockerfile이라는 이름으로 된 Dockerfile을 찾는다. 그 외 파일명으로 된 Dockerfile을 사용하려면 -f 옵션을 사용해야 한다. 예를 들어 Dockerfile-test라는 이름으로 된 Dockerfile을 사용하려면 다음과 같이 한다.

```
$ docker image build -f Dockerfile-test -t example/echo:latest .
```

---

25 명령어 표기법 중 [] 안의 내용은 생략 가능하다는 의미다.
26 이미지명은 지정하고 태그는 생략하는 것도 가능.

--pull 옵션

docker image build 명령으로 이미지를 빌드하려면 Dockerfile의 FROM 인스트럭션에 지정한 이미지를 레지스트리에서 내려받은 후, 이를 베이스 이미지로 해서 새로운 이미지를 빌드한다.

이렇게 레지스트리에서 받아온 도커 이미지는 일부러 삭제하지 않는 한 호스트 운영 체제에 저장된다. 그러므로 이미지를 빌드할 때 매번 베이스 이미지를 받아오지는 않는다. 그러나 --pull 옵션을 사용하면 매번 베이스 이미지를 강제로 새로 받아온다.

```
$ docker image build --pull=true -t example/echo:latest .
```

예를 들어, 베이스 이미지가 latest인 Dockerfile이 있다고 하자. gihyodocker/basetest:latest 이미지는 도커 허브에 있다.

```
FROM gihyodocker/basetest:latest

RUN cat /tmp/version
```

이 Dockerfile을 사용해 docker image build 명령으로 이미지를 빌드하면 Step 2에서 베이스 이미지에 포함된 파일의 내용을 표준출력(stdout)으로 출력한다.

```
$ docker image build -t gihyodocker/concretetest:latest .
Sending build context to Docker daemon 2.048kB
Step 1/2 : FROM gihyodocker/basetest:latest
---> a374d8319121
Step 2/2 : RUN cat /tmp/version
---> Running in d177772810e3
version = 1
Removing intermediate container d177772810e3
---> 20dc64b05f86
Successfully built 20dc64b05f86
Successfully tagged gihyodocker/concretetest:latest
```

이때 Dockerfile에 다음과 같이 똑같은 RUN 인스트럭션을 하나 추가한다.

```
FROM gihyodocker/basetest:latest

RUN cat /tmp/version
RUN cat /tmp/version
```

수정한 Dockerfile을 빌드하기 전에, 도커 허브에 있는 gihyodocker/basetest:latest가 가리키는 이미지의 /tmp/version 파일 내용이 version = 2로 수정되면서 업데이트됐다고 가정하자.

이 상태에서 이미지를 다시 빌드하면 Step 3에서 /tmp/version 파일의 내용이 version = 1로 출력된다. 또 Step 2를 보면 Using cache라고 나오는 것을 봐서 로컬에 미리 받아놓은 이미지를 사용하고 있음을 알 수 있다.

```
$ docker image build -t gihyodocker/concretetest:latest .
Sending build context to Docker daemon 2.048kB
Step 1/3 : FROM gihyodocker/basetest:latest
 ---> eee0b74c9d77
Step 2/3 : RUN cat /tmp/version
 ---> Using cache
 ---> e6f3999653d5
Step 3/3 : RUN cat /tmp/version
 ---> Running in 3e25e924e639
version = 1
Removing intermediate container 3e25e924e639
 ---> 419c67501375
Successfully built 419c67501375
Successfully tagged gihyodocker/concretetest:latest
```

이렇듯 로컬에 베이스 이미지 캐시가 있으면 도커는 (Dockerfile에) 변경된 부분만을 반영해 빌드를 시도한다.

이미지를 빌드할 때 확실하게 최신 베이스 이미지를 사용하고 싶다면 다음과 같이 --pull=true 옵션을 붙여서 빌드하면 된다.

```
$ docker image build --pull=true -t gihyodocker/concretetest:latest .
Sending build context to Docker daemon 2.048kB
Step 1/3 : FROM gihyodocker/basetest:latest
latest: Pulling from gihyodocker/basetest
```

```
8e3ba11ec2a2: Already exists
bb6b6468995c: Pull complete
Digest: sha256:5a302e847e0168b21f947718e186b81b56c03e2ebf60d1ccb920b21b869b7647
Status: Downloaded newer image for gihyodocker/basetest:latest
---> ceb8689c406b
Step 2/3 : RUN cat /tmp/version
---> Running in 0f398f23581e
version = 2
Removing intermediate container 0f398f23581e
---> 3ebeb089b1eb
Step 3/3 : RUN cat /tmp/version
---> Running in 90f6a45d6ab1
version = 2
Removing intermediate container 90f6a45d6ab1
---> a72c3d716483
Successfully built a72c3d716483
Successfully tagged gihyodocker/concretetest:latest
```

/tmp/version 파일의 내용이 version = 2로 나오는 것을 봐서 기반 이미지가 최신임을 알 수 있다.

--pull=true 옵션은 이런 유용함이 있지만, 도커 허브 등 레지스트리에서 최신 버전이 있는지를 확인하고 빌드를 하기 때문에 빌드 속도 면에서는 조금 불리하다. 그러므로 실무에서는 latest로 지정하는 것을 피하고 태그로 지정한 베이스 이미지를 사용한다.

docker search – 이미지 검색

도커 허브는 도커 이미지 레지스트리로, 마치 깃허브처럼 사용자나 조직 이름으로 리포지토리를 만들 수 있다. 그리고 이 리포지토리를 사용해 도커 이미지를 관리한다.

도커 허브에는 모든 이미지의 기반이 되는 운영 체제(CentOS, 우분투 등) 리포지토리, 언어 런타임이나 유명 미들웨어 이미지 등이 관리되는 수많은 리포지토리가 있다. 덕분에 모든 도커 이미지를 직접 만드는 대신 다른 사람이나 조직에서 만들어 둔 이미지를 사용할 수 있다[27].

도커 허브를 활용할 때 빼놓을 수 없는 것이 docker search 명령이다. docker search 명령을 사용하면 도커 허브에 등록된 리포지토리를 검색할 수 있다.

---

27 도커 허브에 공개된 이미지가 모두 안전한 것은 아니다. 안전한 사용을 위해 주의가 필요하다. 보안이 확보된 이미지를 찾고 활용하는 방법은 9장에서 다룬다.

```
docker search [options] 검색_키워드
```

예를 들어 mysql을 검색어로 검색해 보면 다음과 같은 결과를 볼 수 있다. --limit 옵션으로 최대 검색 건수를 제한할 수도 있다.

```
$ docker search --limit 5 mysql
NAME      DESCRIPTION STARS OFFICIAL AUTOMATED
mysql     MySQL is a widely used, open-source relati... 5062 [OK]
mysql/mysql-server           Optimized MySQL Server Docker image ls. Crea... 355 [OK]
centurylink/mysql            Image containing mysql. Optimized to be li... 53 [OK]
tutum/mysql                  Base docker image to run a MySQL database ... 26
cloudposse/mysql             Improved `mysql` service with support for ... 0 [OK]
```

위와 같이 mysql과 관련된 리포지토리 목록을 볼 수 있다. 검색 결과 첫 번째에 나오는 mysql 리포지토리는 리포지토리 이름에 네임스페이스가 생략돼 있는데, 이 리포지토리가 mysql 공식 리포지토리이기 때문이다. 공식 리포지토리의 네임스페이스는 일률적으로 library다. 따라서 이 리포지토리의 정확한 이름도 library/mysql이 된다. 공식 리포지토리의 네임스페이스는 생략할 수 있다.

검색 결과는 STARS 순으로 출력된다. 도커 허브에 등록된 리포지토리에도 깃허브처럼 스타 수가 매겨진다. 스타 수는 도커 이미지를 평가하는 주요 지표 중 하나다.

docker search 명령으로 리포지토리는 검색할 수 있지만, 이 리포지토리가 관리하는 도커 이미지의 태그까지는 검색할 수 없다. 리포지토리에 공개된 이미지의 태그를 알고 싶다면 도커 허브의 해당 리포지토리 페이지에서 Tags를 보는 방법이나 다음과 같이 API를 사용하는 방법 중 하나를 사용하면 된다[28].

```
$ curl -s 'https://hub.docker.com/v2/repositories/library/golang/tags/?page_size=10' \
  | jq -r '.results[].name'
1.8-nanoserver
1.8.4-nanoserver
1.8-windowsservercore
1.8.4-windowsservercore
1.8-onbuild
1.8.4-onbuild
1.8-alpine
```

---

28 윈도우에서는 이 방법을 사용할 수 없다.

```
1.8.4-alpine
1.8-alpine3.5
1.8.4-alpine3.5
```

docker image pull – 이미지 내려받기

도커 레지스트리에서 도커 이미지를 내려받으려면 docker image pull 명령을 사용한다.

```
docker image pull [options] 리포지토리명[:태그명]
```

인자로 지정한 리포지토리명과 태그는 도커 허브에 이미 존재하는 것이어야 한다. 예를 들어 jenkins 이미지를 내려받으려면 다음과 같이 한다. 태그명을 생략하면 기본값으로 지정된 태그[29]가 적용된다.

```
$ docker image pull jenkins:latest
latest: Pulling from library/jenkins
3e17c6eae66c: Pull complete
74d44b20f851: Pull complete
...
344a9148b4b6: Pull complete
Digest: sha256:803ff2c9160cfc765589b40ed7a76267877a4096f11cb500b87bea24fffbc7d9
Status: Downloaded newer image for jenkins:latest
```

docker image pull 명령으로 내려받은 이미지는 그대로 도커 컨테이너를 생성하는 데 사용할 수 있다[30].

docker image ls – 보유한 도커 이미지 목록 보기

docker image ls 명령은 현재 호스트 운영 체제에 저장된 도커 이미지의 목록을 보여준다[31]. 여기서 말하는 호스트 운영 체제란 도커 데몬이 동작하는 호스트 환경을 말한다. docker image pull 명령으로 원격 도커 레지스트리에서 내려받은 이미지는 물론이고 docker image build 명령을 실행하며 내려받은 이미지도 호스트 운영 체제에 저장된다.

---

29 대개 latest.

30 이 예에서는 docker container run jenkins:latest. 이 장의 뒤에서 젠킨스를 실제로 도커에서 구동해 볼 것이다.

31 개별 이미지를 관리하기 위한 docker image 명령과는 별개다.

```
docker image ls [options] [리포지토리[:태그]]
```

```
$ docker image ls
REPOSITORY TAG IMAGE ID CREATED SIZE
jenkins latest 861760a10fdb 9 hours ago 812MB
```

IMAGE ID는 이미지에 대한 식별자다. 컨테이너를 구분하기 위한 CONTAINER ID와는 별개의 것이니 혼동하지 않도록 주의한다.

앞에서 설명했듯이 도커 명령은 이미지에 대한 명령과 컨테이너에 대한 명령, 크게 2가지로 나뉜다. 즉, 이미지와 컨테이너를 별도로 관리한다는 뜻이다[32]. IMAGE ID는 이미지를 관리할 때 사용하며, CONTAINER ID는 컨테이너를 관리할 때 사용한다.

docker image tag – 이미지에 태그 붙이기

docker image tag는 도커 이미지의 특정 버전에 태그를 붙일 때 사용한다.

도커 이미지의 버전

도커 이미지에 붙은 태그는 이미지의 특정 버전을 구별하기 위한 것이라고 설명했다. 도커 이미지의 버전은 도커에서 중요한 개념이다. 버전이란 구체적으로 어떤 것을 가리킬까?

예를 들어 어떤 애플리케이션 example/image를 조금 수정해 이미지를 빌드하는 과정을 여러 번 반복하다 보면 docker image ls의 결과가 다음과 같이 된다.

```
$ docker image ls
REPOSITORY TAG IMAGE ID CREATED SIZE
example/image latest 4e7b06523bbd Less than a second ago 735MB
<none> <none> 5400f5c00e74 26 seconds ago 735MB
<none> <none> 51c1ce720448 8 minutes ago 735MB
```

이 목록은 이미지가 생성된 시기에 따라 최신순으로 나타낸 것이다. IMAGE ID에 나온 해시값은 이미지마다 다르게 할당된 식별자로, 이미지를 구별하기 위해 사용한다.

---

32 컨테이너 실행 중에는 해당 컨테이너를 만든 이미지를 삭제할 수 없는 등 서로 의존하는 부분이 있지만, 조작 대상으로서는 별개의 것이다.

이 IMAGE ID는 도커 이미지의 버전 넘버 역할을 한다. 애플리케이션을 수정하고 이미지를 빌드하면 매번 다른 이미지가 된다. 다시 말해 원래 같은 이미지였지만, 수정 후에는 다른 IMAGE ID 값이 할당되는 것이다. Dockerfile을 편집했을 때뿐만 아니라 COPY 대상이 되는 파일의 내용이 바뀌어도 IMAGE ID 값이 바뀐다.

도커 이미지의 버전이라는 표현이 널리 사용되고 있지만, 엄밀하게 말하면 이미지 ID라는 것을 알아두기 바란다.

REPOSITORY와 TAG 칼럼을 보면 최신 이미지가 example/image:latest이고 그 이전의 이미지는 〈none〉이라고 돼 있다. 〈none〉은 이전에 example/image였던 도커 이미지의 잔재다. 도커에서 태그 하나에 연결될 수 있는 이미지는 하나뿐이다. 여기 나온 latest 태그는 최신 이미지에만 붙을 수 있다. 그보다 오래된 이미지는 태그가 해제됐기 때문에 〈none〉이 된다.

이미지 ID에 태그 부여하기

도커 이미지 버전의 정체는 이미지 ID라는 것을 알았다. 다시 말하면 docker image tag는 이미지 ID에 태그명을 별명으로 붙이는 명령인 것이다.

태그는 특정한 이미지를 쉽게 참조할 수 있도록 붙인 별명에 지나지 않는다. 도커 이미지는 빌드할 때마다 다시 생성되는데, 그 내용의 해시값을 이미지 ID로 삼기 때문에 내용이 바뀌면 이미지 ID도 새 값이 부여된다. git의 커밋을 나타내는 해시와 같다고 생각하면 된다.

그러니까 도커 이미지의 태그는 '어떤 특정 이미지 ID를 갖는 도커 이미지를 쉽게 식별하는 것'을 목적으로 한다. 예를 들어 어떤 애플리케이션의 특정 버전을 지원하는 이미지임을 나타내는 릴리즈 번호를 붙여서 이미지를 쉽게 관리하기 위해 사용할 수 있다.

도커 이미지에 태그를 부여하려면 docker image tag 명령을 사용한다. 지금까지 해왔던 것처럼 태그를 지정하지 않고 빌드한 이미지는 기본적으로 latest 태그가 부여된다.

```
$ docker image ls
REPOSITORY TAG IMAGE ID CREATED SIZE
example/echo latest 4118fd5783c9 1 minutes ago 733MB
```

내용을 수정하고 차분 빌드를 적용해 다시 이미지를 빌드하면 해시값이 이전 이미지와 달라지고 새 이미지가 latest 태그를 차지한다.

```
$ docker image ls
REPOSITORY TAG IMAGE ID CREATED SIZE
example/echo latest d41f60acf362 1 minutes ago 733MB
<none> <none> 4118fd5783c9 1 minutes ago 733MB
```

latest 태그는 git의 master 브랜치와 같은 의미로, 항상 최신 이미지를 가리키는 태그다. 실제로 도커를 사용할 때는 latest의 특정 시점에 버전 넘버 등을 태그로 붙여두고, 이 특정 버전 이미지를 사용하도록 하는 것이 좋다.

```
docker image tag 기반이미지명[:태그] 새이미지명[:태그]
```

예를 들어 example/echo의 latest 이미지에 0.1.0 태그를 부여하려면 다음과 같이 하면 된다.

```
$ docker image tag example/echo:latest example/echo:0.1.0
```

0.1.0 태그를 새로 부여했다. docker image ls 명령을 실행해 보면 latest와 0.1.0 태그가 목록에 모두 나타난다. IMAGE ID 값을 보면 두 이미지 모두 해시값이 d41f60acf362인 것을 봐서 모두 같은 이미지를 가리키고 있음을 알 수 있다.

```
$ docker image ls
REPOSITORY TAG IMAGE ID CREATED SIZE
example/echo 0.1.0 d41f60acf362 1 minutes ago 733MB
example/echo latest d41f60acf362 1 minutes ago 733MB
```

docker image push – 이미지를 외부에 공개하기

docker image push 명령은 현재 저장된 도커 이미지를 도커 허브 등의 레지스트리에 등록하기 위해 사용한다.

```
docker image push [options] 리포지토리명[:태그]
```

여기서는 도커 허브를 기준으로 설명한다. '칼럼 – 도커 허브'를 참조해 계정을 생성한 다음, docker login 명령으로 도커 허브에 로그인한다. docker image push 명령으로 example/echo:latest 이미지를 도커 허브에 등록해 보겠다.

docker image tag 명령을 사용해서 example/echo 이미지의 네임스페이스를 먼저 바꿔야 한다. 도커 허브는 자신 혹은 소속 기관이 소유한 리포지토리에만 이미지를 등록할 수 있다. 네임스페이스 example을 도커 허브 ID[33]과 같이 변경한다.

```
$ docker image tag example/echo:latest stormcattest/echo:latest
$ docker image ls
REPOSITORY TAG IMAGE ID CREATED SIZE
example/echo 0.0.1 d41f60acf362 About an hour ago 733MB
example/echo latest d41f60acf362 About an hour ago 733MB
stormcattest/echo latest d41f60acf362 About an hour ago 733MB
```

그다음 docker image push 명령에 인자로 등록할 이미지를 지정한다. 푸시 도중에는 터미널에 프로그레스 바가 나타나며, 무사히 등록이 완료되면 sha256 해시값이 출력된다.

```
$ docker image push stormcattest/echo:latest
docker image push stormcattest/echo:latest
The push refers to a repository [docker.io/stormcattest/echo]
28051f1ef6ca: Pushed
abffc0d747e0: Pushed
def0035f0883: Pushed
1d5ba8a03ffa: Pushed
eb118b8bd479: Pushed
dfa9c4e53730: Pushed
f18c68baeaea: Pushed
7794e6983a17: Pushed
8ecce130f59d: Pushed
45f0f161f074: Pushed
latest: digest: sha256:9f18e260421e51052914b274e40136fe709c21f195e6e0aadc405d9c29475715 size:
2417
```

도커 허브를 보면 조금 전 등록한 이미지의 리포지토리가 생성돼 있다. 이 리포지토리는 공개 리포지토리이므로 누구나 docker image pull 명령으로 이미지를 내려받을 수 있다. 그러므로 공개 리포지토리에 등록할 이미지나 Dockerfile에는 패스워드나 API 키 값 같은 민감한 정보가 포함되지 않도록 주의한다.

---

33 여기서는 stormcattest.

PUBLIC REPOSITORY

stormcattest/echo ☆

Last pushed: 11 minutes ago

Repo Info   Tags   Collaborators   Webhooks   Settings

Short Description 🗹	Docker Pull Command 🗐
Short description is empty for this repo.	docker pull stormcattest/echo

Full Description 🗹	Owner
Full description is empty for this repo.	stormcattest

칼럼 2-6. 도커 허브

도커에는 도커 레지스트리라는 기능이 있다. 이 기능은 많은 수의 이미지를 중앙 집권적으로 관리하기 위한 호스팅 기능
이다. 도커 허브는 도커 사 자체에서 관리하는 도커 레지스트리를 말한다. 일반 사용자도 도커 허브에 계정을 생성하면
이 호스팅 기능을 이용할 수 있다.

도커 허브에 공개된 이미지를 사용하는 것만이 목적이라면 굳이 계정을 생성할 필요는 없다. 지금까지도 이런 용도로는
이미 여러 번 도커를 사용해왔다. 그러나 이 책에서 docker image push 명령으로 도커 허브에 이미지를 등록하는 내용
을 다루기 때문에 도커 허브에 계정을 생성하는 절차를 소개하겠다.

먼저 도커 허브 사이트에 접속해 오른쪽 계정 생성 폼에 내용을 입력하고 계정을 생성한다. 이 Docker ID는 다른 ID와 중
복되지 않아야 하며 나중에 도커 이미지의 네임스페이스로 사용된다.

폼에 입력을 마친 후 'Sign up' 버튼을 누르면 메일을 받게 된다. 메일에 적힌 지시를 따라 계정을 활성화한다. Welcome
페이지로 이동하면 계정 생성이 끝난 것이다.

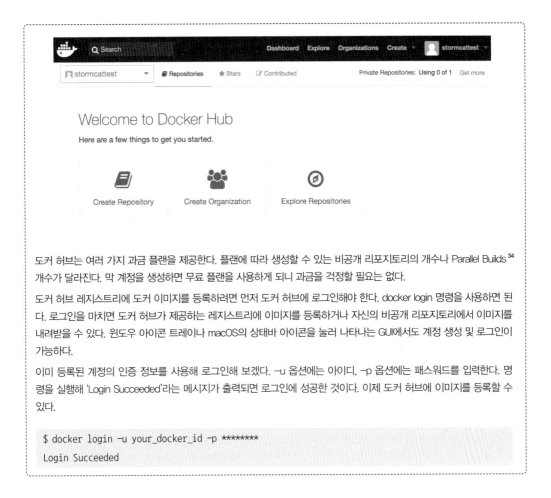

도커 허브는 여러 가지 과금 플랜을 제공한다. 플랜에 따라 생성할 수 있는 비공개 리포지토리의 개수나 Parallel Builds[34] 개수가 달라진다. 막 계정을 생성하면 무료 플랜을 사용하게 되니 과금을 걱정할 필요는 없다.

도커 허브 레지스트리에 도커 이미지를 등록하려면 먼저 도커 허브에 로그인해야 한다. docker login 명령을 사용하면 된다. 로그인을 마치면 도커 허브가 제공하는 레지스트리에 이미지를 등록하거나 자신의 비공개 리포지토리에서 이미지를 내려받을 수 있다. 윈도우 아이콘 트레이나 macOS의 상태바 아이콘을 눌러 나타나는 GUI에서도 계정 생성 및 로그인이 가능하다.

이미 등록된 계정의 인증 정보를 사용해 로그인해 보겠다. -u 옵션에는 아이디, -p 옵션에는 패스워드를 입력한다. 명령을 실행해 'Login Succeeded'라는 메시지가 출력되면 로그인에 성공한 것이다. 이제 도커 허브에 이미지를 등록할 수 있다.

```
$ docker login -u your_docker_id -p ********
Login Succeeded
```

03 도커 컨테이너 다루기

도커 이미지에 이어 도커 컨테이너를 다루는 방법을 알아보겠다. 도커 컨테이너는 이미지를 바탕으로 만든다. 그러므로 우선 도커 이미지를 다루는 방법에 익숙해져야 한다. 한 걸음 더 나아가 도커 컨테이너를 다루는 방법을 알아보자.

겉에서 본 도커 컨테이너는 가상 환경이다. 파일 시스템과 애플리케이션이 함께 담겨 있는 박스라고 보면 된다. 말로 하면 간단하긴 한데, 이런 개념만으로는 잘 이해가 되지 않을 것이다.

---

34 동시에 병렬 빌드할 수 있는 도커 이미지 수.

도커 명령을 실제로 실행해 보면서 컨테이너가 구체적으로 무엇인지 기본적인 구조를 파악하고 손에 익혀보자.

도커 컨테이너의 생애주기

도커 컨테이너가 어떻게 동작하는지를 알려면 먼저 도커 컨테이너의 생애주기를 이해해야 한다.

도커 컨테이너는 실행 중, 정지, 파기의 3가지 상태를 갖는다. 이것을 도커 컨테이너의 생애주기라고 한다. docker container run 명령으로 컨테이너를 최초 실행한 시점의 상태는 실행 중이다.

각 컨테이너는 같은 이미지로 생성했다고 하더라도 별개의 상태를 갖는다. 이 점이 상태를 갖지 않는 도커 이미지와 컨테이너의 큰 차이의 하나다.

실행 중 상태

docker container run 명령의 인자로 지정된 도커 이미지를 기반으로 컨테이너가 생성되면 이 이미지를 생성했던 Dockerfile에 포함된 CMD 및 ENTRYPOINT 인스트럭션에 정의된 애플리케이션이 실행된다. 이 애플리케이션이 실행 중인 상태가 컨테이너의 실행 중 상태가 된다.

HTTP 요청을 받는 서버 애플리케이션이면 오류로 인해 종료되지 않는 한 실행 중 상태가 지속되므로 실행 기간이 길다. 이에 비해 명령이 바로 실행되고 끝나는 명령행 도구 등의 컨테이너는 실행 중 상태가 길게 유지되지 않는다.

실행이 끝나면 정지 상태가 된다.

정지 상태

실행 중 상태에 있는 컨테이너를 사용자가 명시적으로 정지[35]하거나 컨테이너에서 실행된 애플리케이션이 정상/오류 여부를 막론하고 종료된 경우에는 컨테이너가 자동으로 정지 상태가 된다.

컨테이너를 정지시키면 가상 환경으로서는 더 이상 동작하지 않지만, 디스크에 컨테이너가 종료되던 시점의 상태가 저장돼 남는다[36]. 그러므로 정지시킨 컨테이너를 다시 실행할 수 있다.

---

35 docker container stop 명령을 사용한 경우 등.
36 docker container ls -a 명령으로 정지시킨 것을 포함해 모든 컨테이너를 확인할 수 있다.

파기 상태

정지 상태의 컨테이너는 명시적으로 파기하지 않는 이상 디스크에 그대로 남아 있다[37]. 컨테이너를 자주 생성하고 정지해야 하는 상황에서는 디스크를 차지하는 용량이 점점 늘어나므로 불필요한 컨테이너를 완전히 삭제하는 것이 바람직하다.

한 번 파기한 컨테이너는 다시는 실행할 수 없다는 점에 유의하기 바란다. 같은 이미지로 새로운 컨테이너를 생성했다고 해도 각 컨테이너가 실행된 시각 등이 서로 다르고 애플리케이션의 처리 결과도 이에 따라 달라질 수 있기 때문에 완전히 같은 컨테이너를 새로 생성할 수는 없다.

이번 장에서 다루는 컨테이너 조작 방법은 이 3가지 상태 중 한 상태를 가진 컨테이너를 다루는 것을 말한다. 이 점을 염두에 둔다면 도커 컨테이너를 다루는 방법도 이해하기 쉽다. 그럼 구체적인 컨테이너 명령에 대해 알아보겠다.

docker container run – 컨테이너 생성 및 실행

docker container run 명령은 도커 이미지로부터 컨테이너를 생성하고 실행하는 명령이다. 도커 컨테이너를 실행 중 상태로 만들기 위해 사용한다.

```
docker container run [options] 이미지명[:태그] [명령] [명령인자...]
```

```
docker container run [options] 이미지ID [명령] [명령인자...]
```

example/echo:latest 이미지를 기반으로 컨테이너를 백그라운드에서 실행하려면 다음과 같이 하면 된다.

```
$ docker container run -d -p 9000:8080 example/echo:latest
44595b78679de75524ffc885c9a423bec77eb14bfa3e1f1bb5ea36bc9e5fde4d
```

-p 옵션을 사용해 호스트 쪽 포트 9000을 컨테이너 쪽 포트 8080으로 포트 포워딩했으므로 다음과 같이 HTTP 요청을 컨테이너에 전달할 수 있다.

```
$ curl http://localhost:9000/
Hello Docker!!%
```

---

37 호스트 운영 체제를 종료해도 남아 있다.

서버 애플리케이션을 위해 도커를 사용하는 경우가 많으므로 -d나 -p 옵션은 사용할 일이 많을 것이다[38].

docker container run 명령의 인자

docker container run 명령에 명령 인자를 전달하면 Dockerfile에서 정의했던 CMD 인스트럭션을 오버라이드할 수 있다. 예를 들어 library/alpine:3.7의 CMD 인스트럭션은 /bin/sh로, 셸을 실행한다[39],[40]. 그러나 다음과 같이 이 인스트럭션을 다른 명령으로 오버라이드할 수 있다.

```
$ docker image pull alpine:3.7
# docker container run -it alpine:3.7 # 셸에 들어감
$ docker container run -it alpine:3.7 uname -a
```

컨테이너에 이름 붙이기

docker container run 명령으로 컨테이너를 실행하고 나서 docker container ls 명령으로 컨테이너 목록을 보면 NAMES[41]칼럼에 무작위 단어로 지어진 이름을 볼 수 있다.

```
$ docker container ls
CONTAINER ID IMAGE COMMAND CREATED STATUS PORTS NAMES
7f80774e2884 example/echo:latest "go run /echo/main.go" Less than a second ago Up 1 second
0.0.0.0:32773->8080/tcp unruffled_mayer
```

컨테이너 정지 등 컨테이너를 다루는 명령을 실행할 때는 컨테이너 ID 등으로 컨테이너를 특정해줘야 한다. 그러나 컨테이너 ID와 자동 부여된 컨테이너 이름 모두 컨테이너가 실행되고 나야 알 수 있다. 그러나 개발 업무 중에는 같은 docker 명령을 시행착오로 반복 실행하게 되는 경우가 잦으므로 매번 docker container ls 명령으로 컨테이너 ID 및 컨테이너 이름을 확인하기가 번거롭다.

이 문제를 해결할 수 있는 방법이 컨테이너에 이름을 붙이는 기능이다. docker container run 명령에 --name 옵션을 사용하면 컨테이너에 원하는 이름을 붙일 수 있다. 그러면 도커 명령을 사용할 때도 알기 쉬운 이름으로 컨테이너를 특정할 수 있기 때문에 개발 업무에서도 매우 편리하다.

---

38 명령행 도구를 사용할 실행 환경으로 도커를 사용한다면 -i나 -t, --rm 옵션을 자주 사용한다.

39 https://github.com/gliderlabs/docker-alpine/blob/61c3181ad3127c5bedd098271ac05f49119c9915/versions/library-3.7/ x86_64/Dockerfile

40 셸에 들어가려면 -it 옵션으로 실행해야 한다.

41 컨테이너명.

```
docker container run --name [컨테이너명] [이미지명]:[태그]
```

```
$ docker container run -t -d --name gihyo-echo example/echo:latest
```

```
$ docker container ls
CONTAINER ID IMAGE COMMAND CREATED STATUS PORTS NAMES
f1af7b88b2cf example/echo:latest "go run /echo/main.go" 6 minutes ago Up 6 minutes gihyo-echo
```

이름 붙인 컨테이너는 개발용으로는 비교적 자주 사용되지만, 운영 환경에서는 거의 사용되지 않는다. 같은 이름의 컨테이너를 새로 실행하려면 같은 이름을 갖는 기존의 컨테이너를 먼저 삭제[42]해야 하기 때문이다. 이 때문에 많은 수의 컨테이너를 계속 생성 및 실행하고, 정지시켰다가 파기시키는 과정을 반복하는 운영 환경에는 적합하지 않다.

칼럼 2-7. 도커 명령에서 자주 사용되는 옵션

리눅스 대화식 실행 환경, 즉 명령행 도구로도 도커를 많이 사용한다. 이런 환경에서 docker container run 명령을 사용할 때 자주 쓰는 옵션으로 -i, -t, --rm, -v의 4가지를 꼽을 수 있다.

-i 옵션은 컨테이너를 실행할 때 컨테이너 쪽 표준 입력과의 연결을 그대로 유지한다. 그러므로 컨테이너 쪽 셸에 들어가서 명령을 실행할 수 있다. 실제 사용에서는 -t 옵션과 함께 사용하는 경우가 많다. -t 옵션은 유사 터미널 기능을 활성화하는 옵션인데, -i 옵션을 사용하지 않으면 유사 터미널을 실행해도 여기에 입력할 수가 없으므로 -i와 -t 옵션을 같이 사용하거나 이들 옵션을 합쳐 축약한 -it 옵션을 사용한다.

--rm 옵션은 컨테이너를 종료할 때 컨테이너를 파기하도록 하는 옵션이다. 1번 실행한 후에 더 이상 유지할 필요가 없는 명령행 도구 컨테이너를 실행할 때 유용하다. 2장의 'docker container rm - 컨테이너 파기하기'(69쪽)를 참고하라.

-v 옵션은 호스트와 컨테이너 간에 디렉터리나 파일을 공유하기 위해 사용하는 옵션이다. 3장의 '데이터 볼륨'(101쪽) 절을 참고하라.

```
$ docker container ls -q
f432d50add61
681948af4b8d
```

이 옵션은 웹에 공개된 도커 사용법 문서에서도 자주 볼 수 있다. 이 책에서는 9장부터 이 옵션을 자주 사용하게 될 것이다.

---

42 파기

docker container ls - 도커 컨테이너 목록 보기

docker container ls 명령은 실행 중이거나 종료된 컨테이너의 목록을 보여주는 명령이다.

```
docker container ls [options]
```

docker container ls에서 확인이 가능하도록 다음과 같이 2개의 컨테이너를 실행한다.

```
$ docker container run -t -d -p 8080 --name echo1 example/echo:latest
$ docker container run -t -d -p 8080 --name echo2 example/echo:latest
```

아무 옵션 없이 docker container ls 명령을 실행하면 현재 실행 중인 컨테이너의 목록이 출력된다.

```
$ docker container ls
CONTAINER ID IMAGE COMMAND CREATED STATUS PORTS NAMES
832f0f8b7e96 example/echo:latest "go run /echo/main.go" Less than a second ago Up 1 second
0.0.0.0:32772->8080/tcp echo2
d770dd53c832 example/echo:latest "go run /echo/main.go" Less than a second ago Up 17 seconds
0.0.0.0:32771->8080/tcp echo1
```

목록에 표시되는 칼럼 항목의 의미는 다음 표와 같다. docker container ls 명령은 도커 컨테이너를 다룰 때 매우 자주 사용하는 명령이다. 각 항목의 의미를 잘 파악해 두기 바란다.

항목	내용
CONTAINER ID	컨테이너를 식별하기 위한 유일 식별자
IMAGE	컨테이너를 만드는 데 사용된 도커 이미지
COMMAND	컨테이너에서 실행되는 애플리케이션 프로세스
CREATED	컨테이너 생성 후 경과된 시간
STATUS	Up(실행 중), Exited(종료) 등 컨테이너의 실행 상태
PORTS	호스트 포트와 컨테이너 포트의 연결 관계(포트 포워딩)
NAMES	컨테이너의 이름

컨테이너 ID만 추출하기

docker container ls 명령으로 컨테이너 ID와 생성 시 사용한 이미지 등의 정보를 확인할 수 있다. 이때 -q 옵션을 사용하면 컨테이너 ID(축약형)만 추출할 수 있다. 컨테이너를 다루려면 이 컨테이너 ID가 필요하므로 이 명령 역시 자주 사용하게 될 것이다[43].

```
$ docker container ls -q
f432d50add61
681948af4b8d
```

컨테이너 목록 필터링하기

docker container ls로 특정 조건을 만족하는 컨테이너의 목록을 보려면 --filter 옵션을 사용하면 된다.

```
docker container ls --filter "필터명=값"
```

예를 들어, 원하는 이름과 컨테이너명이 일치하는 컨테이너의 목록을 보려면 name 필터를 사용한다.

```
$ docker container ls --filter "name=echo1"
```

컨테이너를 생성한 이미지를 기준으로 하려면 ancestor 필터를 사용한다.

```
$ docker container ls --filter "ancestor=example/echo"
```

종료된 컨테이너 목록 보기

-a 옵션을 사용하면 이미 종료된 컨테이너를 포함한 컨테이너 목록을 볼 수 있다. 종료된 컨테이너가 실행되던 시점의 표준 출력 내용을 확인하거나 컨테이너를 재시작하려는 경우에 사용한다.

```
$ docker container ls -a
CONTAINER ID IMAGE COMMAND CREATED STATUS PORTS NAMES
f432d50add61 example/echo:latest "go run /echo/main.go" 2 minutes ago Exited (2) 4 seconds ago
```

---

43 지금까지도 컨테이너를 정지하는 등의 목적으로 사용했다.

```
echo2
681948af4b8d  example/echo:latest  "go run /echo/main.go"  3 minutes ago  Exited (2)  3 seconds ago
echo1
```

docker container stop – 컨테이너 정지하기

실행 중인 컨테이너를 종료하려면 docker container stop 명령을 사용한다.

```
docker container stop 컨테이너ID_또는_컨테이너명
```

```
$ docker container run -d -p 9000:8080 example/echo:latest
8842fe09cc85ba90d01c91002d4c9bc73481ea5fc59787a8beee5d16ab26026b
$ docker container stop 8842fe09cc85ba90d01c91002d4c9bc73481ea5fc59787a8beee5d16ab26026b
8842fe09cc85ba90d01c91002d4c9bc73481ea5fc59787a8beee5d16ab26026b
```

이름을 붙인 컨테이너라면 다음과 같이 하면 된다.

```
$ docker container run -t -d --name echo example/echo:latest
7717e43e3f0acb19350faa52d63c437fb2319bed3227676959a04aee36f0db91
$ docker container stop echo
echo
```

docker container restart – 컨테이너 재시작하기

파기하지 않은 정지 상태 컨테이너는 docker container restart 명령으로 재시작할 수 있다.

```
docker container restart 컨테이너ID_또는_컨테이너명
```

정지해 둔 echo 컨테이너를 다음과 같이 재시작할 수 있다.

```
$ docker container restart echo
echo
```

docker container rm – 컨테이너 파기하기

컨테이너를 정지하는 명령은 docker container stop이고, 정지시킨 컨테이너를 완전히 파기하려면 docker container rm 명령을 사용한다.

```
docker container rm 컨테이너ID_또는_컨테이너명
```

예를 들어 개발 업무 중 컨테이너 실행 및 정지를 반복하다 보면 다음과 같이 정지된 컨테이너가 여럿 생긴다.

```
$ docker container ls --filter "status=exited"
CONTAINER ID IMAGE COMMAND CREATED STATUS PORTS NAMES
f66f6f2013da example/echo:latest "go run /echo/main.go" 8 minutes ago Exited (2) 7 minutes ago
goofy_swartz
0007771a8845 example/echo:latest "go run /echo/main.go" 8 minutes ago Exited (2) 7 minutes ago
loving_jang
...
6779ce4dbddb example/echo:latest "go run /echo/main.go" 23 hours ago Exited (2) 22 hours ago
vibrant_torvalds
```

앞서 컨테이너 생애주기에서도 설명했듯이, 도커 컨테이너는 정지된 상태에서도 정지 시점의 상태를 유지한 채 디스크에 남아 있다. 그러므로 컨테이너 실행 및 정지를 반복하다 보면 디스크 용량을 점점 많이 차지하게 된다.

또 새로 이름 붙인 컨테이너를 생성할 때 같은 이름을 가진 기존 컨테이너가 존재하는 경우 새로운 컨테이너를 생성할 수 없다. 이때는 같은 이름을 가진 기존 컨테이너를 먼저 삭제해야 한다. 다음과 같이 정지 상태인 컨테이너를 디스크에서 파기할 수 있다.

```
$ docker container rm f66f6f2013da
f66f6f2013da
```

그러나 현재 실행 중인 컨테이너는 일반적인 docker container rm 명령으로는 삭제할 수 없다.

현재 실행 중인 컨테이너를 삭제하려면 -f 옵션을 사용한다.

```
$ docker container rm -f f5fcf64d37398971098ea57b1c706055d5f355cf4a6e3e570617ea8d3a61b6e5
```

docker container run --rm을 사용해 컨테이너를 정지할 때 함께 삭제하기

정지된 컨테이너를 디스크에 유지할 필요가 없는 경우가 있다. docker container rm 명령으로 정지된 컨테이너를 나중에 삭제할 수도 있지만, 매번 일일이 컨테이너를 삭제하는 것도 번거로운 일이다.

이런 경우에는 docker container run 명령에 --rm 옵션을 붙여준다. 정지된 컨테이너는 보통 디스크에 그대로 남아 있지만, --rm 옵션을 붙여 생성한 컨테이너는 실행이 끝나면 자동으로 파기된다.

명령행 도구가 담긴 도커 컨테이너를 사용할 때 이 --rm 옵션이 특히 유용하다. 예를 들어 JSON 문자열을 다루는 도구인 jq를 다음과 같이 사용할 수 있다.

```
$ echo '{"version":100}' | jq '.version'
```

이를 도커 컨테이너 형태로 사용하려면 다음과 같이 한다. gihyodocker/jq:1.5 이미지는 jq 명령을 포함한 도커 이미지로, docker container run 명령에 인자로 jq를 추가해 명령행 도구를 사용할 수 있다.

```
$ echo '{"version":100}' | docker container run -i --rm gihyodocker/jq:1.5 '.version'
100
```

이렇듯 명령행 도구를 담은 컨테이너는 도구의 실행이 끝나면 더는 디스크에 유지할 필요가 없다. 그러므로 --rm 옵션을 사용해 바로 파기하는 것이 좋다.

또 --rm 옵션은 컨테이너에 이름을 붙이는 --name 옵션과 함께 사용하는 경우가 많다. 이름을 붙인 컨테이너를 정지시킨 상태에서 같은 이름으로 컨테이너를 실행하려고 하면 이름이 충돌해 다음과 같이 오류가 발생한다. 이런 오류를 피하려면 다른 이름을 붙여 컨테이너를 실행하든지, 같은 이름의 기존 컨테이너를 먼저 삭제해야 한다. 그러므로 이름이 붙은 컨테이너를 자주 생성하고 정지해야 한다면 --rm 옵션을 사용하는 것이 편리하다.

```
$ docker container run -t -d --name echo example/echo:latest
docker: Error response from daemon: Conflict. The container name "/echo" is
already in use by container "28acc31aa5e7403de5f2d98b2616b7ae2b51e81a086260aec64e
c5c5d38c4181". You have to remove (or rename) that container to be able to reuse
that name.
See 'docker container run --help'.
```

docker container logs - 표준 출력 연결하기

docker container logs 명령을 사용하면 현재 실행 중인 특정 도커 컨테이너의 표준 출력 내용을 확인할 수 있다. 컨테이너의 출력 내용 중 표준 출력으로 출력된 내용만 확인할 수 있으므로 파일 등에 출력된 로그는 볼 수 없다.

일반적으로 도커 컨테이너의 로그라고 하면 컨테이너의 표준 출력으로 출력된 내용을 가리킨다.

```
docker container logs [options] 컨테이너ID_또는_컨테이너명
```

-f 옵션을 사용하면 새로 출력되는 표준 출력 내용을 계속 보여준다[44].

```
$ docker container logs -f $(docker container ls --filter "ancestor=jenkins" -q)
Running from: /usr/share/jenkins/jenkins.war
webroot: EnvVars.masterEnvVars.get("JENKINS_HOME")
Oct 13, 2017 4:52:19 PM Main deleteWinstoneTempContents
WARNING: Failed to delete the temporary Winstone file /tmp/winstone/jenkins.war
Oct 13, 2017 4:52:19 PM org.eclipse.jetty.util.log.JavaUtilLog info
INFO: Logging initialized @763ms
Oct 13, 2017 4:52:20 PM winstone.Logger logInternal
INFO: Beginning extraction from war file
Oct 13, 2017 4:52:21 PM org.eclipse.jetty.util.log.JavaUtilLog warn
WARNING: Empty contextPath
Oct 13, 2017 4:52:21 PM org.eclipse.jetty.util.log.JavaUtilLog info
...
```

애플리케이션을 실제 운영하는 단계에서는 7장의 '쿠버네티스의 그 외 리소스'(250쪽)에서 소개하듯이 실행 중인 컨테이너의 로그를 수집해 웹 브라우저나 명령행 도구로 열람하게 해주는 기능을 사용하기 때문에 docker container logs 명령을 실제로 사용하는 경우는 그다지 많지 않을 것이다. 그러나 이런 기능이 준비되지 않은 환경에서는 디버깅 용도로 유용하다.

---

44 tail -f 명령과 비슷하게 동작한다.

docker container exec – 실행 중인 컨테이너에서 명령 실행하기

docker container exec 명령을 사용하면 실행 중인 컨테이너에서 원하는 명령을 실행할 수 있다. 명령을 실행하려는 컨테이너의 컨테이너 ID나 컨테이너명을 인자로 지정한 다음, 그 뒤에 다시 실행할 명령을 인자로 추가한다.

```
docker container exec [options] 컨테이너ID_또는_컨테이너명 컨테이너에서_실행할_명령
```

시험 삼아 컨테이너에서 pwd 명령을 실행해 보자. 이 컨테이너의 작업 디렉터리는 /go 디렉터리이므로 표준 출력으로 /go가 출력될 것이다.

```
$ docker container run -t -d --name echo --rm example/echo:latest
012aaf6efaebb3c72c517c55788043a666f6748fc0bd23eff1ccaaed07556ef8
$ docker container exec echo pwd
/go
```

docker container exec 명령을 사용하면 마치 컨테이너에 ssh로 로그인한 것처럼 컨테이너 내부를 조작할 수 있다. 컨테이너 안에서 실행할 셸(sh나 bash)을 실행하면 마찬가지 결과를 얻을 수 있기 때문이다. 표준 입력 연결을 유지하는 -i 옵션과 유사 터미널을 할당하는 -t 옵션을 조합하면 컨테이너를 셸을 통해 다룰 수 있다. 이런 용도로 컨테이너를 사용하고 싶다면 무조건 -it 옵션을 붙인다.

```
$ docker container exec -it echo sh
pwd
/go
```

docker container exec 명령은 이렇게 컨테이너 내부의 상태를 확인하거나 디버깅하는 용도로 사용할 수 있다. 다만, 컨테이너 안에 든 파일을 수정하는 것은 애플리케이션에 의도하지 않은 부작용을 초래할 수 있으므로 운영 환경에서는 절대 해서는 안 된다.

docker container cp – 파일 복사하기

docker container cp 명령은 컨테이너끼리 혹은 컨테이너와 호스트 간에 파일을 복사하기 위한 명령이다. Dockerfile에 포함된 COPY 인스트럭션은 이미지를 빌드할 때 호스트에서 복사해 올 파일을 정의하기 위한 것이고, docker container cp 명령은 실행 중인 컨테이너와 파일을 주고받기 위한 명령이다.

```
docker container cp [options] 컨테이너ID_또는_컨테이너명:원본파일 대상파일
```

```
docker container cp [options 호스트_원본파일 컨테이너ID_또는_컨테이너명:대상파일
```

컨테이너 안에 있는 /echo/main.go 파일을 호스트의 현재 작업 디렉터리로 복사하려면 다음과 같이 하면 된다.

```
$ docker container cp echo:/echo/main.go .
```

반대로 호스트 쪽에서 컨테이너로 파일을 복사하려면 다음과 같이 한다.

```
$ docker container cp dummy.txt echo:/tmp
$ docker container exec echo ls /tmp | grep dummy
dummy.txt
```

docker container cp 명령은 디버깅 중 컨테이너 안에서 생성된 파일을 호스트로 옮겨 확인할 목적으로 사용하는 경우가 대부분이다. 또한 아직 파기되지 않은 정지 상태의 컨테이너에 대해서도 실행할 수 있다.

04 운영과 관리를 위한 명령

지금까지 이미지와 컨테이너를 다루는 주요 명령을 살펴봤다. 마지막으로 도커를 운영하고 관리하기 위한 명령을 알아보자.

prune – 컨테이너 및 이미지 파기

docker container prune

도커를 오랜 기간 사용하다 보면 디스크에 저장된 컨테이너와 이미지가 점점 늘어나게 마련이다. 이런 경우에 prune 명령을 사용해 필요 없는 이미지나 컨테이너를 일괄 삭제할 수 있다.

docker container prune 명령은 실행 중이 아닌 모든 컨테이너를 삭제하는 명령이다.

docker container ls -a 명령으로 정지 중인 것을 포함해 모든 컨테이너의 목록을 볼 수 있다. 정지된 컨테이너도 디스크에 남아 있기 때문에 종료한 컨테이너의 로그를 확인하거나 docker container restart 명령으로 컨테이너를 다시 시작할 수 있다. 테스트 등의 업무에 이런 특징이 유용하기도 하지만, 정지시킨 대부분의 컨테이너는 그리 쓸모가 없다. 정기적으로 이들을 삭제하는 것이 좋다.

```
docker container prune [options]
```

재차 확인을 요구하므로 y를 입력해 동의하면 정지된 모든 컨테이너가 삭제된다.

```
$ docker container prune
WARNING! This will remove all stopped containers.
Are you sure you want to continue? [y/N]
Deleted Containers:
9ef7354627581b424afab6ae7c9bc9d344ea6d3f54d898261da77304306cdf77
(생략...)
474d95dc38fab4253c3b40fdbf70c21a20fbf7e94dab9c65b25fbf641f5b2665
Total reclaimed space: 67.2MB
```

docker image prune

이미지도 컨테이너와 마찬가지로 사용하지 않는 것이 점차 누적된다. 그러니 디스크 용량을 너무 차지하지 않도록 정기적으로 삭제한다. docker image prune 명령은 태그가 붙지 않은(dangling) 모든 이미지를 삭제한다.

```
docker image prune [options]
```

```
$ docker image prune
WARNING! This will remove all dangling images.
Are you sure you want to continue? [y/N]
Deleted Images:
deleted: sha256:48d13774d8f4dc63973936519b208503fe79b8147fe23bbc753d46daa091c459
(생략...)
deleted: sha256:ce25975a9880f3473fcee522ab5c616a76db558045230455d4452bf0f4aa37c2
Total reclaimed space: 626.8MB
```

이미지 일괄 삭제 후 docker image ls 명령으로 확인해 보면 아직 남은 이미지가 있다. 이 이미지는 실행 중인 컨테이너의 이미지 등 이유가 있어 도커가 남겨 놓은 것이다.

docker system prune

사용하지 않는 도커 이미지 및 컨테이너, 볼륨, 네트워크 등 모든 도커 리소스를 일괄적으로 삭제하고 싶다면 docker system prune 명령을 사용한다.

```
$ docker system prune
WARNING! This will remove:
    - all stopped containers
    - all networks not used by at least one container
    - all dangling images
    - all build cache
Are you sure you want to continue? [y/N]
```

docker container stats – 사용 현황 확인하기

시스템 리소스 사용 현황을 컨테이너 단위로 확인하려면 docker container stats 명령을 사용한다. 유닉스 계열 운영 체제의 top 명령과 같은 역할을 한다고 보면 된다[45].

```
docker container stats [options] [대상_컨테이너ID ...]
```

```
$ docker container stats
CONTAINER CPU % MEM USAGE / LIMIT MEM % NET I/O BLOCK I/O PIDS
91c699e8db2e 41.74% 13.9MiB / 1.952GiB 0.70% 2.99MB / 3.1MB 0B / 8.19kB 16
f6cf9b16ebad 0.09% 451.7MiB / 1.952GiB 22.59% 3.77kB / 0B 24.1MB / 45.1kB 21
66e7e65516a8 0.14% 1.355MiB / 1.952GiB 0.07% 3.86kB / 0B 6.93MB / 0B 3
```

---

45 docker top 명령으로 컨테이너에서 실행 중인 프로세스를 확인할 수 있다. 이 명령과 혼동하지 않도록 주의하기 바란다.

지금까지 도커의 기본적인 사용법을 알아봤다. 도커 이미지를 만들거나 도커 허브에서 내려받은 이미지로 도커 컨테이너를 실행하고 컨테이너의 포트를 호스트 머신 포트로 포트 포워딩하는 방법 등을 배웠다. 이는 모두 중요한 기초 지식이다.

그러나 기본적인 사용법만으로는 실용적인 시스템을 구축하는 데 도커를 어떻게 사용해야 할지 감이 잘 오지 않을 것이다.

시스템은 일반적으로 단일 애플리케이션이나 미들웨어만으로 구성되는 것이 아니다. 웹 애플리케이션은 리버스 프록시 역할을 하는 웹 서버를 프론트엔드에 배치하고 그 뒤로 비즈니스 로직이 담긴 애플리케이션 서버가 위치해 데이터 스토어 등과 통신하는 구조로 완성된다. 여러 애플리케이션 간의 연동 및 통신, 그리고 이들 간의 의존관계를 통해 하나의 시스템이 구성되는 것이다.

앞에서도 설명했지만, 도커는 애플리케이션 배포에 특화된 컨테이너다. 도커 컨테이너 = 단일 애플리케이션이라고 봐도 무방하다. 가상 서버와는 대상 단위의 크기(granularity) 자체가 다르다.

애플리케이션 간의 연동 없이는 실용적 수준의 시스템을 구축할 수 없다. 다시 말하면, 도커 컨테이너로 시스템을 구축하면 하나 이상의 컨테이너가 서로 통신하며, 그 사이에 의존관계가 생긴다.

이런 방식으로 시스템을 구축하다 보면 단일 컨테이너를 다룰 때는 문제가 되지 않던 부분에도 주의가 필요하다. 컨테이너의 동작을 제어하기 위한 설정 파일이나 환경 변수를 어떻게 전달할지, 컨테이너 간의 의존관계를 고려할 때 포트 포워딩을 어떻게 설정해야 하는지 등의 요소를 적절히 관리해야 한다.

도커를 사용해서 이런 시스템을 만들려면 기본 사용법만 알아서는 부족할 것이다.

docker-compose 명령으로 컨테이너 실행하기

이때 필요한 것이 도커 컴포즈(Docker Compose) [46, 47]다. Compose는 yaml 포맷으로 기술된 설정 파일로, 여러 컨테이너의 실행을 한 번에 관리할 수 있게 해준다.

우선 어떤 기능인지 보자. 윈도우용/macOS용 도커가 로컬 환경에 설치돼 있다면 docker-compose 명령을 바로 사용할 수 있다.

---

46 본래 Fig라는 이름으로 개발되던 독립된 도커 관리 도구였다. 2014년에 도커 사가 인수하면서 도커 컴포즈로 이름이 변경됐다.
47 이후 컴포즈로 약칭. 명령어는 docker-compose라고 표기한다.

```
$ docker-compose version
docker-compose version 1.16.1, build 6d1ac21
docker-py version: 2.5.1
CPython version: 2.7.12
OpenSSL version: OpenSSL 1.0.2j 26 Sep 2016
```

먼저 컨테이너 하나를 실행해 보겠다. 그리고 같은 작업을 docker-composer를 사용해 다시 수행할 것이다.

```
$ docker container run -d -p 9000:8080 example/echo:latest
```

임의의 디렉터리에서 docker-compose.yml라는 파일명으로 다음과 같은 내용을 작성한다. 이제 이 설정 파일로 위의 명령과 같은 내용을 수행할 수 있다. 파일 맨 앞의 version: "3" 부분은 이 docker-compose.yml 파일의 내용을 해석하는 데 필요한 문법 버전[48]을 선언한 것이다. 여기서 만든 example/echo:latest 이미지를 도커 컴포즈에서 사용해 보겠다.

```
version: "3"
services:
  echo:
    image: example/echo:latest
    ports:
      - 9000:8080
```

이제 docker-compose.yml 파일의 내용을 살펴보자. services 요소 아래의 echo는 컨테이너 이름으로, 그 아래에 다시 어떤 이미지를 실행할지가 정의된다. image 요소는 도커 이미지, ports는 포트 포워딩 설정을 지정한다.

이 파일을 이용해 도커 컨테이너를 실행해 보겠다. docker-compose.yml 파일이 위치한 디렉터리에서 이 정의에 따라 여러 컨테이너를 한꺼번에 시작하려면 docker-compose up 명령을 사용하면 된다[49].

---

[48] Version 3은 문법 정의 중 안정 버전이다.

[49] d는 백그라운드 실행용 옵션이다.

```
$ docker-compose up -d
Creating network "ch02_default" with the default driver
Creating ch02_echo_1 ...
Creating ch02_echo_1 ... done
```

docker container ls 명령으로 컨테이너가 생성됐는지 확인해 보자. docker container run 명령을 실행했을 때처럼 컨테이너가 실행됐음을 알 수 있다.

```
$ docker container ls
CONTAINER ID IMAGE COMMAND CREATED STATUS PORTS NAMES
d336ce6f12d8 example/echo:latest "go run /echo/main.go" 24 minutes ago Up 1 second 0.0.0.0:9000-
>8080/tcp ch02_echo_1
```

이번에는 컨테이너를 정지해 보겠다. docker-compose down 명령을 사용하면 docker-compose.yml 파일에 정의된 모든 컨테이너가 정지 혹은 삭제된다. 정지할 컨테이너의 ID를 일일이 지정해야 하는 docker container stop 명령보다 훨씬 간단하다.

```
$ docker-compose down
Stopping echo_echo_1 ... done
Removing echo_echo_1 ... done
Removing network echo_default
```

컴포즈를 사용하면 이미 존재하는 도커 이미지뿐만 아니라 docker-compose up 명령을 실행하면서 이미지를 함께 빌드해 새로 생성한 이미지를 실행할 수도 있다. example/echo 이미지를 생성했던 echo 디렉터리에서 docker-compose.yml 파일을 다음과 같이 다시 작성한다. 작성 후의 디렉터리 상태는 다음과 같을 것이다.

```
echo --- main.go
  |- Dockerfile
  |- docker-compose.yml
```

이번에는 docker-compose.yml 파일에서 image 속성을 지정하는 대신, build 속성에 Dockerfile이 위치한 상대 경로를 지정했다. 지금 같은 경우는 같은 디렉터리에 Dockerfile 파일이 위치하고 있으니 .(현재 작업 디렉터리)로 지정하면 된다.

```
version: "3"
services:
  echo:
    build: .
    ports:
      - 9000:8080
```

다시 docker-compose up 명령을 실행한다. 이미 컴포즈가 이미지를 빌드한 적이 있다면 빌드를 생략하고 컨테이너가 실행되지만, --build 옵션을 사용하면 docker-compose up 명령에서도 도커 이미지를 강제로 다시 빌드하게 할 수 있다. 개발 과정에서 이미지가 자주 수정되는 경우에는 --build 옵션을 사용하는 것이 좋다.

```
$ docker-compose up -d --build
Creating network "echo_default" with the default driver
Building echo
Step 1/6 : FROM golang:1.9
---> bba10fd6d576
Step 2/6 : RUN mkdir /echo
---> Using cache
---> 7427b7d6be96
Step 3/6 : RUN echo neko
---> Running in 59ca2eaf4ba2
neko
---> ac290d91fcf9
Removing intermediate container 59ca2eaf4ba2
Step 4/6 : COPY main.go /echo
---> fbcb4e707619
Step 5/6 : CMD go run /echo/main.go
---> Running in dc7f556e2f2b
---> 774e59706a3d
Removing intermediate container dc7f556e2f2b
Step 6/6 : EXPOSE 8080
---> Running in fc442f0d69e6
---> 19b5ccf2cd1b
Removing intermediate container fc442f0d69e6
Successfully built 19b5ccf2cd1b
Successfully tagged echo_echo:latest
```

```
Creating echo_echo_1 ...
Creating echo_echo_1 ... done
```

06 컴포즈로 여러 컨테이너 실행하기

docker-compose.yml 파일을 작성하면 기존 docker 명령을 사용해 컨테이너를 실행할 때 매번 부여하던 옵션을 설정 파일로 관리할 수 있다. 이것만으로도 충분히 유용하지만, 컴포즈를 사용한 구성 관리 기능의 진가는 여러 컨테이너를 실행할 때 발휘된다.

컴포즈를 사용해 여러 컨테이너를 실행하기 위해 필요한 기본 요소를 파악하기 위해 젠킨스(Jenkins)[50] 를 예제 삼아 컴포즈로 실행해 보자.

젠킨스 컨테이너 실행하기

다음과 같이 docker-compose.yml 파일을 작성한다.

```
version: "3"
services:
  master:
    container_name: master
    image: jenkinsci/jenkins:2.142-slim
    ports:
      - 8080:8080
    volumes:
      - ./jenkins_home:/var/jenkins_home
```

젠킨스 이미지는 도커 허브에 올라와 있는 것을 이용한다.

volumes라는 설정 항목이 처음 등장했다. volumes 항목은 호스트와 컨테이너 사이에 파일을 복사하는 것이 아니라 파일을 공유할 수 있는 메커니즘이다. Dockerfile의 COPY 인스트럭션이나 docker container cp 명령은 로스트와 컨테이너 사이에 파일을 복사하는 기능이었지만, volumes는 공유라는 점에서 차이가 있다. 젠킨스 컨테이너를 호스트 쪽에서 편리하게 다룰 수 있도록 docker-compose.

---

50 CI/CD 기능을 제공하는 서버 애플리케이션. https://jenkins.io/

yml 파일에 volumes를 정의해 호스트 쪽 현재 작업 디렉터리 바로 아래에 jenkins_home 디렉터리를 젠킨스 컨테이너의 /var/jenkins_home에 마운트한다.

이제 컴포즈를 실행하겠다. -d 옵션을 사용하지 않고 포어그라운드로 컨테이너를 실행하면 Jenkins initial setup is required라는 메시지가 표준 출력으로 출력된 다음, 초기 설정에서 패스워드가 생성되는데 이 패스워드를 잘 복사해 놓는다(다음에 xxxxx...로 나타낸 부분).

```
$ docker-compose up
Creating ch02_jenkins_1 ...
Creating ch02_jenkins_1 ... done
Attaching to ch02_jenkins_1
jenkins_1 | Running from: /usr/share/jenkins/jenkins.war
jenkins_1 | webroot: EnvVars.masterEnvVars.get("JENKINS_HOME")
...
master | *************************************************************
master |
master | Jenkins initial setup is required. An admin user has been created and a password
generated.
master | Please use the following password to proceed to installation:
master |
master | xxxxxxxxxxxxxxxxxxxxxxxxxxxxxxxxx
master |
master | This may also be found at: /var/jenkins_home/secrets/initialAdminPassword
master |
master | *************************************************************
```

여기서는 젠킨스를 호스트 쪽 포트 8080과 포트 포워딩으로 연결했다. 브라우저에서 http://localhost:8080/에 접근한다. 앞에서 적어둔 초기 패스워드[51]를 입력받는 페이지가 나타날 것이다.

---

[51] 초기 패스워드를 분실한 경우에는 jenkins 컨테이너에서 /var/jenkins_home/secrets/initialAdminPassword 파일의 내용을 보면 된다. 이 파일은 volumes에 마운트돼 있으므로 호스트의 ./jenkins_home/secrets/ initialAdminPassword 파일에서도 확인할 수 있다.

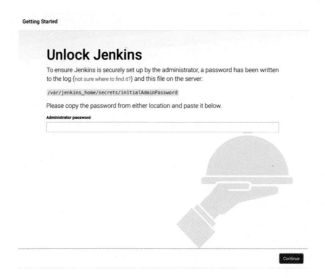

초기 패스워드를 입력한 다음 페이지의 설명을 따라 설정을 진행한다. 세세한 설정까지는 건드릴 필요가 없으므로 'Customize Jenkins' 화면에서 'Install suggested plugins'를 선택한다.

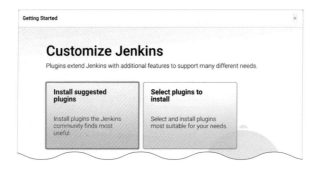

마지막으로 로그인 인증 정보를 설정하면 로그인된 상태의 젠킨스 홈 화면이 나타난다.

젠킨스 공식 이미지에서는 /var/jenkins_home 아래에 데이터가 저장된다. 그러므로 컴포즈로 실행한 젠킨스 컨테이너를 종료했다가 재시작해도 초기 설정이 유지된다.

마스터 젠킨스 용 SSH 키 생성

이제 젠킨스 컨테이너를 하나 실행했다. 다음은 좀 더 실용적인 예제로, 여기에 슬레이브 젠킨스 컨테이너를 추가해 보겠다.

실제로도 젠킨스를 운영할 때 단일 서버로 운영하는 경우는 그리 흔치 않다. 관리 기능이나 작업 실행 지시 등은 마스터 인스턴스가 맡고, 작업을 실제로 진행하는 것은 슬레이브 인스턴스가 담당한다. 이러한 구성을 컴포즈로 만들어 보겠다.

먼저 준비 작업으로 마스터가 슬레이브에 접속할 수 있도록 마스터 컨테이너에서 SSH 키를 생성한다. 나중에 마스터가 슬레이브와 소통할 수 있으려면 이 키가 반드시 필요하므로 꼭 만들어야 한다. 지금 실행 중인 첫 번째 컨테이너가 마스터 젠킨스 역할을 할 것이다.

```
# 마스터 컨테이너에 접속한 다음 SSH 키를 생성
$ docker container exec -it master ssh-keygen -t rsa -C ""
Generating public/private rsa key pair.
Enter file in which to save the key (/var/jenkins_home/.ssh/id_rsa):
Created directory '/var/jenkins_home/.ssh'.
Enter passphrase (empty for no passphrase):
Enter same passphrase again:
Your identification has been saved in /var/jenkins_home/.ssh/id_rsa.
Your public key has been saved in /var/jenkins_home/.ssh/id_rsa.pub.
...
```

지금 만든 /var/jenkins_home/.ssh/id_rsa.pub 파일은 마스터 젠킨스가 슬레이브 젠킨스에 접속할 때 사용할 키다. 이 키를 슬레이브를 추가할 때 설정할 것이다.

슬레이브 젠킨스 컨테이너 생성

슬레이브 인스턴스 역할을 할 젠킨스 컨테이너를 추가한다. 마스터 컨테이너는 master, 슬레이브 컨테이너는 slave01로 각각 이름을 붙인다.

```
version: "3"
services:
  master:
    container_name: master
    image: jenkinsci/jenkins:2.142-slim
    ports:
      - 8080:8080
    volumes:
      - ./jenkins_home:/var/jenkins_home
    links:
      - slave01

slave01:
  container_name: slave01
  image: jenkinsci/ssh-slave
  environment:
    - JENKINS_SLAVE_SSH_PUBKEY=ssh-rsa AAAAB3NzaC1yc2.....
```

SSH 접속 허용 설정

새로 추가하는 슬레이브 컨테이너를 만들 때는 SSH로 접속하는 슬레이브 용도로 구성된 도커 이미지 jenkinsci/ssh-slave를 사용한다. jenkinsci/ssh-slave 이미지에 다시 환경 변수 JENKINS_SLAVE_ SSH_PUBKEY를 설정하는데, SSH로 접속하는 상대가 이 키를 보고 마스터 젠킨스임을 식별하게 된다[52]. 이 환경 변수는 호스트 파일 시스템의 ./jenkins_home/.ssh/id_rsa.pub[53]의 내용을 그대로 붙여 넣으면 된다. 슬레이브 컨테이너 안에서 키를 받아오거나 설정해서는 안 되며, 외부 환경 변수로 받아 오게 해야 한다.

SSH 접속 대상 설정

슬레이브 컨테이너의 기본 준비는 끝났다. 그러나 아직 마스터 컨테이너가 어떻게 슬레이브 컨테이너 를 찾아 추가할 것인가 하는 문제가 남아 있다. IP 주소를 찾아 설정하는 방법도 있지만, 컴포즈를 사 용하면 좀 더 깔끔하게 이 문제를 해결할 수 있다. links 요소를 사용해 다른 services 그룹에 해당하는 다른 컨테이너와 통신하면 된다.

---

52 슬레이브 컨테이너의 ~/.ssh/ authorized_keys 파일에 마스터 컨테이너의 SSH 공개키가 추가된다.

53 마운트된 위치이므로 /var/jenkins_home/.ssh/id_rsa.pub에 해당한다. 환경에 따라 값은 달라진다.

여기서는 master에 slaves01에 대한 links를 설정했다. 이것으로 master에서 slave01이라는 이름으로 슬레이브 컨테이너를 찾아갈 수 있다.

컨테이너 간의 관계 정리 및 준비 완료

새로운 요소가 많이 나오므로 지금까지 진행한 과정을 한 번 더 되짚어 보겠다[54].

- 마스터 컨테이너를 먼저 생성한 다음, 마스터의 SSH 공개키를 생성

- docker-compose.yml 파일에 슬레이브 컨테이너를 추가하고, 앞에서 만든 마스터의 SSH 공개키를 환경 변수 JENKINS_SLAVE_SSH_PUBKEY에 설정

- links 요소를 사용해 마스터 컨테이너가 슬레이브 컨테이너로 통신할 수 있게 설정

그리고 현재 작업 디렉터리 상태를 tree 명령으로 확인해 보자[55].

```
$ tree -a -L 2
.
├── docker-compose.yml
└── jenkins_home
    ├── .groovy
    ├── .java
    ├── .owner
    ├── .ssh
    ├── config.xml
    ├── copy_reference_file.log
    ├── hudson.model.UpdateCenter.xml
    ├── hudson.plugins.git.GitTool.xml
    ├── identity.key.enc
    ├── init.groovy.d
    ├── jenkins.CLI.xml
    ├── jenkins.install.InstallUtil.lastExecVersion
    ├── jenkins.install.UpgradeWizard.state
    ├── jobs
    ├── logs
    ├── nodeMonitors.xml
```

---

54 슬레이브가 마스터의 SSH 공개키에 의존하므로 마스터를 먼저 생성하지 않으면 슬레이브를 설정할 수 없는 등 관리상 단점도 있다. 지금은 컴포즈 학습 목적이라고 생각하기 바란다.

55 윈도우에서는 옵션 없이 실행한다.

```
├── nodes
├── plugins
├── queue.xml.bak
├── secret.key
├── secret.key.not-so-secret
├── secrets
├── updates
├── userContent
├── users
├── war
└── workflow-libs

15 directories, 14 files
```

이제 마스터/슬레이브를 구성하는 젠킨스의 docker-compose.yml 파일 작성이 끝났으니 이를 실행해 보겠다. master와 slave01이라는 이름이 붙은 컨테이너가 실행됐음을 알 수 있다.

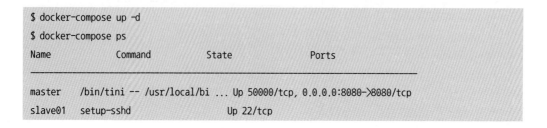

```
$ docker-compose up -d
$ docker-compose ps
Name              Command              State              Ports
────────────────────────────────────────────────────────────────────────
master    /bin/tini -- /usr/local/bi ... Up  50000/tcp, 0.0.0.0:8080->8080/tcp
slave01   setup-sshd                   Up  22/tcp
```

마지막 설정

두 컨테이너를 실행했다고 해서 마스터 젠킨스가 슬레이브 젠킨스를 인식하지는 못한다. 이제 'Jenkins 관리' 페이지에서 '노드 관리'를 선택한 다음, 왼쪽 사이드 메뉴의 '신규 노드 생성' 항목에서 slave01를 추가한다. 노드명은 slave01이라고 입력한다.

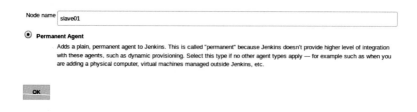

'리모트 FS 루트' 항목에는 아무 디렉터리나 입력해도 되며(/home/jenkins도 가능), 실행 방법으로 'SSH를 경유해 유닉스 머신의 슬레이브 에이전트를 실행'을 선택한다. '호스트' 항목에는 슬레이브 젠킨스의 호스트명인 slave01을 입력한다. master 컨테이너에서는 slave01이라는 이름으로 슬레이브 컨테이너를 찾아올 수 있으므로 굳이 slave01의 IP 주소를 찾아 입력할 필요는 없다. '인증정보'는 '추가' 풀다운 메뉴에서 Jenkins를 선택해 설정을 추가한다. 그다음 'Host Key Verification Strategy' 항목 값은 Non Verifying Verification Strategy으로 설정한다.

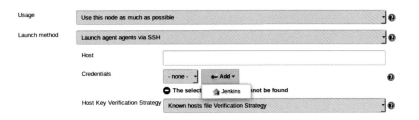

'인증정보 추가'에서 '종류' 항목은 SSH 아이디와 비밀키를 지정해서 master 컨테이너에서 slave01 컨테이너로 SSH 접속할 수 있게 한다. 아이디는 jenkins, 비밀키는 마스터 젠킨스의 틸드/.ssh에서 선택한다.

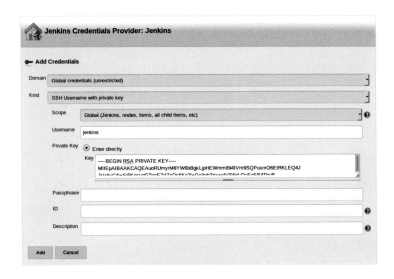

그러면 다시 신규 노드 설정 화면으로 돌아온다. '인증 정보'를 생성한 jenkins를 설정한다. '저장'을 실행하면 slave01이 추가된다.

노드 목록에 slave01이 새로 추가됐다. master 컨테이너에서 slave01 컨테이너로 SSH를 통한 통신이 성공하면 다음과 같이 오류 없는 화면이 나타난다[56].

더 나은 컨테이너 개발

컴포즈를 이용해 마스터/슬레이브로 구성된 젠킨스를 구축했다. 이 예제에서는 SSH 접속 설정이나 젠킨스 설정 화면에서 슬레이브를 추가하는 등의 작업에서 어느 정도 수작업이 필요했다.

그러나 이상적인 도커 구성 관리는 애플리케이션을 바로 이용할 수 있는 수준까지 수작업 없이 애플리케이션을 배포하는 것이 목표다. 이번에 살펴본 젠킨스 예제는 컨테이너나 컴포즈로 가능한 설정만으로는 모든 구성을 갖출 수 없었으나, 직접 개발한 애플리케이션에 대한 구성 관리를 할 때는 애플리케

---

56 통신에 실패하면 빨간 가위표가 쳐지며, N/A라고 표시된다.

이션 제어 및 컨테이너 간의 연동을 설정하는 것만으로 충분하도록 애플리케이션 및 도커 이미지, 컨테이너를 구성해야 한다.

그럼 다음 장부터는 설정만으로 도커 구성 관리를 완성할 수 있도록 애플리케이션과 컨테이너를 만들려면 어떻게 해야 하는지 그 기본적인 내용을 알아보겠다. 그리고 여러 컨테이너가 서로 협조하는 복합적인 시스템을 만드는 방법도 알아볼 것이다.

컨테이너
실전 구축 및 배포

지금까지 도커 이미지 빌드, 컨테이너 실행, 간단한 배포 방법을 알아봤다. 이번 장에서는 좀 더 실용적인 컨테이너 구축과 배포에 대해 설명하겠다.

시스템에서 단일 컨테이너의 비중, 이식성을 고려해 도커 친화적인 애플리케이션을 개발하는 방법, 퍼시스턴스(persistence) 데이터를 다루는 방법, 도커 스웜이나 스택(Stack)을 이용한 컨테이너 배포 전략에 대해 알아보자.

01 애플리케이션과 시스템 내 단일 컨테이너의 적정 비중

도커를 사용해 시스템을 구성한다는 것은 대부분 자신이 만든 애플리케이션의 컨테이너는 물론이고 도커 허브에 공개된 애플리케이션이나 미들웨어 이미지로 만든 컨테이너가 서로 협력하는 스택을 구축하는 것이다.

실제 운영 환경에서는 같은 컨테이너를 복제해 여러 호스트에 배포하는 경우도 드물지 않다.

실제 운영에서는 애플리케이션을 컨테이너 안에 어떻게 배치하는지가 매우 중요하다. 컨테이너 하나가 맡을 수 있는 적정 수준의 책임은 어느 정도일까? 세세하게 역할을 나누다가 시스템 전체의 복잡도가 올라가지는 않을까? 애플리케이션 내 단일 컨테이너의 적정 비중은 이런 다양한 측면을 고려할 필요가 있다.

그렇다면 단일 컨테이너의 시스템 내 비중은 어떻게 결정해야 하는지 알아보겠다.

컨테이너 1개 = 프로세스 1개?

1장과 2장에서도 설명했지만, 도커는 애플리케이션 배포에 특화된 가상화 기술이다. 애플리케이션과 인프라를 도커 컨테이너라는 단위로 분리한 것이라 볼 수 있다.

이런 관점에서 보면 웹 애플리케이션과 워커(worker)형 상주 애플리케이션 프로세스 하나를 하나의 컨테이너로 만드는 방식(컨테이너 1개 = 프로세스 1개)이 괜찮게 생각될 수 있다. 실제로 도커 초기에는 컨테이너 1개 = 프로세스 1개를 반드시 지켜야 한다고 생각하는 사용자가 있어 자주 토론 거리가 됐다.

과연 이런 생각이 타당할까? 다음 유스 케이스를 통해 이를 고찰해 보겠다.

정기적으로 작업을 실행하는 애플리케이션

정기적으로 어떤 작업을 실행하는 컨테이너가 있다고 가정해 보자.

스케줄러와 작업이 합쳐진 애플리케이션을 만든다면 컨테이너 1개 = 프로세스 1개 원칙을 지킬 수 있을 듯하다. 그러나 스케줄러를 직접 갖춘 애플리케이션만 있는 것은 아니다. 대부분은 스케줄러를 외부 기능에 의존한다. 이 예제의 애플리케이션도 스케줄러 기능을 갖고 있지 않다고 가정하겠다.

스케줄러 기능이 없는 애플리케이션을 사용해 정기 작업을 실행하려면 cron을 사용하는 것이 자연스럽다.

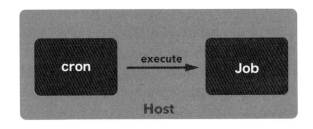

cron은 1개의 상주 프로세스 형태로 동작하는데, 이 스케줄러가 실행하는 작업 역시 하나의 프로세스로 동작한다.

컨테이너 1개 = 프로세스 1개 방식을 택한다면 cron이 1개 컨테이너고 실행되는 작업이 또 1개의 컨테이너를 차지하는 형태로 구성해야 한다. 이를 실제로 구성하려면 다음과 같은 방법을 생각할 수 있다.

- 작업 컨테이너 쪽에 작업을 실행하는 트리거 역할을 할 API를 갖추고, cron 컨테이너가 컨테이너 간 통신을 통해 이 API를 호출하는 구조
- cron 컨테이너에 도커를 구축하고 다시 그 위에서 작업 컨테이너를 실행하는 구조[1]

수행하기가 불가능하지는 않겠지만, 이런 방법은 지나치게 복잡하다. 간단하게 컨테이너 하나로 cron과 작업 프로세스를 모두 실행하는 방법을 시도해 보자. cron이 실행되는 컨테이너에서 셸 스크립트(작업)를 실행할 컨테이너를 다음과 같은 디렉터리 구성으로 생성한다.

```
cronjob --- task.sh
   |- cron-example
   |- Dockerfile
```

task.sh 파일은 현재 시간과 함께 'Hello!'라는 문자열을 출력하며 그 내용을 /var/log/cron.log 파일 끝에 남긴다.

```
#!/bin/sh
echo "[`date`] Hello!" >> /var/log/cron.log
```

cron-example은 cron 정의 파일이다. task.sh 파일을 1분에 한 번씩 실행하는 역할을 한다.

```
* * * * * root sh /usr/local/bin/task.sh
```

마지막으로 Dockerfile을 살펴보자. ubuntu:16.04 이미지를 사용하고 여기에 패키지 관리자 apt를 사용해 cron을 설치한다. task.sh와 cron-example 파일을 컨테이너로 복사하고 cron-example 파일의 권한을 644로 조정한다.

그다음 CMD 인스트럭션에서 cron을 실행한다. cron은 백그라운드에서 동작하는 프로세스이므로 이렇게 CMD 인스트럭션에서 실행하면 컨테이너가 바로 종료될 것이다. 이를 방지하기 위해 컨테이너가 계속 실행된 상태로 남도록 cron 명령에 -f 옵션을 붙여 포어그라운드에서 실행되도록 한다[2].

---

1 이러한 구조를 dind(Docker in Docker)라고 부른다.

2 컨테이너 종료를 막기 위한 기법 중 하나로, tail -f /dev/null을 실행하는 방법이 있다. 다만 외부에서 docker stop 명령 등으로 SIGTERM 신호를 보내 컨테이너를 종료하려고 할 때 이 tail 명령이 SIGTERM으로는 종료되지 않기 때문에 docker container stop 명령의 10초 타임아웃이 지나서 컨테이너가 완전히 종료되지 않는 문제가 있다.

```
FROM ubuntu:16.04

RUN apt update
RUN apt install -y cron

COPY task.sh /usr/local/bin/
COPY cron-example /etc/cron.d/
RUN chmod 0644 /etc/cron.d/cron-example

CMD ["cron", "-f"]
```

이 상태에서 도커 이미지를 빌드한다.

```
$ docker image build -t example/cronjob:latest .
Sending build context to Docker daemon 4.096kB
Step 1/7 : FROM ubuntu:16.04
16.04: Pulling from library/ubuntu
ae79f2514705: Pull complete
c59d01a7e4ca: Pull complete
...
Removing intermediate container 2f0b13e3f66a
---> 4d7718a4a550
Step 7/7 : CMD ["cron", "-f"]
---> Running in 62bf0820e912
Removing intermediate container 62bf0820e912
---> 64bab8fc3b04
Successfully built 64bab8fc3b04
Successfully tagged example/cronjob:latest
```

그다음, 빌드된 이미지를 실행해 본다.

```
$ docker container run -d --rm --name cronjob example/cronjob:latest
499743a332202f9a8a06d82b66ad673831307fc4d5192186071dddd791c9d3d2
```

실행 중인 컨테이너의 /var/log/cron.log 파일의 내용을 보면 task.sh에서 출력한 문자열이 1분마다
추가되고 있음을 알 수 있다.

```
$ docker container exec -it cronjob tail -f /var/log/cron.log
[Mon Oct 21 14:50:01 UTC 2017] Hello!
[Mon Oct 21 14:51:01 UTC 2017] Hello!
```

컨테이너 하나에서 cron과 작업까지 2개 프로세스를 모두 실행하는 형태로 정기적으로 실행되는 작업을 간단하게 구현할 수 있었다. 억지로 별도의 컨테이너로 분리하는 것보다 훨씬 깔끔하다.

컨테이너 1개 = 프로세스 1개를 억지로 고수하는 것보다 1개 이상의 프로세스를 실행하는 컨테이너를 허용하는 쪽이 간결한 형태를 유지할 수 있는 경우가 많다.

자식 프로세스를 너무 의식하지 말 것

프로세스를 지나치게 의식하면 컨테이너를 제대로 사용할 수 없다.

cron을 사용한 예제는 오히려 간단한 편에 속한다. 좀 더 실용적인 예제를 생각해 보자. 예를 들면 아파치 웹 서버는 클라이언트로부터 요청을 받을 때마다 자식 프로세스를 포크하며, 엔진엑스는 마스터 프로세스와 워커 프로세스, 캐시 관리 프로세스가 함께 동작하는 형태다.

이런 경우까지 컨테이너 1개 = 프로세스 1개 원칙을 고수하는 것은 비현실적이다. 도커를 사용하는 이유가 배포 편의성을 위한 것인데, 이쯤 되면 앞뒤가 바뀐 것이라 할 수 있다. 용도에 따라 자연스럽게 프로세스 1개 = 컨테이너 1개가 되는 경우도 있지만, 이를 꼭 지켜야 할 사항으로 생각할 필요는 없다.

컨테이너 1개에 하나의 관심사

애플리케이션을 구축하며 컨테이너 1개 = 프로세스 1개 원칙을 고수하는 것은 무리임을 알았다. 도커는 이 문제를 어떤 관점으로 보고 있을까? 사실 도커의 공식 문서 'Best Practices for writing Dockerfiles'[3]에 이에 대한 공식적인 입장이 담겨있다.

> Each container should have only one concern.
>
> 컨테이너는 하나의 관심사에만 집중해야 한다.

하나의 관심사란 무엇일까? 이는 다시 말하면 컨테이너 하나가 한 가지 역할이나 문제 영역(도메인)에만 집중해야 한다는 의미다.

---

3 https://docs.docker.com/develop/develop-images/dockerfile_best-practices/에서 인용. 저자가 번역함.

전통적인 웹 애플리케이션 스택을 떠올려보자. 컨테이너를 사용하지 않는 스택에서는 리버스 프록시, 애플리케이션, 데이터 스토어가 서로 독립적으로 자기 역할을 수행하며 전체 시스템을 구성한다. 이런 분리 구조라면 이를 그대로 컨테이너로 바꿔도 어색함이 없다. 처리할 트래픽이 많고 컨테이너를 사용한다면 리버스 프록시와 애플리케이션을 합친 컨테이너와 데이터 스토어 컨테이너로 구성해 이를 복제하는 방식으로 자연스럽게 스케일링도 가능할 것이다[4].

2장에서 살펴본 젠킨스 구축 예제도 각 컨테이너가 하나의 관심사에 집중하는 구조다. 젠킨스는 마스터와 슬레이브로 역할이 나뉘어 있으며, 슬레이브 인스턴스의 수가 부족해지면 이를 늘리기만 하면 된다.

앞에서 살펴본 정기적 작업 실행 예제에서는 '1분에 1번씩 작업 실행 트리거를 동작시키는 cron'과 'Hello! 문자열을 출력하는 작업'으로 2개의 역할을 분리할 수는 있지만, 그대로 컨테이너를 구성하면 불필요한 수고를 해야 함을 알았다. 그래서 역할을 '1분에 1번씩 Hello! 문자열을 출력'하는 것으로 합쳐 하나의 컨테이너로 구성했다. 지나치게 세세하게 나눈 역할을 합쳐 간단하게 한 것이다.

이렇듯 각 애플리케이션과 컨테이너가 전체 시스템에서 차지해야 하는 적정 비중을 고려하면 "각 컨테이너가 맡을 역할을 적절히 나누고, 그 역할에 따라 배치한 컨테이너를 복제해도 전체 구조에서 부작용이 일어나지 않는가?"를 따져가며 시스템을 설계해야 한다.

02 컨테이너의 이식성

1장에서도 설명했듯이, 도커의 큰 장점은 그 이식성(portability)에 있다. 도커를 사용하면 애플리케이션과 인프라를 컨테이너라는 단위로 분리할 수 있으며, 도커가 설치된 환경이라면 어떤 호스트 운영 체제와 플랫폼, 온프레미스 및 클라우드 환경에서도 그대로 동작한다.

이렇게만 얘기하면 도커가 완전히 이상적인 환경이 아닌가 생각될 것이다. 방금까지의 설명에서 이상한 부분을 느꼈다면 매우 감이 좋은 사람이다. 아쉽게도 도커의 이식성은 완벽하지 않아서 몇 가지 예외가 존재한다.

---

4 이때 복제된 컨테이너를 레플리카라고 한다.

커널 및 아키텍처의 차이

호스트형 가상화 기술처럼 하드웨어를 연산으로 에뮬레이션하는 기술과 달리, 도커에서 사용되는 컨테이너형 가상화 기술은 호스트 운영 체제와 커널 리소스를 공유한다. 이는 사실상 도커 컨테이너를 실행하려면 호스트가 특정 CPU 아키텍처 혹은 운영 체제를 사용해야 한다는 의미다.

예를 들어, 라즈베리 파이(Raspberry Pi) 같은 ARM 계열의 armv7I 아키텍처를 채용한 플랫폼에서 인텔의 x86_64 아키텍처에서 빌드한 도커 컨테이너를 실행할 수는 없다. 우리는 보통 CentOS나 우분투, 현재 공식 이미지의 사실상 표준 역할을 하는 알파인 리눅스(Alpine Linux)를 기반으로 도커 이미지를 빌드하거나 사용하고 있지만, 이 이미지는 어디까지나 x86_64 아키텍처에서 실행하는 것을 전제로 만들어진 것이며 다른 아키텍처에서 동작하는 도커에서는 실행이 보장되지 않는다. 도커의 이식성에 대한 가장 큰 오해 중 하나가 바로 이것이다.

또 최근에는 윈도우 플랫폼에서 구동한 도커에서 실행하는 것을 전제로 한 microsoft/windowsservercore[5]라는 윈도우 서버 기반 이미지도 제공하기 시작했다. 이것으로 이제 윈도우 기반 컨테이너를 사용할 수 있게 됐다. 그러나 이 컨테이너는 리눅스나 macOS 등의 플랫폼에서는 실행할 수 없다. 모든 환경에서 동작하는 컨테이너는 없기 때문이다.[6]

도커는 지금도 지원 플랫폼의 범위를 넓혀가고 있다. 윈도우 지원도 차츰 더 충실해질 것이다. 최근의 IoT 추세에 따라 ARM 아키텍처 지원도 강화해 나갈 계획이다.

라이브러리와 동적 링크 문제

애플리케이션이 어떤 라이브러리를 사용하느냐에 따라 이식성을 해치는 경우가 있다. 네이티브 라이브러리를 동적 링크해 사용하는 경우가 특히 그렇다.

정적 링크는 애플리케이션에 사용된 라이브러리를 내부에 포함하는 형태이므로 애플리케이션의 크기가 비대해지는 경향이 있지만 이식성은 뛰어나다. 이에 비해 동적 링크는 애플리케이션을 실행할 때 라이브러리가 링크되므로 애플리케이션 크기는 작아지지만 애플리케이션을 실행할 호스트에서 라이브러리를 갖춰야 한다는 문제가 생긴다.

이 문제는 도커를 사용할 때도 골치를 썩이는데, Dockerfile에 ADD나 COPY 인트스럭션처럼 호스트에서 파일을 복사해올 수 있는 기능이 있으므로 애플리케이션을 컨테이너 외부에서 주입하는 경우도 적지 않다.

---

5 https://hub.docker.com/r/microsoft/windowsservercore/
6 이 책은 윈도우 기반 컨테이너는 다루지 않는다.

CI를 사용해 애플리케이션 테스트 등을 거쳐 최종적으로 도커 이미지로 패키징하는 형태도 고려해 볼 만하다. 되도록 CI에 들이는 시간을 줄이고 싶을 테니까 말이다. CI 처리 중에 생성된 애플리케이션을 그대로 컨테이너에 복사하기만 하면 각 컨테이너에서 이를 다시 컴파일하는 시간을 아낄 수 있다. 이런 방법은 속도도 빠르고 컨테이너 안에서 애플리케이션을 빌드하는 것보다 부하가 가볍기 때문에 괜찮은 방법으로 인식되고 있다.

다만 이 방법에는 함정이 하나 있다. 동적 링크를 사용한 애플리케이션을 도커에서 사용하는 경우가 여기에 해당한다.

예를 들어, CI와 컨테이너에서 사용하는 표준 C 라이브러리가 서로 다르다면 CI에서 빌드해 복사해 온 애플리케이션은 컨테이너에서 동작하지 않을 것이다. 가장 흔한 케이스로, CI 쪽에서 glibc[7]를 동적 링크하는 바이너리를 빌드했으나 컨테이너에서는 musl[8]을 사용하기 때문에 애플리케이션이 동작하지 않는 경우를 들 수 있다. 이런 현상을 피하려면 모든 의존 라이브러리를 정적으로 링크해 사용하거나 실행 플랫폼에도 glibc 라이브러리를 설치해야 한다[9].

표준 C 라이브러리를 매번 CI 서비스에 맞춰 바꾸는 것은 효율적이지 못하다. 그래서 도커 컨테이너에서 실행할 애플리케이션을 개발할 때는 되도록 네이티브 라이브러리를 정적 링크해 빌드하는 것이 좋다.

정적 링크는 실행 파일의 크기가 커진다는 단점이 있다. 이 역시 방지하고 싶다면 모든 빌드 프로세스를 실행하는 도커 컨테이너를 만들고, 그 안에서 애플리케이션을 빌드하면 동일 라이브러리를 사용하는 것이 보장되므로 이를 다른 컨테이너에서 사용해도 문제가 없을 것이다.

이 외에도 도커에서 이런 문제에 대한 해결책으로 multi-stage builds라는 메커니즘을 제시했다[10]. 이 방법은 컨테이너를 빌드용과 실행용으로 분리해서 사용하는 방법으로, 실행용 컨테이너를 빌드에 사용하면서 빌드에 쓰이는 도구로 인해 컨테이너가 지나치게 커지는 것을 방지한다.

이런 방법을 사용하더라도 도커의 이식성이 완벽해지는 것은 아니다. 일부 문제에 대해서는 대책을 세울 수 있으나, 그냥 생각 없이 사용해서 해결되는 것은 없다.

도커를 사용할 때 이식성이란 말이 앞서 나가기 쉬운데, 이러한 성격이 절대적인 것이 아님을 이해해야 한다.

---

7 GNU C 라이브러리. 우분투나 데비안 등 일반적인 데스크톱 및 서버용 리눅스 배포판에서 가장 널리 사용된다. 기능이 많지만, 그만큼 파일 크기가 커서 임베디드 환경이나 도커 컨테이너에서는 많이 사용되지 않는다.

8 정식 명칭은 musl libc이며 대게 머슬이라고 부른다. 크기가 작아서 임베디드 환경이나 도커에 적합하다. 도커에서 많이 사용되는 알파인 리눅스에서도 musl을 사용한다.

9 9장 '표준 C 라이브러리별 이미지'(369쪽)에서 표준 C 라이브러리 선택에 대해 다룬다.

10 multi-stage builds는 9장의 '멀티 스테이지 빌드'(386쪽)에서 더 자세히 다룬다.

03 도커 친화적인 애플리케이션

애플리케이션 중 도커를 적용하기에 유리한 특징을 가진 것들이 있다. 이런 특징을 여럿 갖춘 도커 친화적인 애플리케이션은 컨테이너의 장점을 최대한 누릴 수 있다.

컨테이너의 사용이 확산됨에 따라 처음부터 컨테이너에서 사용하는 것을 염두에 두고 애플리케이션을 개발하는 경우도 있고 기존 애플리케이션을 도커로 이주하는 경우도 있다.

이식성 높은 애플리케이션을 구축하기 위해서는 어떤 요소가 필요할까? 컨테이너의 제어와 설정의 관점에서 이를 생각해 보자.

환경 변수 활용

애플리케이션을 만들 때는 일반적으로 재사용성과 유연성을 가질 수 있도록 옵션을 만들어 두고, 이 옵션에 따라 애플리케이션의 동작을 제어한다. 이식성을 중시하는 도커 환경에서는 더욱이 외부에서 동작을 제어할 수 있게 해야 한다.

도커 컨테이너 형태로 실행되는 애플리케이션의 동작을 제어하는 방법으로는 다음과 같은 것을 꼽을 수 있다.

- 실행 시 인자
- 설정 파일
- 애플리케이션 동작을 환경 변수로 제어
- 설정 파일에 환경 변수를 포함

개인적으로는 애플리케이션의 동작을 환경 변수로 제어하는 방법을 추천한다. 각 방법의 장단점으로 어떤 것이 있는지 알아보자.

실행 시 인자를 사용

도커에는 CMD나 ENTRYPOINT 같은 인스트럭션을 사용해서 컨테이너를 실행할 때 사용할 명령을 정의해 둘 수 있다. 하지만 그 외에도 실행 시 인자 형태로 값을 전달하는 방법도 있다.

이 방법은 외부에서 값을 주입받을 수 있다는 장점이 있지만, 실행 시 인자가 너무 많아지면 애플리케이션에서 인자를 내부 변수로 매핑해주는 처리가 복잡해지거나 CMD 및 ENTRYPOINT 인스트럭션 내용을 관리하기가 어려워질 수 있다는 단점이 있다. 실행할 때 필요한 인자를 잘 선택하는 안목이 필요하다.

설정 파일 사용

설정 파일을 사용해서 애플리케이션의 동작을 제어하는 방식은 매우 널리 사용되는 방식으로, 컨테이너 보급 이전에도 일반적인 방식이었다. 실행할 애플리케이션에 development/production과 같이 환경 이름을 부여하고, 그에 따라 설정 파일을 바꿔가며 사용하는 방식이다. 루비 온 레일즈(Ruby on Rails, RoR)나 메이븐(Maven), 그레이들(Gradle)를 사용하는 자바(Java) 웹 애플리케이션에서 흔히 볼 수 있다.

이런 애플리케이션을 도커 컨테이너로 전환한다면 어떻게 하는 것이 좋을까? 설정 파일을 채택한 애플리케이션은 애플리케이션 리포지토리에 필요한 모든 설정 파일을 갖춰두는 경우가 많다. 이런 경우, 애플리케이션의 도커 이미지를 각 설정 파일 별로 만들어두는 방법을 우선 생각해 볼 수 있다.

그러나 도커의 장점이 무엇인지 다시 생각해 보자. 언제, 어떤 환경에서도 배포 가능하다는 점이다. 특정 환경에 대한 설정 파일을 도커 이미지에 포함시키면 이식성을 해치게 될 뿐이다. 완전히 특정 환경으로 제한되는 용도라면 모를까 다른 환경에서 애플리케이션을 실행하려면 컨테이너에 설정 파일을 추가해야 하므로 그때마다 이미지를 새로 빌드해야 한다.

설정 파일을 컨테이너 밖에서 실행 시에 전달하는 형태로 사용한다면 실행 환경을 추가해도 이미지를 새로 빌드할 필요가 없다. 호스트에 위치한 환경별 설정 파일을 컨테이너에 마운트해주는 것도 한 가지 방법이지만, 호스트에 대한 의존성이 생기므로 관리 운영 면에서는 좋지 않다.

애플리케이션 동작을 환경 변수로 제어

컨테이너에서 실행되는 애플리케이션의 동작을 환경 변수로 제어하는 방법도 매우 유용하다.

앞에서 본 젠킨스 예제에서도 슬레이브 쪽에 JENKINS_SLAVE_SSH_PUBKEY라는 환경 변수에 값을 설정하는 방식으로 마스터 인스턴스의 공개키를 전달했다. 이때도 이 방법의 편리성을 알 수 있었다.

환경 변수를 사용하는 방법의 장점은 (설정 파일 방식에서 단점이었던) 매번 이미지를 다시 빌드하지 않아도 된다는 점이다. 설정값이 조금 바뀌었다고 도커 이미지를 다시 빌드할 때 낭비되는 시간은 물론이고 환경 변수 값을 바꾼 후 컨테이너를 다시 시작하면 그만이므로 시행착오에 드는 시간도 압도적으로 줄어든다.

애플리케이션 외부에서 설정을 주입하는 형태이므로 이들 환경변수는 애플리케이션과 별도의 리포지토리를 통해 관리하는 것이 일반적이다. 환경 변수는 컴포즈를 사용하는 경우 docker-compose.yml 파일의 env 속성에 기술해 관리한다. 쿠버네티스[11]나 아마존 ECS에도 비슷한 기능을 제공한다. 각 환경에서 사용할 환경 변수를 정의한 파일을 모아서 관리하는 리포지토리를 만들어두면 편리할 것이다.

이 방법의 단점으로는 환경 변수는 그 특성상 키-값 쌍 형태로, 계층 구조를 가지기 어렵다는 점을 들 수 있다. 이 때문에 JSON이나 XML, TOML 같은 계층적 데이터 구조를 갖는 설정 파일보다 애플리케이션 쪽에서 매핑을 처리하는 데 수고가 더 많이 든다.

Go 언어에는 콤마로 값을 구분한 환경 변수 값을 배열로 매핑해주는 kelseyhightower/envconfig[12]라는 편리한 라이브러리가 있다. 도커가 유행함에 따라 이렇게 환경 변수를 쉽게 다룰 수 있게 해주는 라이브러리가 여럿 개발되고 있다.

설정 파일에 환경 변수를 포함

도커에서는 지금까지 언급한 방법 중 환경 변수로 애플리케이션을 제어하는 방법을 주로 추천한다. 그러나 설정 파일의 장점을 포기하기 어려운 경우가 있다. 설정 파일에 환경 변수를 포함할 수 있다면 환경 변수의 장점과 설정 파일의 장점을 모두 취할 수 있다. 환경별 설정 파일을 애플리케이션에 포함하는 대신, 설정 파일 템플릿에 환경 변수를 포함하는 것이다.

예를 들어 스프링 프레임워크(Spring Framework)의 properties 파일은 환경 변수를 포함할 수 있다. 기존에는 환경 가짓수만큼 설정 파일을 만들어야 했지만, 환경 변수를 포함함에 따라 이 파일을 템플릿으로 사용할 수 있게 됐다.

```
db.driverClass=${DB_DRIVER_CLASS:com.mysql.jdbc.Driver}
db.jdbcUrl=${DB_JDBC_URL}
db.user=${DB_USER}
db.password=${DB_PASSWORD}
db.initialSize=${DB_INITIAL_SIZE:10}
db.maxActive=${DB_MAX_ACTIVE:50}
db.maxIdle=${DB_MAX_IDLE:20}
db.minIdle=${DB_MIN_IDLE:10}
```

---

11 5장에서 다룬다.

12 https://github.com/kelseyhightower/envconfig

이것은 한 가지 사례로, 모든 애플리케이션 프레임워크가 이런 기능을 지원하는 것은 아니다. 컨테이너 친화적인 애플리케이션을 만들기에 유리한 프레임워크인지를 평가할 때 지표로 사용하면 좋을 것이다.

04 퍼시스턴스 데이터를 다루는 방법

도커 컨테이너가 실행 중에 작성 혹은 수정된 파일은 호스트 쪽 파일 시스템에 마운트되지 않는 한 컨테이너가 파기될 때 호스트에서 함께 삭제된다. 컨테이너 안에서 실행된 애플리케이션이 파일이나 디렉터리를 수정하고 이용하는, 다시 말해 상태를 갖는(stateful) 유형이라면 파기된 컨테이너를 완전히 동일하게 재현하기가 쉽지 않다.

컨테이너를 사용해서 상태를 갖는 애플리케이션을 운영하려면 새로운 버전의 컨테이너가 배포돼도 이전 버전의 컨테이너에서 사용하던 파일 및 디렉터리를 그대로 이어받아 사용할 수 있어야 한다. 이런 경우에 사용되는 것이 데이터 볼륨(data volume)이다.

데이터 볼륨은 각 컨테이너와 호스트에서 퍼시스턴스 데이터를 공유하는 형태 외에도 데이터 볼륨 컨테이너라는 퍼시스턴스 데이터를 위한 컨테이너를 사용하는 형태가 있다.

데이터 볼륨

데이터 볼륨은 도커 컨테이너 안의 디렉터리를 디스크에 퍼시스턴스 데이터로 남기기 위한 메커니즘으로, 호스트와 컨테이너 사이의 디렉터리 공유 및 재사용 기능을 제공한다. 이미지를 수정하고 새로 컨테이너를 생성해도 같은 데이터 볼륨을 계속 사용할 수 있다. 또, 데이터 볼륨은 컨테이너를 파기해도 디스크에 그대로 남으므로 컨테이너로 상태를 갖는 애플리케이션을 실행하는 데 적합하다.

데이터 볼륨을 생성하려면 다음과 같이 docker container run 명령에 -v 옵션을 사용하면 된다.

```
docker container run [options] -v 호스트_디렉터리:컨테이너_디렉터리 리포지토리명[:태그] [명령]
[명령인자]
```

우선 가장 간단한 사용법부터 알아보자. 데이터 볼륨의 용도 중 하나로, 컨테이너에서 생성된 파일을 호스트에서 참조하는 경우를 들 수 있다. 예를 들어, 이미지 처리 도구인 ImageMagick를 제공하는 gihyodocker/imagemagick:latest 이미지를 사용해 컨테이너 안에서 이미지 파일을 생성해 보자.

```
$ docker container run -v ${PWD}:/workspace gihyodocker/imagemagick:latest
convert -size 100x100 xc:#000000 /workspace/gihyo.jpg
```

위 명령의 convert 이후 부분이 컨테이너에 전달될 애플리케이션 실행 인자인데, 그 내용은 ImageMagick에 100×100 크기의 흑백 이미지를 담은 /workspace/gihyo.jpg라는 파일을 생성하라는 명령이다. -v 옵션을 사용해 데이터 볼륨이 설정돼 있으므로 컨테이너 안의 /workspace 디렉터리는 환경 변수 $PWD가 나타내는 디렉터리(즉, 현재 작업 디렉터리)에 마운트된다. 이 컨테이너는 ImageMagick 명령을 실행하기 위한 것이므로 이미지 생성이 끝나면 바로 정지된다. 이제 현재 작업 디렉터리의 내용을 보면 컨테이너에서 생성한 gihyo.jpg 파일이 공유돼 있는 것을 볼 수 있다.

```
$ ls -l
total 8
-rw-r--r-- 1 stormcat staff 203B 4 7 14:36 gihyo.jpg
```

데이터 볼륨은 공유 기능을 제공하므로 호스트에서 편집한 파일을 데이터 볼륨을 통해 이미지를 수정하지 않고도 컨테이너와 공유할 수 있다. 2장에서 살펴본 젠킨스 구축 과정에 사용된 것이 바로 이것이다.

```
$ docker container run -d -p 8080:8080 -v ${PWD}/jenkins_home:/var/jenkins_home jenkins:latest
99ee6f42287cf7983d6dbf66cddbce0bc6a90126a66c6cdd1ce30d85a485263b
```

젠킨스 도커 이미지는 /var/jenkins_home을 홈 디렉터리로 삼아 여러 파일을 보관한다. 그런데 여기에 데이터 볼륨을 설정하면 처음 컨테이너를 생성할 때 /var/jenkins_home 디렉터리가 호스트가 지정한 경로와 공유되기 때문에 컨테이너가 정지되거나 파기돼도 그 파일이 그대로 유지된다.

이 방법을 사용하면 컨테이너 안의 설정 파일을 쉽게 수정할 수 있지만, 호스트 안의 특정 경로에 의존성이 생기기 때문에 호스트 쪽 데이터 볼륨을 잘못 다루면 애플리케이션에 부정적 영향을 미칠 수 있다. 이 때문에 이식성 면에서는 아직 개선의 여지가 있는 기법임을 알아둬야 한다.

데이터 볼륨 컨테이너

컨테이너의 데이터 퍼시스턴스 기법으로 추천되는 것이 데이터 볼륨 컨테이너다.

앞에서 설명한 데이터 볼륨[13]은 컨테이너와 호스트 사이의 디렉터리를 공유하는 것이었으나, 데이터 볼륨 컨테이너는 컨테이너 간에 디렉터리를 공유한다.

데이터 볼륨 컨테이너는 이름 그대로 데이터를 저장하는 것만이 목적인 컨테이너다. 이전 장에서 도커 컨테이너를 파기하지 않는 한 컨테이너의 내용은 디스크에 그대로 유지된다고 설명했다. 데이터 볼륨 컨테이너는 이러한 특성을 활용한 것이다. 디스크에 저장된 컨테이너가 갖는 퍼시스턴스 데이터를 볼륨으로 만들어 다른 컨테이너에 공유하는 컨테이너가 데이터 볼륨 컨테이너다.

데이터 볼륨 컨테이너가 공유한 디렉터리 역시 호스트 머신의 스토리지에 저장된다는 점에서는 데이터 볼륨과 똑같다.

호스트-컨테이너 데이터 볼륨은 호스트 쪽 특정 디렉터리에 의존성을 갖는다. 데이터 볼륨 컨테이너의 볼륨은 도커에서 관리하는 영역인 호스트 머신의 /var/lib/docker/volumes/ 아래에 위치한다. 데이터 볼륨 컨테이너 방식은 도커가 관리하는 디렉터리 영역에만 영향을 미친다. 호스트-컨테이너 데이터 볼륨과 비교하면 호스트 머신이 컨테이너에 미치는 영향을 최소한으로 억제한다. 또, 데이터 볼륨 컨테이너가 직접 볼륨을 다뤄주므로 볼륨을 필요로 하는 컨테이너가 사용할 호스트 디렉터리를 알 필요가 없고 디렉터리를 제공하는 데이터 볼륨 컨테이너만 지정하면 된다.

---

13 구별을 위해 앞으로는 컨테이너 간 데이터 볼륨이라고 하겠다.

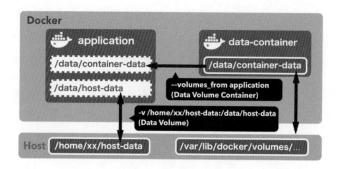

데이터 볼륨이 데이터 볼륨 컨테이너 안에 캡슐화되므로 호스트에 대해 아는 것이 없어도 데이터 볼륨을 사용할 수 있다. 또한 컨테이너 안에 든 애플리케이션과 데이터의 결합이 더 느슨하므로 애플리케이션 컨테이너와 데이터 볼륨을 교체할 수도 있다.

데이터 볼륨에 MySQL 데이터 저장하기

MySQL을 예로 데이터 볼륨 컨테이너를 사용해 보자. 데이터 볼륨 컨테이너 역할을 할 이미지를 다음과 같은 Dockerfile로 생성한다.

```
FROM busybox

VOLUME /var/lib/mysql

CMD ["bin/true"]
```

busybox는 최소한의 운영 체제 기능만 제공하는 경량 운영 체제로, 도커 이미지의 기반 이미지로 많이 사용된다. 데이터 볼륨 컨테이너는 데이터를 저장하는 것만을 목적으로 하는 컨테이너다. 되도록 이렇게 작은 이미지를 사용하는 것이 효과적이다[14].

```
$ docker image build -t example/mysql-data:latest .
Sending build context to Docker daemon 4.096kB
Step 1/3 : FROM busybox
---> 6ad733544a63
Step 2/3 : VOLUME /var/lib/mysql
---> Using cache
```

---

14 9장 참조.

```
---> c71b5c75743f
Step 3/3 : CMD /bin/true
---> Using cache
---> 3ebe86df96d3
Successfully built 3ebe86df96d3
Successfully tagged example/mysql-data:latest
```

이 이미지의 컨테이너를 mysql-data라는 이름으로 데이터 볼륨 컨테이너로 실행한다. 이 컨테이너는 CMD 인스트럭션에서 셸을 실행하는 것이 전부기 때문에 실행이 끝나면 컨테이너가 바로 종료된다.

```
$ docker container run -d --name mysql-data example/mysql-data:latest
163ff06a567b59be01f2439a8ea235e855007f6fd78eff7b9e8d0a917eab3bdc
```

이어서 MySQL을 동작시킬 컨테이너를 실행한다. 환경 변수로 데이터베이스 이름, 사용자명, 패스워드를 설정한다. --volumes-from 옵션을 사용해 데이터 볼륨 컨테이너 mysql-data를 MySQL 컨테이너에 마운트한다. 이제 MySQL 컨테이너의 /var/lib/mysql에는 데이터가 저장되지 않는다.

```
$ docker container run -d --rm --name mysql \
  -e "MYSQL_ALLOW_EMPTY_PASSWORD=yes" \
  -e "MYSQL_DATABASE=volume_test" \
  -e "MYSQL_USER=example" \
  -e "MYSQL_PASSWORD=example" \
  --volumes-from mysql-data \
  mysql:5.7
```

실행 중인 mysql 컨테이너에 root 계정으로 로그인한다(패스워드는 빈 문자열). 초기 데이터로 다음과 같은 CREATE, INSERT 쿼리를 보낸다.

```
$ docker container exec -it mysql mysql -u root -p volume_test
Enter password:
mysql>
CREATE TABLE user(
  id int PRIMARY KEY AUTO_INCREMENT,
  name VARCHAR(255)
) ENGINE=InnoDB DEFAULT CHARSET=utf8mb4 COLLATE utf8mb4_unicode_ci;

INSERT INTO user (name) VALUES ('gihyo'), ('docker'), ('Solomon Hykes');
```

이제 데이터가 저장됐다. 테스트를 위해 컨테이너를 정지해 보겠다. mysql 컨테이너는 --rm 옵션을
붙여 실행했으니 정지와 함께 컨테이너가 삭제된다. 다시 새로운 컨테이너를 실행하고 조금 전 저장한
데이터가 남아 있는지 확인한다.

```
$ docker container stop mysql
mysql

$ docker container run -d --rm --name mysql \
  -e "MYSQL_ALLOW_EMPTY_PASSWORD=yes" \
  -e "MYSQL_DATABASE=volume_test" \
  -e "MYSQL_USER=example" \
  -e "MYSQL_PASSWORD=example" \
  --volumes-from mysql-data \
  mysql:5.7

$ docker container exec -it mysql mysql -u root -p volume_test
Enter password:
mysql> SELECT * FROM user;
+----+--------------+
| id | name |
+----+--------------+
| 1 | gihyo |
| 2 | docker |
| 3 | Solomon Hykes |
+----+--------------+
3 rows in set (0.00 sec)
```

조금 전 저장한 데이터가 잘 남아 있다. 이렇게 애플리케이션 컨테이너와 데이터 볼륨 컨테이너를 분리
하면 쉽게 데이터와 컨테이너를 교체할 수 있다.

데이터 익스포트 및 복원

데이터 볼륨은 충분히 좋은 기능이지만, 어디까지나 그 범위가 같은 도커 호스트 안으로 제한된다는 사
실을 잊어서는 안 된다. 결국 데이터 볼륨 컨테이너에서 사용하던 데이터를 다른 도커 호스트로 이전해
야 할 경우가 생긴다. 데이터를 익스포트해서 다른 곳에서 복원하려면 먼저 데이터 볼륨 컨테이너에서
원하는 데이터를 파일로 익스포트한 뒤 그 파일을 호스트로 꺼내야 한다. 조금 전 예제를 대상으로 볼
륨에 담긴 데이터를 호스트로 익스포트해 보겠다.

busybox 컨테이너를 새로 실행한다. 그다음 데이터 볼륨 컨테이너를 mysql-data로 지정한다. 컨테이너 안에서 tar로 데이터를 압축한 다음, 압축된 파일이 위치한 /tmp 디렉터리를 현재 작업 디렉터리에 마운트한다. 이제 압축된 데이터를 호스트에 꺼내올 수 있다.

```
$ docker container run -v ${PWD}:/tmp \
  --volumes-from mysql-data \
  busybox \
  tar cvzf /tmp/mysql-backup.tar.gz /var/lib/mysql
```

다른 도커 호스트에 이 데이터를 옮기려면 새로운 데이터 볼륨 컨테이너를 만들고 이 컨테이너 안에 조금 전 만든 압축파일을 풀어주기만 하면 된다.

docker image save라는 명령도 있긴 하지만, 이 명령은 도커 이미지를 파일로 아카이빙하는 명령이므로 데이터 볼륨에는 사용할 수 없다. 도커는 애플리케이션을 이식하는 데 뛰어나지만, 여러 호스트에 걸친 데이터 이식 면에서는 아직 개선할 여지가 있다.

기본 기능만으로 데이터 이식성을 확보하기에는 번거로우므로 이를 지원하기 위한 볼륨 플러그인이 나와 있다. 예를 들어, Netshare plugin[15]은 NFS 스토리지를 통해 여러 도커 호스트가 데이터를 공유하는 기능을 제공하며, 그 외에도 다양한 클라우드 스토리지를 지원하는 플러그인 등이 있다. 백엔드 스토리지의 선택은 사용자의 몫이며 이 기능은 아직 플러그인 수준이다.

05 컨테이너 배치 전략

2장까지는 컨테이너를 단일 호스트에 배치하는 것을 전제로 설명했다. 컨테이너를 단일 도커 호스트에만 배치하는 것은 간단하고 개발자가 관리하기도 쉽다. 그러나 많은 트래픽을 처리할 수 있는 실용적인 시스템은 여러 컨테이너가 각기 다른 호스트에 배치되는 경우가 많다. 또 컨테이너를 배치하는 방법과 하나 이상의 도커 호스트를 다루는 방법 역시 호스트 하나만을 다룰 때와는 달리 다양한 사항을 고려해야 한다.

---

15 https://github.com/ContainX/docker-volume-netshare

도커 스웜

이런 문제를 해결하기 위해 나온 것이 도커 스웜(Docker Swarm)이다. 도커 스웜은 여러 도커 호스트를 클러스터로 묶어주는 컨테이너 오케스트레이션 도구의 한 종류다[16]. 이런 컨테이너 오케스트레이션 도구 없이는 도커 호스트 여러 대를 사용하는 확장성 있는 애플리케이션을 만들기가 매우 어렵다. 어느 도커 호스트에 어떤 컨테이너를 배치해야 하는지, 서로 다른 호스트에 위치한 컨테이너 간의 통신은 어떻게 제어하는지 등의 조율을 오케스트레이션 도구 없이 하기는 무리다. 오케스트레이션 도구를 도입하면 이러한 조율에 수고를 절감할 뿐만 아니라, 호스트가 여러 대로 나뉘어 있다는 점을 신경 쓰지 않고 클러스터를 투명하게 다룰 수 있다는 이점도 있다.

이름	역할	대응하는 명령어
컴포즈	여러 컨테이너로 구성된 도커 애플리케이션을 관리(주로 단일 호스트)	docker-compose
스웜	클러스터 구축 및 관리(주로 멀티 호스트)	docker swarm
서비스	스웜에서 클러스터 안의 서비스(컨테이너 하나 이상의 집합)를 관리	docker service
스택	스웜에서 여러 개의 서비스를 합한 전체 애플리케이션을 관리	docker stack

여러 대의 도커 호스트로 스웜 클러스터 구성하기

윈도우용/macOS용 도커를 설치하면 호스트가 1대뿐이므로 여러 대의 호스트를 갖추려면 클라우드 서비스 등을 사용해야 한다. 그러나 학습용으로 이 정도의 준비를 갖추기는 번거롭기도 하고 비용이 든다.

도커 머신즈(Docker Machines)를 사용하면 여러 대의 도커 호스트를 만들 수 있지만, 도커 머신즈를 사용하려면 macOS에서는 virtualbox 드라이버, 윈도우에서는 hyperv 드라이버가 각각 필요하다. 버추얼박스 같은 가상화 소프트웨어를 사용하면 물리 호스트 1대에 여러 대의 도커 호스트를 실행할 수 있다. 도커 공식 참조문서에서도 이 방법을 소개하고 있으나 이 방법들은 모두 조금씩 문제가 있다.

그러나 이보다 더 간단한 방법이 있다. 바로 '도커 호스트 역할을 할 도커 컨테이너를 여러 개 실행하는 방법'이다. 도커 인 도커(Docker in Docker, dind)[17]라는 기능을 사용하면 도커 컨테이너 안에서 도커 호스트를 실행할 수 있다[18]. 가상 머신을 사용하면 가상 머신 시작 및 정지에 시간이 걸리고, 오버헤드

---

[16] 스웜은 예전에 독립된 도구였으나, 현재는 도커에 내장돼 스웜 모드를 활성화해야 사용할 수 있다.
[17] dind라는 약칭을 사용한다.
[18] 러시아의 마트료시카 인형을 생각하면 이해하기가 쉽다.

로 소모되는 머신 리소스도 만만치 않으므로 여기서는 dind를 사용해 도커 스웜 클러스터를 구축해 보겠다. 도커 스웜으로 사용할 컨테이너 그룹은 다음 그림과 같다.

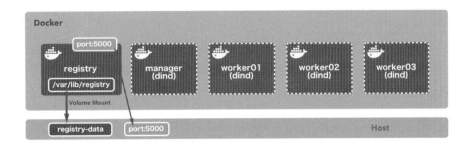

여기서 사용할 컨테이너는 다음 3종류로 모두 합해 5개다.

- registry×1

- manager×1

- worker×3

registry는 도커 레지스트리 역할을 할 컨테이너로, manager 및 worker 컨테이너가 사용하는 컨테이너다. dind 환경에서는 외부 도커 데몬에서 빌드된 도커 이미지를 dind 컨테이너의 파일 시스템을 통해 사용할 수가 없다[19]. 그러므로 외부 도커에 저장된 이미지를 먼저 registry 컨테이너에 등록했다가 여기서 manager 및 worker 컨테이너(dind)가 이미지를 받아가도록 한다. 여기서는 이렇게 따로 레지스트리를 갖췄지만, 실제 업무에서는 도커 허브나 별도로 사전 구축한 인하우스 레지스트리를 사용하는 경우가 많다[20]. 또 registry 컨테이너의 데이터는 퍼시스턴시를 위해 호스트에 마운트한다.

manager는 스웜 클러스터 전체를 제어하는 역할을 한다. 여러 대 실행되는 도커 호스트(worker)[21]에 서비스가 담긴 컨테이너를 적절히 배치한다.

이제 이 구성을 도커 컴포즈로 구축해 보겠다. docker-compose.yml 파일을 다음과 같이 작성한다. 앞의 그림과 같은 구조를 컴포즈로 정의한 것이다. 모든 manager 및 worker 컨테이너는 registry 컨테이너에 의존한다. 또 도커 레지스트리에는 일반적으로 HTTPS를 통해 접근하지만, 여기서는 HTTP를 사용하기 때문에 도커 이미지를 내려받을 수 없다. 이 문제를 해결하기 위해 command 요소에 --insecure-registry registry:5000 값을 줘 HTTP로도 이미지를 내려받을 수 있게 한다.

---

19 /var/lib/docker를 dind 컨테이너와 공유하는 단순한 방법도 있지만, 부작용이 있을 수 있다.

20 지금은 학습이 목적이므로 편의상 사용한 방법이다.

21 여기서는 dind 컨테이너.

```yaml
version: "3"
services:
  registry:
    container_name: registry
    image: registry:2.6
    ports:
      - 5000:5000
    volumes:
      - "./registry-data:/var/lib/registry"

manager:
  container_name: manager
  image: docker:18.05.0-ce-dind
  privileged: true
  tty: true
  ports:
    - 8000:80
    - 9000:9000
  depends_on:
    - registry
  expose:
    - 3375
  command: "--insecure-registry registry:5000"
  volumes:
    - "./stack:/stack"

worker01:
  container_name: worker01
  image: docker:18.05.0-ce-dind
  privileged: true
  tty: true
  depends_on:
    - manager
    - registry
  expose:
    - 7946
    - 7946/udp
    - 4789/udp
  command: "--insecure-registry registry:5000"
```

```
worker02:
  container_name: worker02
  image: docker:18.05.0-ce-dind
  privileged: true
  tty: true
  depends_on:
    - manager
    - registry
  expose:
    - 7946
    - 7946/udp
    - 4789/udp
  command: "--insecure-registry registry:5000"

worker03:
  container_name: worker03
  image: docker:18.05.0-ce-dind
  privileged: true
  tty: true
  depends_on:
    - manager
    - registry
  expose:
    - 7946
    - 7946/udp
    - 4789/udp
  command: "--insecure-registry registry:5000"
```

컴포즈를 실행하면 registry 컨테이너 1대, manager 컨테이너 1대, worker 컨테이너가 01번부터 03
번까지 3대, 총 5대 컨테이너가 실행 상태가 된다.

```
$ docker-compose up -d
$ docker container ls
CONTAINER ID IMAGE COMMAND CREATED STATUS PORTS NAMES
260246db7113 docker:18.05.0-ce-dind "dockerd(생략)" 59(생략) Up(생략) 2375/tcp,4789/udp,7946/
tcp,7946/udp worker02
95fc6a5ee6ff docker:18.05.0-ce-dind "dockerd(생략)" 59(생략) Up(생략) 2375/tcp,4789/udp,7946/
tcp,7946/udp worker03
```

```
92447b8425a6 docker:18.05.0-ce-dind "dockerd(생략)" 59(생략) Up(생략) 2375/tcp,4789/udp,7946/
tcp,7946/udp worker01
80bed97a58e1 docker:18.05.0-ce-dind "dockerd(생략)" 59(생략) Up(생략) 2375/tcp,3375/
tcp,0.0.0.0:9000->9000/tcp,0.0.0.0:8000->80/tcp manager
7fab90ed391c registry:2.6 "/entryp(생략)" (생략) Up(생략) 0.0.0.0:5000->5000/tcp registry
```

아직은 dind 컨테이너를 여러 대 실행한 상태로, 모든 컨테이너가 서로 협조해 클러스터로 동작하는
상태는 아니다.

클러스터를 관리하는 manager가 필요하다. 호스트에서 manager 컨테이너에 docker swarm init 명
령을 실행해 스웜의 manager 역할을 맡긴다.

swarm init 명령이 성공하면 해당 도커 호스트는 manager로 마킹되고 스웜 모드가 활성화된다. 이제
여러 대의 worker 컨테이너를 등록해 클러스터를 형성할 차례다. 앞에서 swarm init 명령을 실행할
때 join 토큰이 생성돼 표준 출력으로 출력됐다. 스웜 클러스터에 도커 호스트를 worker로 등록하려면
이 join 토큰이 필요하다.

```
$ docker container exec -it manager docker swarm init
Swarm initialized: current node (s5qnxzga4yro2kfx1740c8xbl) is now a manager.

To add a worker to this swarm, run the following command:

  docker swarm join --token SWMTKN-1-1cghn35quq3ca91hmoht8v8uer5t8glzbqslsvnsj96srb5j4nacnya3n6vi
8fo8fo00awml341 172.24.0.2:2377

To add a manager to this swarm, run 'docker swarm join-token manager' and follow the instructions.
```

join 토큰을 사용해서 3대의 노드를 스웜 클러스터에 worker로 등록한다. manager 및 모든 worker
컨테이너는 컴포즈로 생성한 기본 네트워크 위에서 실행된다. 그러므로 이들끼리 컨테이너 명으로 서
로를 식별할 수 있다. worker 컨테이너에서는 manager 컨테이너를 manager라는 이름으로 식별하
므로 manager:2377에 대해 join 토큰을 전송하면 된다[22].

---

22 파워셸에서 여러 행에 걸쳐 입력하려면 백슬래시 대신 백 쿼트(`)를 사용한다.

```
$ docker container exec -it worker01 docker swarm join \
--token SWMTKN-1-1cghn35quq3ca91hmoht8v8uer5t8glzbqslsvnsj96srb5j4n-acnya3n6vi8fo8fo00awml341
manager:2377
This node joined a swarm as a worker.
```

이 과정을 worker02, worker03에도 반복한다. 그리고 스윔 클러스터의 상태를 확인해 보자. manager에서 docker node ls를 실행한다. 다음과 같이 manager와 3대의 worker가 출력된다.

```
$ docker container exec -it manager docker node ls
ID                            HOSTNAME        STATUS   AVAILABILITY    MANAGER STATUS
3z1i7fieiz0z2w9hhre7kgh5y     0c8c2768e5bc    Ready    Active
0e5viay6j70q0u046h2is0wiw     2a8995d410c3    Ready    Active
re8xgcvhrzdy3a95xypc3h6ue     9e805e48b954    Ready    Active
gqx26tzep80qfyin9zkbyvzm9 *   e2dc17c691cf    Ready    Active          Leader
```


도커 레지스트리에 이미지 등록하기

도커 레지스트리 역할을 할 registry 컨테이너가 실행 중이므로 호스트에서 registry 컨테이너에 도커 이미지를 등록해 보겠다.

도커 이미지는 2장에서 빌드한 example/echo를 사용한다. 앞에서도 설명했지만, 외부 도커에서 빌드한 이미지는 레지스트리를 통해서만 안쪽 도커에서 사용할 수 있다. 그러므로 example/echo 이미지를 레지스트리에 등록해야 한다. 먼저 다음과 같이 docker image tag 명령을 실행한다.

```
$ docker image tag example/echo:latest localhost:5000/example/echo:latest
```

localhost:5000/example/echo:latest라는 태그를 붙였는데, 태그를 붙이는 방법이 2장에서 설명했던 것과 조금 다르다. 태그 포맷은 [레지스트리_호스트/]리포지토리명[:태그]인데, 여기서 레지스트리_호스트는 이미지를 등록하거나 내려받는 레지스트리를 의미한다. 지금 만든 registry 컨테이너는 호스트에서 localhost:5000과 같이 접근할 수 있으므로 리포지토리명 앞에 이 주소를 붙여 localhost:5000/example/echo:latest라는 태그가 된 것이다.

docker image push 명령에 인자로 이 포맷을 따르는 태그를 그대로 사용하면 registry 컨테이너에 이미지가 등록된다.

```
docker image push [push_대상_레지스트리_호스트/]리포지토리명[:태그명]
```

다음과 같이 registry 컨테이너에(호스트에서 보면 localhost:5000) example/echo:latest 이미지가 등록됐다.

```
$ docker image push localhost:5000/example/echo:latest
The push refers to a repository [localhost:5000/example/echo]
9600efd49dbb: Pushed
2078b08fcbc0: Pushed
6bfc813a3812: Pushed
e1e44e9665b9: Pushed
1654abf914f4: Pushed
2a55a2194a6c: Pushed
52c175f1a4b1: Pushed
faccc7315fd9: Pushed
e38b8aef9521: Pushed
a75caa09eb1f: Pushed
latest: digest: sha256:0ae15263296301b81a26bab0029e164129dee16a37d7c3b98415918f32705881 size:
2417
```

이번에는 worker 컨테이너가 registry 컨테이너로부터 도커 이미지를 내려받을 수 있는지 확인해 보겠다. worker01 컨테이너에서 docker image pull 명령을 실행한 다음 docker image ls 명령으로 이미지를 받았는지 확인한다.

```
docker image pull [pull_대상_레지스트리_호스트/]리포지토리명[:태그명]
```

호스트에서 본 레지스트리는 localhost:5000이었지만, worker01에서 보면 registry라는 이름이므로 registry:5000을 지정하면 된다.

```
$ docker container exec -it worker01 docker image pull registry:5000/example/echo:latest
latest: Pulling from example/echo
3e17c6eae66c: Pull complete
fdfb54153de7: Pull complete
a4ca6e73242a: Pull complete
93bd198d0a5f: Pull complete
2a43f474a764: Pull complete
```

```
e19893b2f35c: Pull complete
3b8a1a0cc426: Pull complete
85a9bedd68ab: Pull complete
ae1a4b849beb: Pull complete
5f00d3e090a5: Pull complete
Digest: sha256:0ae15263296301b81a26bab0029e164129dee16a37d7c3b98415918f32705881
Status: Downloaded newer image for registry:5000/example/echo:latest

$ docker container exec -it worker01 docker image ls
REPOSITORY     TAG     IMAGE    ID    CREATED     SIZE
registry:5000/example/echo latest     df9199745e38     2 day ago     733MB
```

이제 worker01 컨테이너에서 example/echo:latest 이미지를 사용할 준비가 끝났다. 여기서 사용한 태그 포맷이나 이미지를 등록하고 받아오는 방법은 비공개 레지스트리를 사용하는 기본 방법이다.

서비스

단일 도커 호스트에 대한 컨테이너 배포는 docker container run 명령으로 컨테이너를 일일이 실행하거나 컴포즈를 사용해 여러 컨테이너를 동시에 실행하는 방법이 있다. 스웜을 사용하는 경우에는 조금 다른 접근법을 취한다. 어떤 특정한 문제를 해결하기 위해 만들어진 애플리케이션은 단일 컨테이너로 구성될 수도 있고 여러 종류의 컨테이너로 구성될 수도 있으며 그것들이 복제된 집합으로 이루어졌을 수도 있다. 이렇게 애플리케이션을 구성하는 일부 컨테이너를 제어하기 위한 단위로 서비스라는 개념이 생겨났다.

서비스를 하나 만들어보겠다. 도커 이미지는 앞에서 registry 컨테이너에 등록해 둔 registry:5000/example/echo:latest를 사용한다. 서비스는 manager 컨테이너에서 docker service create 명령으로 생성한다.

```
$ docker container exec -it manager \
docker service create --replicas 1 --publish 8000:8080 --name echo registry:5000/example/
echo:latest
pi52jvok2zourfvgg42383v3t
overall progress: 1 out of 1 tasks
1/1: running [================================>]
verify: Waiting 2 seconds to verify that tasks are stable...
```

docker service ls 명령으로 현재 생성된 서비스의 목록을 볼 수 있다. 목록을 보면 레플리카가 1개인 echo라는 이름의 서비스가 생성됐다.

```
$ docker container exec -it manager docker service ls
ID              NAME   MODE          REPLICAS   IMAGE                                  PORTS
pi52jvok2zou    echo   replicated    1/1        registry:5000/example/echo:latest      *:8000->8080/tcp
```

서비스가 제어하는 레플리카를 늘려봤다. docker service scale 명령으로 해당 서비스의 컨테이너 수를 늘리거나 줄일 수 있다. 여러 노드에 걸쳐 컨테이너 수를 조정할 수 있으므로 스케일 아웃을 적용할 때 유용하다.

```
$ docker container exec -it manager docker service scale echo=6
echo scaled to 6
overall progress: 4 out of 6 tasks
1/6: running   [===============================================>]
2/6: preparing [=====================================>  ]
3/6: running   [===============================================>]
4/6: preparing [=====================================>  ]
5/6: running   [===============================================>]
6/6: running   [===============================================>]
verify: Service converged
```

스웜 클러스터 위에서 동작하는 컨테이너를 확인해 보면 echo 컨테이너가 6개 실행 중이다. NODE 칼럼을 보면 서비스가 스웜 클러스터의 노드를 분산 배치했음을 알 수 있다.

```
$ docker container exec -it manager docker service ps echo | grep Running
ID            NAME     IMAGE                               NODE          DESIRED STATE  CURRENT STATE        ERROR PORTS
qczseu3eld6p  echo.1   registry:5000/example/echo:latest   e2dc17c691cf  Running        Running about a minute ago
tw211rvn5a4c  echo.2   registry:5000/example/echo:latest   e2dc17c691cf  Running        Running 15 seconds ago
m5rj3sq7u7ku  echo.3   registry:5000/example/echo:latest   0c8c2768e5bc  Running        Running 14 seconds ago
uulnnluopfi1  echo.4   registry:5000/example/echo:latest   9e805e48b954  Running        Running 14 seconds ago
klxhmauozi87  echo.5   registry:5000/example/echo:latest   2a8995d410c3  Running        Running 14 seconds ago
s07ugpn9vlnb  echo.6   registry:5000/example/echo:latest   2a8995d410c3  Running        Running 13 seconds ago
```

배포된 서비스는 docker service rm 서비스명 명령으로 삭제할 수 있다.

```
$ docker container exec -it manager docker service rm echo
echo

$ docker container exec -it manager docker service ls
ID    NAME    MODE    REPLICAS    IMAGE    PORTS
```

예제에서 보듯 서비스가 레플리카 수를 늘리라고 지시하면 자동으로 컨테이너를 복제하고 이를 여러 노드에 배치한다. 이러한 특성을 사용해 애플레케이션을 쉽게 스케일 아웃할 수 있다.

이 작업을 서비스 없이 하려면 각각의 노드에 필요한 컨테이너 수만큼 docker container run 명령을 반복해야겠지만, 이는 그리 현실적이지 못하다. 서비스가 얼마나 중요한 역할을 하는지는 이것만 봐도 알 수 있다.

스택

스택은 하나 이상의 서비스를 그룹으로 묶은 단위로, 애플리케이션 전체 구성을 정의한다. 서비스는 애플리케이션 이미지를 하나밖에 다루지 못하지만, 여러 서비스가 협조해 동작하는 형태로는 다양한 애플리케이션을 구성할 수 있다. 이를 구현하기 위한 상위 개념이 바로 스택이다. 스택을 사용하면 여러 서비스를 함께 다룰 수 있다.

스택이 다루는 애플리케이션의 입도(granularity)[23]는 컴포즈와 같다. 스택은 말하자면 스웜에서 동작하는 스케일 인, 스케일 아웃, 제약 조건 부여[24]가 가능한 컴포즈다. 스택은 docker stack 하위 명령으로 조작한다.

스택을 사용해 배포된 서비스 그룹은 overlay 네트워크에 속한다. overlay 네트워크란 여러 도커 호스트에 걸쳐 배포된 컨테이너 그룹을 같은 네트워크에 배치하기 위한 기술을 말한다. overlay 네트워크를 사용해야 서로 다른 호스트에 위치한 컨테이너끼리 통신할 수 있다.

스택에서 어떤 overlay 네트워크를 설정하지 않으면 스택마다 서로 다른 overlay 네트워크를 생성하고 그 안에 서비스 그룹이 속하게 된다. 그러나 다음 그림에서 보듯이 어떤 서비스가 다른 overlay 네트워크에 속한 다른 서비스를 발견할 수 없으므로 통신도 불가능하다.

---

23 (옮긴이) '알갱이의 크기'라는 뜻으로 여러 요소로 구성된 전체 시스템의 평균 요소 크기나 규모를 의미한다.
24 컨테이너 실행 조건을 제약.

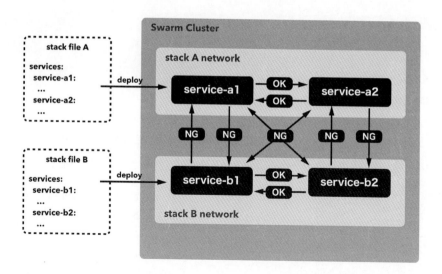

이 문제를 해결하려면 클라이언트와 대상 서비스가 같은 overlay 네트워크에 있어야 한다. 다음과 같이 overlay 네트워크 ch03을 구성한 다음, 스택으로 만든 각 서비스를 여기에 소속시킨다. 스택 역시 스웜과 마찬가지로 manager 컨테이너에서 조작한다.

```
$ docker container exec -it manager docker network create --driver=overlay --attachable ch03
kukcgbkk8f3fesnpebao0p47k
```

stack 디렉터리에 다음과 같이(ch03-webapi.yml) 스택을 생성한다. Nginx를 프론트엔드로 삼고, 백엔드 API(echo 컨테이너)의 리버스 프록시를 맡기는 구성이다. Nginx는 gihyodocker/nginx-proxy 이미지를 사용한다. 이 컨테이너는 환경 변수 BACKEND_HOST에 요청을 전송할 대상을 설정할 수 있는데, 스택으로 배포된 api의 서비스명인 echo_api의 포트 8000을 설정한다. 스택 역시 서비스를 다루므로 replicas 값으로 레플리카 수를 조정할 수 있다. 또, placement 속성을 이용하면 컨테이너의 배치 전략을 설정할 수 있다. 이 설정을 조정해 manager 이외의 노드에 컨테이너를 배치하도록 제약을 부여할 수 있다.

```
version: "3"
services:
  nginx:
    image: gihyodocker/nginx-proxy:latest
    deploy:
      replicas: 3
```

```
    placement:
      constraints: [node.role != manager]
    environment:
      BACKEND_HOST: echo_api:8080
    depends_on:
      - api
    networks:
      - ch03
  api:
    image: registry:5000/example/echo:latest
    deploy:
      replicas: 3
      placement:
        constraints: [node.role != manager]
    networks:
      - ch03

networks:
  ch03:
    external: true
```

지금부터는 스택을 실제로 사용해 볼 것이다. 먼저 docker stack의 하위 명령에 어떤 것이 있는지 가볍게 살펴보자.

스택 하위 명령	내용
deploy	스택을 새로 배포. 혹은 업데이트함
ls	배포된 스택의 목록을 출력
ps	스택에 의해 배포된 컨테이너의 목록을 출력
rm	배포된 스택을 삭제
services	스택에 포함된 서비스 목록을 출력

스택 배포하기

스웜 클러스터에 스택을 배포하려면 docker stack deploy 명령을 사용한다. 이때 -c 옵션 값으로 스택 정의 파일 경로를 지정해야 한다.

```
docker stack deploy [options] 스택명

-c: 스택_정의파일_경로
```

stack 디렉터리는 manager 컨테이너의 /stack 디렉터리에 마운트되므로 이 파일의 경로는 /statck/ch03-webapi.yml이 된다. 다음과 같이 스택명을 echo라고 짓고 스택 배포를 실행한다.

```
$ docker container exec -it manager docker stack deploy -c /stack/ch03-webapi.yml echo
Creating service echo_nginx
Creating service echo_api
```

배포된 스택 확인하기

docker stack services 명령으로 해당 스택에 배포된 서비스 목록을 확인할 수 있다.

```
docker stack services [options] 스택명
```

스택 echo의 서비스 목록을 확인하려면 다음과 같이 한다.

```
$ docker container exec -it manager docker stack services echo
ID          NAME      MODE      REPLICAS IMAGE               PORTS
rmnye2ddsplw echo_api replicated 3/3 registry:5000/example/echo:latest
vmrxrtoplp38 echo_nginx replicated 3/3 gihyodocker/nginx-proxy:latest
```

스택에 배포된 컨테이너 확인하기

스택이 컨테이너 그룹을 어떻게 배포했는지 확인하려면 docker stack ps 명령을 사용한다.

```
docker stack ps [options] 스택명
```

다음 화면에서 보듯이 docker stack ps echo를 실행하면 echo 스택에 배포된 컨테이너 목록이 출력된다. NODE 칼럼값을 볼 때 nginx 컨테이너와 api 컨테이너는 서로 다른 노드에 배치돼 있다. 물론 같은 노드에 배치되는 경우도 있을 수 있다.

```
$ docker container exec -it manager docker stack ps echo
ID        NAME      IMAGE           NODE          DESIRED STATE CURRENT STATE      ERROR PORTS
1cefevbu1exl echo_api.1 registry:5000/example/echo:latest 71d766a027d9 Running Running about a
minute ago
job0u71kmqb0 echo_nginx.1 gihyodocker/nginx-proxy:latest 0cf81d2f94d5 Running Running about a
minute ago
oz12b723cetx echo_api.2 registry:5000/example/echo:latest eff74b96792e Running Running about a
minute ago
yibt6s9gnlxu echo_nginx.2 gihyodocker/nginx-proxy:latest 71d766a027d9 Running Running about a
minute ago
7z1j19hm2ewj echo_api.3 registry:5000/example/echo:latest 0cf81d2f94d5 Running Running about a
minute ago
dt7gls5jqg0h echo_nginx.3 gihyodocker/nginx-proxy:latest eff74b96792e Running Running about a
minute ago
```

visualizer를 사용해 컨테이너 배치 시각화하기

스웜 클러스터에 컨테이너 그룹이 어떤 노드에 어떻게 배치됐는지 시각화해주는 visualizer라는 애플리케이션이 있다. 이 애플리케이션은 도커 허브에서 dockersamples/visualizer라는 이미지로 배포한다. 이 도구를 한 번 사용해 보겠다. 호스트의 stack 디렉터리에 다음과 같이 visualizer.yml 파일을 작성한다.

```
version: "3"

services:
  app:
    image: dockersamples/visualizer
    ports:
      - "9000:8080"
    volumes:
      - /var/run/docker.sock:/var/run/docker.sock
    deploy:
      mode: global
      placement:
        constraints: [node.role == manager]
```

deploy 아래에 위치한 mode 속성값이 global로 돼 있는데, 이 설정은 특정 컨테이너를 클러스터 상의 모든 노드에 배치하라는 의미다. constraints를 보면 manager 노드에만 배치하라고 돼 있다. 그리고 manager 노드의 포트 9000을 visualizer 컨테이너의 포트 8000으로 포트 포워딩을 설정했다. 호스트와 manager 노드 사이에는 9000:9000 포트 포워딩이 설정돼 있으므로 로컬 머신에서 visualizer에 접근하려면 http://localhost:9000으로 접근해야 한다. 이제 이 설정대로 스택을 배포한다.

```
$ docker container exec -it manager docker stack deploy -c /stack/visualizer.yml visualizer
Creating network visualizer_default
Creating service visualizer_app
```

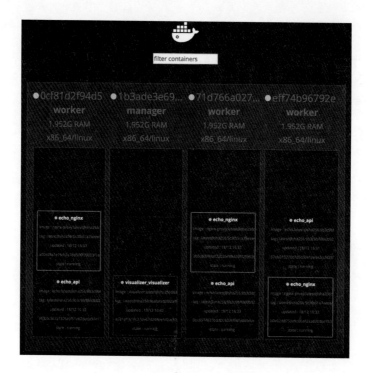

스택 삭제하기

docker stack rm 명령에 대상 스택명을 지정하면 배포된 서비스를 스택째로 삭제할 수 있다.

```
$ docker container exec -it manager docker stack rm echo
Removing service echo_api
Removing service echo_nginx
```

스웜 클러스터 외부에서 서비스 사용하기

visualizer는 스웜 클러스터 외부[25]에서 접근할 수 있다. 이것은 contraints 설정에서 visualizer 컨테이너가 반드시 manager에 배치되도록 했기 때문이다. 호스트로부터 manager까지 여러 단계에 걸친 포트 포워딩을 사용했기 때문에 문제가 되지 않았다.

그러나 echo_nginx 서비스는 여러 컨테이너가 여러 노드에 흩어져 배치돼 있기 때문에 이런 방법을 사용할 수 없다. 호스트에서 이 서비스에 접근하려면 어떻게 해야 할까?

이 문제를 해결하려면 서비스 클러스터 외부에서 오는 트래픽을 목적하는 서비스로 보내주는 프록시 서버가 있어야 한다. HAProxy[26]를 이 프록시 서버로 사용해 스웜 클러스터 외부에서 echo_nginx 서비스에 접근할 수 있게 해보자. HAProxy 이미지는 dockercloud/haproxy 이미지를 사용한다. 이 이미지로 만든 컨테이너는 컨테이너 외부에서 서비스에 접근할 수 있게 해주는 다리 역할(ingress) 외에도 서비스가 배치된 노드에 로드 밸런싱 기능을 제공한다. stack 디렉터리에 다음과 같은 스택(ch03-ingress.yml)을 생성한다.

```
version: "3"

services:
  haproxy:
    image: dockercloud/haproxy
    networks:
      - ch03
    volumes:
      - /var/run/docker.sock:/var/run/docker.sock
    deploy:
      mode: global
      placement:
        constraints:
          - node.role == manager
    ports:
      - 80:80
      - 1936:1936 # for stats page (basic auth. stats:stats)
```

---

25 호스트를 의미.

26 다기능 프록시 서버로, HTTP 및 TCP 로드 밸런서 역할을 한다. 컨테이너와 관련 없는 곳에서도 많이 사용된다. http://www.haproxy.org/

```
networks:
  ch03:
    external: true
```

HAProxy를 거쳐 서비스에 접근이 되는지 확인하기 위해 ch03-webapi.yml을 다시 이용한다. HAProxy가 서비스를 찾을 수 있도록 nginx의 환경 변수에 SERVICE_PORTS를 추가한다.

여기서 사용한 값은 gihyodocker/nginx-proxy:latest 컨테이너의 노출 포트 80이다.

```
version: "3"
services:
  nginx:
    image: gihyodocker/nginx-proxy:latest
    deploy:
      replicas: 3
      placement:
        constraints: [node.role != manager]
    environment:
      SERVICE_PORTS: 80
      BACKEND_HOST: echo_api:8080
    depends_on:
      - api
    networks:
      - ch03
  api:
    image: registry:5000/example/echo:latest
    deploy:
      replicas: 3
      placement:
        constraints: [node.role != manager]
    networks:
      - ch03

networks:
  ch03:
    external: true
```

ch03-webapi.yml을 스택 echo로 다시 배포한다[27].

```
$ docker container exec -it manager docker stack deploy -c /stack/ch03-webapi.yml echo
Creating service echo_nginx
Creating service echo_api
```

그다음 조금 전 작성한 ch03-ingress.yml을 스택 ingress로 배포한다.

```
$ docker container exec -it manager docker stack deploy -c /stack/ch03-ingress.yml ingress
Creating service ingress_haproxy
```

이때 서비스 배치 현황은 다음과 같다.

```
$ docker container exec -it manager docker service ls
ID          NAME       MODE       REPLICAS IMAGE           PORTS
dqno8fywjp48 echo_api      replicated        3/3 registry:5000/example/echo:latest
xtgdsjxa80d2 echo_nginx replicated 3/3 gihyodocker/nginx-proxy:latest
zw14bf1uiolw ingress_haproxy global           1/1 dockercloud/haproxy:latest
*:80->80/tcp,*:1936->1936/tcp
rqqu093hoqkq visualizer_app global 1/1 dockersamples/visualizer:latest *:9000->8080/tcp
```

호스트의 포트 8000은 manager 컨테이너의 포트 80, 다시 말해 ingress의 HAProxy로 포트 포워딩되므로 localhost:8000이 echo_nginx:80에 접근할 수 있게 된다.

```
$ curl http://localhost:8000/
Hello Docker!!%
```

스웜은 다음 장에서 애플리케이션을 구축할 때도 사용할 것이니 스웜 모드로 컨테이너를 다룰 수 있도록 해둔다. 그리고 5장에서 다룰 쿠버네티스에서도 스웜과 비슷한 개념이 몇 가지 나온다. 이러한 부분을 미리 파악해두면 나중에 쿠버네티스를 쉽게 이해할 수 있다.

- 서비스는 레플리카 수(컨테이너 수)를 조절해 컨테이너를 쉽게 복제할 수 있다. 그리고 여러 노드에 레플리카를 배치할 수 있기 때문에 스케일 아웃에 유리하다.

---

27 스택으로 만든 서비스가 존재하는 경우, 'Update service 서비스명'이라는 메시지가 출력된다.

- 서비스로 관리되는 (여러 개의) 레플리카는 서비스명으로 네임 레졸루션되므로 서비스에 대한 트래픽이 각 레플리카로 분산된다.

- 스웜 클러스터 외부에서 스웜에 배포된 서비스를 이용하려면 서비스에 트래픽을 분산시키기 위한 프록시를 갖춰야 한다.

- 스택은 하나 이상의 서비스를 그룹으로 묶을 수 있으며, 여러 서비스로 구성된 애플리케이션을 배포할 때 유용하다.

이번 장에서는 도커 스웜 클러스터에 서비스 및 스택을 배포해 컨테이너 간 통신, 서비스 간 연동, 스케일 아웃 및 스케일 인, 로드 밸런싱 등을 수행하는 실용적인 방법을 알아봤다. 다음 장은 지금까지 배운 내용을 바탕으로 실제 애플리케이션을 구축해 볼 것이다.

칼럼 3-2. 스웜 클러스터의 구성 관리

이번 장에서는 로컬 환경에서 dind를 사용해 만든 '도커 호스트로 작동하는 도커 컨테이너'로 여러 대의 도커 호스트를 갖춰 학습용 스웜 클러스터를 구성했다.

개발 환경이나 운영 환경에 스웜 클러스터를 구성한다면 서버에 도커를 설치하거나 스웜 클러스터에 노드 추가하는 작업은 어떻게 하는 것이 좋을까? 공용 클라우드 환경에서 제공되는 오토 스케일 메커니즘을 활용한 모범적인 스웜 클러스터 구성 방법을 소개한다.

우선 도커가 설치된 서버 인스턴스가 필요하다. 운영 환경의 상황을 고려하면 부하에 따라 빠르게 노드를 추가할 수 있게 하는 것이 바람직하다. 이를 위해 도커가 설치된 머신 이미지를 준비한다. 공용 클라우드에서 제공하는 서버 인스턴스는 기본적으로 가상 환경에서 실행되는데, 이 머신 이미지는 가상 환경을 생성하기 위한 템플릿 역할을 한다. 머신 이미지를 사용하면 도커가 설치된 서버 인스턴스를 빠르게 늘릴 수 있다.

머신 이미지를 사용해서 서버 인스턴스를 하나 실행한 다음, docker swarm init 명령을 실행해 이 머신을 manager로 삼는다. 그다음 추가될 노드가 manager를 특정하기 쉽도록 내부 DNS에서 도메인을 설정해두면 편리하다.

AWS나 GCP 같은 공용 클라우드 서비스는 서버 인스턴스를 복제하는 방식으로 서버를 쉽게 늘릴 수 있는 오토 스케일 기능을 제공한다. 이 기능을 통해 서비스 부하에 따라 머신 이미지를 사용해 자동으로 서버 인스턴스를 추가할 수 있다.

기존 서버 인스턴스의 CPU 사용률에 임계값을 설정해 두고 이 값을 넘으면 서버 인스턴스를 추가하도록 트리거를 설정한다. 이렇게 하면 도커 호스트를 자동으로 추가할 수 있다.

도커 호스트 역할을 할 서버 인스턴스를 추가로 생성한다고 해도 이 인스턴스가 스웜 클러스터에 추가되지 않는다면 의미가 없다. 그러므로 추가되는 서버 인스턴스가 처음 시작될 때 docker swarm join 명령을 실행해 자동으로 스웜 클러스터에 추가되게 한다. AWS나 GCP에는 서버를 처음 시작할 때 실행할 스크립트를 지정할 수 있으므로 이 스크립트에 다음과 같이 스웜 클러스터에 추가하는 명령을 작성한다.

```bash
#!/bin/bash
sudo docker swarm join --token $SWARM_JOIN_TOKEN manager.gihyo.local:2377
```

공용 클라우드에서 제공하는 오토 스케일 기능을 사용하면 스웜 클러스터에 쉽게 노드를 추가할 수 있다. 돌발적인 부하가 발생해도 빠른 시간 안에 자동으로 노드가 추가되므로 수작업으로 서버 인스턴스를 추가하고 다시 스웜 노드를 셋업하는 작업을 할 필요가 없다.

칼럼 3-3. 클라우드 서비스 플랫폼

컨테이너 관련 기술은 지금도 계속 발전 중이다. 구글은 'Google Cloud Next '18' 행사에서 '클라우드 서비스 플랫폼'을 새로 발표했다.

클라우드 서비스 플랫폼은 GKE를 중심으로 API 관리 서비스인 Apogee, 서비스 메시 Istio의 관리 서비스, 성능 모니터링 도구 '스택드라이버 서비스 모니터링' 등으로 구성된다.

또, 온프레미스 환경에서 쿠버네티스 클러스터 구축을 편리하게 해주는 GKE On-Prem, 서버리스 워크로드를 구현하기 위한 GKE Serverless add-on을 제공해 쿠버네티스 사용 환경의 선택지를 넓혔다.

클라우드 서비스 플랫폼은 2018년 알파 버전으로 서비스를 시작했다. 이런 일련의 움직임을 통해 구글이 컨테이너 기술에 주력하고 있으며 그만큼 개발자가 컨테이너 기술을 익혀야 할 필요성이 커지고 있음을 알 수 있다.

스웜을 이용한
실전 애플리케이션 개발

앞 장에서 도커를 사용해 애플리케이션을 개발하는 기본적인 흐름, 스웜을 이용한 배포, 서비스 간 연동 방법 등을 알아봤다.

이번 장에서는 지금까지 배운 내용을 기초로 전통적인 웹 애플리케이션을 만들어 볼 것이다[1,2].

01 웹 애플리케이션 구성

우선 여기서 만들 웹 애플리케이션이 어떤 것인지 전체적인 모습을 구상해 보겠다.

애플리케이션의 요구 조건

이 애플리케이션의 이름을 'TODO 앱'이라고 하자. 다음과 같은 기능을 요구 조건으로 삼을 것이다. 기능 자체만 보면 평범하지만, 프록시를 두고 API 서버를 갖춰야 하는 실전 구성을 갖는다.

- TODO를 등록, 수정, 삭제할 수 있다.

- 등록된 TODO의 목록을 출력할 수 있다.

---

1 데이터베이스 구축 및 애플리케이션 구축 과정도 포함되지만, 이들 기술에 대한 배경지식이 꼭 필요한 것은 아니다. 컨테이너를 이용한 시스템의 구축에서 애플리케이션 구현 및 미들웨어 설정 등의 포인트를 이해한다는 기분으로 읽어나가기 바란다.
2 예제 애플리케이션의 요구 사항을 만족하기 위해 애플리케이션 코드를 설명하는 부분이 일부 있으나, 이 책의 목적은 어디까지나 도커를 사용하는 것이다. 따라서 설명 역시 도커에 대한 내용이 중심이다.

- 브라우저에서 사용할 수 있는 웹 애플리케이션이다.

- 브라우저 외에서도 사용할 수 있도록 JSON API 엔드포인트를 제공한다.

아키텍처

오케스트레이션 시스템으로 도커 스웜[3]을 사용하겠다.

이 장의 내용을 이해하고 나면 컨테이너 중심의 애플리케이션 개발에 대한 기초적인 기술을 습득할 것이다[4].

그럼 지금부터 만들어 볼 애플리케이션의 아키텍처를 살펴보자.

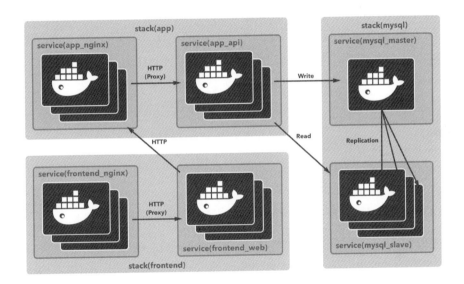

아키텍처를 구성하는 요소

아키텍처 구성 요소를 도커 이미지 단위로 알아보자. 편의상 이미지 이름을 붙였다. 또한 이미지가 사용될 서비스 및 스택의 목록도 함께 표시했다.

---

3 오케스트레이션 시스템도 여러 가지가 있으나, 이 책을 쓰는 시점에는 쿠버네티스가 사실상 표준의 위치를 점하고 있다. 앞에서 배운 내용을 활용해 별도의 도구 설치 없이 빨리 진행하기 위해 스웜을 선택했다.

4 이와 함께 애플리케이션 실무에서는 스웜만으로 어려운 점이 있다는 것을 실감하게 될 것이다. 이런 난점을 해결해주는 것이 다음 장에서 다룰 쿠버네티스다. 이번 장에서 경험한 문제를 다음 장에서 해결하게 될 것이다.

이미지명	용도	서비스명	스택명
MySQL	데이터스토어	mysql_master, mysql_slave	MySQL
API	데이터스토어를 다룰 API 서버	app_api	Application
Web	뷰 생성을 담당하는 애플리케이션 서버	fontend_web	Frontend
Nginx	프록시 서버	app_nginx, frontend_nginx	Application Frontend

MySQL

MySQL을 데이터 스토어로 사용한다[5].

MySQL은 마스터-슬레이브 구조로 구성한다. INSERT, UPDATE, DELETE 쿼리는 마스터 DB에 전달되며, SELECT 쿼리는 슬레이브 DB로부터 읽어오게 해 역할을 완전히 분리한다. 그리고 마스터 컨테이너에는 레플리카를 하나만 둔다.

운영 환경이라면 가용성 확보를 위해 몇 가지 조치[6]가 더 필요하지만, 여기서는 마스터가 SPOF[7]가 되도록 허용한다.

API

API는 TODO 앱에서 각 엔트리에 대한 기본적인 조작을 제공하는 RESTful API다.

TODO 앱의 도메인에 특화된 마이크로서비스라고 보면 된다. API 서비스에 전달된 INSERT, UPDATE, DELETE 쿼리는 마스터 DB로 전달되며 SELECT 쿼리는 슬레이브 DB에서 수행된다.

웹 UI

웹 서비스는 브라우저에 나타낼 웹 페이지를 렌더링하는 역할을 한다. Node.js를 사용해 구축한다.

웹 서비스에서 직접 MySQL에 접속하지 않고 API를 경유한다. HTML을 생성할 때도 마찬가지다.

---

5 3장에서 데이터 볼륨을 다루면서 MySQL 컨테이너를 다뤄봤으나, 그때는 동작 확인 정도로 그쳤다.

6 MHA 등의 도구를 사용해 마스터에 장애가 발생했을 때 슬레이브로 마스터를 대체하는 페일오버 기능 등.

7 단일 장애점.

Nginx

애플리케이션 프론트엔드 서버 및 API 앞단에 리버스 프록시 역할을 할 Nginx를 배치한다.

이 Nginx는 캐싱, 백엔드에 대한 유연한 라우팅, 접근 로그 생성 등의 역할도 겸한다.

배치 전략

3장에서 도커 스웜과 스택을 사용했을 때처럼 TODO 앱 역시 스웜 클러스터에 각각의 서비스를 배포하는 형태가 될 것이다. 이번 장에서 스웜 환경은 3장에서 만든 것을 그대로 사용한다[8].

실습을 시작하기 전에 manager 노드에서 docker node ls 명령을 사용해 다음과 같이 스웜 클러스터에 노드 4개가 존재하는지 확인하기 바란다.

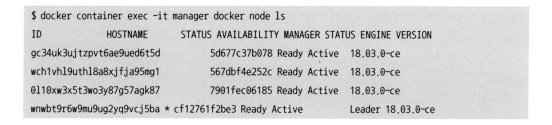

```
$ docker container exec -it manager docker node ls
ID              HOSTNAME         STATUS AVAILABILITY MANAGER STATUS ENGINE VERSION
gc34uk3ujtzpvt6ae9ued6t5d          5d677c37b078 Ready Active   18.03.0-ce
wch1vhl9uthl8a8xjfja95mg1          567dbf4e252c Ready Active   18.03.0-ce
0l10xw3x5t3wo3y87g57agk87          7901fec06185 Ready Active   18.03.0-ce
wnwbt9r6w9mu9ug2yq9vcj5ba * cf12761f2be3 Ready Active          Leader 18.03.0-ce
```

지금부터 이 스웜 클러스터에 TODO 앱을 구축해 보겠다. 다음과 같이 서비스를 묶어 스택을 구성한다.

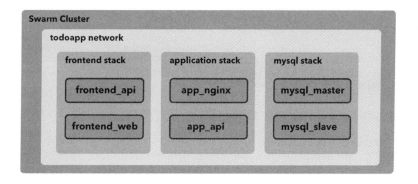

---

8 스웜 환경을 아직 구축하지 않았다면 3장의 '도커 스웜' 절을 참고해 환경을 구축하라.

MySQL

- mysql_master

- mysql_slave

Application

- app_nginx

- app_api

Frontend

- frontend_nginx

- frontend_web

이전 장과 마찬가지로 overlay 네트워크[9]를 미리 갖춘다. TODO 앱을 구성하는 각 서비스는 이 todoapp 네트워크에 속하게 될 것이다.

```
$ docker container exec -it manager \
  docker network create --driver=overlay --attachable todoapp
t15xlctqv5xej11ltfo2b5f7u
```

TODO 애플리케이션의 전체 구조

개발을 시작하기 전에 개발을 진행할 작업 순서를 간단히 짚어보겠다.

- 데이터 스토어 역할을 할 MySQL 서비스를 마스터–슬레이브 구조로 구축

- MySQL과 데이터를 주고받을 API 구현

- Nginx를 웹 애플리케이션과 API 사이에서 리버스 프록시 역할을 하도록 설정

- API를 사용해 서버 사이드 렌더링을 수행할 웹 애플리케이션 구현

- 프론트엔드 쪽에 리버스 프록시(Nginx) 배치

---

9 overlay 네트워크는 컨테이너를 배치된 호스트와 상관없이 마치 같은 네트워크에 속하는 것처럼 다룰 수 있다.

02 MySQL 서비스 구축

TODO 앱의 데이터 스토어 역할을 할 MySQL 서비스를 먼저 구축한다. 단순히 MySQL 컨테이너를 실행하기만 하는 것이라면 MySQL 공식 이미지를 그대로 사용할 수 있지만, 여기서는 MySQL 컨테이너 여러 개를 마스터-슬레이브로 묶는 과정이 추가로 필요하다.

이번에는 환경 변수 값에 따라 마스터/슬레이브로 설정되는 이미지를 생성한 다음, 컨테이너 안에 있는 설정 파일 및 스크립트를 다루는 방법, 데이터베이스 초기화, 마스터-슬레이브 간의 레플리케이션(replication) 설정 등을 통해 컨테이너 여러 개로 구성된 데이터 스토어를 구축하는 방법을 알아보겠다.

이 MySQL 이미지를 만들기 위한 리포지토리는 깃허브에 공개돼 있다. 로컬에서 임의의 디렉터리에 git clone 명령을 사용해 리포지토리를 클론한다[10].

```
$ git clone https://github.com/gihyodocker/tododb
```

이 리포지토리의 디렉터리 구성은 다음과 같다.

```
$ cd tododb
(tododb) $ tree .

.
├── Dockerfile
├── LICENSE
├── README.md
├── add-server-id.sh
├── etc
│   └── mysql
│       ├── conf.d
│       │   └── mysql.cnf
│       └── mysql.conf.d
│           └── mysqld.cnf
├── init-data.sh
├── prepare.sh
└── sql
```

---

10 같은 내용의 코드를 일본 기술평론사 웹사이트(http://gihyo.jp/book)에서도 제공한다.

```
├── 01_ddl.sql
└── 02_dml.sql

5 directories, 10 files
```

이 뒤로 각 파일의 코드가 실려 있지만, 이들을 일일이 입력하며 진행하는 것은 아무래도 번거롭다. 리포지토리의 파일을 사용하되, 책의 내용과 확인해 가며 진행하는 것이 좋을 것이다.

데이터베이스 컨테이너 구성

데이터 스토어로 사용할 MySQL 마스터–슬레이브 구조를 구축해 보자. 다음 사항에 따라 도커 이미지를 구성할 것이다.

- MySQL 컨테이너는 도커 허브에 등록된 mysql:5.7 이미지를 기반으로 생성한다.

- 마스터–슬레이브 컨테이너는 두 역할을 모두 수행할 수 있는 하나의 이미지로 생성한다.

- MYSQL_MASTER 환경 변수의 유무에 따라 해당 컨테이너가 마스터로 동작할지, 슬레이브로 동작할지가 결정된다.

- replicas 값을 조절해 슬레이브를 늘릴 수 있게 한다. 이때 마스터, 슬레이브 모두 일시 정지(다운타임)를 허용한다.

이번에는 마스터와 슬레이브 역할을 할 두 개의 MySQL이 필요하다. 그러나 별도의 Dockerfile 대신 환경 변수 값으로 두 역할을 수행하는 이미지를 만들 것이다[11].

인증 정보

각 데이터베이스의 이름 및 인증 정보를 미리 정해두자. 나중에 서비스로 전환할 것을 고려해 환경 변수명과 함께 정의한다.

Master

환경 변수 이름	내용	값
MYSQL_ROOT_PASSWORD	root 사용자 패스워드	gihyo
MYSQL_DATABASE	TODO 애플리케이션에서 사용할 데이터베이스	gihyo
MYSQL_USER	데이터베이스 사용자명	gihyo
MYSQL_PASSWORD	패스워드	gihyo

---

11 Dockerfile을 역할별로 나눠 작성하는 것도 하나의 방법이지만, 설정 내용이 거의 겹치는 것도 있고 환경 변수로 동작이 달라지게끔 하는 것이 더 도커다운 방법이다.

Slave[12]

환경 변수 이름	내용	값
MYSQL_MASTER_HOST	마스터의 호스트명	master
MYSQL_ROOT_PASSWORD	root 사용자 패스워드	gihyo
MYSQL_DATABASE	TODO 애플리케이션에서 사용할 데이터베이스	tododb
MYSQL_USER	데이터베이스 사용자명	gihyo
MYSQL_PASSWORD	패스워드	gihyo
MYSQL_REPL_USER	마스터에 등록할 레플리케이션 사용자	repl
MYSQL_REPL_PASSWORD	레플리케이션 사용자 패스워드	gihyo

MySQL 설정 – etc/mysql/mysql.conf.d/mysqld.conf

마스터-슬레이브를 구성하려면 MySQL의 설정 파일인 mysqld.cnf를 수정해야 한다. 어떤 설정 항목을 어떻게 수정해야 하는지 살펴보자.

도커 이미지에 포함된 tododb/etc/mysqll/mysql.conf.d/mysqld.conf 파일의 내용은 다음과 같다.

```
[mysqld]
character-set-server = utf8mb4
collation-server = utf8mb4_general_ci
pid-file = /var/run/mysqld/mysqld.pid
socket = /var/run/mysqld/mysqld.sock
datadir = /var/lib/mysql
#log-error = /var/log/mysql/error.log
#By default we only accept connections from localhost
#bind-address = 127.0.0.1
#Disabling symbolic-links is recommended to prevent assorted security risks
symbolic-links=0
relay-log=mysqld-relay-bin
relay-log-index=mysqld-relay-bin

log-bin=/var/log/mysql/mysql-bin.log # ←①

←②
```

---

12 master라는 이름으로 네임 레졸루션이 가능하도록 스웜 서비스를 구축한다.

log-bin

레플리케이션을 사용하려면 바이너리 로그가 필요하다. 이를 위한 설정이 ①에 위치한 log-bin이다. log-bin 항목에 바이너리 로그를 출력할 경로를 설정한다. log-bin은 마스터와 슬레이브 모두 사용하기 때문에 설정에 차이가 없다. 그러므로 환경 변수에 따른 분기 없이 my.cnf 파일에 그대로 값이 들어가야 한다.

server-id

server-id 값은 MySQL 서버를 식별하기 위한 유일 값이다. 마스터와 슬레이브로 구성된 스택 안에서 중복이 없도록 예를 들어 다음과 같이 설정해야 한다.

```
server-id = 1
```

server-id 값은 모든 서버에서 중복되지 않아야 한다. 그러므로 tododb 이미지의 mysqld.cnf에 이 값을 기재해서는 안 된다. MySQL 컨테이너를 실행하는 시점에 값을 결정하고 mysqld.cnf 파일 뒷부분 ②에 추가한다.

server-id 값을 파일에 추가하기 위해 tododb/add-server-id.sh 파일에 다음과 같은 스크립트를 작성한다.

```
#!/bin/bash -e
OCTETS=(`hostname -i | tr -s '.' ' '`)

MYSQL_SERVER_ID=`expr ${OCTETS[2]} \* 256 + ${OCTETS[3]}`
echo "server-id=$MYSQL_SERVER_ID" >> /etc/mysql/mysql.conf.d/mysqld.cnf
```

이 스크립트는 컨테이너의 IP 주소에서 3, 4번째 옥텟 값을 뽑아 서버 간에 중복되지 않는 server-id 값을 설정한다. 컨테이너를 실행하는 시점에 이 스크립트를 실행하면 중복되지 않는 server-id 값을 mysqld.cnf 파일 뒤에 추가할 수 있다.

컨테이너가 실행된 후 완성된 mysqld.cnf의 내용은 다음과 같다.

```
[mysqld]
character-set-server = utf8mb4
collation-server = utf8mb4_general_ci
```

```
pid-file = /var/run/mysqld/mysqld.pid
socket = /var/run/mysqld/mysqld.sock
datadir = /var/lib/mysql
#log-error = /var/log/mysql/error.log
# By default we only accept connections from localhost
#bind-address = 127.0.0.1
# Disabling symbolic-links is recommended to prevent assorted security risks
symbolic-links=0
relay-log=mysqld-relay-bin
relay-log-index=mysqld-relay-bin


log-bin=/var/log/mysql/mysql-bin.log


server-id=2
```

레플리케이션 설정

마스터와 슬레이브 간 레플리케이션 설정을 준비하고, 슬레이브 컨테이너가 실행될 때 자동으로 레플리카로 설정되게 한다. tododb/prepare.sh 파일에 작성된 다음 스크립트를 살펴보자.

```
#!/bin/bash -e

# ① 환경 변수로 마스터와 슬레이브를 지정
if [ ! -z "$MYSQL_MASTER" ]; then
  echo "this container is master"
  exit 0
fi


echo "prepare as slave"

# ② 슬레이브에서 마스터와 통신 가능 여부 확인
if [ -z "$MYSQL_MASTER_HOST" ]; then
  echo "mysql_master_host is not specified" 1>&2
  exit 1
fi

while :
do
```

```
  if mysql -h $MYSQL_MASTER_HOST -u root -p$MYSQL_ROOT_PASSWORD -e "quit" > /dev/null 2>&1 ; then
    echo "MySQL master is ready!"
    break
  else
    echo "MySQL master is not ready"
  fi
  sleep 3
done

# ③ 마스터에 레플리케이션용 사용자 생성 및 권한 부여
IP=`hostname -i`
IFS='.'
set -- $IP
SOURCE_IP="$1.$2.%.%"
mysql -h $MYSQL_MASTER_HOST -u root -p$MYSQL_ROOT_PASSWORD -e \
"CREATE USER IF NOT EXISTS '$MYSQL_REPL_USER'@'$SOURCE_IP' IDENTIFIED BY '$MYSQL_REPL_PASSWORD';"
mysql -h $MYSQL_MASTER_HOST -u root -p$MYSQL_ROOT_PASSWORD -e \
"GRANT REPLICATION SLAVE ON *.* TO '$MYSQL_REPL_USER'@'$SOURCE_IP';"

# ④ 마스터의 binlog 포지션 정보 확인
MASTER_STATUS_FILE=/tmp/master-status
mysql -h $MYSQL_MASTER_HOST -u root -p$MYSQL_ROOT_PASSWORD -e "SHOW MASTER STATUS\G" \
> $MASTER_STATUS_FILE
BINLOG_FILE=`cat $MASTER_STATUS_FILE | grep File | xargs | cut -d' ' -f2`
BINLOG_POSITION=`cat $MASTER_STATUS_FILE | grep Position | xargs | cut -d' ' -f2`
echo "BINLOG_FILE=$BINLOG_FILE"
echo "BINLOG_POSITION=$BINLOG_POSITION"

# ⑤ 레플리케이션 시작
mysql -u root -p$MYSQL_ROOT_PASSWORD -e
"CHANGE MASTER TO MASTER_HOST='$MYSQL_MASTER_HOST',\
     MASTER_USER='$MYSQL_REPL_USER',\
     MASTER_PASSWORD='$MYSQL_REPL_PASSWORD',\
     MASTER_LOG_FILE='$BINLOG_FILE',\
     MASTER_LOG_POS=$BINLOG_POSITION;"
mysql -u root -p$MYSQL_ROOT_PASSWORD -e "START SLAVE;"

echo "slave started"
```

환경 변수에 따라 마스터/슬레이브로 설정 ①

환경변수 MYSQL_MASTER 값에 따라 마스터 혹은 슬레이브 동작 여부가 결정된다.

prepare.sh 파일의 내용은 거의 모두 슬레이브 설정을 위한 것이므로, 마스터인 경우 그대로 스크립트를 종료한다. 그 이후 내용은 슬레이브로 설정하는 내용이다.

슬레이브와 마스터 간의 통신 확인 ②

슬레이브가 마스터에 MySQL 명령을 실행하려면 마스터의 호스트명을 알고 있어야 한다. 이 호스트명을 전달하기 위해 환경 변수 MYSQL_MASTER_HOST를 사용한다.

이제 통신을 확인해 보자. 슬레이브에서 마스터에 MySQL 명령을 실행하려면 호스트명을 -h 옵션값으로 주면 된다. 여기서는 이 호스트명으로 환경 변수 MYSQL_MASTER_HOST의 값을 사용한다. 이 점을 이용해 슬레이브에서 MySQL 프로토콜로 마스터에 접근이 가능한지 확인한다. 3초마다 마스터와 통신을 확인해 확인되는 경우 무한 루프에서 바로 탈출한다.

```
$ mysql -h $MYSQL_MASTER_HOST ...
```

마스터에 레플리카 사용자 및 권한 추가 ③

레플리케이션을 사용하려면 마스터에 레플리카 사용자 및 사용자 권한을 추가해야 한다. 다음과 같은 SQL 쿼리를 사용한다.

```
mysql> CREATE USER IF NOT EXISIS '레플리케이션_사용자명'@'슬레이브_IP주소',↵
identified by '레플리케이션_사용자_패스워드';
mysql> GRANT REPLICATION SLAVE on *.* to '레플리케이션_사용자명'@'슬레이브_IP주소';
```

스크립트에서 ③에 해당하는 부분이 레플리카 사용자 및 권한을 추가하는 부분이다. CREATE USER 명령과 GRANT REPLICATION SLAVE 명령에 IP 주소가 필요하다는 것에 주목하라. 마스터에서는 슬레이브의 호스트명이나 IP를 알 수 없기 때문에 hostname -i 명령을 사용해 이 값을 받아온다.

IP 주소를 받아와 이 값을 x.x.%.% 포맷으로 SOURCE_IP 변수에 대입한다. IP가 10.0.0.23이라면 10.10.%.%가 변수에 저장된다. 그러면 10.0.0.0/16 서브넷에 속하는 컨테이너에서 마스터에 접근할 수 있다. 슬레이브의 전체 IP를 지정하는 것보다 훨씬 유연하게 설정할 수 있다.

그다음 환경 변수 MYSQL_ROOT_PASSWORD, MYSQL_REPL_USER, MYSQL_REPL_PASSWORD의 값으로 사용자 등록 및 권한을 설정한다.

마스터 binlog의 포지션 설정 ④

레플리케이션을 시작하려면 슬레이브가 마스터의 호스트 및 binlog 파일명, binlog 포지션을 알아야한다. prepare.sh에서 이 값을 설정하기는 하지만, 마스터에서 이 값을 직접 확인하려면 다음과 같이한다.

```
mysql> show master status;
+------------------+----------+--------------+------------------+-------------------+
| File | Position | Binlog_Do_DB | Binlog_Ignore_DB | Executed_Gtid_Set |
+------------------+----------+--------------+------------------+-------------------+
| mysql-bin.000003 | 605 | | | |
+------------------+----------+--------------+------------------+-------------------+
1 row in set (0.00 sec)
```

이렇게 확인한 binlog 파일과 포지션을 슬레이브에 설정한다. 이 과정 역시 prepare.sh에 포함돼 있지만, 다음과 같이 CHANGE MASTER 명령을 사용해 설정한다[13].

```
mysql> CHANGE MASTER TO MASTER_HOST='master', MASTER_USER='repl',
MASTER_PASSWORD
='gihyo', MASTER_LOG_FILE='mysql-bin.000003', MASTER_LOG_POS=605;
```

prepare.sh 스크립트에서는 CHANGE MASTER에 설정할 값을 ④의 과정을 통해 받아온다. SHOW MASTER STATUS 명령의 결과를 먼저 파일에 저장한 다음, 이 파일 내용에서 binlog 파일명과 포지션을 파싱해 이 두 값을 각각 BINLOG_FILE과 BINLOG_POSITION 두 셸 변수에 대입한다.

레플리케이션 시작 ⑤

④에서 받아온 binlog 파일명(BINLOG_FILE)과 포지션(BINLOG_POSITION) 값을 사용해 슬레이브에서 CHANGE MASTER 명령과 START SLAVE 명령을 실행해 레플리케이션을 시작한다.

---

13 원래 대로라면 마스터의 binlog 파일과 포지션을 설정하기 전에 마스터의 수정을 막아놓은 상태에서 덤프 파일을 슬레이브에 임포트해야 한다. 그러나 지금은 마스터에도 데이터가 아직 없는 상태이므로 그냥 설정만 해도 문제가 없다.

MySQL(mysql_master/mysql_slave) Dockerfile

스크립트 등 이미지 빌드에 필요한 파일을 다 갖췄다. Dockerfile을 다음과 같이 작성한다.

```
FROM mysql:5.7

# ① 패키지 업데이트 및 wget 설치
RUN apt-get update
RUN apt-get install -y wget

# ② entrykit 설치
RUN wget https://github.com/progrium/entrykit/releases/download/v0.4.0/
entrykit_0.4.0_linux_x86_64.tgz
RUN tar -xvzf entrykit_0.4.0_linux_x86_64.tgz
RUN rm entrykit_0.4.0_linux_x86_64.tgz
RUN mv entrykit /usr/local/bin/
RUN entrykit --symlink

# ③ 스크립트 및 각종 설정 파일 복사
COPY add-server-id.sh /usr/local/bin/
COPY etc/mysql/mysql.conf.d/mysqld.cnf /etc/mysql/mysql.conf.d/
COPY etc/mysql/conf.d/mysql.cnf /etc/mysql/conf.d/
COPY prepare.sh /docker-entrypoint-initdb.d
COPY init-data.sh /usr/local/bin/
COPY sql /sql

# ④ 스크립트, mysqld 실행
ENTRYPOINT [ \
  "prehook", \
  "add-server-id.sh", \
  "--", \
  "docker-entrypoint.sh" \
]

CMD ["mysqld"]
```

①은 패키지 목록을 업데이트하고 docker image build 명령에서 사용하는 entrykit을 받아오기 위해
wget을 설치한다.

②는 entrykit을 설치한다. entrykit[14]은 컨테이너 실행 시 처리할 내용을 기술하기 위한 도구로, 주 프로세스보다 먼저 실행할 명령이 있는 경우에 유용하다.

③은 MySQL 컨테이너를 구성하기 위한 파일과 스크립트를 COPY 인스트럭션을 사용해 tododb에서 컨테이너로 복사한다.

④는 이 컨테이너에서 실행할 내용을 기술한다. ENTRYPOINT 인스트럭션 값 안에 지정된 docker-entrypoint.sh 스크립트는 tododb에는 없지만, 기반 이미지인 mysql:5.7에 포함된 파일이므로 실행할 수 있다. mysql:5.7 이미지의 Dockerfile에서는 이 스크립트가 다음과 같이 사용된다.

```
FROM debian:stretch-slim
...
ENTRYPOINT ["docker-entrypoint.sh"]
```

이 이미지는 데이터베이스 서버 시작이 완료되는 시점마다 /docker-entrypoint-initdb.d 디렉터리에 위치한 스크립트를 실행한다. 다만 add-server-id.sh 파일은 server-id 값을 mysqld.cnf에 추가하는 역할을 하므로 데이터베이스 시작 전에 실행돼야 한다. 즉, 이 상태만으로는 설정하기가 어렵다.

바로 이런 경우에 entrykit의 prehook 하위 명령을 사용한다. ④와 같이 이 명령을 사용하면 dd-server-id.sh 스크립트를 docker-entrypoint.sh보다 먼저 실행할 수 있다.

빌드 및 스웜 클러스터에서 사용하기

이 Dockerfile을 빌드해 ch04/tododb:latest라는 이름의 이미지를 만든다. 그리고 이 이미지를 스웜 클러스터의 워커 노드에서 사용할 수 있도록 localhost:5000/ch04/tododb:latest 태그를 붙여 레지스트리에 등록한다.

```
(tododb) $ docker image build -t ch04/tododb:latest .
Sending build context to Docker daemon 100.4kB
Step 1/16 : FROM mysql:5.7
──> 5195076672a7

══ ( 생략 ) ══
```

---

[14] https://github.com/progrium/entrykit

```
Removing intermediate container ed67501c0839
---> 78a3e5c7de42
Successfully built 78a3e5c7de42
Successfully tagged ch04/tododb:latest
```

```
$ docker image tag ch04/tododb:latest localhost:5000/ch04/tododb:latest
```

```
$ docker image push localhost:5000/ch04/tododb:latest
The push refers to repository [localhost:5000/ch04/tododb]
0b48ac2db59b: Pushed

══ ( 생략 ) ══

latest: digest: sha256:596b6c2acfc8358051763d09f2b1e48092bfc6522f2d547e0b21580147
4aa084 size: 5333
```

스웜에서 마스터 및 슬레이브 실행

그럼 빌드된 이미지를 사용해 스웜에서 MySQL 마스터 및 슬레이브 역할을 할 2개의 서비스를 생성하고 실행해 보자.

마스터 서비스의 레플리카 수는 1, 슬레이브 서비스의 레플리카 수는 2로 설정한다. stack 디렉터리에 todo-mysql.yml 파일을 만들고 이 파일에 2개의 서비스를 각각 정의한다. 앞에서 만든 overlay 네트워크 todoapp의 external 속성을 true로 정의해 각 서비스가 이 네트워크에 속하게 한다.

```yaml
version: "3"

services:
  master:
    image: registry:5000/ch04/tododb:latest
    deploy:
      replicas: 1
      placement:
        constraints: [node.role != manager]
    environment:
      MYSQL_ROOT_PASSWORD: gihyo
      MYSQL_DATABASE: tododb
```

```yaml
      MYSQL_USER: gihyo
      MYSQL_PASSWORD: gihyo
      MYSQL_MASTER: "true"
    networks:
      - todoapp

  slave:
    image: registry:5000/ch04/tododb:latest
    deploy:
      replicas: 2
      placement:
        constraints: [node.role != manager]
      depends_on:
        - master
      environment:
        MYSQL_MASTER_HOST: master
        MYSQL_ROOT_PASSWORD: gihyo
        MYSQL_DATABASE: tododb
        MYSQL_USER: gihyo
        MYSQL_PASSWORD: gihyo
        MYSQL_REPL_USER: repl
        MYSQL_REPL_PASSWORD: gihyo
      networks:
        - todoapp

networks:
  todoapp:
    external: true
```

스웜으로 배포하기

지금부터는 스웜을 사용하는 작업이다. todo-mysql.yml에 정의된 서비스를 todo_mysql 스택으로
manager 컨테이너에 배포한다. 스택을 사용해 여러 서비스를 배포하면 서비스명 앞에 스택명이 붙어
서 마스터는 todo_mysql_master, 슬레이브는 todo_mysql_slave라는 이름이 된다. 마스터의 레플
리카 수는 1, 슬레이브는 2임을 확인할 수 있다.

```
$ docker container exec -it manager \
  docker stack deploy -c /stack/todo-mysql.yml todo_mysql

Creating service todo_mysql_master
Creating service todo_mysql_slave

$ docker container exec -it manager \
  docker service ls


ID          NAME        MODE        REPLICAS IMAGE                    PORTS
j4ve4ju6wdjm todo_mysql_master replicated 1/1    registry:5000/ch04/tododb:latest *:3306->3306/tcp
y9u19zakdrmz todo_mysql_slave replicated 2/2    registry:5000/ch04/tododb:latest
```

좀 더 알기 쉽게 그림으로 정리하면 현재 스웜 클러스터의 상태는 다음 그림과 같다.

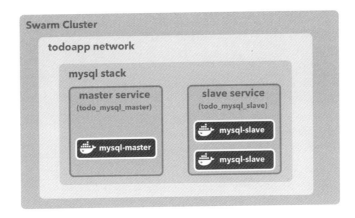

MySQL 컨테이너 확인 및 초기 데이터 투입

스웜 클러스터의 구축이 끝났다. 컨테이너에 초기 데이터를 넣어보자.

초기 데이터를 넣기 위한 스크립트는 tododb/init-data.sh에 있다. 이 스크립트는 tododb/sql 디렉터리에 들어 있는 SQL 쿼리를 실행한다. 이 스크립트와 쿼리 모두 도커 컨테이너 안에 포함돼 있으므로 스크립트를 실행하기만 하면 초기 데이터가 데이터베이스에 들어간다.

초기 데이터를 넣기 전에 먼저 마스터 컨테이너가 스웜 노드 중 어느 것에 배치됐는지 확인할 필요가 있다. 다음과 같이 docker service ps 명령을 사용하면 된다.

```
$ docker container exec -it manager \
docker service ps todo_mysql_master --no-trunc \
--filter "desired-state=running"
ID          NAME      IMAGE                                             NODE   ( 생략)
z6evdqe0wgx4j8hiemprbri68 todo_mysql_master.1 registry:5000/ch04/tododb:latest@sha256:c7 ( 생략 )
6d9397c24238 ( 생략 )
```

노드의 ID와 태스크의 ID만 알면 다음과 같이 docker container exec 명령을 중첩 실행해 원하는 컨
테이너에 데이터를 넣을 수 있다.

```
$ docker container exec -it 6d9397c24238 \
docker container exec -it todo_mysql_master.1.z6evdqe0wgx4j8hiemprbri68 bash
root@d5912fb7acd1:/#
```

그러나 이 방법은 조금 번거롭다. docker service ps 명령의 --format 옵션을 잘 이용하면 특정 컨테
이너에 데이터를 넣는 명령을 표준 출력으로 출력할 수 있다.

```
$ docker container exec -it manager \
  docker service ps todo_mysql_master \
  --no-trunc \
  --filter "desired-state=running" \
  --format "docker container exec -it {{.Node}} docker container exec -it {{.Name}}.{{.ID}} bash"

docker container exec -it 6d9397c24238 docker container exec -it
todo_mysql_master.1.z6evdqe0wgx4j8hiemprbri68 bash
```

이 방법을 통해 컨테이너에 대한 접근이 많이 간단해졌다. 다음과 같이 master 컨테이너에서 init-
data.sh 스크립트를 실행해 테이블 및 초기 데이터를 생성한다.

```
$ docker container exec -it 6d9397c24238 \
docker container exec -it todo_mysql_master.1.z6evdqe0wgx4j8hiemprbri68 \
init-data.sh

$ docker container exec -it 6d9397c24238 \
docker container exec -it todo_mysql_master.1.z6evdqe0wgx4j8hiemprbri68 \
mysql -u gihyo -pgihyo tododb
```

```
mysql> SELECT * FROM todo LIMIT 1\G
*************************** 1. row ***************************
id: 1
title: MySQL 도커 이미지 생성
content: MySQL 마스터와 슬레이브를 환경 변수로 설정할 수 있는 MySQL 이미지 생성
status: DONE
created: 2018-05-23 18:25:20
updated: 2018-05-23 18:25:20
1 row in set (0.00 sec)
```

마스터-슬레이브 구성에 따라 마스터에 등록된 데이터가 슬레이브에도 반영됐는지 확인해 보자. 조금 전 마스터 컨테이너를 특정할 때처럼 슬레이브 컨테이너를 특정해 docker container exec 명령의 중첩 실행을 통해 mysql 명령을 실행한다.

```
$ docker container exec -it manager \
docker service ps todo_mysql_slave \
--no-trunc \
--filter "desired-state=running" \
--format "docker container exec -it {{.Node}} docker container exec -it {{.Name}}.{{.ID}} bash"

docker container exec -it 5a6cc56a5c48 docker container exec -it
todo_mysql_slave.1.zrec67g65a01pmkeb
zjmxdiib bash
docker container exec -it 3da1467757b1 docker container exec -it
todo_mysql_slave.2.vfiaacp5uvzmvpvld
rnyv37ml bash

$ docker container exec -it 5a6cc56a5c48 \
  docker container exec -it todo_mysql_slave.1.zrec67g65a01pmkebzjmxdiib \
  mysql -u gihyo -pgihyo tododb

mysql> SELECT * FROM todo LIMIT 1\G
*************************** 1. row ***************************
id: 1
title: MySQL 도커 이미지 생성
content: MySQL 마스터와 슬레이브를 환경 변수로 설정할 수 있는 MySQL 이미지 생성
status: DONE
created: 2018-05-23 18:25:20
```

```
updated: 2018-05-23 18:25:20
1 row in set (0.00 sec)
```

의도한 대로 슬레이브에 데이터가 잘 반영됐다. 이것으로 스웜 클러스터에서 마스터-슬레이브 구조로 MySQL을 구축하는 작업이 끝났다.

03 API 서비스 구축

이어서 TODO 앱의 도메인을 담당할 API를 만들어 보겠다.

API 서비스를 구현하기 위해 Go 언어[15]를 사용한다. 이 예제는 다음 리포지토리에 있다.

```
$ git clone https://github.com/gihyodocker/todoapi
```

도커 이미지를 빌드할 때 Go 언어로 구현된 애플리케이션을 빌드하고 이렇게 만들어진 실행 파일을 컨테이너에서 실행하는 형태로 최종 결과물이 만들어진다.

todoapi의 기본 구조

todoapi 리포지토리의 디렉터리 구성은 다음과 같다[16].

```
(todoapi) $ tree -a -I '.git|.gitignore' .
.
├── .dockerignore -- 컨테이너에 넣지 않을 파일 및 디렉터리를 정의
├── cmd
│   └── main.go -- 애플리케이션을 시작함
├── db.go -- MySQL에 접속
├── Dockerfile -- 애플리케이션을 빌드하고 이미지를 생성하는 Dockerfile
├── env.go -- 환경 변수를 적절히 생성함
└── handler.go -- HTTP 요청을 받으면 비즈니스로직을 수행하고 응답을 돌려줌
```

도커 컨테이너에서 실행할 때 핵심이 되는 중요 포인트를 중심으로 애플리케이션 코드를 설명하겠다.

---

15 Go 언어를 잘 모르는 사람도 있겠지만, 여기서는 애플리케이션을 도커로 어떻게 실행하는지가 중요하므로 구현에 대해서는 이해하지 못해도 괜찮다.

16 윈도우에서 제공되는 tree 명령은 옵션이 일부 다르므로 파일 탐색기 등을 이용하기 바란다.

애플리케이션은 cmd/main.go를 실행해서 시작한다. 환경 변수 값을 받아오고 MySQL 데이터베이스 접속, HTTP 요청 핸들러 생성 및 엔드포인트 등록, 서버 실행 등이 이 단계에서 일어난다.

```go
package main

import (
    "fmt"
    "log"
    "net/http"
    "os"

    "github.com/gihyodocker/todoapi"
)

func main() {

    // ① 환경 변수를 저장할 구조체
    env, err := todoapi.CreateEnv()
    if err != nil {
        fmt.Fprint(os.Stderr, err.Error())
        os.Exit(1)
    }

    // ② MySQL 마스터에 접속하는 데 사용하는 구조체
    masterDB, err := todoapi.CreateDbMap(env.MasterURL)
    if err != nil {
        fmt.Fprintf(os.Stderr, "%s is invalid database", env.MasterURL)
        return
    }

    // ③ MySQL 슬레이브에 접속하는 데 사용하는 구조체
    slaveDB, err := todoapi.CreateDbMap(env.SlaveURL)
    if err != nil {
        fmt.Fprintf(os.Stderr, "%s is invalid database", env.SlaveURL)
        return
    }

    mux := http.NewServeMux()
```

```go
    // ④ 헬스체크에 사용되는 API 핸들러
    hc := func(w http.ResponseWriter, r *http.Request) {
        log.Println("[GET] /hc")
        w.Write([]byte("OK"))
    }


    // ⑤ TODO API 핸들러
    todoHandler := todoapi.NewTodoHandler(masterDB, slaveDB)


    // ⑥ 핸들러를 API 엔드포인트로 등록
    mux.Handle("/todo", todoHandler)
    mux.HandleFunc("/hc", hc)


    // ⑦ 서버 포트 및 핸들러 설정, 서버 시작
    s := http.Server{
        Addr:    env.Bind,
        Handler: mux,
    }
    log.Printf("Listen HTTP Server")
    if err := s.ListenAndServe(); err != nil {
        log.Fatal(err)
    }
}
```

애플리케이션 환경 변수 통제

cmd/main.go의 ①에서 환경 변수 값을 저장하기 위한 구조체를 생성한다.

애플리케이션 쪽 코드는 도커에서 실행하는 상황을 가정해 환경 변수 값을 통제한다. 환경 변수 값을 받아오는 부분은 다음과 같이 env.go에 정의했다.

```go
package todoapi

import (
    "errors"
    "os"
)
```

```go
// 환경 변수를 저장할 구조체
type Env struct {
    Bind      string
    MasterURL string
    SlaveURL  string
}

func CreateEnv() (*Env, error) {

    env := Env{}

    bind := os.Getenv("TODO_BIND") // API 서버 포트 설정
    if bind == "" {
        env.Bind = ":8080"
    }
    env.Bind = bind

    masterURL := os.Getenv("TODO_MASTER_URL") // MySQL 마스터 접속정보
    if masterURL == "" {
        return nil, errors.New("TODO_MASTER_URL is not specified")
    }
    env.MasterURL = masterURL

    slaveURL := os.Getenv("TODO_SLAVE_URL") // MySQL 슬레이브 접속정보
    if slaveURL == "" {
        return nil, errors.New("TODO_SLAVE_URL is not specified")
    }
    env.SlaveURL = slaveURL

    return &env, nil
}
```

CreateEnv 함수는 필요한 환경 변수 값을 가져와 이를 다루기 편리하도록 구조체에 저장해 반환한다.

os.GetEnv 함수는 환경 변수 값을 구하는 함수로, 인자로 지정된 환경 변수의 값을 반환한다. 이 API 애플리케이션이 컨테이너에서 실행되는 경우, 컨테이너에 설정된 환경 변수 값을 받아온다.

TODO_BIND는 API가 리스닝 포트로 사용할 포트값을 저장하는 환경 변수다. 이 변수의 값이 설정되지 않은 경우 :8080을 기본값으로 사용한다.

TODO_MASTER_URL, TODO_SLAVE_URL은 MySQL 마스터 및 슬레이브에 대한 각각의 접속 정보다. 이 환경변수는 API를 정상적으로 실행하기 위해 반드시 필요한 값이므로, 이 변수 값이 설정되지 않은 경우 CreateEnv 함수가 오류를 발생시킨다. 이렇게 애플리케이션을 정상적으로 실행하기 위한 필수값의 유무를 적절히 확인하는 것이 중요하다.

CreateEnv 함수가 반환한 구조체[17]는 cmd/main.go 파일의 ②③ 부분에서 MySQL에 접속하기 위한 구조체와 ⑦에서 서버 포트를 설정하는 데도 사용된다.

MySQL 접속 및 테이블 매핑

MySQL에 접속하기 위한 처리는 db.go 파일에 기술된다. CreateDbMap 함수는 [DB사용자명]:[DB패스워드]@tcp([DB호스트]:[DB포트])/[DB명] 포맷으로 정의된 접속 정보를 받아 MySQL에 접속한다.

```
func CreateDbMap(dbURL string) (*gorp.DbMap, error) {
...
}
```

db.go 파일에는 todo 테이블의 매핑을 위한 구조체도 정의돼 있다. 이 구조체는 SELECT 쿼리로 받아온 레코드의 값을 매핑하거나 INSERT 및 UPDATE 쿼리를 생성할 때 사용한다.

```
type Todo struct {
  ID uint `db:"id" json:"id"`
  Title string `db:"title" json:"title"`
  Content string `db:"content" json:"content"`
  Status string `db:"status" json:"status"`
  Created time.Time `db:"created" json:"created"`
  Updated time.Time `db:"updated" json:"updated"`
}
```

핸들러 구현하기

HTTP 요청을 처리하는 핸들러를 Go 언어로 구현해 보자. TODO API의 요청을 다루는 핸들러이므로 TodoHandler라는 이름으로 구현했다.

---

17 cmd/main.go의 ①에서 받아온다.

여기 실린 코드는 전체 코드의 일부를 발췌한 것이다. 여기에는 생략됐으나, 코드 중 MySQL과 통신하는 내용 등이 있는데, 이는 외부 라이브러리에 의존한다.

```go
package todoapi

import (
    "database/sql"
    "encoding/json"
    "fmt"
    "io/ioutil"
    "log"
    "net/http"
    "time"

    gorp "gopkg.in/gorp.v1"
)

// 핸들러에서 DB에 쿼리를 보낼 수 있도록 DB 접속 정보 구조체를 갖는다
type TodoHandler struct {
    master *gorp.DbMap
    slave  *gorp.DbMap
}

// 핸들러 생성 함수
func NewTodoHandler(master *gorp.DbMap, slave *gorp.DbMap) http.Handler {
    return &TodoHandler{
        master: master,
        slave:  slave,
    }
}

// HTTP 요청을 받아 비즈니스 로직을 수행하고 응답을 돌려준다
func (h TodoHandler) ServeHTTP(w http.ResponseWriter, r *http.Request) {

    log.Printf("[%s] RemoteAddr=%s\tUserAgent=%s", r.Method, r.RemoteAddr, r.Header.Get("User-Agent"))
    switch r.Method {
    case "GET":
```

```
        h.serveGET(w, r)
        return
    case "POST":
        h.servePOST(w, r)
        return
    case "PUT":
        h.servePUT(w, r)
        return
    default:
        NewErrorResponse(http.StatusMethodNotAllowed, fmt.Sprintf("%s is Unsupported method",
r.Method)).Write(w)
        return
    }
}
```

cmd/main.go 파일의 ⑥은 엔드포인트 /todo에 NewTodoHandler로 생성한 핸들러를 설정한 후 TodoHandler의 ServeHTTP 함수가 이 요청을 받도록 한 것이다.

ServeHTTP 함수를 보면 HTTP 메서드가 무엇이냐에 따라 각 메서드에 해당하는 동작이 정의된 serveGET(TODO 읽기), servePOST(TODO 생성), servePUT(TODO 수정)을 호출한다.

구현에 대한 자세한 내용은 생략한다. 다만 이를 사용하는 방법은 다음과 같다.

serveGET

GET 메서드는 요청 파라미터 status를 받아 todo 테이블에서 SELECT 쿼리를 실행하고 조건이 일치하는 JSON 포맷으로 된 레코드의 배열을 응답으로 반환한다[18].

```
$ curl -s -XGET http://localhost:8000/todo?status=TODO | jq .
[
  {
    "id": 8,
    "title": "인그레스 구축",
    "content": "스웜 클러스터를 외부에서 접근할 수 있게 해주는 인그레스를 구축",
    "status": "TODO",
```

---

18 윈도우 파워셸의 curl에서는 여기서 소개한 대부분의 옵션을 사용할 수 없다. 이 내용은 실행 예제이므로 윈도우에서 Web API를 사용하려면 Invoke-RestMethod 등을 참조하라. https://docs.microsoft.com/en-us/powershell/module/microsoft.powershell.utility/invoke-restmethod?view=powershell-6

```
    "created": "2018-05-12T21:23:18Z",
    "updated": "2018-05-12T21:23:18Z"
  }
]
```

servePOST

POST 메서드는 새로운 TODO를 추가한다. 추가할 TODO의 내용을 다음과 같이 JSON으로 전달하면 그 내용을 새로운 TODO로 추가한다.

```
$ curl -XPOST -d '{
"title": "4장 집필하기",
"content": "내용 검토 중"
}' http://localhost:8080/todo
```

servePUT

PUT 메서드는 이미 추가된 TODO를 수정한다. id로 지정된 레코드가 이미 존재하는 경우 해당 레코드의 내용을 수정하며 존재하지 않으면 404를 반환한다.

```
$ curl -XPUT -d '{
"id": 1,
"title": "4장 집필하기",
"content": "도커를 이용한 실전적 웹 애플리케이션 개발을 내용으로",
"status": "PROGRESS"
}' http://localhost:8080/todo
```

API를 위한 Dockerfile

API를 위한 Dockerfile을 작성해 보자. golang:1.9 이미지를 기반으로 삼아 go 언어를 빌드할 환경을 마련한다.

그다음 WORKDIR 인스트럭션으로 실행 디렉터리를 지정한다[19].

---

19 WORKDIR은 RUN이나 CMD 인스트럭션을 실행할 폴더를 지정하는 명령이다.

go get 명령으로 의존 라이브러리 github.com/go-sql-driver/mysql과 gopkg.in/gorp.v1[20]를 컨테이너 안의 GOPATH[21]에 추가한다.

준비가 끝나면 todoapi 디렉터리로 이동해 go build 명령으로 실행 파일을 빌드한다[22]. 이렇게 만들어진 실행 파일 bin/todoapi를 다시 /usr/local/bin에 복사한 다음, 컨테이너에서 todoapi를 실행한다.

```
FROM golang:1.9
WORKDIR /
COPY . /go/src/github.com/gihyodocker/todoapi
RUN go get github.com/go-sql-driver/mysql
RUN go get gopkg.in/gorp.v1
RUN cd /go/src/github.com/gihyodocker/todoapi&&go build -o bin/todoapi cmd/main.go
RUN cd /go/src/github.com/gihyodocker/todoapi && cp bin/todoapi /usr/local/bin/

CMD ["todoapi"]
```

이 Dockerfile을 빌드해 ch04/todoapi:latest라는 태그를 가진 이미지를 생성한다. 그다음 localhost:5000/ch04/todoapi:latest 태그를 붙여 레지스트리에 등록한다.

```
(todoapi)$ docker image build -t ch04/todoapi:latest .
Sending build context to Docker daemon 13.31kB

Step 1/8 : FROM golang:1.9
---> 1a34fad76b34
Step 2/8 : WORKDIR /
---> Using cache
---> c1529a56ab3c
Step 3/8 : COPY . /go/src/gihyo/ch04/todoapi
---> Using cache
---> 6bd69a2da425
Step 4/8 : RUN go get github.com/go-sql-driver/mysql
---> Using cache
---> e5fc658632e7
Step 5/8 : RUN go get gopkg.in/gorp.v1
```

---

20 MySQL을 사용하기 위한 라이브러리다. handler.go 파일의 코드를 참조하라.

21 Go 언어의 라이브러리가 저장되는 디렉터리.

22 지금까지는 go run 명령으로 Go 언어 프로그램을 실행해왔으나, 이 방법이 실무에 더 가깝다.

```
---> Using cache
---> 916dfd212f5c
Step 6/8 : RUN cd /go/src/gihyo/ch04/todoapi && go build -o bin/todoapi cmd/main.go
---> Using cache
---> e340b89348d7
Step 7/8 : RUN cd /go/src/gihyo/ch04/todoapi && cp bin/todoapi /usr/local/bin/
---> Using cache
---> 2d39c32ecbd8
Step 8/8 : CMD todoapi
---> Using cache
---> 628e3f6848b0
Successfully built 628e3f6848b0
Successfully tagged ch04/todoapi:latest

$ docker image tag ch04/todoapi:latest localhost:5000/ch04/todoapi:latest

$ docker image push localhost:5000/ch04/todoapi:latest
The push refers to a repository [localhost:5000/ch04/todoapi]
cf2b52564a8f: Pushed

== ( 중략 ) ==

latest: digest: sha256:6f007d3f96b01e2234373ff25f754fed43e9f44094cb1dbc8cb629fe68
7d64c4 size: 3055
```

이것으로 todoapi의 도커 이미지가 준비됐다.

스웜에서 todoapi 서비스 실행하기

stack 디렉터리에 위치한 todo-app.yml 파일에 api 서비스를 정의한다. 레플리카 수는 2로 하고, 애플리케이션이 개방할 포트 및 MySQL 접속 정보를 환경 변수로 정의한다.

```
version: "3"
services:
  api:
    image: registry:5000/ch04/todoapi:latest
    deploy:
      replicas: 2
```

```
    environment:
      TODO_BIND: ":8080"
      TODO_MASTER_URL: "gihyo:gihyo@tcp(todo_mysql_master:3306)/tododb?parseTime=true"
      TODO_SLAVE_URL: "gihyo:gihyo@tcp(todo_mysql_slave:3306)/tododb?parseTime=true"
    networks:
      - todoapp

networks:
  todoapp:
    external: true
```

docker stack deploy 명령으로 todo_app이라는 이름의 스택을 배포한다. 그다음 docker service log -f 명령으로 api 서비스의 표준 출력이 출력하는 내용을 확인한다. 그 결과로 'Listen HTTP Server'라는 내용이 출력되면 API 서버가 HTTP 요청을 받을 수 있는 상태가 된 것이다. 또한 ch04/todoapi는 마스터 및 슬레이브 데이터베이스에 접속할 수 없는 경우 그대로 애플리케이션을 종료하도록 구현됐다. 그러므로 데이터베이스 접속에 실패했다면 다음과 같이 컨테이너를 종료하고 재시작한다.

```
$ docker container exec -it manager docker stack deploy -c /stack/todo-app.yml todo_app
Creating service todo_app_api

$ docker container exec -it manager docker service logs -f todo_app_api
todo_app_api.2.yz1tsscyrlpb@6d9397c24238  | 2017/12/04 15:37:24 Listen HTTP Server
todo_app_api.1.x6ogcv618dtf@8d2cf8e80789  | 2017/12/04 15:37:25 Listen HTTP Server
```

04 Nginx 구축

클라이언트로부터 받은 HTTP 요청을 Nginx의 리버스 프록시 기능을 사용해 백엔드 웹 애플리케이션으로 전송해 보자. 이 부분은 웹 애플리케이션에서 API로 요청을 전달하는 데도 사용된다.

Nginx 같은 웹 서버를 API 앞단에 배치하는 이유는 접근 로그를 생성하기 편리하다는 점, 캐시 제어, 애플리케이션을 수정하지 않고도 임의로 라우팅 설정이 가능하다는 점 등을 들 수 있다.

Nginx를 구축하기 위한 이미지를 리포지토리에 공개했다. 이 리포지토리의 디렉터리 구조는 다음과 같다.

```
$ git clone https://github.com/gihyodocker/todonginx
$ cd todonginx
(todonginx) $ tree .
.
├── Dockerfile
└── etc
    └── nginx
        ├── conf.d
        │   ├── log.conf
        │   ├── public.conf.tmpl
        │   └── upstream.conf.tmpl
        └── nginx.conf.tmpl

3 directories, 5 files
```

각각 프론트엔드와 API 앞단에 위치하는 2개의 서비스가 있으나, 이 역시 하나의 Dockerfile로 생성한다.

API 앞단에 위치하는 서비스를 먼저 생성하자. 프론트엔드 앞단에 오는 서비스는 4장 '정적 파일을 다루는 방법'(172쪽)에서 설명한다.

nginx.conf 파일 구성하기

nginx:1.13을 기반 이미지로 사용한다. 이 이미지의 디렉터리 구조는 다음과 같다.

```
(/etc/nginx) $ tree .
├── conf.d
│   └── default.conf
├── ...
└── nginx.conf
```

/etc/nginx/nginx.conf 파일은 Nginx의 설정이 담긴 주 파일로, 그 내용은 다음과 같다.

```
user nginx;
worker_processes 1; # ← ①

error_log /var/log/nginx/error.log warn;
```

```
pid /var/run/nginx.pid;

events {
  worker_connections 1024; # ← ②
}

http {
  include /etc/nginx/mime.types;
  default_type application/octet-stream;

  log_format main '$remote_addr - $remote_user [$time_local] "$request" '
    '$status $body_bytes_sent "$http_referer" '
    '"$http_user_agent" "$http_x_forwarded_for"';

  access_log /var/log/nginx/access.log main;

  sendfile on;
  #tcp_nopush on;

  keepalive_timeout 65; # ← ③

  #gzip on; # ← ④

  include /etc/nginx/conf.d/*.conf;
}
```

①부터 ④까지는 Nginx의 성능 튜닝을 위한 설정으로 눈여겨 보기 바란다.

worker_processes	Nginx에서 사용할 워커 프로세스 수
worker_connections	워커 프로세스가 만들 수 있는 최대 연결 수
keepalive_timeout	클라이언트와의 접속 유지 시간(초)
gzip	응답 내용을 gzip으로 압축할지 여부

이렇게 성능과 관련된 값은 설정 파일에 고정값으로 설정하는 것보다는 환경 변수로 설정하는 편이 튜닝상 간편하기도 하고 이식성도 향상된다. 그러나 Nginx의 설정 파일 자체에는 환경 변수를 참조하는 기능이 없기 때문에 환경 변수를 설정값으로 사용하려면 약간의 수고가 필요하다.

entrykit 템플릿 기능 – etc/nginx/nginx.conf.tmpl

이 문제를 해결하기 위해 환경 변수로 이 설정을 제어할 수 있도록 entrykit의 템플릿 기능(tmpl 파일)을 이용한다.

entrykit을 사용하면 컨테이너 실행 시점에서 템플릿에 환경 변수에 설정된 값을 채워 넣는 방식으로 파일을 생성(렌더링)할 수 있다.

다음과 같이 템플릿 파일 안에서 환경 변수를 참조하게 한다. 기본값을 설정할 수도 있다.

```
{{ var "환경변수명" }}
{{ var "환경변수명" | default "기본값" }}
```

지금부터는 todonginx 리포지토리의 코드를 살펴보자. nginx.conf 파일을 생성하기 위한 템플릿인 etc/nginx/nginx.conf.tmpl 파일의 내용은 다음과 같다.

```
user nginx;
worker_processes {{ var "WORKER_PROCESSES" | default "1" }}; # ← ①

error_log /var/log/nginx/error.log warn;
pid /var/run/nginx.pid;

events {
  worker_connections {{ var "WORKER_CONNECTIONS" | default "1024" }}; # ← ②
}

http {
  include /etc/nginx/mime.types;
  default_type application/octet-stream;

  log_format main '$remote_addr - $remote_user [$time_local] "$request" '
    '$status $body_bytes_sent "$http_referer" '
    '"$http_user_agent" "$http_x_forwarded_for"';

  access_log /var/log/nginx/access.log main;

  sendfile on;
  #tcp_nopush on;
```

```
keepalive_timeout {{ var "KEEPALIVE_TIMEOUT" | default "65" }}; # ← ③

gzip {{ var "GZIP" | default "on" }}; # ← ④

include /etc/nginx/conf.d/*.conf; # ← ⑤
}
```

이제 nginx.conf 파일의 설정을 환경 변수로 제어할 수 있다.

⑤ 부분의 include 문은 /etc/nginx/conf.d/*.conf와 일치하는 파일을 읽어 들이라는 의미다. /etc/
nginx/conf.d 디렉터리에 확장자가 .conf인 파일을 추가하면 설정 파일을 추가할 수 있다.

칼럼 4-1. 환경 변수를 적극 활용하자

도커를 사용할 때는 상황에 따라 동작을 변화시키는 부분은 모두 환경 변수로 만들어 두고 여기에 기본값을 정해 기본
동작을 설정하는 버릇을 들이는 게 좋다. entrykit처럼 이런 작업을 도와주는 도구도 충실히 갖춰져 있다.

로그 – etc/nginx/conf.d/log.conf

etc/nginx/conf.d/log.conf는 로그 출력 포맷을 정의하는 파일이다. 접근 로그는 JSON 형식으로 출
력되며 log.conf 파일은 새로운 로그 포맷을 정의하는 역할만 한다. 여기서는 entrykit을 이용한 템플
릿화 작업은 하지 않았다.

```
log_format json '{'
    '"time":"$time_iso8601",'
    '"remote_addr":"$remote_addr",'
    '"request":"$request",'
    '"request_method":"$request_method",'
    '"request_length":"$request_length",'
    '"request_uri":"$request_uri",'
    '"uri":"$uri",'
    '"query_string":"$query_string",'
    '"status":"$status",'
    '"bytes_sent":"$bytes_sent",'
    '"body_bytes_sent":"$body_bytes_sent",'
    '"referer":"$http_referer",'
```

```
'"useragent":"$http_user_agent",'
'"forwardedfor":"$http_x_forwarded_for",'
'"request_time":"$request_time",'
'"upstream_response_time":"$upstream_response_time"'
'}';
```

백엔드 서버 지정 – etc/nginx/conf.d/upstream.conf.tmpl

etc/nginx/conf.d/upstream.conf.tmpl 파일은 요청을 나눠 줄 백엔드 서버를 정의하는 파일이다.

```
upstream backend {
  server {{ var "BACKEND_HOST" }} max_fails={{ var "BACKEND_MAX_FAILS" |
default "3" }} fail_timeout={{ var "BACKEND_FAIL_TIMEOUT" | default "10s" }};
}
```

백엔드로 요청을 전달받을 서버는 BACKEND_HOST, 백엔드 접근 시도 최대 횟수 및 타임아웃 설정
은 BACKEND_MAX_FAILS와 BACKEND_FAIL_TIMEOUT 환경 변수에 각각 기본값을 설정한다.

예를 들어 entrykit이 upstream.conf.tmpl 파일을 기본값을 적용해 렌더링하면 다음과 같은 파일
(upstream.conf)이 생성된다.

```
upstream backend {
  server 127.0.0.1:8080 max_fails=3 fail_timeout=10s;
}
```

프록싱 대상은 Nginx의 proxy_pass 지시자에 직접 기술할 수도 있지만, upstream 지시자에서 정
의하면 프록싱 대상이 되는 서버를 여러 대 지정해 로드 밸런싱 효과를 얻거나 장애 시 쏘리서버
(SorryServer)로 이용할 수 있다는 장점이 있다. 여기서는 Nginx를 기점으로 하는 로드 밸런싱은 적
용하지 않지만, upstream을 사용하는 습관을 길러두는 것이 좋다.

라우팅 – etc/nginx/conf.d/public.conf.tmpl

etc/nginx/conf.d/public.conf.tmpl 파일에는 HTTP 요청에 대한 라우팅 설정을 기술한다.

```
server {
  listen {{ var "SERVER_PORT" | default "80" }} default_server;
```

```
server_name {{ var "SERVER_NAME" | default "localhost" }};
charset utf-8;

location / {
  proxy_pass http://backend;
  proxy_pass_request_headers on;
  proxy_set_header host $host;
  {{ if var "LOG_STDOUT" }}
  access_log /dev/stdout json;
  error_log /dev/stderr;
  {{ else }}
  access_log /var/log/nginx/backend_access.log json;
  error_log /var/log/nginx/backend_error.log;
  {{ end }}
 }
}
```

SERVER_PORT는 Nginx가 열어둘 포트로, 기본값으로 80을 지정한다. 여기서는 server 지시자를 하나밖에 정의하지 않았지만, 가상 호스트로 사용할 값도 SERVER_NAME이라는 이름으로 환경 변수를 참조하게 한다.

location 지시자는 백엔드에 대한 프록시 설정으로, /를 경로로 지정했다. 그러므로 전달받은 요청은 모두 백엔드로 프록싱된다. proxy_pass는 upstream.conf에서 upstream 지시자에 정의한 것이 있으므로 http:backend로 설정한다.

LOG_STDOUT은 같은 이름의 환경 변수가 설정돼 있을 때 접근 로그를 파일 대신 표준 출력으로 출력한다. 이를 위해 entrykit의 if 분기를 사용했다.

예를 들어, LOG_STDOUT라는 이름으로 환경 변수가 설정돼 있다면, 컨테이너를 실행할 때 다음과 같은 public.conf 파일이 생성된다.

```
server {
  listen 80 default_server;
  server_name todo_app_nginx;
  charset utf-8;

  location / {
    proxy_pass http://backend;
```

```
    proxy_pass_request_headers on;
    proxy_set_header host $host;
    access_log /dev/stdout json;
    error_log /dev/stderr;
  }
}
```

Nginx 컨테이너의 Dockerfile

이러한 구조를 반영하면 Dockerfile은 다음과 같다.

```
FROM nginx:1.13

RUN apt-get update
RUN apt-get install -y wget

RUN wget https://github.com/progrium/entrykit/releases/download/v0.4.0/
entrykit_0.4.0_linux_x86_64.tgz
RUN tar -xvzf entrykit_0.4.0_linux_x86_64.tgz
RUN rm entrykit_0.4.0_linux_x86_64.tgz
RUN mv entrykit /usr/local/bin/
RUN entrykit --symlink

# ① conf.d 파일의 템플릿 파일을 삭제하고 그 외 설정 파일을 복사
RUN rm /etc/nginx/conf.d/*
COPY etc/nginx/nginx.conf.tmpl /etc/nginx/
COPY etc/nginx/conf.d/ /etc/nginx/conf.d/

# ② entrykit으로 템플릿 파일에서 설정 파일을 생성
ENTRYPOINT [ \
  "render", \
    "/etc/nginx/nginx.conf", \
    "--", \
  "render", \
    "/etc/nginx/conf.d/upstream.conf", \
    "--", \
  "render", \
    "/etc/nginx/conf.d/public.conf", \
```

```
    "--" \
]
CMD ["nginx", "-g", "daemon off;"]
```

entrykit을 위한 사전 준비가 끝나면 ①에서 호스트에서 파일을 복사해 다음과 같은 디렉터리 구조를
만든다.

```
└── etc
    └── nginx
        ├── conf.d
        │   ├── log.conf
        │   ├── public.conf.tmpl (렌더링 후에는 public.conf가 됨)
        │   └── upstream.conf.tmpl (렌더링 후에는 upstream.conf가 됨)
        └── nginx.conf.tmpl (렌더링 후에는 nginx.conf가 됨)
```

②에 정의된 ENTRYPOINT 인스트럭션을 보면 entrykit으로 렌더링할 설정 파일 이름이 열거돼 있다.
'render' 속성에서 지정한 값에는 tmpl 확장자를 빼고 완성된 파일이 갖게 될 이름을 지정한다.

이 Dockerfile을 빌드해 ch04/nginx:latest라는 이미지를 생성한 다음, 이 이미지를 localhost:5000/
ch04/nginx:latest 태그로 레지스트리에 등록한다.

```
(todonginx)$ docker image build -t ch04/nginx:latest .
Sending build context to Docker daemon 10.75kB
Step 1/13 : FROM nginx:1.13
---> f895b3fb9e30

==( 중략 )==

Step 13/13 : CMD nginx -g "daemon off;"
---> Using cache
---> 1543c4cc2bdc
Successfully built 1543c4cc2bdc
Successfully tagged ch04/nginx:latest
$ docker image tag ch04/nginx:latest localhost:5000/ch04/nginx:latest
$ docker image push localhost:5000/ch04/nginx:latest
The push refers to a repository [localhost:5000/ch04/nginx]
```

```
══( 중략 )══

latest: digest: sha256:b107f94c94f941fcbaaebd72900b4ce599ecffd5b8b62ce94dd586988c
869a29 size: 3039
```

Nginx를 거쳐 API에 접근하기

조금 전 만든 todo_app_api 서비스 앞에 Nginx를 배치한다. todo-app.yml에 다음과 같이 nginx
의 정의를 추가한다.

```yaml
version: "3"
services:
  nginx:
    image: registry:5000/ch04/nginx:latest
    deploy:
      replicas: 2
      placement:
        constraints: [node.role != manager]
    depends_on:
      - api
    environment:
      WORKER_PROCESSES: 2
      WORKER_CONNECTIONS: 1024
      KEEPALIVE_TIMEOUT: 65
      GZIP: "on"
      BACKEND_HOST: todo_app_api:8080
      BACKEND_MAX_FAILS: 3
      BACKEND_FAIL_TIMEOUT: 10s
      SERVER_PORT: 80
      SERVER_NAME: todo_app_nginx
      LOG_STDOUT: "true"
    networks:
      - todoapp

  api:
    image: registry:5000/ch04/todoapi:latest
    deploy:
      replicas: 2
```

```
    placement:
      constraints: [node.role != manager]
  environment:
    TODO_BIND: ":8080"
    TODO_MASTER_URL: "gihyo:gihyo@tcp(todo_mysql_master:3306)/tododb?parseTime=true"
    TODO_SLAVE_URL: "gihyo:gihyo@tcp(todo_mysql_slave:3306)/tododb?parseTime=true"
  networks:
    - todoapp


networks:
  todoapp:
    external: true
```

Nginx 도커 이미지는 컨테이너를 실행할 때 entrykit에 주어진 환경 변수 값으로 설정 파일을 만들게 했으므로 Nginx에서 백엔드로 요청을 전달하는 프록시 설정 또한 환경 변수로 정의하면 된다. todo_app의 스택을 다음과 같이 수정한다.

```
$ docker container exec -it manager docker stack deploy -c /stack/todo-app.yml todo_app
Updating service todo_app_api (id: kzsd0omdt7f3b0aobkxb91jdb)
Creating service todo_app_nginx
```

05 웹 서비스 구축

미리 만들어둔 API를 사용해서 TODO의 진행 상황을 대시보드로 일목요연하게 보여줄 웹 애플리케이션을 Node.js로 만들어 보자. 여기서는 Nuxt.js[23]라는 Vue.js 기반 프레임워크를 사용한다.

TODO 앱의 웹 서비스 애플리케이션 이미지도 코드 저장소에 공개돼 있다. 이 저장소의 디렉터리 구조는 다음과 같다.

```
$ git clone https://github.com/gihyodocker/todoweb
(todoweb) $ tree .

.
```

---

[23] Vue.js의 특징을 살려 SSR(서버 사이드 렌더링) 지원을 강화한 Universal JavaScript 프레임워크. https://nuxtjs.org/

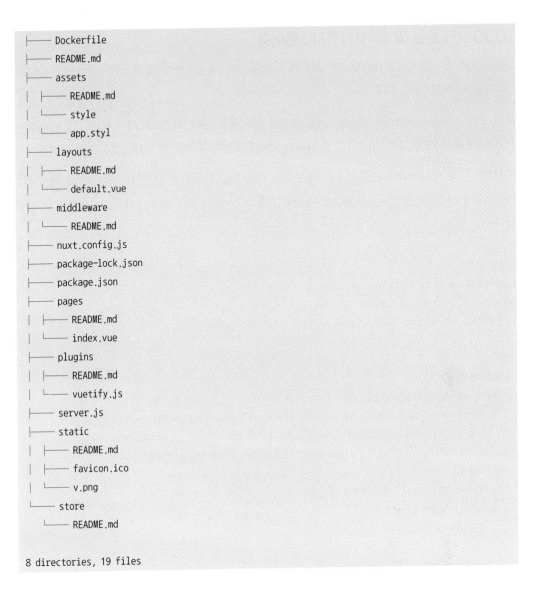

```
├── Dockerfile
├── README.md
├── assets
│   ├── README.md
│   └── style
│       └── app.styl
├── layouts
│   ├── README.md
│   └── default.vue
├── middleware
│   └── README.md
├── nuxt.config.js
├── package-lock.json
├── package.json
├── pages
│   ├── README.md
│   └── index.vue
├── plugins
│   ├── README.md
│   └── vuetify.js
├── server.js
├── static
│   ├── README.md
│   ├── favicon.ico
│   └── v.png
└── store
    └── README.md

8 directories, 19 files
```

우선 Nuxt.js 코드를 로컬에서 빌드할 수 있게 준비한 다음, 대시보드를 구현할 것이다.

그다음 Nuxt.js 애플리케이션과 도커 이미지를 빌드해 Node.js 실행 컨테이너로 배포한다. 마지막으로 Nginx를 거쳐 웹 애플리케이션에 접근할 수 있게 한다.

이번 역시 도커에서 애플리케이션을 실행하는 데 있어 중요한 사항에 집중해서 설명할 것이므로 구현 코드 전체를 설명하지는 않는다. todoweb 코드 저장소를 적절히 참고하며 읽어 나가기 바란다.

TODO API 호출 및 페이지 HTML 렌더링

todoweb은 할 일의 진척 상황을 대시보드로 나타내는 한 페이지짜리 웹 애플리케이션이다. URI는 / 하나이며 화면 이동은 없다.

뷰의 구현은 todoweb/pages/index.vue 파일에 모두 들어 있다. 대시보드에 출력되는 각 아이템은 TODO, PROGRESS, DONE 3가지 중 하나의 상태를 가지며, 각 아이템을 세로로 나열해 출력한다.

대시보드 구현 역시 todoweb/pages/index.vue 파일에 있다. HTML 템플릿과 API로부터 데이터를 받아오는 스크립트가 담긴 script 태그로 구성되는데, 여기서는 script 태그 안의 스크립트를 주로 설명한다.

```
<script>
import axios from 'axios'
let axiosClient = axios.create({
  baseURL: process.env.TODO_API_URL || 'http://localhost:8000'
})

export default {
  async asyncData (context) {
    const { data: todoItems } = await axiosClient.get('/todo?status=TODO')
    const { data: progressItems } = await axiosClient.get('/todo?status=PROGRESS')
    const { data: doneItems } = await axiosClients.get('/todo?status=DONE')
    return {
      todoItems,
      progressItems,
      doneItems
    }
  }
}
</script>
```

todoweb에서 다른 애플리케이션에 HTTP 요청을 보내기 위해 axios라는 HTTP 클라이언트 라이브러리를 사용한다. 그리고 process.env.TODO_API_URL을 통해 TODO API의 URL을 전달하는 환경 변수 TODO_API_URL의 값을 참조한다.

그다음은 axios에서 요청 URL에 GET 요청을 보내면 된다. TODO, PROGRESS, DONE의 검

색 조건은 status라는 요청 파라미터로 지정할 수 있다. 각 조건에 맞는 아이템을 todoItems, progressItems, doneItems 3개 변수로 나눠 담아서 HTML 페이지를 생성한다.

웹 서비스의 Dockerfile

Nuxt.js로 구현한 웹 애플리케이션의 도커 이미지를 생성하기 전에 먼저 애플리케이션이 정상적으로 빌드되고 실행되는지 확인한다.

```
(todoweb) $ npm install # 의존 모듈 다운로드
(todoweb) $ npm run build # 릴리스용 빌드
(todoweb) $ npm run start # 애플리케이션 서버 시작
```

위 과정을 Dockerfile로 옮기면 빌드 과정이 된다.

먼저 Node.js 공식 이미지를 기반 이미지로 삼는다. RUN 인스트럭션으로 npm install, npm run build를 실행해 애플리케이션을 빌드한 다음, CMD 인스트럭션에서 npm run start를 실행해 컨테이너 실행 시 애플리케이션이 실행되게 한다. 그리고 Nuxt.js 애플리케이션의 기본 개방 포트가 3000이므로 3000포트를 노출시킨다.

```
FROM node:9.2.0

WORKDIR /todoweb
COPY . /todoweb

RUN npm install
RUN npm run build

ENV HOST 0.0.0.0

CMD ["npm", "run", "start"]

EXPOSE 3000
```

이 Dockerfile을 빌드해 ch04/todoweb:latest 이미지를 생성한다. 그리고 이 이미지를 localhost:5000/ch04/todoweb:latest 태그로 레지스트리에 등록한다.

```
 (todoweb)$ docker image build -t ch04/todoweb:latest .
Sending build context to Docker daemon 112.8MB
Step 1/9 : FROM node:9.2.0
9.2.0: Pulling from library/node
85b1f47fba49: Pull complete

══(중략)══

Removing intermediate container 68be78c6edc5
Successfully built 6a2f0a242f5e
Successfully tagged ch04/todoweb:latest
$ docker image tag ch04/todoweb:latest localhost:5000/ch04/todoweb:latest
$ docker image push localhost:5000/ch04/todoweb:latest
The push refers to a repository [localhost:5000/ch04/todoweb]
0cf43200d30b: Pushed

══(중략)══

latest: digest: sha256:af55f076a6c12dc765280124479e129c9fa6cae254203d51c78fb3d8503e216b size:
2846
```

정적 파일을 다루는 방법

todoweb 이미지가 완성됐다. 이제 웹 애플리케이션 앞단에 Nginx를 배치하기만 하면 된다. 이미 배포한 Nginx에 몇 가지 더 손을 봐야 한다.

TODO 애플리케이션의 웹 부분은 Node.js를 사용해 생성한 동적 콘텐츠를 응답으로 제공한다. 그러나 이 외에도 브라우저에서 웹 페이지를 표시하는 데 필요한 자바스크립트나 CSS 파일 같은 정적 파일(애셋)을 제공하는 역할도 담당한다.

그러나 지금처럼 Nginx에서 Node.js 웹 애플리케이션으로 리버스 프록시 구성을 취하는 경우에는 정적 콘텐츠까지 Node.js가 담당하는 것은 효율적이지 못하다.

그러므로 정적 파일은 다음과 같이 웹 애플리케이션을 거치지 않고 Nginx에서 바로 응답을 처리하도록 한다. Nuxt.js에서는 /_nuxt/ 경로 아래 애셋 파일이 위치한다.

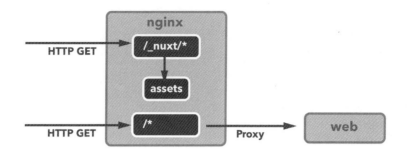

이 정적 파일은 이미지 빌드 과정에서 npm run build 명령을 실행할 때 생성되며 todoweb 컨테이너의 .nuxt/dist 디렉터리에 복사된다.

```
.nuxt/dist
├── LICENSES
├── app.5f0be7398c8f1eb5caf5.js
├── app.679dda00106c09b9e741e66ee7e4dd3b.css
├── index.spa.html
├── index.ssr.html
├── layouts
│   └── default.085e57286c082c825779.js
├── manifest.f02f1be5670d1c433849.js
├── pages
│   └── index.b86c500b3c2cfa48c0c9.js
├── server-bundle.json
├── vendor.02f6d802134b07f9fff1.js
└── vue-ssr-client-manifest.json
```

예를 들어 파일 .nuxt/dist/vendor.02f6d802134b07f9fff1.js는 URL http://호스트/_nuxt/vendor.02f6d802134b07f9fff1.js로 접근할 수 있다.

이 정적 파일을 Nginx가 제공할 수 있도록 todonginx를 조금 수정한다. public.conf.tmpl 파일을 nuxt.conf.tmpl이라는 이름으로 복사한다.

```
(todonginx) $ cp etc/nginx/conf.d/public.conf.tmpl etc/nginx/conf.d/nuxt.conf.tmpl
```

nuxt.conf.tmpl 파일을 다음과 같이 수정한다. 기본 내용은 이전과 같으나, ① location 지시자를 새로 정의했다.

```
server {
  listen {{ var "SERVER_PORT" | default "80" }} default_server;
  server_name {{ var "SERVER_NAME" | default "localhost" }};
  charset utf-8;

  location /_nuxt/ { # ← ①
    alias /var/www/_nuxt/$1;
    {{ if var "LOG_STDOUT" }}
    access_log /dev/stdout json;
    error_log /dev/stderr;
    {{ else }}
    access_log /var/log/nginx/assets_access.log json;
    error_log /var/log/nginx/assets_error.log;
    {{ end }}
  }

  location / {
    proxy_pass http://backend;
    proxy_pass_request_headers on;
    proxy_set_header host $host;
    {{ if var "LOG_STDOUT" }}
    access_log /dev/stdout json;
    error_log /dev/stderr;
    {{ else }}
    access_log /var/log/nginx/backend_access.log json;
    error_log /var/log/nginx/backend_error.log;
    {{ end }}
    {{ if var "BASIC_AUTH_FILE" }}
    auth_basic "Restricted";
    auth_basic_user_file {{ var "BASIC_AUTH_FILE" }};
    {{ end }}
  }
};
```

①에서 정의한 내용에 의해 /_nuxt/*에 해당하는 요청은 Nginx 컨테이너 안에 있는 /var/www/_
nuxt 디렉터리 아래에 있는 파일을 제공한다.

이 Nginx 이미지를 만들기 위해 todonginx/Dockerfile을 todonginx/Dockerfile-nuxt라는 이름으로 복사한다. entrykit으로 렌더링할 템플릿을 public.conf.tmpl에서 nutx.conf로 바꾸기만 하면 된다.

```
FROM nginx:1.13

RUN apt-get update
RUN apt-get install -y wget
RUN wget https://github.com/progrium/entrykit/releases/download/v0.4.0/
entrykit_0.4.0_linux_x86_64.tgz
RUN tar -xvzf entrykit_0.4.0_linux_x86_64.tgz
RUN rm entrykit_0.4.0_linux_x86_64.tgz
RUN mv entrykit /usr/local/bin/
RUN entrykit --symlink
RUN rm /etc/nginx/conf.d/*

COPY etc/nginx/nginx.conf.tmpl /etc/nginx/
COPY etc/nginx/conf.d/ /etc/nginx/conf.d/

ENTRYPOINT [ \
  "render", \
    "/etc/nginx/nginx.conf", \
    "--", \
  "render", v
    "/etc/nginx/conf.d/upstream.conf", \
    "--", \
  "render", \
    "/etc/nginx/conf.d/nuxt.conf", \ # <-- public.conf를 nuxt.conf로 수정.
    "--" \
]

CMD nginx -g "daemon off;"
```

다음과 같이 이미지를 빌드한다. 평소와 달리 Dockerfile의 이름이 Dockerfile-nuxt이므로 -f 옵션으로 파일명을 지정해야 한다. 마찬가지로 태그를 붙여 레지스트리에 등록한다.

```
(todonginx) $ docker image build -f Dockerfile-nuxt -t ch04/nginx-nuxt:latest .
(todonginx) $ docker image tag ch04/nginx-nuxt:latest localhost:5000/ch04/nginx-nuxt:latest
(todonginx) $ docker image push localhost:5000/ch04/nginx-nuxt:latest
```

컨테이너 간 볼륨 공유

애셋 파일은 Nginx 컨테이너가 아닌 todoweb 컨테이너에 존재한다.

그러므로 todoweb 컨테이너에 위치한 애셋 파일을 Nginx 컨테이너에서 접근할 수 있게 해야 한다.

이번에는 애셋만을 위한 전용 도커 볼륨을 생성하고 nginx와 todoweb 두 컨테이너가 이 볼륨을 공유하는 방법을 사용한다. 이 방법으로 Nginx 컨테이너를 수정하지 않고도 todoweb 컨테이너에 있는 애셋 파일을 Nginx 컨테이너에서 참조할 수 있다. 볼륨 설정은 뒤에서 다룰 스택 정의에서 설명하겠다.

Nginx를 통한 접근 허용

todoapi와 마찬가지로 todoweb 역시 Nginx를 통해 접근할 수 있다.

stack 디렉터리에 다음과 같이 todo-frontend.yml 파일을 생성한다. Nginx는 todoapi와 마찬가지로 registry:5000/ch04/nginx_nuxt:latest 이미지를 사용하지만, BACKEND_HOST 등의 환경 변수 값을 수정해 동작을 달리한다. 무엇이 다른지 비교해 보자.

```
version: "3"
services:
  nginx:
    image: registry:5000/ch04/nginx-nuxt:latest
    deploy:
      replicas: 2
      placement:
        constraints: [node.role != manager]
    depends_on:
      - web
    environment:
      SERVICE_PORTS: 80 # ← ①
      WORKER_PROCESSES: 2
      WORKER_CONNECTIONS: 1024
      KEEPALIVE_TIMEOUT: 65
      GZIP: "on"
```

```
        BACKEND_HOST: todo_frontend_web:3000 # ← ②
        BACKEND_MAX_FAILS: 3
        BACKEND_FAIL_TIMEOUT: 10s
        SERVER_PORT: 80
        SERVER_NAME: localhost
        LOG_STDOUT: "true"
      networks:
        - todoapp
      volumes:
        - assets:/var/www/_nuxt # ← ③

  web:
    image: registry:5000/ch04/todoweb:latest
    deploy:
      replicas: 2
      placement:
        constraints: [node.role != manager]
    environment:
      TODO_API_URL: http://todo_app_nginx # ← ④
    networks:
      - todoapp
    volumes:
      - assets:/todoweb/.nuxt/dist # ← ⑤

networks:
  todoapp:
    external: true

volumes: # ← ⑥
  assets:
    driver: local:
```

①에 해당하는 환경 변수 SERVICE_PORTS는 뒤에 설명할 인그레스를 적용할 때 서비스 포트를 찾을
수 있게 하기 위한 설정이다.

②에 해당하는 환경 변수 BACKEND_HOST는 Nginx의 백엔드 역할을 할 todoweb의 호스트를 지
정한다.

④에 해당하는 환경변수 TODO_API_URL은 todoweb이 TODO API에 접근하는 URL로, API 앞단에 위치한 Nginx의 서비스명을 호스트명으로 설정한다.

③, ⑤, ⑥은 애셋 파일을 도커 볼륨 형태로 공유하기 위한 설정이다. 다음 그림에서 보듯 todoweb 컨테이너에 위치한 .nuxt/dist 디렉터리를 볼륨 assets를 통해 nginx 컨테이너의 /var/www/_nuxt 디렉터리에서도 참조할 수 있다.

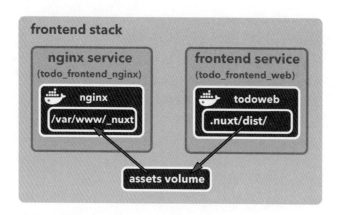

todo_frontend 스택으로 이를 배포한다.

```
$ docker container exec -it manager \
docker stack deploy -c /stack/todo-frontend.yml todo_frontend
Creating service todo_frontend_nginx
Creating service todo_frontend_web
```

인그레스로 서비스 노출하기

웹 애플리케이션까지 도커 스웜에 배포가 끝났다. 이제 인그레스를 사용해서 애플리케이션을 스웜 외부로 노출시켜 보겠다. stack 디렉터리에 다음과 같이 todo-ingress.yml 파일을 생성한다.

```
version: "3"

services:
  haproxy:
    image: dockercloud/haproxy
    networks:
```

```
        - todoapp
      volumes:
        - /var/run/docker.sock:/var/run/docker.sock
      deploy:
        mode: global
        placement:
          constraints:
            - node.role == manager
        ports:
          - 80:80
          - 1936:1936

networks:
  todoapp:
    external: true
```

todo-ingress.yml 파일을 다음과 같이 배포한다.

```
$ docker container exec -it manager \
docker stack deploy -c /stack/todo-ingress.yml todo_ingress
Creating service todo_ingress_haproxy
```

스웜 상에 위치한 매니저 노드의 80번 포트는 호스트의 8000번 포트로 포워딩돼 있으므로 다음과 같이 curl 명령을 사용해 GET 요청을 전달한다. 응답 헤더를 살펴보면 Server가 nginx고, X-Powered-By 값이 Node.js의 Express인 것을 봐서 Nginx를 거쳐 Node.js로부터 응답을 받아왔음을 알 수 있다.

```
$ curl -I http://localhost:8000/
HTTP/1.1 200 OK
Server: nginx/1.13.12
Date: Sun, 27 May 2018 12:26:01 GMT
Content-Type: text/html; charset=utf-8
Content-Length: 19403
X-Powered-By: Express
ETag: "4bcb-WHCvI+kKJIz6ikNHNPLTZcInfHg"
Vary: Accept-Encoding
```

마찬가지로 curl 명령으로 정적 파일에 접근하면 다음과 같은 응답 헤더를 확인할 수 있다. Node.js까지 요청이 전달됐다면 X-Powered-By 필드가 포함돼 있겠지만, 그렇지 않았으므로 Nginx에서 직접 요청을 처리했음을 확인할 수 있다.

```
$ curl -I http://localhost:8000/_nuxt/app.84213ab389afece29614.js
HTTP/1.1 200 OK
Server: nginx/1.13.12
Date: Sun, 27 May 2018 12:25:38 GMT
Content-Type: application/javascript; charset=utf-8
Content-Length: 27272
Last-Modified: Sun, 27 May 2018 11:38:00 GMT
ETag: "5b0a9898-6a88"
Accept-Ranges: bytes
```

이것으로 모든 서비스가 스웜에 배포됐다.

TODO 애플리케이션을 웹 브라우저에서 직접 접근하면 다음과 같이 칸반(Kanban)[24] 형태로 할 일이 정리된 웹 페이지가 출력된다.

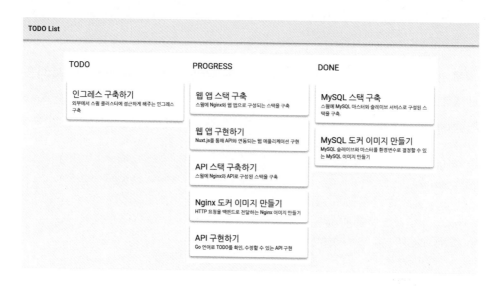

---

24 (옮긴이) 간판(看板)을 일본어로 읽은 것으로, 애자일 개발 방법론에서 사용하는 팀 업무 현황 대시보드 형식을 가리키는 단어.

06 컨테이너 오케스트레이션을 적용한 개발 스타일

이렇듯 컨테이너 오케스트레이션을 적용하면 MySQL, API, 웹 서비스 등을 각각 연동시키는 형태로 하나의 애플리케이션을 구축한다.

이런 방법으로 개발된 애플리케이션은 서비스에 대한 요청을 서비스를 구성하는 여러 컨테이너로 분산시킬 수 있으므로 시스템의 내구성을 향상시킬 수 있다. 또 컨테이너의 적절한 노드 배치와 스케일링 등을 컨테이너 오케스트레이션 메커니즘에 맡길 수 있다는 것도 큰 장점이다.

다음 장에서는 컨테이너 오케스트레이션의 사실상 표준이라 할 수 있는 쿠버네티스를 이용한 애플리케이션 개발 방법을 알아본다. 스웜보다는 쿠버네티스를 실무에서 활용할 기회가 더 많을 것이다.

이번 장까지 두 장에 걸쳐 스웜을 이용한 컨테이너 오케스트레이션을 알아봤다. 여기서 배운 컨테이너 오케스트레이션의 기초적인 내용은 쿠버네티스에서도 대부분 그대로 적용되므로 뒤에 나오는 내용을 이해하는 데 도움이 될 것이다[25].

---

25 스웜을 이용해 서비스를 연동시키는 방법은 쿠버네티스에서도 사용된다. API 및 웹을 Nginx와 세트로 배포하는 방법도 마찬가지다. 또한 환경 변수를 기반으로 도커 이미지를 빌드하는 방식은 이식성이 뛰어나므로 쿠버네티스에서도 역시 사용된다.

CHAPTER
05

쿠버네티스
입문

도커가 나타난 이래로 다양한 컨테이너 오케스트레이션 도구가 등장했다. 여러 해에 걸쳐 이 도구끼리 경쟁한 결과, 2017년 가을에 쿠버네티스가 정식으로 도커에 통합된다는 내용이 발표되면서 컨테이너 오케스트레이션 도구의 사실상 표준 지위를 확보했다[1].

쿠버네티스는 앞으로 도커 기반 기술의 일부로서 더욱 중요성이 커질 것이다.

이번 장은 이 쿠버네티스를 사용해 컨테이너 오케스트레이션을 경험해 봄으로써 쿠버네티스의 개념 및 기본 사용 방법을 익히는 것을 목적으로 한다. 나아가 매니지드 서비스인 구글 쿠버네티스 엔진 (Google Kubernetes Engine)으로 애플리케이션을 배포해 보는 과정까지 살펴볼 것이다.

01 쿠버네티스란 무엇인가

쿠버네티스[2]는 컨테이너 운영을 자동화하기 위한 컨테이너 오케스트레이션 도구[3]로, 구글의 주도로 개발됐다. 많은 수의 컨테이너를 협조적으로 연동시키기 위한 통합 시스템이며 이 컨테이너를 다루기 위한 API 및 명령행 도구[4] 등이 함께 제공된다.

---

1 도커 스웜 등 기존 생태계를 구성하는 도구도 함께 개발 중이다.

2 https://kubernetes.io/

3 앞에서 소개한 스웜과 비슷한 역할을 한다. 스웜 등의 시스템과 비교해 기능이 풍부하고 주변 생태계도 잘 갖춰져 있기 때문에 지금은 컨테이너 오케스트레이션 시스템의 사실상 표준으로 통한다.

4 명령행 도구로 kubectl, 로컬 환경 테스트에 사용되는 Minikube 등 다양한 도구를 제공한다. 모두 이번 장에서 소개한다.

컨테이너를 이용한 애플리케이션 배포 외에도 다양한 운영 관리 업무를 자동화할 수 있다. 도커 호스트 관리, 서버 리소스의 여유를 고려한 컨테이너 배치, 스케일링, 여러 개의 컨테이너 그룹에 대한 로드 밸런싱, 헬스 체크 등의 기능을 갖추고 있다.

쿠버네티스의 가장 큰 특징은 다양한 부품[5]을 조합해 유연한 애플리케이션을 구축할 수 있다는 점이다. 이 점에 대해서는 이 장의 '쿠버네티스의 주요 개념' 절에서 더 자세히 설명한다.

도커의 부상과 쿠버네티스의 탄생

소수 얼리어댑터 개발자에게만 알려졌던 시절에는 도커가 빠른 속도로 컨테이너를 실행하고 파기할 수 있다는 장점은 있었지만, 본격적인 시스템 구축을 위해 여러 컨테이너를 운영해 보면 여러 가지 문제가 있었다. 배포 및 컨테이너 배치 전략, 스케일-인 및 스케일-아웃 서비스 디스커버리, 운영 편의성 등이 이러한 문제에 해당한다.

이렇게 부실했던 생태계에도 불구하고, 도커는 컨테이너 기술의 주류 기술로서 폭발적으로 사용이 확산됐다. 이와 더불어 여러 기업 및 커뮤니티에서 도커를 더욱더 잘 활용하기 위한 메커니즘이나 도구 등을 발표하기 시작했다[6]. 도커 사 자체에서도 컴포즈 및 스웜을 발표하며 이러한 흐름에 동참했다[7].

그 결과 다양한 접근법을 가진 여러 가지 컨테이너 오케스트레이션 도구가 발표됐다. 아파치 메소스 (Apache Mesos)를 이용한 시스템 구축 사례가 알려지고, AWS[8]에서 ECS[9]를 발표하면서 컨테이너를 사용한 애플리케이션 개발이 현실로 바짝 다가왔다.

그중에서도 최근 몇 년 동안 특히 존재감을 나타낸 것은 2014년 구글이 오픈 소스로 공개한 쿠버네티스다[10].

쿠버네티스는 구글이 컨테이너를 운영하면서 얻은 경험을 바탕으로 만든 것이다[11,12]. 오픈 소스 소프트웨어이면서도 컨테이너 초창기부터 구글의 노하우가 잘 녹아 있어 다양한 상황에 잘 대응하는 유연성을 갖고 있다.

---

5 이를 리소스라고 한다.

6 앞에서 설명했듯이 컴포즈는 본래 오커드 사가 개발했던 Fig를 인수한 것이다.

7 애초에는 스웜은 물론이고 컴포즈도 없었기 때문에 도커가 제공하는 기본 기능만으로 시스템을 운영하기에는 조금 무리가 있었다. 도커 사 역시 이러한 문제를 인식하고 있어서 생태계를 확충하는 것이 급선무였다. 그러나 도커의 정식 오케스트레이션 시스템인 스웜이 등장한 것은 도커 1.12 버전이 나온 다음이었다.

8 Amazon Web Service. 이하 AWS라는 약칭으로 표기한다.

9 Elastic Container Service. 부록 B에서 자세히 다룬다.

10 Kubernetes의 철자가 매우 어려운데, 쿠버네티스 등으로 읽는 경우가 많으며 k8s, kube 등의 약칭을 사용하기도 한다.

11 구글은 컨테이너 활용에 있어 가장 선진적이고 운영 규모도 가장 크다. https://speakerdeck.com/jbeda/containers-at-scale?slide=1

12 쿠버네티스는 본래 구글이 개발해 운영하던 컨테이너 클러스터 관리 시스템인 Borg가 기반이다. https://cloudplatform-jp.googleblog.com/2016/05/kubernetes.html

게다가 구글 외부로부터도 많은 컨트리뷰션을 받아들일 수 있는 체제로 프로젝트가 운영된다는 점도 많은 개발자가 쿠버네티스를 애용하게 된 원인의 하나였다.

클라우드 플랫폼의 쿠버네티스 지원

구글 클라우드 플랫폼(GCP)[13]에는 GKE(Google Kubernetes Engine)[14]라는 컨테이너 매니지드 서비스가 있다. 그러나 쿠버네티스가 GCP에서만 사용할 수 있는 제품은 아니다. GKE는 GCP에서 제공되는 쿠버네티스의 매니지드 서비스로, 쿠버네티스와는 완전히 별개의 오픈 소스 소프트웨어다.

GCP 외의 플랫폼은 어떨까? 마이크로소프트 애저에는 AKS[15]가 있고, AWS는 아마존 EKS[16]를 발표하며 쿠버네티스를 매니지드 서비스 형태로 제공하기 시작했다. 쿠버네티스를 클라우드 플랫폼에 심리스하게 연동시켜 개발을 효율적으로 수행할 수 있는 서비스를 제공하는 것이 클라우드 플랫폼의 필수 불가결한 경쟁력이 된 것이다.

도커에 정식 통합

2017년 10월에 열린 'DockerCon EU 2017'에서 도커와 쿠버네티스의 통합이 정식으로 발표됐다. 그리고 윈도우용/macOS용 도커에서도 쿠버네티스 클러스터를 구축하는 기능이 새로 발표됐다[17].

통합 자체는 아직 실험 단계에 있지만, 개발 작업이 활발히 진행되고 있다. 쿠버네티스의 수요가 높아짐에 따라 클라우드에서 제공하는 매니지드 서비스나 온프레미스 환경은 물론 로컬 환경에서도 개발 형태가 쿠버네티스를 사용하는 것으로 전환되는 속도가 빨라지고 있다.

쿠버네티스의 역할

지금까지는 도커 생태계에 먼저 포함됐던 컴포즈, 스웜, 스택을 이용한 애플리케이션 개발을 살펴봤다[18]. 이것들을 사용해 보면서 컨테이너 오케스트레이션의 기초를 익힐 수 있었을 것이다. 이 경험에 비춰 도커, 스웜, 쿠버네티스의 관계를 정리해 보자.

---

13 Google Cloud Platform. https://cloud.google.com/

14 6장에서 다룬다. https://cloud.google.com/kubernetes-engine

15 Azure Kubernetes Service. https://docs.microsoft.com/ko-kr/azure/aks

16 Amazon Elastic Container Service for Kubernetes. https://aws.amazon.com/ko/eks/

17 도커 스웜/스택의 컨테이너 오케스트레이션을 구현하는 기반 기술로 쿠버네티스가 사용됐다는 의미다. https://www.docker.com/kubernetes

18 도커와 쿠버네티스의 통합이 가속화되면 그 생태계 각각은 독립된 형태로는 존재 의의를 잃게 될 것이다. 그러나 이 책에서 굳이 컨테이너 오케스트레이션 도구로 컴포즈, 스웜, 스택 등을 다룬 것은 스웜은 컨테이너 오케스트레이션 도구 중 사실상 표준 지위는 얻지 못했지만, 간단한 멀티 컨테이너 테스트 용도로 널리 사용되며 무엇보다 컨테이너를 이용한 개발 기초를 익히는 교두보로서 가장 적합하기 때문이다. 쿠버네티스가 편리하기는 하나, 도커 초보자에게는 다소 어려울 수 있으며 도커 기반 기술부터 단계적으로 익혀나가는 것이 결과적으로 쿠버네티스를 이해하는 데 도움이 된다.

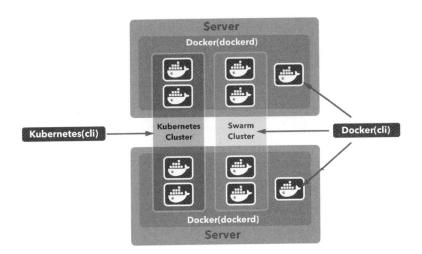

도커는 컨테이너를 관리하는 데몬인 dockerd와 명령행 도구로 구성된다. 스웜은 여러 대의 호스트를 묶어 기초적인 컨테이너 오케스트레이션 기능을 제공하는 도커 관련 기술이다. 쿠버네티스는 스웜보다 충실한 기능을 갖춘 컨테이너 오케스트레이션 시스템이자 도커를 비롯해 여러 가지 컨테이너 런타임을 다룰 수 있다[19].

쿠버네티스는 컴포즈/스택/스웜의 기능을 통합해 더 높은 수준의 관리 기능을 제공하는 도구라고 보면 된다. 이번 장에서 쿠버네티스를 실제로 사용해 보면 쿠버네티스의 도커 생태계 내 역할과 인기를 실감할 수 있을 것이다. 그럼 쿠버네티스를 이용한 컨테이너 오케스트레이션을 시작해 보자.

02 로컬 PC에서 쿠버네티스 실행

로컬 환경에서 쿠버네티스를 사용해 보면서 기본 사용법을 익혀보자[20]. 쿠버네티스만의 특징적인 개념에 대해서는 환경을 갖춘 다음 절에서 설명하겠다.

쿠버네티스 사용법 역시 로컬 환경에 설치된 윈도우용/macOS용 도커를 기준으로 설명한다.

우선 윈도우용/macOS용 도커 환경을 구축한다. 그다음 쿠버네티스를 다루는 명령행 도구인 kubectl을 실제로 사용해 볼 것이다.

---

19 도커 외에도 rkt나 containerd 등의 컨테이너 런타임을 지원한다.

20 쿠버네티스를 지원하는 퍼블릭 클라우드가 여러 곳 있으나 테스트 환경은 로컬에 꾸리는 것이 가장 좋다.

윈도우용/macOS용 도커에 쿠버네티스 설치하기

로컬 환경에 쿠버네티스 환경을 구축하기 위해 윈도우용/macOS용 도커에서 제공하는 쿠버네티스 통합[21] 기능을 이용할 것이다.

이전에는 로컬 환경에서 쿠버네티스 환경을 구축하기 위해 Minikube[22]를 많이 사용했지만, 윈도우용/macOS용 도커의 쿠버네티스 연동 기능을 이용하면 기존에 로컬에 설치된 도커 환경에서도 쿠버네티스 환경을 구축할 수 있다.

쿠버네티스 연동 설정

윈도우용/macOS용 도커의 쿠버네티스 연동 기능은 지금까지 Edge 버전에만 포함돼 있었지만, 2018년 7월부터 안정 버전에서도 이 기능을 사용할 수 있게 됐다[23].

쿠버네티스 연동 기능은 기본값이 비활성 상태이므로, 이를 활성화해 쿠버네티스 환경을 구축한다.

윈도우

바탕화면의 트레이에서 도커 아이콘을 오른쪽 클릭한 다음, 'Settings'를 선택해 설정 화면으로 이동한다. 쿠버네티스 연동 기능은 'Kubernetes' 탭에 있다.

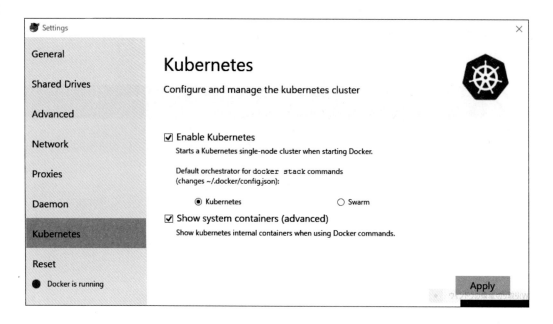

---

21 https://www.docker.com/kubernetes
22 https://github.com/kubernetes/minikube
23 이 책을 쓰는 시점의 최신 버전은 각각 18.06.0-ce-win72, 18.06.0-ce-mac70이다.

확인 대화창에서 'Install'을 클릭한다.

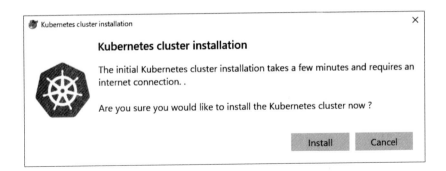

설치가 정상적으로 끝나면 설정 화면 왼쪽 아래에 'Kubernetes is running'이라는 메시지가 표시된다.

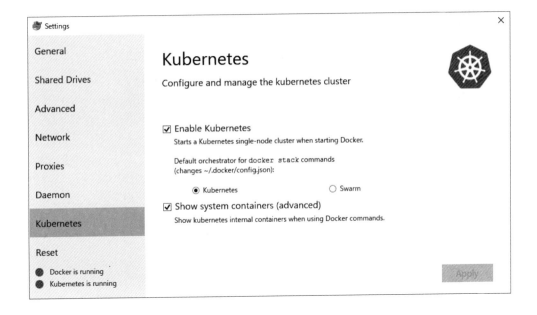

macOS

macOS 버전의 설정 방법도 윈도우 버전과 거의 같다. macOS 메뉴바의 도커 아이콘을 클릭하고 'Preference'를 선택해 설정 화면으로 이동한다.

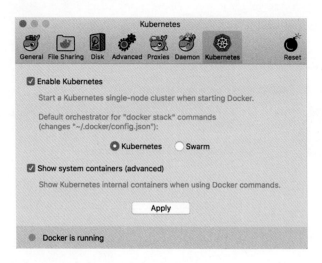

확인 대화창이 나타나면 'Install'을 클릭한다.

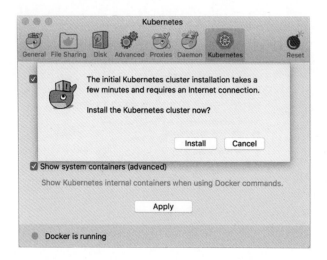

설치가 정상적으로 끝나면 설정 화면 하단에 'Kubernetese is running'이라는 메시지가 표시된다.

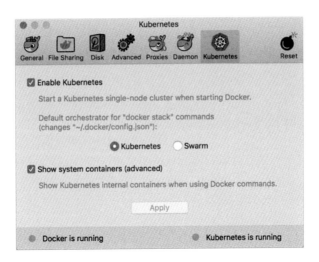

이것으로 윈도우용/macOS용 도커에 쿠버네티스 환경 구축이 끝났다[24].

kubectl 설치

kubectl은 쿠버네티스를 다루기 위한 명령행 도구다. 로컬 환경이나 매니지드 환경 모두에서 사용할 수 있다. 각 운영 체제에서 kubectl을 설치하는 방법은 다음과 같다[25, 26].

윈도우

https://storage.googleapis.com/kubernetes-release/release/v1.10.4/bin/windows/amd64/
kubectl.exe 파일을 내려받고 이 파일의 경로를 PATH에 추가한다.

macOS

```
$ curl -LO https://storage.googleapis.com/kubernetes-release/release/v1.10.4/bin/darwin/amd64/
kubectl \
  && chmod +x kubectl \
  && mv kubectl /usr/local/bin/
```

---

24 지금 구축한 환경을 앞으로 '로컬 쿠버네티스 환경'이라고 부를 것이다.

25 이 책에서는 쿠버네티스 1.10대를 다루므로 kubectl 역시 이 버전을 지원하는 v1.10.4를 사용한다.

26 이 책에서 kubectl의 모든 하위 명령어와 옵션을 소개하지는 않는다. 주요 명령어는 https://kubernetes.io/docs/reference/kubectl/overview/를 참고하라.

리눅스

```
$ curl -LO https://storage.googleapis.com/kubernetes-release/release/v1.10.4/bin/linux/amd64/
kubectl \
  && chmod +x kubectl \
  && mv kubectl /usr/local/bin/
```

kubectl의 사용법은 이 장의 '파드'(196쪽) 절에서 쿠버네티스 클러스터를 사용해 보면서 익힐 것이다.

대시보드 설치

대시보드는 쿠버네티스에 배포된 컨테이너 등에 대한 정보를 한눈에 보여주는 관리 도구다. Kubectl에 익숙해질 때까지는 매우 중요한 도구가 될 것이다.

로컬 쿠버네티스 환경에서 이 도구를 다음과 같이 배포할 수 있다[27].

```
$ kubectl apply -f https://raw.githubusercontent.com/kubernetes/dashboard/v1.8.3/src/deploy/
recommended/kubernetes-dashboard.yaml
```

다음 명령을 실행해 STATUS=running 상태이면 배포가 잘 된 것이다.

```
$ kubectl get pod --namespace=kube-system -l k8s-app=kubernetes-dashboard
NAME                READY   STATUS    RESTARTS AGE
kubernetes-dashboard-7d5dcdb6d9-48rfl 1/1  Running 0      7m
```

웹 브라우저로 대시보드를 볼 수 있도록 프록시 서버를 설정한다.

```
$ kubectl proxy
Starting to serve on 127.0.0.1:8001
```

웹 브라우저로 다음 URL에 접근하면 대시보드를 볼 수 있다.

http://localhost:8001/api/v1/namespaces/kube-system/services/https:kubernetesdashboard:/proxy/

---

27 kubectl 사용법을 아직 설명하지 않았는데, 이 명령은 대시보드를 적용하는 명령이다.

TODO	PROGRESS	DONE
인그레스 구축하기 외부에서 스웜 클러스터에 접근하게 해주는 인그레스 구축	**웹 앱 스택 구축** 스웜에 Nginx와 웹 앱으로 구성되는 스택을 구축	**MySQL 스택 구축** 스웜에 MySQL 마스터와 슬레이브 서비스로 구성된 스택을 구축.
	웹 앱 구현하기 Nuxt.js를 통해 API와 연동되는 웹 애플리케이션 구현	**MySQL 도커 이미지 만들기** MySQL 슬레이브와 마스터를 환경변수로 결정할 수 있는 MySQL 이미지 만들기
	API 스택 구축하기 스웜에 Nginx와 API로 구성된 스택을 구축	
	Nginx 도커 이미지 만들기 HTTP 요청을 백엔드로 전달하는 Nginx 이미지 만들기	
	API 구현하기 Go 언어로 TODO를 확인, 수정할 수 있는 API 구현	

칼럼 5-1. Minikube

윈도우용/macOS용 도커에 쿠버네티스 연동 기능이 추가되기 전까지는 로컬 환경에 쿠버네티스 환경을 구축하기 위해 Minikube를 많이 사용했다.

쿠버네티스 연동 기능이 추가되면서 쿠버네티스가 여러 환경에서 안정적으로 동작하게 된 만큼 Minikube는 앞으로 점점 덜 사용하게 될 것이다.

윈도우용/macOS용 도커 연동 기능은 이미 실행 중인 dockerd를 대상으로 쿠버네티스 환경을 구축하지만, Minikube는 로컬에 dockerd를 새로 띄워 이를 대상으로 쿠버네티스 환경을 구축하는 방식이다. 로컬에서 dockerd를 2개 다루기 때문에 윈도우용/macOS용 도커보다 좀 더 까다로운 면이 있다.

물론 Minikube에도 이점은 있다. 윈도우용 도커가 Hyper-V, macOS용 도커가 Hypervisor.framework에서 동작하는 데 반해, Minikube는 이런 하이퍼바이저뿐만 아니라 VirtualBox나 VMWare에서도 실행이 가능하므로 지원 플랫폼의 다양성 면에서 이점이 있다[28].

Minikube는 애드온(확장 기능)도 충실히 갖추고 있다. 예를 들면 조금 전 설명했던 대시보드는 Minikube에는 기본으로 포함돼 있어 별도로 설치할 필요가 없다. 뒤에 설명할 nginx-ingress-controller도 애드온을 활성화하는 것만으로 사용할 수 있다.

---

28 윈도우 10 Pro 이외의 버전에서 쿠버네티스를 사용하려면 선택의 여지가 없다.

03 쿠버네티스의 주요 개념

쿠버네티스 로컬 환경을 갖췄으니 이제 그 주요 개념을 간단히 짚고 넘어가 보자.

쿠버네티스로 실행하는 애플리케이션은 애플리케이션을 구성하는 다양한 리소스가 함께 연동해 동작한다.

여기서 말하는 쿠버네티스의 리소스[29]란 애플리케이션을 구성하는 부품과 같은 것으로 앞으로 설명할 노드, 네임스페이스, 파드 등을 가리킨다[30].

컨테이너와 리소스는 구성 요소로서의 수준이 다르다.

이 책에서 다루는 쿠버네티스 리소스는 다음과 같다. 쿠버네티스 클러스터 안에서 이 리소스가 연동하고 협조하면서 컨테이너 시스템을 구성한다.

리소스	용도
노드	컨테이너가 배치되는 서버.
네임스페이스	쿠버네티스 클러스터 안의 가상 클러스터.
파드	컨테이너의 집합 중 가장 작은 단위로, 컨테이너의 실행 방법을 정의한다.
레플리카세트	같은 스펙을 갖는 파드를 여러 개 생성하고 관리하는 역할을 한다.
디플로이먼트	레플리카 세트의 리비전을 관리한다.
서비스	파드의 집합에 접근하기 위한 경로를 정의한다.
인그레스	서비스를 쿠버네티스 클러스터 외부로 노출시킨다.
컨피그맵	설정 정보를 정의하고 파드에 전달한다.
퍼시스턴트볼륨	파드가 사용할 스토리지의 크기 및 종류를 정의.
퍼시스턴트볼륨클레임	퍼시스턴트 볼륨을 동적으로 확보.
스토리지클래스	퍼시스턴트 볼륨이 확보하는 스토리지의 종류를 정의.
스테이트풀세트	같은 스펙으로 모두 동일한 파드를 여러 개 생성하고 관리한다.
잡	상주 실행을 목적으로 하지 않는 파드를 여러 개 생성하고 정상적인 종료를 보장한다.
크론잡	크론 문법으로 스케줄링되는 잡.

---

29 이후로 그냥 리소스라고만 하면 쿠버네티스의 리소스를 가리키며, 그 외의 개념을 가리킬 때는 'xx 리소스'라고 표기할 것이다.

30 리소스에 대한 다양한 개념을 소개했는데, 컨테이너 오케스트레이션에 대해 이미 3장과 4장에서 스웜과 함께 알아봤으므로 아무 개념 없이 배우는 것보다는 이해가 쉬울 것이다.

리소스	용도
시크릿	인증 정보 같은 기밀 데이터를 정의한다.
롤	네임스페이스 안에서 조작 가능한 쿠버네티스 리소스의 규칙을 정의한다.
롤바인딩	쿠버네티스 리소스 사용자와 롤을 연결 짓는다.
클러스터롤	클러스터 전체적으로 조작 가능한 쿠버네티스 리소스의 규칙을 정의한다.
클러스터롤바인딩	쿠버네티스 리소스 사용자와 클러스터롤을 연결 짓는다.
서비스 계정	파드가 쿠버네티스 리소스를 조작할 때 사용하는 계정.

04 쿠버네티스 클러스터와 노드

쿠버네티스 클러스터[31]는 쿠버네티스의 여러 리소스를 관리하기 위한 집합체를 말한다.

쿠버네티스 리소스 중에서 가장 큰 개념은 노드(node)다.

노드는 쿠버네티스 클러스터의 관리 대상으로 등록된 도커 호스트[32]로, 컨테이너가 배치되는 대상이다.

그리고 쿠버네티스 클러스터 전체를 관리하는 서버인 마스터가 적어도 하나 이상 있어야 한다. 쿠버네티스 클러스터는 다음과 같이 마스터와 노드의 그룹으로 구성된다.

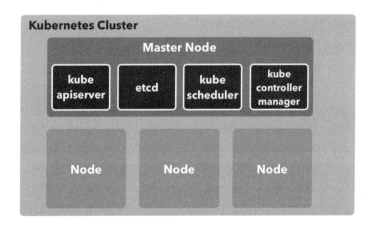

---

31 이하 클러스터라고 줄여서 쓴다.

32 정확히 말하면 컨테이너의 호스트. 이 책에서는 도커 호스트에 해당한다. 물리 머신, 가상 머신을 구분하지 않고 모두 노드라 한다.

쿠버네티스는 노드의 리소스 사용 현황 및 배치 전략을 근거로 컨테이너를 적절히 배치한다. 다시 말해 클러스터에 배치된 노드의 수, 노드의 사양 등에 따라 배치할 수 있는 컨테이너 수가 결정된다는 뜻이다. 클러스터의 처리 능력은 노드에 의해 결정된다.

로컬 환경에 설치한 쿠버네티스에는 클러스터를 생성할 때 만든 가상 머신이 노드로 등록돼 있다. kubectl get nodes 명령으로 현재 클러스터에 소속된 노드의 목록을 확인할 수 있다[33].

```
$ kubectl get nodes
NAME            STATUS  ROLES AGE   VERSION
docker-for-desktop Ready master 1d    v1.10.3
```

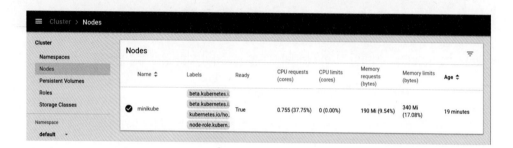

클라우드에서 동작하는 쿠버네티스는 GCP라면 GCE[34], AWS라면 EC2[35] 인스턴스가 노드가 된다.

칼럼 5-2. 마스터를 구성하는 관리 컴포넌트

쿠버네티스의 마스터 서버에 배포되는 관리 컴포넌트에는 다음과 같은 것이 있다.

컴포넌트명	역할
kube-apiserver	쿠버네티스 API를 노출하는 컴포넌트 kubectl로부터 리소스를 조작하라는 지시를 받는다.
etcd	고가용성을 갖춘 분산 키-값 스토어. 쿠버네티스 클러스터의 백킹 스토어로 쓰인다.
kube-scheduler	노드를 모니터링하고 컨테이너를 배치할 적절한 노드를 선택한다.
kube-controller-manager	리소스를 제어하는 컨트롤러를 실행한다.

---

33 kubectl get 리소스 타입 명령으로 리소스 목록을 확인할 수 있다.

34 Google Compute Engine

35 Elastic Computing Cloud

마스터 서버에서 위와 같은 컴포넌트가 제 역할을 함으로써 쿠버네티스 클러스터가 동작한다.

6장에서 소개할 GKE는 쿠버네티스 매니지드 서비스다. 그러므로 개발자가 마스터를 신경 쓸 필요가 거의 없다.

쿠버네티스 내부 구현에 관심이 있다면 이 마스터 서버가 어떻게 구성되는지 파악해 보면 큰 도움이 될 것이다.

넌-매니지드(non-managed) 환경에서는 마스터 서버가 SPOF가 되지 않도록 마스터를 3대 두는 것이 일반적이다.

05 네임스페이스

쿠버네티스는 클러스터 안에 가상 클러스터를 또 다시 만들 수 있다.

이 클러스터 안의 가상 클러스터를 네임스페이스(namespace)라고 한다. 클러스터를 처음 구축하면 default, docker, kube-public, kube-system의 네임스페이스 4개가 이미 만들어져 있다. kubectl get namespace 명령으로 현재 클러스터 안에 존재하는 네임스페이스의 목록을 확인할 수 있다[36].

```
$ kubectl get namespace
NAME       STATUS     AGE
default Active 1d
docker  Active 1d
kube-public        Active 1d
kube-system        Active 1d
```

네임스페이스는 개발팀이 일정 규모 이상일 때 유용하다. 예를 들어, 개발자마다 자신만의 네임스페이스를 두면 메인 네임스페이스가 어질러지는 것을 방지할 수 있다. 네임스페이스마다 권한을 설정할 수 있으므로 더욱 견고하고 세세하게 권한을 제어할 수 있다[37].

---

36 로컬 쿠버네티스 환경에서는 처음부터 4개의 네임스페이스가 존재한다.

37 이 권한 제어는 6장에서 다룬다.

06 파드

파드(pod)는 컨테이너가 모인 집합체의 단위로, 적어도 하나 이상의 컨테이너로 이루어진다.

쿠버네티스를 도커와 함께 사용한다면 파드는 컨테이너 하나 혹은 컨테이너의 집합체가 된다.

4장에서 경험했듯이 하나 이상의 컨테이너로 애플리케이션을 구축하다 보면 Nginx 컨테이너와 Go 애플리케이션 컨테이너처럼 서로 강한 결합을 유지하는 쪽이 더 나은 경우가 있다.

쿠버네티스에서는 이렇게 결합이 강한 컨테이너를 파드로 묶어 일괄 배포한다. 컨테이너가 하나인 경우에도 파드로 배포한다.

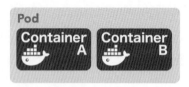

파드는 다음 그림에서 보듯이 노드에 배치해야 한다. 같은 파드를 여러 노드에 배치할 수도 있고 한 노드에 여러 개 배치할 수도 있다.

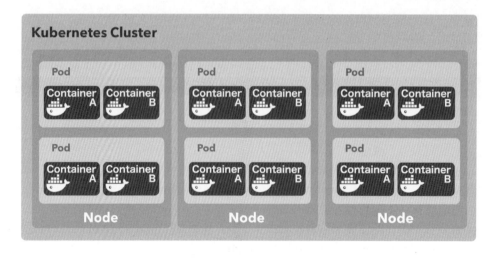

그러나 한 파드 안의 컨테이너는 모두 같은 노드에 배치해야 한다. 다시 말해, 파드 하나가 여러 노드에 걸쳐 배치될 수는 없다.

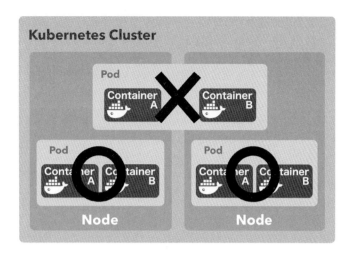

그렇다면 가장 먼저 고민되는 부분은 '파드의 적절한 크기는 어느 정도인가'가 될 것이다. 파드 전체가 한 노드에 배치돼야 한다는 제약을 뒤집어보면 이해하기 쉽다. 예를 들어 리버스 프록시 역할을 할 Nginx와 그 뒤에 위치할 애플리케이션 컨테이너를 함께 파드로 묶는 구성이 일반적이다.

또 함께 배포해야 정합성을 유지할 수 있는 컨테이너 등에도 해당 컨테이너를 같은 파드로 묶어두는 전략이 유용하다.

도커 스웜에서는 매니저 노드가 스웜 클러스터 전체를 제어하는 역할을 했다. 쿠버네티스에서는 관리용 서버인 마스터가 그 역할을 담당한다. 마스터 노드는 관리용 컴포넌트가 담긴 파드만 배포된 노드다. 애플리케이션에 사용되는 파드는 배포할 수 없다[38].

파드 생성 및 배포하기

그럼 이제 파드를 생성해 배포해 보자. 3장에서 사용했던 nginx-proxy와 echo 애플리케이션, 2개의 컨테이너를 포함하는 파드를 로컬 쿠버네티스 환경에 배포해 보자.

파드 생성은 kubectl만 사용해도 가능하지만, 버전 관리 관점에서도 yaml 파일로 정의하는 것이 좋다. 쿠버네티스의 여러 가지 리소스를 정의하는 파일을 매니페스트 파일이라고 한다. nginx와 echo 두 컨테이너로 구성되는 파드를 정의한 매니페스트 파일을 simple-pod.yaml이라는 이름으로 다음과 같이 작성한다.

---

38 로컬 쿠버네티스 환경은 기본적으로 단일 노드라서 관리용 파드와 애플리케이션 파드가 한 노드 안에 공존한다.

```
apiVersion: v1
kind: Pod
metadata:
  name: simple-echo
spec:
  containers:
  - name: nginx
    image: gihyodocker/nginx:latest
    env:
    - name: BACKEND_HOST
      value: localhost:8080
    ports:
    - containerPort: 80
  - name: echo
    image: gihyodocker/echo:latest
    ports:
    - containerPort: 8080
```

이 설정 파일의 내용을 설명하겠다[39].

kind는 이 파일에서 정의하는 쿠버네티스 리소스의 유형을 지정하는 속성이다. 이 파일은 파드를 정의하는 파일이므로 속성값이 Pod다. kind 속성의 값에 따라 spec 아래의 스키마가 변화한다[40]. metadata는 이름 그대로 리소스에 부여되는 메타데이터다. metadata.name 속성의 값이 이 리소스의 이름이 된다.

spec은 리소스를 정의하기 위한 속성으로, 파드의 경우 파드를 구성하는 컨테이너를 containers 아래에 정의한다.

이번에는 containers 속성 아래의 속성을 보자. name은 컨테이너 이름, image는 도커 허브에 저장된 이미지 태그값을 지정한다.

이 파일에서는 도커 허브에 저장된 이미지를 지정했지만, 로컬에서 빌드한 이미지를 지정할 수도 있다.

ports 속성은 컨테이너가 노출시킬(EXPOSE) 포트를 지정한다[41].

---

39 컴포즈의 yaml 파일의 스키마와는 조금 차이가 있으므로 주의한다.

40 파드 외에도 레플리카세트, 디플로이먼트, 서비스, 인그레스, 컨피그맵, 데몬세트 등의 리소스를 지정할 수 있다.

41 Dockerfile에서 EXPOSE를 정의한 경우에는 따로 지정할 필요가 없다.

env 속성에 환경 변수를 열거할 수 있다. nginx는 요청의 프록싱 대상이 될 BACKEND_HOST 값이 필요하기 때문에 이 값이 설정돼 있다.

이 파드를 로컬 쿠버네티스 클러스터에 배포해 보겠다. 매니페스트 파일의 내용을 그대로 반영하려면 다음과 같이 kubectl에서 -f 옵션으로 매니페스트 파일에 대한 경로를 지정하고 apply 명령을 사용한다.

```
$ kubectl apply -f simple-pod.yaml
pod "simple-echo" created
```

이제 파드가 동작하기는 하지만, 아직은 접근할 수 없다. 파드에 접근하는 방법은 이 장의 '서비스'(208쪽) 절에서 설명한다.

파드 다루기

매니페스트 파일로 파드를 생성했다. 이번에는 파드를 조작하는 기본 방법을 알아본다.

파드의 상태는 다음과 같이 목록에서 확인할 수 있다. STATUS 칼럼이 Running이면 파드 안의 모든 컨테이너가 실행 중이라는 의미다. READY 칼럼값의 분모는 파드에 정의된 컨테이너의 수이고 분자는 실행 상태의 컨테이너 수이다.

```
$ kubectl get pod
NAME        READY    STATUS     RESTARTS AGE
simple-echo   2/2     Running 011m
```

kubectl을 사용해 컨테이너 안에 접근할 수도 있다. 도커에서 docker container exec 명령으로 컨테이너 안의 프로그램을 실행한 것과 같은 요령이다. 다음과 같이 kubectl exec 명령을 실행한다. 파드 안의 컨테이너가 여러 개인 경우에는 -c 옵션에 컨테이너 명을 지정한다.

```
$ kubectl exec -it simple-echo sh -c nginx
#
```

kubectl log 명령으로 파드 안에 있는 컨테이너의 표준 출력을 화면에 출력할 수 있다. 마찬가지로 -c 옵션으로 컨테이너명을 지정한다.

```
$ kubectl logs -f simple-echo -c echo
2018/01/03 11:27:38 start server
```

파드를 삭제하려면 kubectl delete pod 명령을 사용한다. kubectl delete 명령은 파드 외의 리소스에도 유효하다. 사용이 끝난 리소스를 삭제할 때 이 명령을 사용하자.

```
$ kubectl delete pod simple-echo
pod "simple-echo" deleted
```

매니페스트 파일로 파드를 삭제할 수도 있다. 이 방법을 사용하면 매니페스트에 작성된 리소스 전체가 삭제된다.[42]

```
$ kubectl delete -f simple-pod.yaml
```

칼럼 5-3. 파드와 파드 안에 든 컨테이너의 주소

3장에서 스웜을 사용해 proxy와 echo를 실행했던 것을 기억하는가? 환경 변수 BACKEND_HOST에 echo_api:8080 값을 사용했다. 스웜에서는 같은 네트워크에 있는 서비스라면 이름만으로도 네임 레졸루션이 가능하기 때문이다.

지금은 쿠버네티스에서 localhost에 접근하기만 하면 된다. 파드와 파드 안의 컨테이너를 어떻게 이렇게 접근할 수 있는지 설명하겠다.

파드에는 각각 고유의 가상 IP주소가 할당된다. 컨테이너도 아니고 그 집합체에 지나지 않는 파드가 IP 주소를 할당받는다니 좀 이상하게 들릴 수도 있다.

파드에 할당된 가상 IP 주소는 해당 파드에 속하는 모든 컨테이너가 공유한다. 같은 파드 안의 모든 컨테이너의 가상 IP 주소가 같기 때문에 다음 그림과 같이 컨테이너 간의 통신이 가능해진다. 예를 들면 파드에서 localhost:80으로 nginx 컨테이너의 포트 80에 접근할 수 있으며, localhost:8080으로 proxy 컨테이너에서 echo 컨테이너의 포트 8080에 접근할 수 있다. 이렇게 파드에 할당된 가상 IP로 다른 파드와 통신할 수도 있다.

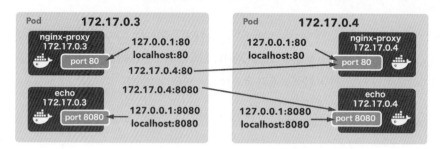

다시 말해, BACKEND_HOST의 값은 '파드의_IP주소:echo컨테이너의_포트'가 돼야 하므로 localhost:8080이 되는 것이다. 파드는 사실상 파드가 갖고 있는 컨테이너를 담은 가상 머신이나 마찬가지다[42].

---

[42] 단, 파드 안에서 실행되는 컨테이너가 포트를 개방하고 있는 경우, 다른 컨테이너가 개방하는 포트와 충돌하지 않도록 해야 한다.

07 레플리카세트

파드를 정의한 매니페스트 파일로는 파드를 하나밖에 생성할 수 없다. 그러나 어느 정도 규모가 되는 애플리케이션을 구축하려면 같은 파드를 여러 개 실행해 가용성을 확보해야 하는 경우가 생긴다.

이런 경우에 사용하는 것이 레플리카세트(ReplicaSet)다. 레플리카세트는 똑같은 정의를 갖는 파드를 여러 개 생성하고 관리하기 위한 리소스다[43]. 파드의 정의 자체도 레플리카세트를 정의한 yaml 파일에 작성하므로 파드의 설정 파일을 따로 둘 필요 없이 파일 하나로 정의를 완결지을 수 있다.

```
apiVersion: apps/v1
kind: ReplicaSet
metadata:
  name: echo
  labels:
    app: echo
spec:
  replicas: 3
  selector:
    matchLabels:
      app: echo
  template: # template 아래는 파드 리소스 정의와 같음
    metadata:
      labels:
        app: echo
    spec:
      containers:
      - name: nginx
        image: gihyodocker/nginx:latest
        env:
        - name: BACKEND_HOST
          value: localhost:8080
        ports:
        - containerPort: 80
      - name: echo
        image: gihyodocker/echo:latest
```

---

43 이전에는 레플리케이션 컨트롤러 리소스라고 불렀다.

```
        ports:
        - containerPort: 8080
```

replicas는 레플리카세트에서 만들 파드의 복제본 수를 의미한다. template 속성의 내용은 파드 정의
와 같다. 레플리카세트는 이 정의를 따라 파드를 replicas에서 지정한 수만큼 만들어 파드 정의 및 파
드 복제를 모두 수행한다.

이 레플리카세트를 배포하면 파드가 3개 만들어진 것을 확인할 수 있다. 같은 파드가 여럿 복제된 것이
므로 파드명에 echo-bmc8h처럼 무작위로 생성된 접미사가 붙는다.

```
$ kubectl apply -f simple-replicaset.yaml
replicaset "echo" created

$ kubectl get pod
NAME READY STATUS RESTARTS AGE
echo-bmc8h 2/2 Running 0 58s
echo-gkgl2 2/2 Running 0 58s
echo-p7mdn 2/2 Running 0 58s
```

레플리카세트를 조작해[44] 파드의 수를 줄이면 줄인 개수만큼 파드가 삭제된다. 삭제된 파드는 복원할
수 없기 때문에 웹 애플리케이션 같은 무상태(stateless) 파드를 사용하기에 유리하다[45].

생성한 레플리카세트를 매니페스트 파일을 이용해 다음과 같이 삭제한다. 레플리카세트와 관련된 파드
가 모두 삭제되는 것을 확인할 수 있다.

```
$ kubectl delete -f simple-replicaset.yaml
```

08 디플로이먼트

레플리카세트보다 상위에 해당하는 리소스로 디플로이먼트(deployment)가 있다. 디플로이먼트는 애
플리케이션 배포(deploy)의 기본 단위가 되는 리소스다.

---

44 yaml 파일을 수정해 반영.

45 상태가 있는(stateful) 파드를 여러 개 만드는 데는 스테이트풀세트라는 리소스를 사용한다. 6장의 '스테이트풀세트(StatefulSet)'(230쪽) 절에서 사용한다.

레플리카세트는 똑같은 파드의 레플리케이션 개수를 관리 및 제어하는 리소스인데 비해, 디플로이먼트는 레플리카세트를 관리하고 다루기 위한 리소스다.

파드, 레플리카세트, 디플로이먼트의 관계를 정리하면 다음 그림과 같다.

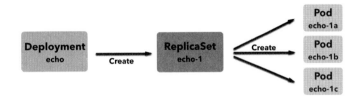

디플로이먼트를 정의한 매니페스트 파일 simple-deployment.yaml을 다음과 같이 작성한다.

```
apiVersion: apps/v1
kind: Deployment
metadata:
  name: echo
  labels:
    app: echo
spec:
  replicas: 3
  selector:
    matchLabels:
      app: echo
  template: # template 아래는 파드 리소스 정의와 같음
    metadata:
      labels:
        app: echo
    spec:
      containers:
      - name: nginx
        image: gihyodocker/nginx:latest
        env:
        - name: BACKEND_HOST
          value: localhost:8080
        ports:
        - containerPort: 80
```

```
    - name: echo
      image: gihyodocker/echo:latest
      ports:
      -containerPort:8080
```

사실 디플로이먼트의 정의는 레플리카세트의 정의와 크게 다르지 않다. 차이가 있다면 디플로이먼트가 레플리카세트의 리비전 관리를 할 수 있다는 점 정도다.

이 매니페스트 파일을 어떤 kubectl 명령을 실행했는지 기록을 남기는 옵션인 --record를 붙여 kubectl로 클러스터에 반영한다.

```
$ kubectl apply -f simple-deployment.yaml --record
deployment "echo" created
```

kubectl 명령으로 상태를 확인해 보자[46]. 디플로이먼트는 물론이고, 레플리카세트와 파드가 생성된 것을 확인할 수 있다.

```
$ kubectl get pod,replicaset,deployment --selector app=echo
NAME READY STATUS RESTARTS AGE
po/echo-5cd74ff455-n9qvv 2/2 Running 2 19m
po/echo-5cd74ff455-snxft 2/2 Running 2 19m
po/echo-5cd74ff455-w2499 2/2 Running 2 19m

NAME DESIRED CURRENT READY AGE
rs/echo-5cd74ff455 3 3 3 19m

NAME DESIRED CURRENT UP-TO-DATE AVAILABLE AGE
deploy/echo 3 3 3 3 19m
```

디플로이먼트의 리비전은 다음과 같이 kubectl rollout history 명령으로 확인할 수 있다. 현재는 첫 번째 반영이므로 REVISON=1이다.

```
$ kubectl rollout history deployment echo
deployments "echo"
```

---

46 처음 보는 옵션이 많을 것이다. 본문에서 자세히 설명하기 어려우니 도움말을 참조하기 바란다.

```
REVISION CHANGE-CAUSE
1 kubectl apply --filename=simple-deployment.yaml --record=true
```

레플리카세트의 생애주기

쿠버네티스는 디플로이먼트를 단위로 애플리케이션을 배포한다. 실제 운영에서는 레플리카세트를 직접 다루기보다는 디플로이먼트 매니페스트 파일을 통해 다루는 경우가 대부분이다.

디플로이먼트가 관리하는 레플리카세트는 지정된 개수만큼 파드를 확보하거나 파드를 새로운 버전으로 교체하거나 이전 버전으로 롤백하는 등 중요한 역할을 한다.

애플리케이션 배포를 바르게 운영하려면 (디플로이먼트 안에서) 레플리카세트가 어떻게 동작하는지 파악할 수 있어야 한다. 디플로이먼트를 수정하면 레플리카세트가 새로 생성되고[47] 기존 레플리카세트와 교체된다.

어떤 경우에 새 레플리카세트가 생성되는지 살펴보자.

파드 개수만 수정하면 레플리카세트가 새로 생성되지 않음

우선 파드 개수만을 수정해 보겠다. 매니페스트 파일에서 replicas 값을 3에서 4로 수정해 반영했다.

```
$ kubectl apply -f simple-deployment.yaml --record
deployment "echo" configured
```

다음에서 보듯이 원래 있던 파드는 그대로 있고, 컨테이너가 하나 새로 생성된 것을 알 수 있다.

```
$ kubectl get pod
NAME READY STATUS RESTARTS AGE
echo-5f978bc465-5vdnl 2/2 Running 0 6m
echo-5f978bc465-9zj7v 2/2 Running 0 7m
echo-5f978bc465-qnszh 0/2 ContainerCreating 0 0s
echo-5f978bc465-r2rm6 2/2 Running 0 7m
```

레플리카세트가 새로 생성됐다면 리비전 번호가 2일 텐데, 그 내용은 출력되지 않는다. replicas 값만 변경해서는 레플리카세트의 교체가 일어나지 않는다는 것을 알 수 있다.

---

47 리비전 번호가 1 증가한다.

```
$ kubectl rollout history deployment echo
deployments "echo"
REVISION CHANGE-CAUSE
1 kubectl apply --filename=simple-deployment.yaml --record=true
```

컨테이너 정의 수정

컨테이너 이미지가 수정된 경우를 확인해 보자. simple-deployment.yaml 파일의 echo 컨테이너
이미지를 다음과 같이 gihyodocker/echo:patched로 수정한다.

```
        - name: echo
        image: gihyodocker/echo:patched
        ports:
        - containerPort: 8080
```

```
$ kubectl apply -f simple-deployment.yaml --record
deployment "echo" configured
```

그러면 다음과 같이 새로운 파드가 생성되고 기존 파드는 단계적으로 정지됨을 알 수 있다.

```
$ kubectl get pod --selector app=echo
NAME READY STATUS RESTARTS AGE
echo-5cd74ff455-cd2kv 2/2 Terminating 0 2m
echo-5cd74ff455-gc5qv 2/2 Running 0 2m
echo-5cd74ff455-lw8ck 2/2 Terminating 0 2m
echo-5f978bc465-5vdnl 0/2 ContainerCreating 0 <invalid>
echo-5f978bc465-9zj7v 2/2 Running 0 3s
echo-5f978bc465-r2rm6 2/2 Running 0 8s
```

디플로이먼트의 리비전을 확인해 보면 REVISION=2가 생성됐다. kubectl apply를 실행했을 때 디플
로이먼트의 내용이 변경된 경우 새로운 리비전이 생성된다.

```
$ kubectl rollout history deployment echo
deployments "echo"
REVISION CHANGE-CAUSE
1 kubectl apply --filename=simple-deployment.yaml --record=true
2 kubectl apply --filename=simple-deployment.yaml --record=true
```

롤백 실행하기

디플로이먼트는 리비전 번호가 기록되므로 특정 리비전의 내용을 확인할 수 있다.

```
$ kubectl rollout history deployment echo --revision=1
deployments "echo" with revision #1
Pod Template:
  Labels: app=echo
    pod-template-hash=1783099011
  Annotations: kubernetes.io/change-cause=kubectl apply --filename=simple-deployment.yaml
--record=true
  Containers:
    nginx:
      Image: gihyodocker/nginx:latest
      Port: 80/TCP
      Environment:
        BACKEND_HOST: localhost:8080
      Mounts: <none>
    echo:
      Image: gihyodocker/echo:latest
      Port: 8080/TCP
      Environment: <none>
      Mounts: <none>
  Volumes: <none>
```

undo를 실행하면 디플로이먼트가 바로 직전 리비전으로 롤백된다.

```
$ kubectl rollout undo deployment echo
deployment "echo" rolled back
```

이 롤백 기능 덕분에 최신 디플로이먼트에 문제가 있을 경우 곧바로 이전 버전으로 돌아갈 수 있으며, 애플리케이션의 이전 버전의 동작을 확인하려는 경우에도 활용할 수 있다.

디플로이먼트는 다음과 같이 매니페스트 파일을 이용해서 삭제한다. 디플로이먼트 및 관련된 레플리카 세트와 파드가 함께 삭제된다.

```
$ kubectl delete -f simple-deployment.yaml
```

서비스는 쿠버네티스 클러스터 안에서 파드의 집합(주로 레플리카세트[48])에 대한 경로나 서비스 디스커버리[49]를 제공하는 리소스다. 서비스의 대상이 되는 파드는 서비스에서 정의하는 레이블 셀렉터로 정해진다.

예를 들어, simple-replicaset-with-label.yaml이라는 이름으로 다음과 같은 매니페스트 파일을 작성해 레플리카세트를 2개 정의한다. 내용은 앞서 정의했던 echo 레플리카세트와 거의 같으나, release 속성값 spring과 summer로 나뉜다.

```yaml
apiVersion: apps/v1
kind: ReplicaSet
metadata:
  name: echo-spring
  labels:
    app: echo
    release: spring
spec:
  replicas: 1
  selector:
    matchLabels:
      app: echo
      release: spring
  template:
    metadata:
      labels:
        app: echo
        release: spring
    spec:
      containers:
      - name: nginx
        image: gihyodocker/nginx:latest
        env:
        - name: BACKEND_HOST
```

---

48 쿠버네티스 클러스터 외부의 서버에 접근하기 위한 ExternalService 등이 예외다.

49 API 주소가 동적으로 바뀌는 경우에도 클라이언트가 접속 대상을 바꾸지 않고 하나의 이름으로 접근할 수 있도록 하는 기능.

```
          value: localhost:8080
        ports:
        - containerPort: 80
      - name: echo
        image: gihyodocker/echo:latest
        ports:
        - containerPort: 8080

---
apiVersion: apps/v1
kind: ReplicaSet
metadata:
  name: echo-summer
  labels:
    app: echo
    release: summer
spec:
  replicas: 2
  selector:
    matchLabels:
      app: echo
      release: summer
  template:
    metadata:
      labels:
        app: echo
        release: summer
    spec:
      containers:
      - name: nginx
        image: gihyodocker/nginx:latest
        env:
        - name: BACKEND_HOST
          value: localhost:8080
        ports:
        - containerPort: 80
      - name: echo
        image: gihyodocker/echo:latest
        ports:
        - containerPort: 8080
```

매니페스트 파일을 반영한 다음, 생성된 파드를 확인해 보자. release 레이블이 spring과 summer인
파드가 각각 실행 중임을 알 수 있다.

```
$ kubectl apply -f simple-replicaset-with-label.yaml

$ kubectl get pod -l app=echo -l release=spring
NAME READY STATUS RESTARTS AGE
echo-spring-x7cfn 2/2 Running 0 10m

$ kubectl get pod -l app=echo -l release=summer
NAME READY STATUS RESTARTS AGE
echo-summer-dtblk 2/2 Running 0 10m
echo-summer-thbc5 2/2 Running 0 10m
```

release=summer인 파드만 접근할 수 있는 서비스를 생성해 보자. 다음과 같이 simple-service.
yaml 파일을 작성한다. spec.selector 속성값으로 서비스 대상으로 삼을 파드의 레이블값을 설정
한다.

```
apiVersion: v1
kind: Service
metadata:
  name: echo
spec:
  selector:
    app: echo
    release: summer
  ports:
    - name: http
      port: 80
```

이 서비스와 레이블로 구분되는 각 파드의 관계를 다음 그림에 나타냈다. 파드의 레이블이 서비스에 정
의된 셀렉터 값과 일치하면 해당 파드는 그 서비스의 대상이 되므로 서비스를 경유해 트래픽[50]이 들어
온다.

---

50 여기서는 HTTP 요청.

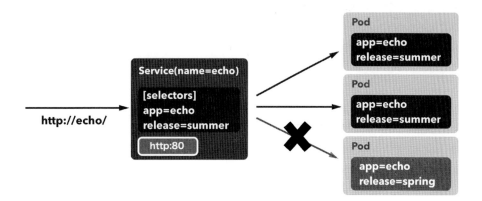

sumple-service.yaml을 반영해 서비스를 생성한다.

```
$ kubectl apply -f simple-service.yaml
service "echo" created

$ kubectl get svc echo
NAME TYPE CLUSTER-IP EXTERNAL-IP PORT(S) AGE
echo ClusterIP 10.101.245.182 <none> 80/TCP 1m
```

실제로도 release=summer인 파드에만 트래픽이 전달되는지 확인해 보자.

서비스는 기본적으로 쿠버네티스 클러스터 안에서만 접근할 수 있다. 그러므로 쿠버네티스 클러스터 안에서 디버깅용 임시 컨테이너를 배포하고 curl 명령으로 HTTP 요청을 보내 확인해 볼 것이다. 디버그 컨테이너에 들어가서 http://echo/로 아무렇게나 HTTP 요청을 보낸다.

```
$ kubectl run -i --rm --tty debug --image=gihyodocker/fundamental:0.1.0 --restart=Never -- bash -il
If you don't see a command prompt, try pressing enter.
debug:/# curl http://echo/
Hello Docker!!debug:/#
```

레이블이 summer인 파드를 하나 골라 로그를 확인해 보면 'received request'가 출력된다. 반면 레이블이 spring인 파드는 로그가 출력되지 않는 것을 확인할 수 있다[51].

---

51 kubectl logs 명령으로 로그를 확인한다.

```
$ kubectl logs -f echo-summer-dtblk -c echo
2018/05/21 17:50:57 start server
2018/05/21 18:06:53 received request
2018/05/21 18:06:54 received request
...
```

서비스를 이용한 네임 레졸루션도 빼놓을 수 없다. 특히, 쿠버네티스 클러스터 안에 있는 애플리케이션 끼리 연동시킬 때 서비스명만으로 네임 레졸루션이 가능하며 대상 파드로 요청을 분산시킬 수도 있다.

칼럼 5-4. 서비스의 네임 레졸루션

쿠버네티스 클러스터의 DNS는 서비스를 서비스명.네임스페이스명.svc.local로 연결해준다.

예를 들어, echo는 default 네임스페이스에 배치돼 있으므로 다음과 같다.

```
$ curl http://echo.default.svc.local
```

마지막 svc.local 부분은 생략할 수도 있다. 다른 네임스페이스에 있는 서비스를 참조하는 가장 짧은 이름은 다음과 같다.

```
$ curl http://echo.default
```

같은 네임스페이스라면 다음과 같이 서비스명만으로 참조가 가능하다. 이 방법을 아마 가장 많이 사용하게 될 것이다.

```
$ curl http://echo
```

ClusterIP 서비스

서비스에도 여러 가지 종류가 있어서 그 종류를 yaml 파일에서 지정할 수 있다. 종류의 기본값은 ClusterIP 서비스다[52].

ClusterIP를 사용하면 쿠버네티스 클러스터의 내부 IP 주소에 서비스를 공개할 수 있다. 이를 이용해 어떤 파드에서 다른 파드 그룹으로 접근할 때 서비스를 거쳐 가도록 할 수 있으며, 서비스명으로 네임 레졸루션이 가능해진다. 다만, 외부로부터는 접근할 수 없다.

---

52 type: ClusterIP

NodePort 서비스

NodePort 서비스는 클러스터 외부에서 접근할 수 있는 서비스다.

NodePort 서비스는 ClusterIP를 만든다는 점은 ClusterIP 서비스와 같다. 각 노드에서 서비스 포트로 접속하기 위한 글로벌 포트를 개방한다는 점이 차이점이다.

```yaml
apiVersion: v1
kind: Service
metadata:
  name: echo
spec:
  type: NodePort
  selector:
    app: echo
  ports:
    - name: http
      port: 80
```

NodePort 서비스를 생성했다면 아래에 80:31058/TCP라고 나왔듯이 노드의 포트 31058를 통해 서비스에 접근할 수 있다. 이를 이용해 서비스를 쿠버네티스 클러스터 외부로 공개할 수 있다[53].

```
$ kubectl get svc echo
NAME TYPE CLUSTER-IP EXTERNAL-IP PORT(S) AGE
echo NodePort 10.97.191.150 <none> 80:31058/TCP 32m
```

아래에서 보듯이 로컬에서 HTTP 요청을 전달할 수 있다.

```
$ curl http://127.0.0.1:31058
Hello Docker!!%
```

---

53 NodePort로는 서비스를 L4 레벨에서 노출시킬 수 있으므로 TCP/UDP를 다룰 수 있다. HTTP는 물론이고 MySQL 프로토콜이 오가는 서비스를 쿠버네티스 클러스터 외부의 서버에서 이용할 수 있도록 노출하는 것도 가능하다.

LoadBalancer 서비스

LoadBalancer 서비스는 로컬 쿠버네티스 환경에서는 사용할 수 없는 서비스다. 이 서비스는 주로 각 클라우드 플랫폼에서 제공하는 로드 밸런서와 연동하기 위해 사용된다.

GCP의 Cloud Load Balancing[54], AWS의 Elastic Load Balancing[55]을 지원한다. 구체적인 예는 다음 절에서 설명한다.

ExternalName 서비스

ExternalName 서비스는 셀렉터도 포트 정의도 없는 상당히 특이한 서비스다. 쿠버네티스 클러스터에서 외부 호스트를 네임 레졸루션하기 위한 별명을 제공한다.

예를 들어, 다음과 같은 서비스를 생성하면 gihyo.jp를 gihyo로 참조할 수 있다.

```
apiVersion: v1
kind: Service
metadata:
  name: gihyo
spec:
  type: ExternalName
  externalName: gihyo.jp
```

10 인그레스

쿠버네티스 클러스터 외부로 서비스를 공개하려면 서비스를 NodePort로 노출시킨다. 그러나 이 방법은 L4 레벨까지만 다룰 수 있기 때문에 HTTP/HTTPS처럼 경로를 기반으로 서비스를 전환하는 L7 레벨의 제어는 불가능하다.

이를 해결하기 위한 리소스가 인그레스다. 서비스를 이용한 쿠버네티스 클러스터 외부에 대한 노출과 가상 호스트 및 경로 기반의 정교한 HTTP 라우팅을 양립시킬 수 있다. HTTP/HTTPS 서비스를 노출하려는 경우에는 십중팔구 인그레스를 사용한다.

---

54 https://cloud.google.com/load-balancing/

55 https://aws.amazon.com/jp/elasticloadbalancing/

그러나 로컬 쿠버네티스 환경에서는 인그레스를 사용해 서비스를 노출시킬 수 없다. 클러스터 외부에서 온 HTTP 요청을 서비스로 라우팅하기 위한 nginx_ingress_controller[56]를 다음과 같이 배포한다.

```
$ kubectl apply -f \
https://raw.githubusercontent.com/kubernetes/ingress-nginx/nginx-0.16.2/deploy/mandatory.yaml
$ kubectl apply -f \
https://raw.githubusercontent.com/kubernetes/ingress-nginx/nginx-0.16.2/deploy/provider/cloud-
generic.yaml
```

그러면 잠시 후 네임스페이스 ingress-nginx에 다음과 같은 서비스와 파드가 생성된다. 이제 인그레스 리소스를 사용할 수 있다.

```
$ kubectl -n ingress-nginx get service,pod
NAME TYPE CLUSTER-IP EXTERNAL-IP PORT(S) AGE
service/default-http-backend ClusterIP 10.110.37.11 <none> 80/TCP 27m
service/ingress-nginx LoadBalancer 10.100.229.152 localhost 80:30584/TCP,443:31959/TCP 22m

NAME READY STATUS RESTARTS AGE
pod/default-http-backend-5c6d95c48-px9pj 1/1 Running 0 27m
pod/nginx-ingress-controller-685fdbc9c-cbfw5 1/1 Running 0 27m
```

인그레스를 통해 접근하기

실제로 인그레스를 통해 서비스에 접근해 보겠다. simple-service.yaml 파일을 다음과 같이 수정한다. spec.type 값을 지정하지 않으면 ClusterIP 서비스가 생성된다.

```
apiVersion: v1
kind: Service
metadata:
  name: echo
spec:
  selector:
    app: echo
  ports:
```

---

56 https://github.com/kubernetes/ingress-nginx

```
    - name: http
      port: 80
```

수정된 매니페스트 파일을 반영한다.

```
$ kubectl apply -f simple-service.yaml
```

simple-ingress.yaml 파일에 간단한 인그레스를 정의하고 반영한다.

```
apiVersion: extensions/v1beta1
kind: Ingress
metadata:
  name: echo
spec:
  rules:
  - host: ch05.gihyo.local
    http:
      paths:
      - path: /
        backend:
          serviceName: echo
          servicePort: 80
```

```
$ kubectl apply -f simple-ingress.yaml
ingress "echo" created

$ kubectl get ingress
NAME HOSTS ADDRESS PORTS AGE
echo ch05.gihyo.local localhost 80 2m
```

인그레스는 L7 라우팅이 가능하므로 가상 호스팅 기능처럼 지정된 호스트 혹은 경로와 일치하는 서비스로 요청을 전달할 수 있다.

로컬에서 다음과 같은 HTTP 요청을 보내면 백엔드에 있는 echo 서비스에서 다음과 같은 응답을 보내온다. /etc/hosts에 인그레스에서 정의한 호스트를 127.0.0.1로 정의해 같은 결과를 얻을 수 있다[57].

---

57 파워셸에서는 Invoke-RestMethod에 -Headers 옵션을 사용해 헤더를 지정한다.

```
$ curl http://localhost -H 'Host: ch05.gihyo.local'
Hello Docker!!%
```

이 외에도 인그레스 층에서 HTTP 요청에 다양한 제어를 할 수 있다. 예를 들면, simple-ingress.
yaml 파일을 다음과 같이 수정한다.

```
apiVersion: extensions/v1beta1
kind: Ingress
metadata:
  name: echo
  annotations:
    nginx.ingress.kubernetes.io/server-snippet: |
      set $agentflag 0;

      if ($http_user_agent ~* "(Mobile)" ){
        set $agentflag 1;
      }


      if ( $agentflag = 1 ) {
        return 301 http://gihyo.jp/;
      }

spec:
  rules:
  - host: ch05.gihyo.local
    http:
      paths:
      - path: /
        backend:
          serviceName: echo
          servicePort: 80
```

로컬 쿠버네티스 환경에서는 nginx-ingress-controller를 사용한다. metadata.annotations 파일에
nginx-ingress-controller 자체의 제어 설정을 할 수 있다. nginx.ingress.kubernetes.io/server-
snippet을 설정하면 Nginx 설정 파일 문법에 따라 요청 필터링 등을 사이에 추가할 수 있다.

예제로 User-Agent 값에 Mobile이 포함된 경우 요청을 다른 URL로 리다이렉트하게 해 보자. simple-ingress.yaml 파일을 적용한 다음, User-Agent 값을 Mobile로 해 요청을 보내면 응답 코드가 301로 나오는 것을 봐서 리다이렉트됨을 알 수 있다.

```
$ curl http://localhost \
  -H 'Host: ch05.gihyo.local' \
  -H 'User-Agent: Mozilla/5.0 (iPhone; CPU iPhone OS 11_0 like Mac OS X)a
AppleWebKit/604.1.38 (KHTML, like Gecko) Version/11.0 Mobile/15A372 Safari/604.1'
```

이런 요청 제어를 인그레스에서 처리할 수 있기 때문에 백엔드나 웹 서버, 애플리케이션 서버에서 이를 신경 쓸 필요가 없다. nginx-ingress-controller는 이 외에도 다양한 기능을 갖추고 있다[58].

퍼블릭 클라우드 환경에서 인그레스는 해당 플랫폼의 L7 로드 밸런서를 이용할 수 있다. GCP에서는 Cloud Load Balancing을 기본으로 사용하며 AWS에서는 Application Load Balancer[59]를 사용할 수 있다.

지금까지 로컬 환경에서 쿠버네티스를 사용하면서 기본적인 개념 및 사용법을 익혔다. 그러나 로컬 환경의 쿠버네티스는 여러 가지 제약이 있어 모든 기능을 사용할 수 없기 때문에 한계가 있다.

다음 장에서는 퍼블릭 클라우드를 사용해 쿠버네티스를 이용한 좀 더 실전적인 애플리케이션을 구축하고 온프레미스 환경에서 쿠버네티스 클라우드를 구축하는 방법을 알아보겠다.

칼럼 5-5. freshpod로 이미지 업데이트 탐지하고 파드 자동 업데이트하기

freshpod[60]는 쿠버네티스로 배포된 컨테이너의 이미지가 업데이트됐는지 탐지해 파드를 자동으로 다시 배포하는 도구다. freshpod는 애초 Minikube의 애드온으로 개발된 것이지만, 윈도우용/macOS용 도커에서도 사용할 수 있으므로 로컬 쿠버네티스 개발 환경에서 빼놓을 수 없는 도구다.

freshpod를 설치하려면 Minikube 리포지토리에 공개된 다음 매니페스트 파일을 적용하면 된다.

```
$ kubectl apply -f https://raw.githubusercontent.com/kubernetes/minikube/master/deploy/addons/
freshpod/freshpod-rc.yaml
replicationcontroller "freshpod" created
```

---

58 https://github.com/kubernetes/ingress-nginx/blob/master/docs/user-guide/nginx-configuration/annotations.md

59 인그레스 컨트롤러를 배포해야 한다.

60 https://github.com/GoogleCloudPlatform/freshpod

예를 들어 4장에서 구축했던 TODO 애플리케이션의 Nginx가 다음과 같은 매니페스트 파일로 배포된다고 하자.

```
apiVersion: apps/v1
kind: Deployment
metadata:
  name: nginx
  labels:
    app: nginx
spec:
  replicas: 1
  selector:
    matchLabels:
      app: nginx
  template:
    metadata:
      labels:
        app: nginx
    spec:
      containers:
      - name: nginx
        image: ch04/nginx:latest
        imagePullPolicy: IfNotPresent
        env:
        - name: BACKEND_HOST
          value: 127.0.0.1:8080
```

freshpod로 컨테이너를 업데이트하려면 imagePullPolicy를 Always(파드를 재시작할 때마다 항상 최신 이미지를 받아옴)가 아니라 IfNotPresent(전에 받아둔 이미지가 있으면 재사용)로 설정해야 한다.

이미지를 수정하기 전에 -w 옵션을 사용해 파드의 실행 상태를 모니터링한다.

```
$ kubectl get pod -l app=nginx -w
nginx-868df75578-56dk4 1/1 Running 0 7m
```

그리고 ch04/nginx 이미지를 아무것이나 수정한 다음, 이미지를 빌드한다.

```
(nginx) $ docker image build -t ch04/nginx:latest .
```

새로운 이미지가 만들어지자마자 해당 파드가 교체되기 시작한다.

```
$ kubectl get pod -l app=nginx -w
NAME READY STATUS RESTARTS AGE
nginx-868df75578-56dk4 1/1 Running 0 7m
nginx-868df75578-56dk4 1/1 Terminating 0 7m
nginx-868df75578-f84lp 0/1 Pending 0 0s
nginx-868df75578-f84lp 0/1 Pending 0 0s
nginx-868df75578-f84lp 0/1 ContainerCreating 0 0s
nginx-868df75578-f84lp 1/1 Running 0 2s
```

로컬 쿠버네티스 환경에서 freshpod를 사용하면 새로 만든 이미지를 매번 레지스트리에 등록하거나 직접 파드를 업데이트하지 않아도 되기 때문에 효율적인 개발이 가능하다.

칼럼 5-6. kube-prompt

쿠버네티스 리소스를 다루기 위한 명령행 도구로 kubectl이 이미 있지만, 편의성이 개선된 도구도 있다.

kube-prompt[61]는 kubectl 명령 및 리소스 이름의 자동 완성 기능을 제공한다. 이 기능은 macOS/리눅스용이다. 다음과 같이 describe p를 입력하면 p로 시작하는 리소스 종류 후보를 보여준다.

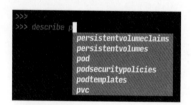

describe pod까지 입력하면 배포된 파드의 목록을 보여준다. 그러므로 kubectl 명령을 따로 사용해 파드 목록을 확인할 필요가 없다[62].

칼럼 5-7. 쿠버네티스 API

지금까지 몇 가지 매니페스트 파일의 예를 살펴봤는데, apiVersion 필드의 값이 리소스 종류에 따라 달라지는 것을 눈치챈 사람도 있을 것이다.

쿠버네티스 리소스를 생성, 수정, 삭제하는 작업은 쿠버네티스 클러스터에 배포된 API가 수행한다. 이 API는 여러 API를 하나로 묶은 형태로 구성되는데, 이 apiVersion은 해당 작업에 사용되는 API의 종류를 나타내는 값이다.

쿠버네티스 클러스터에서 사용할 수 있는 API는 다음과 같다.

```
$ kubectl api-versions
admissionregistration.k8s.io/v1beta1
```

```
apiextensions.k8s.io/v1beta1
apiregistration.k8s.io/v1
apiregistration.k8s.io/v1beta1
apps/v1
apps/v1beta1
apps/v1beta2
authentication.k8s.io/v1
authentication.k8s.io/v1beta1
...
storage.k8s.io/v1
storage.k8s.io/v1beta1
v1
```

쿠버네티스의 리소스가 각각 어떤 API를 통해 지원되는지 알고 싶다면 쿠버네티스 API 리포지토리[63]를 확인하라. 서비스나 파드는 쿠버네티스의 핵심 API인 v1, 디플로이먼트는 파드의 생성을 제어하는 API인 apps/v1에 해당한다.

인그레스처럼 extension/v1beta1 API에 속하는 리소스도 있다. 쿠버네티스에서 새로운 리소스는 알파 버전이나 베타 버전에서 추가되는 경우가 많기 때문에 안정 버전에 이르기까지 매니페스트 파일 스키마에도 변경이 생긴다. xxx/v1beta1, xxx/v1beta2 같은 이름의 API가 있는 이유가 바로 이 때문이다. 쿠버네티스 버전이 올라가면서 지원하는 API도 늘어나는 것이다.

kubectl을 사용한 리소스 조작 역시 바로 이 API를 사용하는 것이다. 개인적으로도 쿠버네티스 API를 직접 사용하는 프로그램을 작성해 프로젝트에서 배포 도구로 사용하고 있다.

---

61 https://github.com/c-bata/kube-prompt
62 v1.0.3 현재 네임스페이스 이름의 자동 완성은 지원하지 않는다.
63 gRPC + Protocol Buffers 기반의 인터페이스 형태로 제공된다. https://github.com/kubernetes/api

쿠버네티스 클러스터
구축

5장에서는 윈도우용/macOS용 도커의 쿠버네티스 통합 기능을 이용해 쿠버네티스를 경험했다. 이번 장에서는 온프레미스 환경 또는 퍼블릭 클라우드에서 쿠버네티스를 실제로 사용해 볼 것이다.

클라우드에서 Google Kubernetes Engine을 이용하거나 온프레미스 환경에서 Kuberspray를 이용해 클러스터를 구축해 보겠다.

01 Google Kubernetes Engine 환경 설정

클라우드에 쿠버네티스 환경을 구축할 때는 GCP에서 제공하는 매니지드 쿠버네티스 서비스인 GKE(Google Kubernetes Engine)를 사용한다. GKE는 쿠버네티스의 개발을 주도하는 구글이 제공하는 것으로 매니지드 쿠버네티스 서비스 중 가장 널리 사용된다.

이번 장에서는 4장에서 구축했던 TODO 애플리케이션을 쿠버네티스로 전환하고 GKE를 사용해서 배포할 것이다. 이 과정을 통해 쿠버네티스를 이용한 구체적인 애플리케이션 배포 방법 및 리소스를 다루는 방법을 설명한다.

우선 GKE를 사용할 수 있게 준비해 보자. 프로젝트를 생성한 다음, GCP 명령행 도구인 구글 클라우드 SDK를 설치하고 마지막으로 GKE에 새로운 쿠버네티스 클러스터를 구축할 것이다.

GCP 계정이 없다면 무료 트라이얼 가입 URL[1]을 통해 계정을 생성하기 바란다. 새로 계정을 생성하는 경우 무료 트라이얼 혜택을 이용할 수 있다. 1년에 300달러에 해당하는 크레딧을 얻을 수 있으므로 꼭 활용하기 바란다.

GCP 프로젝트 생성

이번 예제를 위해 클라우드 콘솔에서 gihyo-kuber라는 이름으로 새로운 프로젝트를 생성한다[2].

프로젝트명은 중복 가능성이 있기 때문에 프로젝트를 유일하게 식별하기 위해 프로젝트 ID가 추가로 붙는다. 그림에는 프로젝트 ID를 일부 마스킹했으나, GCP를 명령행 도구로 사용하려면 이 프로젝트 ID를 사용해야 한다.

구글 클라우드 SDK(gcloud) 설치

구글 클라우드 SDK[3]는 GCP 서비스를 명령행에서 조작하게 해주는 도구다. 설치 방법은 사용하는 운영 체제에 따라 다르므로 gcloud 설치 가이드[4]를 참조해 설치하기 바란다.

gcloud를 사용하기 전에 다음과 같이 컴포넌트를 최신 버전으로 업데이트한다.

```
$ gcloud components update
```

gcloud를 사용해 앞에서 만든 GCP 프로젝트를 제어할 수 있도록 다음과 같이 인증을 거친다.

---

1 https://cloud.google.com/free/
2 GCP에 계정을 생성하면 'My First Project'라는 이름의 프로젝트가 기본 생성된다.
3 이하 gcloud라고 한다.
4 https://cloud.google.com/sdk/downloads

```
$ gcloud auth login
```

브라우저 창이 뜨고 구글 로그인 화면이 나타나면 프로젝트 이용 권한이 있는 계정으로 인증을 마친다. gcloud를 사용하려면 다음과 같은 권한이 필요하다.

그다음 gcloud로 조작할 대상 프로젝트 ID를 설정한다.

```
$ gcloud config set project gihyo-kube-xxxxxxxx
```

그리고 gcloud 명령으로 GCP 리전을 선택해야 하는 경우가 잦으므로 다음과 같이 기본 리전을 설정한다. GCP는 한국 리전이 아직 없으므로 우리나라와 인접한 도쿄[5](asia-northasia1-a)를 지정한다.

```
$ gcloud config set compute/zone asia-northeast1-a
```

---

5 데이터 센터를 의미한다. 아시아 지역에는 이 밖에도 asia-northeast1-b와 asia-northeast1-c가 있다.

쿠버네티스 클러스터 생성

gcloud를 사용해 gihyo라는 이름의 쿠버네티스 클러스터를 새로 만들어 보자. 클러스터를 생성할 때 몇 가지 옵션을 줄 수 있는데, 여기서는 --cluster-version으로 쿠버네티스 클러스터 버전[6], --num-node 옵션으로 인스턴스 수 등을 지정한다. GKE에서는 구버전을 사용할 수 없을 수도 있으므로 주의하라.

```
$ gcloud container clusters create gihyo --cluster-version=1.15.7-gke.2 \
  --machine-type=n1-standard-1 \
  --num-nodes=3
Creating cluster gihyo.../
```

새로 만든 클러스터의 정보를 gcloud container clusters describe gihyo 명령으로 확인할 수 있다. 그리고 클라우드 콘솔의 쿠버네티스 엔진 페이지에서도 같은 내용을 확인할 수 있다[7].

이어서 gcloud로 클러스터를 제어할 수 있도록 kubectl에 인증정보를 설정한다. gcloud 명령을 통해 정보를 넘겨주면 된다[8].

```
$ gcloud container clusters get-credentials gihyo
Fetching cluster endpoint and auth data.
kubeconfig entry generated for gihyo.
```

kubectl 명령으로 노드 목록이 확인되는지 테스트해 본다. 다음과 같이 GKE 노드 목록이 출력되면 준비가 끝난 것이다.

---

6 자세한 내용은 생략한다. 참조문서를 참고하기 바란다. gcloud container get-server-config ─zone asia-northeast1 명령에서 출력되는 validMasterVersions 값 중 한 가지 버전.

7 쿠버네티스 대시보드의 애드온도 제공되나, 클라우드 콘솔 이용을 추천한다.

8 kubectl은 조작 대상(컨텍스트)을 바꾸어가며 사용한다. 여기서는 gcloud를 경유하여 변경하고 있으나, kubectl config use-context CONTEXT_NAME 명령으로 컨텍스트를 지정하여 바꿀 수 있다. 컨텍스트명은 kubectl config get-contexts 명령으로 확인할 수 있다.

```
$ kubectl get nodes
NAME STATUS ROLES AGE VERSION
gke-gihyo-default-pool-1e5f2fef-993t Ready <none> 5m v1.10.4-gke.2
gke-gihyo-default-pool-1e5f2fef-kd5k Ready <none> 5m v1.10.4-gke.2
gke-gihyo-default-pool-1e5f2fef-mth9 Ready <none> 5m v1.10.4-gke.2
```

쿠버네티스 API에 대한 프록시를 실행하면 새로 만든 클러스터의 대시보드를 볼 수 있다. 웹 브라우저에서 http://127.0.0.1:8001에 접근한다.

```
$ kubectl proxy
Starting to serve on 127.0.0.1:8001
```

칼럼 6-1. kubectx

쿠버네티스 클러스터를 여러 개 다룰 때 정보 확인 대상(컨텍스트)을 매번 전환하기가 번거로운 경우가 있다. kubectx[9]를 사용하면 컨텍스트 스위칭을 쉽게 할 수 있다.

```
$ kubectx docker-for-desktop
Switched to context "docker-for-desktop".
```

직전에 다뤘던 컨텍스트로 돌아가려면 kubectx -를 실행한다.

```
$ kubectx -
Switched to context "gke_gihyo-kube-190913_asia-northeast1-a_gihyo".
```

네임스페이스도 컨텍스트로 설정할 수 있다. kubectx와 함께 설치되는 kubens를 사용하면 간단하게 kubectl의 기본 조작 대상 네임스페이스를 설정할 수 있어서 편리하다.

kubens를 사용해서 디폴트 컨텍스트의 네임스페이스를 설정해두면 kubectl에서 네임스페이스를 지정하지 않고도 리소스를 조작할 수 있어서 편리하다.

```
$ kubens kube-system
Context "docker-for-desktop" modified.
Active namespace is "kube-system".
```

---

9 https://github.com/ahmetb/kubectx

```
$ kubectl get pod
NAME READY STATUS RESTARTS AGE
etcd-docker-for-desktop 1/1 Running 0 2h
kube-apiserver-docker-for-desktop 1/1 Running 0 2h
...
```

02 GKE에 TODO 애플리케이션 구축

기본적인 GKE 환경 설정이 끝났다. 이제 실제로 애플리케이션을 배포해 보자.

로컬에 있는 쿠버네티스 클러스터로 간단한 애플리케이션 배포를 경험했다. 지금부터는 4장에서 만들었던 TODO 애플리케이션을 다음 그림과 같이 클라우드에 구축하는 실전적인 예제를 살펴볼 것이다.

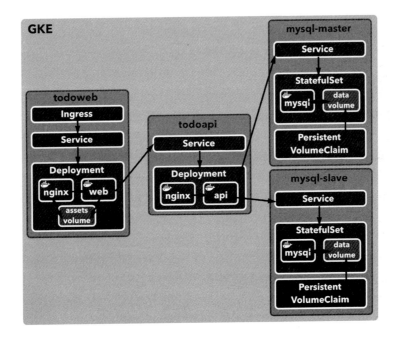

우선 데이터스토어 역할을 할 MySQL을 구축한다. 이번에도 역시 마스터–슬레이브 구성을 취할 것이다.

퍼시스턴스 데이터를 다루는 컨테이너를 도커로 실행할 때는 데이터 볼륨을 사용했다. 표준 데이터 볼륨은 컨테이너가 배포된 호스트에 위치해야 한다. 이렇게 데이터 볼륨을 사용하면 호스트 간에 컨테이너를 재배치하는 과정이 번거로워진다.

이런 문제를 해결하기 위해 쿠버네티스에서는 호스트에서 분리할 수 있는 외부 스토리지를 볼륨으로 사용할 수 있다. 파드가 다른 호스트로 재배치돼도 외부 스토리지 형태의 볼륨은 새로 배치된 호스트에 자동으로 할당된다. 그러므로 호스트와 데이터 볼륨의 결합이 느슨해지고 외부 스토리지를 사용하므로 퍼시스턴스 데이터를 다루는 애플리케이션을 컨테이너로 운영하기가 쉽다.

다음 쿠버네티스 리소스가 이런 메커니즘을 구현하는 데 사용된다.

- 퍼시스턴트볼륨(PersistentVolume)
- 퍼시스턴트볼륨클레임(PersistentVolumeClaim)
- 스토리지클래스(StorageClass)
- 스테이트풀세트(StatefulSet)

GKE에 MySQL을 구축해 보며 퍼시스턴스 데이터를 다루는 파드를 실행하는 방법을 알아보자.

퍼시스턴트볼륨과 퍼시트턴트볼륨클레임

쿠버네티스에서 스토리지를 확보하려면 퍼시스턴트볼륨(PersistentVolume)과 퍼시스턴트볼륨클레임(PersistentVolumeClaim)이라는 리소스를 사용한다. 이 리소스는 클러스터가 구축된 플랫폼을 지원하는 퍼시스턴스 볼륨을 생성하기 위해 사용된다.

퍼시스턴트볼륨[10]은 스토리지 자체라고 할 수 있다. GCP로 치면 GCEPersistentDisk[11]에 해당한다[12].

---

10 https://kubernetes.io/docs/concepts/storage/persistent-volumes/#persistent-volumes

11 https://cloud.google.com/compute/docs/disks/

12 AWS의 EBS(Amazon Elastic Block Store)에 해당. https://aws.amazon.com/ko/ebs/?nc1=h_ls

반면 퍼시스턴트볼륨클레임[13]은 추상화된 논리 리소스로, 퍼시스턴트볼륨과 달리 용량을 필요한 만큼 동적으로 확보할 수 있다.

실제 사용 예를 보자. 퍼시스턴트볼륨클레임 리소스의 매니페스트 파일은 다음과 같다.

```
apiVersion: v1
kind: PersistentVolumeClaim
metadata:
  name: pvc-example
spec:
  accessModes:
    - ReadWriteOnce
  storageClassName: ssd
  resources:
    requests:
      storage: 4Gi
```

accessModes는 파드가 스토리지에 접근하는 방식을 지정한다. 이 속성의 값이 ReadWriteOnce 이면 마운트(읽기/쓰기)될 수 있는 노드를 하나로 제한한다는 의미다. 반면 ReadOnlyMany 혹은 ReadWriteMany에는 이러한 제한이 없지만, 플랫폼에 따라 사용할 수 없는 경우가 있으니 주의하기 바란다.

storageClassName은 뒤에 설명할 StorageClass 리소스의 종류, 다시 말해 어떤 스토리지를 사용할 지를 정의한다. 파드는 퍼시스턴트볼륨클레임을 직접 마운트할 수 있으며, 데이터를 볼륨에 넣고 나면 파드를 정지하거나 다시 생성해도 애플리케이션의 상태가 유지된다.

위 예제 파일에 나오기는 하지만, MySQL을 배포하는 예제에서는 사용되지 않는다.

스토리지클래스(StorageClass)

스토리지클래스는 퍼시스턴트볼륨으로 확보한 스토리지의 종류를 정의하는 리소스다. 앞서 본 퍼시스턴트볼륨클레임에서 storageClassName 속성값의 실체가 바로 이것이다. GCP 스토리지의 종류는 2가지로, '표준'과 'SSD'가 있다. 이 예제에서는 SSD를 사용하기로 한다. 다음과 같이 storage-class-ssd.yaml이라는 이름으로 매니페스트 파일을 작성한다.

---

[13] https://kubernetes.io/docs/concepts/storage/persistent-volumes/#persistentvolumeclaims

```
kind: StorageClass
apiVersion: storage.k8s.io/v1
metadata:
  name: ssd
  annotations:
    storageclass.kubernetes.io/is-default-class: "false"
  labels:
    kubernetes.io/cluster-service: "true"
provisioner: kubernetes.io/gce-pd
parameters:
  type: pd-ssd
```

SSD 스토리지를 사용하도록 스토리지클래스의 name 속성을 ssd로 지정했다. provisioner는 GCP 의 퍼시스턴스 스토리지인 GCEPersistentDisk에 해당하는 gcd-pd로 지정한다. 그리고 파라미터의 type 속성값을 pd-ssd로 지정한다[14]. 그다음 이 내용대로 스토리지클래스를 생성한다.

```
$ kubectl apply -f storage-class-ssd.yaml
storageclass.stroage.k8s.io "ssd" created
```

스테이트풀세트(StatefulSet)

디플로이먼트는 함께 포함된 파드 정의를 따라 파드를 생성하는 리소스로, 하나만 있으면 되는 파드 혹은 퍼시스턴스 데이터를 갖지 않는 상태가 없는(stateless) 애플리케이션을 배포하는 데 적합하다.

이에 비해 스테이트풀세트는 데이터 스토어처럼 데이터를 계속 유지하는, 상태가 있는(stateful) 애플리케이션을 관리하는 데 적합한 리소스다.

디플로이먼트에서 생성한 파드는 무작위로 생성된 식별자가 부여된다. 반면 스테이트풀세트는 pod-0, pod-1, pod-2와 같이 일련번호가 붙는 유일한 식별자를 붙여 파드를 생성한다. 이 식별자는 파드를 재생성해도 유지되며, 스케일링할 때도 식별자의 일련번호가 계속 이어진다.

파드의 식별자가 안정적이기 때문에 파드가 재생성된다고 하더라도 스토리지가 계속 같은 파드에 연결되므로 파드의 데이터를 재생성 전과 똑같이 복원할 수 있다.

MySQL을 마스터-슬레이브로 구성한 파드를 생성하는 데 스테이트풀세트를 사용해 보자.

---

14 표준은 pd-standard.

다음과 같이 mysql-master.yaml 매니페스트 파일을 작성한다. 그리고 이 파일로 생성한 스테이트풀세트를 MySQL 마스터에 사용한다. 마스터와 슬레이브 모두 4장에서 만든 gihyodocker/tododb:latest 이미지를 사용한다[15].

마스터용 설정

```
apiVersion: v1
kind: Service
metadata:
  name: mysql-master
  labels:
    app: mysql-master
spec:
  ports:
  - port: 3306
    name: mysql
  clusterIP: None
  selector:
    app: mysql-master

---
apiVersion: apps/v1
kind: StatefulSet
metadata:
  name: mysql-master
  labels:
    app: mysql-master
spec:
  serviceName: "mysql-master"
  selector:
    matchLabels:
      app: mysql-master
  replicas: 1
  template:
    metadata:
```

---
15 필자가 도커 허브에 올린 이미지를 사용한다.

```yaml
      labels:
        app: mysql-master
    spec:
      terminationGracePeriodSeconds: 60
      containers:
      - name: mysql
        image: gihyodocker/tododb:latest
        imagePullPolicy: Always
        args:
        - "--ignore-db-dir=lost+found"
        ports:
        - containerPort: 3306
        env:
        - name: MYSQL_ROOT_PASSWORD
          value: "gihyo"
        - name: MYSQL_DATABASE
          value: "tododb"
        - name: MYSQL_USER
          value: "gihyo"
        - name: MYSQL_PASSWORD
          value: "gihyo"
        - name: MYSQL_MASTER
          value: "true"
        volumeMounts:
        - name: mysql-data
          mountPath: /var/lib/mysql
  volumeClaimTemplates:
  - metadata:
      name: mysql-data
    spec:
      accessModes: [ "ReadWriteOnce" ]
      storageClassName: ssd
      resources:
        requests:
          storage: 4Gi
```

```
$ kubectl apply -f mysql-master.yaml
service "mysql-master" created
statefulset.apps "mysql-master" created
```

스테이트풀세트는 레플리카세트의 '상태가 있는' 버전이라고 할 수 있다. 파드의 레플리카 수, 컨테이너와 환경 변수 등의 정의는 레플리카세트의 정의와 동일하다.

차이가 있는 부분은 volumeClaimTemplates라고 해서 퍼시스턴트볼륨클레임을 파드마다 자동으로 생성하는 템플릿을 생성할 수 있다는 점이다. 이 기능 덕분에 파드가 요구하는 퍼시스턴트볼륨클레임[16]을 매번 만들지 않아도 된다.

이 예제는 클러스터 안에서 MySQL 마스터가 mysql-master라는 이름으로 네임 레졸루션되도록 하는 서비스를 정의한 것이다.

슬레이브용 설정

이어서 슬레이브용 스테이트풀세트를 다음과 같이 정의한 매니페스트 파일(mysql-slave.yml)로 생성한다.

```yaml
apiVersion: v1
kind: Service
metadata:
  name: mysql-slave
  labels:
    app: mysql-slave
spec:
  ports:
  - port: 3306
    name: mysql
  clusterIP: None
  selector:
    app: mysql-slave

---
apiVersion: apps/v1
kind: StatefulSet
metadata:
  name: mysql-slave
  labels:
    app: mysql-slave
```

---

16 여기서는 각 MySQL 파드가 요구하는 PersistentVolumeClaim을 의미.

```yaml
spec:
  serviceName: "mysql-slave"
  selector:
    matchLabels:
      app: mysql-slave
  replicas: 2
  updateStrategy:
    type: OnDelete
  template:
    metadata:
      labels:
        app: mysql-slave
    spec:
      terminationGracePeriodSeconds: 60
      containers:
      - name: mysql
        image: gihyodocker/tododb:latest
        imagePullPolicy: Always
        args:
        - "--ignore-db-dir=lost+found"
        ports:
        - containerPort: 3306
        env:
        - name: MYSQL_MASTER_HOST
          value: "mysql-master"
        - name: MYSQL_ROOT_PASSWORD
          value: "gihyo"
        - name: MYSQL_DATABASE
          value: "tododb"
        - name: MYSQL_USER
          value: "gihyo"
        - name: MYSQL_PASSWORD
          value: "gihyo"
        - name: MYSQL_REPL_USER
          value: "repl"
        - name: MYSQL_REPL_PASSWORD
          value: "gihyo"
        volumeMounts:
        - name: mysql-data
```

```
        mountPath: /var/lib/mysql
  volumeClaimTemplates:
  - metadata:
      name: mysql-data
    spec:
      accessModes: [ "ReadWriteOnce" ]
      storageClassName: ssd
      resources:
        requests:
          storage: 4Gi
```

```
$ kubectl apply -f mysql-slave.yaml
service "mysql-slave" created
statefulset.apps "mysql-slave" created
```

슬레이브와 마스터 모두 요점은 같다. 레플리카 수와 이름, 환경 변수만 다르다. 슬레이브는 마스터
의 주소를 알아야 하므로 환경 변수 MYSQL_MASTER_HOST의 값으로 마스터의 서비스명(mysql-
master)을 지정한다.

실행 결과 확인

스테이트풀세트로 생성한 마스터용 파드에 init-data.sh를 실행해 초기 데이터를 등록한다. 그다음 그
내용이 슬레이브용 파드에 반영됐는지 확인한다.

```
$ kubectl get pod
NAME READY STATUS RESTARTS AGE
mysql-master-0 1/1 Running 0 48m
mysql-slave-0 1/1 Running 0 5m
mysql-slave-1 1/1 Running 0 5m

$ kubectl exec -it mysql-master-0 init-data.sh

$ kubectl exec -it mysql-slave-0 bash
root@mysql-slave-0:/# mysql -u root -pgihyo tododb -e "SHOW TABLES;"
mysql: [Warning] Using a password on the command line interface can be insecure.
+----------------+
| Tables_in_tododb |
```

```
+---------------+
| todo |
+---------------+
```

이것으로 스테이트풀세트를 이용한 마스터-슬레이브 구조의 MySQL 구축이 끝났다.

04 GKE에 TODO API를 구축

이번에는 TODO API를 GKE에 구축해 보자. 다음과 같이 todo-api.yaml이라는 이름으로 매니페스트 파일을 작성한다.

```yaml
apiVersion: v1
kind: Service
metadata:
  name: todoapi
  labels:
    app: todoapi
spec:
  selector:
    app: todoapi
  ports:
    - name: http
      port: 80


---

apiVersion: apps/v1
kind: Deployment
metadata:
  name: todoapi
  labels:
    name: todoapi
spec:
  replicas: 2
  selector:
    matchLabels:
      app: todoapi
```

```
template:
  metadata:
    labels:
      app: todoapi
  spec:
    containers:
    - name: nginx
      image: gihyodocker/nginx:latest
      imagePullPolicy: Always
      ports:
      - containerPort: 80
      env:
      - name: WORKER_PROCESSES
        value: "2"
      - name: WORKER_CONNECTIONS
        value: "1024"
      - name: LOG_STDOUT
        value: "true"
      - name: BACKEND_HOST
        value: "localhost:8080"
    - name: api
      image: gihyodocker/todoapi:latest
      imagePullPolicy: Always
      ports:
      - containerPort: 8080
      env:
      - name: TODO_BIND
        value: ":8080"
      - name: TODO_MASTER_URL
        value: "gihyo:gihyo@tcp(mysql-master:3306)/tododb?parseTime=true"
      - name: TODO_SLAVE_URL
        value: "gihyo:gihyo@tcp(mysql-slave:3306)/tododb?parseTime=true"
```

```
$ kubectl apply -f todo-api.yaml
service "todoapi" created
deployment.apps "todoapi" created
```

nginx 컨테이너는 gihyodocker/nginx:latest 이미지, api 컨테이너는 gihyodocker/todoapi:latest
이미지로 모두 4장에서 만들어 둔 것을 사용한다.

이 예제에서는 Nginx와 API로 구성된 파드를 만들 것이다. 4장에서 스웜을 사용해 구축할 때는 Nginx와 API를 묶어 스택으로 구성했는데, 이 2가지 요소는 강한 결합을 가져도 무방하기 때문에 파드 형태로 구성한다. Nginx에서 환경 변수 BACKEND_HOST로 프록시 대상을 지정하는데, API가 같은 파드 안에 존재하므로 localhost:8080이면 네임 레졸루션에 문제가 없다.

그리고 MySQL 마스터는 mysql-master, 슬레이브는 mysql-slave로 각각 네임 레졸루션되는데, 이 값을 환경 변수 TODO_MASTER_URL과 TODO_SLAVE_URL의 값으로 사용한다.

다음과 같이 todoapi 파드가 정상적으로 실행됐으니 API 구축이 제대로 완료된 것이다.

```
$ kubectl get pod -l app=todoapi
NAME READY STATUS RESTARTS AGE
todoapi-8468496bb6-2lwfw 2/2 Running 0 1m
todoapi-8468496bb6-l7cbg 2/2 Running 0 1m
```

05 GKE에 TODO 웹 애플리케이션 구축하기

이어서 Node.js로 구현한 TODO 웹 애플리케이션을 GKE에 구축하자. 방법은 API를 구축했을 때와 거의 같다. 먼저 다음과 같이 todo-web.yaml이라는 이름으로 매니페스트 파일을 작성한다. 4장과 마찬가지로 정적 파일(애셋)은 Node.js를 거치지 않고 Nginx에서 바로 제공한다.

```
apiVersion: v1
kind: Service
metadata:
  name: todoweb
  labels:
    app: todoweb
spec:
  selector:
    app: todoweb
  ports:
    - name: http
      port: 80
  type: NodePort
```

```yaml
---
apiVersion: apps/v1
kind: Deployment
metadata:
  name: todoweb
  labels:
    name: todoweb
spec:
  replicas: 2
  selector:
    matchLabels:
      app: todoweb
  template:
    metadata:
      labels:
        app: todoweb
    spec:
      volumes: # <- ①
      - name: assets
        emptyDir: {}
      containers:
      - name: nginx
        image: gihyodocker/nginx-nuxt:latest
        imagePullPolicy: Always
        ports:
        - containerPort: 80
        env:
        - name: WORKER_PROCESSES
          value: "2"
        - name: WORKER_CONNECTIONS
          value: "1024"
        - name: LOG_STDOUT
          value: "true"
        - name: BACKEND_HOST
          value: "localhost:3000"
        volumeMounts: # <- ②
        - mountPath: /var/www/_nuxt
          name: assets
```

```
    - name: web
      image: gihyodocker/todoweb:latest
      imagePullPolicy: Always
      lifecycle: # <- ③
        postStart:
          exec:
            command:
              - cp
              - -R
              - /todoweb/.nuxt/dist
              - /
      ports:
      - containerPort: 3000
      env:
      - name: TODO_API_URL
        value: http://todoapi
      volumeMounts: # <- ④
      - mountPath: /dist
        name: assets
```

```
$ kubectl apply -f todo-web.yaml
service "todoweb" created
deployment.apps "todoweb" creater
```

nginx 컨테이너는 gihyodocker/nginx-nuxt:latest 이미지, api 컨테이너는 gihyodocker/todoweb:latest 이미지로 역시 모두 4장에서 만든 것을 사용한다.

디플로이먼트에 nginx 컨테이너와 web 컨테이너로 구성된 파드를 정의한다. 이 요소 역시 파드에 함께 담기에 적합하다. nginx 컨테이너의 환경 변수 BACKEND_HOST 값은 이번에도 역시 같은 파드에 담겨 있으므로 localhost:3000으로 하고, web 컨테이너의 환경 변수 TODO_API_URL 값은 todoapi의 서비스명을 URL로 사용하면 된다.

정적 파일을 Nginx에서 제공할 수 있도록 쿠버네티스 볼륨을 마련한다. 쿠버네티스 볼륨 역시 도커 볼륨과 마찬가지로 데이터를 영구 보존하기 위해 사용하는 기능이다. ①은 assets이라는 이름으로 볼륨을 생성한다. emptyDir:로 설정해 파드 단위로 할당되는 가상 볼륨을 생성한다[17].

---

[17] 파드 단위로 관리되는 볼륨이다. 파드가 삭제되면 가상 볼륨도 함께 삭제된다. 호스트에 마운트되는 볼륨보다 다루기 편하다.

emptyDir 볼륨은 같은 파드에 있는 컨테이너가 모두 같은 파일에 접근할 수 있다. ②와 ④에 나오는 volumeMounts는 생성된 볼륨을 컨테이너에 마운트하는 부분이다. 컨테이너의 어떤 경로에 마운트할 지는 mountPath 속성값으로 결정한다.

```
nginx: /var/www/_nuxt
web: /dist
```

이제 가상 볼륨을 통해 컨테이너 간에 디렉터리를 공유하게 됐다. 가상 볼륨이 아직 비어 있기 때문에 마운트된 디렉터리 역시 빈 디렉터리로 보인다. web 컨테이너의 애셋 파일을 Nginx 컨테이너에 복사 하는 과정이 남았다.

이런 경우 Lifecycle 이벤트를 이용하는 것이 좋다. Lifecycle 이벤트는 컨테이너가 시작되거나 종료 될 때 임의의 명령어를 실행하게 해주는 기능이다. entrykit의 prehook을 써도 같은 효과를 얻을 수 있지만, Lifecycle 이벤트를 사용하면 Dockerfile을 수정하지 않아도 된다는 장점이 있다. 여기서는 postStart를 사용해 web 컨테이너를 시작할 때 가상 볼륨에 애셋 파일을 복사한다.

postStart.exec.command에 지정한 명령을 실행하면 /dist 디렉터리로 애셋 파일이 복사된다.

```
@web $ cp -R /todoweb/.nuxt/dist /

@web $ ls -l /dist
total 856
-rw-r--r-- 1 root root 766 May 30 03:22 LICENSES
-rw-r--r-- 1 root root 281300 May 30 03:22 app.679dda00106c09b9e741e66ee7e4dd3b.css
-rw-r--r-- 1 root root 27272 May 30 03:22 app.84213ab389afece29614.js
-rw-r--r-- 1 root root 461 May 30 03:22 index.spa.html
...
```

web 컨테이너의 /dist 디렉터리는 가상 볼륨을 통해 nginx 컨테이너와 공유되므로 nginx 컨테이너의 /var/www/_nuxt 디렉터리에도 애셋 파일이 위치한다.

```
@nginx $ ls -l /var/www/_nuxt/
total 856
-rw-r--r-- 1 root root 766 May 30 03:22 LICENSES
-rw-r--r-- 1 root root 281300 May 30 03:22 app.679dda00106c09b9e741e66ee7e4dd3b.css
-rw-r--r-- 1 root root 27272 May 30 03:22 app.84213ab389afece29614.js
```

```
-rw-r--r-- 1 root root 461 May 30 03:22 index.spa.html
...
```

이제 애셋 파일에 대한 요청을 Node.js 개입 없이 Nginx에서 처리할 수 있다. 이 방법은 같은 파드 안에 있는 컨테이너끼리 파일을 공유할 때 유용하다.

서비스는 나중에 인그레스를 사용해서 외부로 노출시킬 수 있도록[18] 타입을 NodePort로 한다. 다음과 같이 서비스 상태를 살펴보면 30516 포트가 할당된 것을 확인할 수 있다.

```
$ kubectl get svc todoweb
NAME TYPE CLUSTER-IP EXTERNAL-IP PORT(S) AGE
todoweb NodePort 10.55.242.77 <none> 80:30516/TCP 43m
```

06 인그레스로 웹 애플리케이션 노출하기

이제 인그레스를 사용해서 웹 애플리케이션을 외부에 노출해 보자. 이 예제는 GCP가 기준이므로 Cloud Load Balancing을 사용한다. 다음과 같이 ingress.yaml이라는 이름으로 매니페스트 파일을 작성한다.

```
apiVersion: extensions/v1beta1
kind: Ingress
metadata:
  name: ingress
spec:
  rules:
  - http:
      paths:
      - path: /*
        backend:
          serviceName: todoweb
          servicePort: 80
```

---

18 서비스를 외부 공개할 것을 생각하면 LoadBalancer 서비스를 이용할 수도 있으나, LoadBalancer 서비스는 L4 레벨이므로 HTTP 수준에서 서비스를 유연하게 제어하려는 경우에는 적합하지 않다.

```
$ kubectl apply -f ingress.yaml
ingress.extensions "ingress" created
```

rules는 인그레스가 받은 요청을 백엔드로 전달하는 규칙을 정의한 것이다. 여기서는 모든 요청을 todoweb 서비스로 전달한다.

인그레스를 생성하고 1분 정도가 지나면 다음과 같이 글로벌 IP 주소를 할당받는다.

```
$ kubectl get ingress
NAME HOSTS ADDRESS PORTS AGE
ingress * 35.227.234.181 80 10m
```

이 단계에서 인그레스의 모든 준비가 끝나기까지는 몇 분 정도 더 걸린다. 다음과 같이 인그레스 상태가 OK가 되면 끝난 것이다.

인그레스에 할당된 IP 주소로 접근해 보면 GKE에 배포된 TODO 애플리케이션이 브라우저에 표시된다.

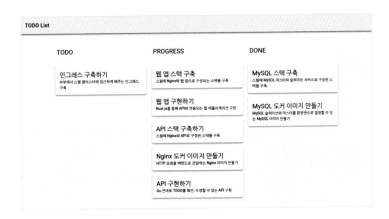

07　온프레미스 환경에서 쿠버네티스 클러스터 구축

GKE 환경에서 쿠버네티스로 애플리케이션을 구축하는 실전 예제를 살펴봤다. GKE를 필두로 쿠버네티스를 퍼블릭 클라우드에서 제공하는 매니지드 서비스가 나날이 발전하고 있다.

지금까지 퍼블릭 클라우드 환경을 위주로 설명해왔다. 그렇다면 클라우드를 사용할 수 없는 환경에서는 쿠버네티스를 사용할 수 없을까? 물론 그렇지 않다. 쿠버네티스는 오픈 소스 소프트웨어이므로 온프레미스 환경에서도 클러스터 구축이 가능하다.

이번에는 쿠버네티스 클러스터를 구축하는 도구인 kubespray를 사용해 독자적인 온프레미스 환경에서 클러스터를 스크래치 빌드하는 방법을 알아본다.

08　kubespray를 사용한 쿠버네티스 클러스터 구축

kubespray[19]는 구성 관리 도구인 앤서블(Ansible)[20]을 사용해 쿠버네티스 클러스터를 구축하는 도구다. 서버를 먼저 갖춰야 하기는 하지만, 서버만 준비돼 있다면 30분 만에 클러스터를 구축할 수 있다.

클러스터를 구축할 서버 준비하기

먼저 클러스터가 동작할 여러 대의 서버를 준비한다[21]. 여기서는 다음과 같은 구성의 서버를 준비했다고 가정하고 클러스터를 구축할 것이다.

- 작업용 서버(ops) 1대

- 쿠버네티스 마스터 서버(master) 3대

- 쿠버네티스 노드 서버(node) 1대

- 위 서버의 운영 체제는 모두 우분투 16.04 LTS

- 모든 서버는 폐쇄된 로컬 네트워크에 구축되며 모두 사설 IP 주소를 갖는다

---

19 https://github.com/kubernetes-incubator/kubespray/
20 서버 설정 및 도구 설치를 원격 서버에서 실행하고 사전 정의된 구성을 갖는 서버를 대량으로 갖춰야 할 때 유용한 도구다.
21 온프레미스와 퍼블릭 클라우드 어디라도 상관없다. 서버를 여러 대 준비하기 어렵다면 비슷한 상황만이라도 만들 수 있으면 된다.

이 서버의 이름과 IP 주소는 다음과 같다.

이름	사설 IP	역할
master01	10.90.65.11	마스터
master02	10.90.65.12	마스터
master03	10.90.65.13	마스터
node01	10.90.65.21	노드
ops	10.90.65.90	작업용(ops)

마스터 서버는 애플리케이션이 배포될 노드 서버나, 서비스 혹은 파드 등의 리소스를 관리하는 사령탑 역할을 한다. 마스터 서버는 클러스터의 가용성 확보를 위해 3대를 두는 것이 좋다.

GKE 같은 매니지드 서비스에서는 마스터 서버의 관리나 유지보수를 서비스를 제공하는 측에서 해주기 때문에 개발자가 마스터 서버를 신경 쓸 필요가 거의 없다. 그러나 온프레미스 환경에서는 마스터 서버 역시 개발자가 직접 구축하고 관리해야 한다.

GKE의 노드 서버와 마찬가지로 노드 서버는 애플리케이션 파드가 실제로 배포되는 서버다. 여기서는 클러스터 구축을 검증하는 것이 목적이므로 노드는 한 대만 갖추기로 한다.

작업용 서버는 kubespray를 실행하는 작업용 서버로, 쿠버네티스가 직접 가동되지는 않는다.

이제부터 작업용 서버에서 앤서블을 통해 kubespray를 실행해 마스터 서버와 노드 서버로 쿠버네티스 클러스터를 구성해 볼 것이다.

작업용 서버의 SSH 공개키 등록

앤서블은 작업용 서버에서 SSH를 통해 실행된다. 작업용 서버 root 사용자의 SSH 키를 생성한 다음, 그중 공개키를 마스터 및 노드 서버에 등록한다.

```
(root@ops) $ ssh-keygen -t rsa
ssh-rsa AAAAB3NzaC1yc2......
```

다음 과정을 모든 마스터 및 노드 서버의 root 사용자에 대해 반복해 공개키를 등록한다.

```
(root@master01) echo "ssh-rsa AAAAB3NzaC1yc2......" >> ~/.ssh/authorized_keys
(root@master02) echo "ssh-rsa AAAAB3NzaC1yc2......" >> ~/.ssh/authorized_keys
```

```
(root@master03) echo "ssh-rsa AAAAB3NzaC1yc2......" >> ~/.ssh/authorized_keys
(root@node01) echo "ssh-rsa AAAAB3NzaC1yc2......" >> ~/.ssh/authorized_keys
```

IPv4 포워딩 활성화

kubespray를 실행하기 위해 구축 대상 서버의 IPv4 포워딩을 활성화하자. 우분투를 기준으로 /etc/sysctl.conf 파일을 보면 IPv4 포워딩 설정인 net.ipv4.ip_forward가 주석 처리돼 있으므로 이를 다음과 같이 해제한다.

```
# Uncomment the next line to enable packet forwarding for IPv4
net.ipv4.ip_forward=1
```

수정된 /etc/sysctl.conf 파일이 반영되려면 재부팅이 필요하다. 재부팅 없이 설정을 반영하려면 다음 명령을 실행한다(이 명령은 재부팅할 때까지만 유효하므로 파일도 함께 수정해야 한다).

```
(root@master01) $ sysctl -w net.ipv4.ip_forward=1
```

작업용 서버에 kubespray 설치

작업용 서버에 kubespray를 설치한다. 여기서는 kubespray를 실행하기 위해 앤서블을 사용하므로 먼저 다음과 같이 앤서블과 netaddr[22]을 먼저 설치한다.

```
(root@ops) $ pip install ansible netaddr
```

그다음, kubespray의 깃허브 저장소를 복제(clone)한다. 2.5.0 버전을 사용할 것이다.

```
(root@ops) $ git clone https://github.com/kubernetes-incubator/kubespray
(root@ops) $ cd kubespray && git checkout v2.5.0
```

requirement.txt 파일의 내용을 기초로 kubespray의 의존 라이브러리를 설치한다.

```
(root@ops ~/kubespray) pip install -r requirements.txt
```

---

22 IP 주소를 다루는 파이썬 라이브러리.

앤서블의 인벤토리[23]를 다음과 같이 설정한다. IPS 변수에는 마스터 및 노드 서버의 IP 주소를 스페이스로 구분해 적는다.

```
(root@ops ~/kubespray) $ cp -rfp inventory/sample inventory/mycluster
(root@ops ~/kubespray) $ declare -a IPS=(10.90.65.11 10.90.65.12 10.90.65.13 10.90.65.21)
(root@ops ~/kubespray) CONFIG_FILE=inventory/mycluster/hosts.ini python3
(root@ops ~/kubespray) contrib/inventory_builder/inventory.py ${IPS[@]}
```

클러스터 설정

이어서 클러스터를 설정하는 설정 파일을 몇 가지 소개한다. 작업용 서버에 앞에서 저장소를 복제하면서 추가된 kubernetes 디렉터리 안에 있는 설정 파일을 수정한다.

클러스터를 구성하는 서버 설정 – inventory/mycluster/hosts.ini

kubespray 디렉터리 아래의 inventory/mycluster/hosts.ini 파일에 클러스터를 구성할 마스터 및 노드 서버를 설정할 수 있다. inventory를 설정할 때 IPS 변수로 전달했던 IP 주소가 있을 것이다. 미리 정해둔 서버 이름으로 수정한다.

[kube-master] 부분에는 마스터 서버 그룹을 적고 [kube-node] 부분에는 노드 서버 그룹을 적으면 된다.

```
[all]
master01 ansible_host=10.90.65.11 ip=10.90.65.11
master02 ansible_host=10.90.65.12 ip=10.90.65.12
master03 ansible_host=10.90.65.13 ip=10.90.65.13
node01 ansible_host=10.90.65.21 ip=10.90.65.21

[kube-master]
master01
master02
master03

[kube-node]
```

---

23 서버의 설정 내용을 정의한 것.

```
node01

[etcd]
master01
master02
master03

[k8s-cluster:children]
kube-node
kube-master

[calico-rr]

[vault]
```

쿠버네티스 설정 – inventory/mycluster/group_vars/k8s-cluster.yml

inventory/mycluster/group_vars/k8s-cluster.yml 파일에는 주로 쿠버네티스 관련 설정이 들어간다. 쿠버네티스 버전 및 대시보드 통합 설치 여부 등을 설정할 수 있다.

```
...

## Change this to use another Kubernetes version, e.g. a current beta release
kube_version: v1.9.5

...

# Kubernetes dashboard
# RBAC required. see docs/getting-started.md for access details.
dashboard_enabled: true

...
```

클러스터 구축

이제 클러스터를 실제 구축하는 과정만 남았다. 다음과 같이 ansible-playbook 명령을 실행하면 클러스터가 구축된다.

```
(root@ops ~/kubespray) $ ansible-playbook -i inventory/mycluster/hosts.ini cluster.yml
```

구축 대상 서버의 사양 등의 요소에 따라 달라지지만, 대략 20분에서 30분 정도면 클러스터 구축이 완료된다. 구축이 끝나면 마스터 서버에 kubectl 명령이 실행되는지 확인해본다. 마스터 서버와 노드 서버가 빠짐없이 목록에 나오는 것을 볼 수 있다.

```
root@master01:~# kubectl get nodes

NAME STATUS ROLES AGE VERSION
master01 Ready master 1d v1.9.5
master02 Ready master 1d v1.9.5
master03 Ready master 1d v1.9.5
node01 Ready node 1d v1.9.5
```

지금부터는 클라우드 환경이나 로컬 환경의 쿠버네티스에서와 마찬가지로 애플리케이션을 구성하는 파드나 서비스 등의 리소스를 생성하면 된다. 지금까지 봤듯이 kubespray를 사용하면 온프레미스 환경에서도 빠른 시간 안에 큰 수고 없이 쿠버네티스 클러스터를 구축할 수 있다.

직접 구축한 쿠버네티스 클러스터는 매니지드 서비스가 아니기 때문에 마스터 서버의 가용성 확보나 쿠버네티스 버전업 등의 유지보수 작업도 직접 수행해야 한다. 운영 환경이라면 이러한 클러스터 유지보수 체계를 갖추거나 GKE 같은 매니지드 서비스를 사용해야 한다.

여기에 드는 비용과 쿠버네티스로 컨테이너 오케스트레이션을 통해 얻는 이점을 잘 저울질해야 한다. 개인적으로는 쿠버네티스를 운영하는 다양한 개발 및 운영상의 이점을 생각하면 값어치가 충분하다고 생각한다.

CHAPTER

07

쿠버네티스
실전편

지금까지 쿠버네티스의 기본 개념과 설치 과정, 기초적인 사용법을 설명했다. 이번 장은 한층 더 심화된 쿠버네티스의 사용법과 기술을 다룬다. 더 실전에 가까운 애플리케이션 구축 방법을 알아보자.

01 쿠버네티스의 그 외 리소스

지금까지 쿠버네티스의 리소스 중 파드, 레플리카세트, 디플로이먼트, 서비스, 인그레스를 살펴봤다. 이 리소스는 데몬으로 동작하는 서버 애플리케이션을 구축할 때 사용되는 기본 리소스다.

쿠버네티스는 데몬으로 동작하는 서버 애플리케이션 외에도 배치 서버 등 다양한 형태의 애플리케이션을 구축할 수 있다. 이번 절은 이런 경우에 사용할 수 있는 리소스와 그 외 알아둘 만한 리소스를 설명한다.

잡

잡(Job)은 하나 이상의 파드를 생성해 지정된 수의 파드가 정상 종료될 때까지 이를 관리하는 리소스다.

잡이 생성한 파드는 정상 종료된 후에도 삭제되지 않고 그대로 남아 있기 때문에 작업이 종료된 후에 파드의 로그나 실행 결과를 분석할 수 있다. 그러므로 데몬형 애플리케이션보다는 배치 작업 위주의 애플리케이션에 적합하다.

잡은 파드 여러 개를 병렬로 실행하는 방법으로 쉽게 스케일아웃이 가능하다. 그리고 파드 형태로 실행되므로 쿠버네티스 서비스와 연동하기도 쉽다.

다음과 같이 simple-job.yaml 파일을 작성해 잡의 매니페스트 파일을 정의한다.

```yaml
apiVersion: batch/v1
kind: Job
metadata:
  name: pingpong
  labels:
    app: pingpong
spec:
  parallelism: 3
  template:
    metadata:
      labels:
        app: pingpong
    spec:
      containers:
      - name: pingpong
        image: gihyodocker/alpine:bash
        command: ["/bin/sh"]
        args:
          - "-c"
          - |
            echo [`date`] ping!
            sleep 10
            echo [`date`] pong!
      restartPolicy: Never
```

잡 역시 컨테이너를 사용하므로 spec.template 아래의 정의는 파드와 같다. 알파인 리눅스[1]에 bash를 설치한 이미지를 컨테이너로 실행해 메시지 'ping!'을 출력한 다음 10초 후에 다시 메시지 'pong!'을 출력한 후 종료된다.

spec.parallelism은 동시에 실행하는 파드의 수를 지정하는 속성이다. 파드를 병렬로 실행해야 할 때 편리하다.

---

1 9장의 '알파인 리눅스'(371쪽) 절 참조.

restartPolicy는 파드 종료 후 재실행 여부를 설정하는 속성이다. 잡 리소스는 이 속성을 Always[2]로 설정할 수 없다. Never[3] 혹은 OnFailure[4]로 설정해야 한다.

다음과 같이 매니페스트 파일을 적용하면 파드가 실행된다. 환경에 따라 다르지만, 대체로 10초 정도면 종료된다.

```
$ kubectl apply -f simple-job.yaml
job "pingpong" created

$ kubectl logs -l app=pingpong
[Mon May 28 07:30:10 UTC 2018] ping!
[Mon May 28 07:30:20 UTC 2018] pong!
[Mon May 28 07:31:10 UTC 2018] ping!
[Mon May 28 07:31:20 UTC 2018] pong!
[Mon May 28 07:32:10 UTC 2018] ping!
[Mon May 28 07:32:20 UTC 2018] pong!
```

종료된 파드의 상태는 'Completed'로 나온다.

```
$ kubectl get pod -l app=pingpong --show-all
NAME READY STATUS RESTARTS AGE
pingpong-6lqfw 0/1 Completed 0 1m
pingpong-cgsth 0/1 Completed 0 1m
pingpong-h69qf 0/1 Completed 0 1m
```

크론잡

잡 리소스는 파드가 단 한 번만 실행되는 데 반해, 크론잡(CronJob) 리소스는 스케줄을 지정해 정기적으로 파드를 실행할 수 있다. 이름 그대로 Cron이나 systemd-timer 등을 사용해 정기적으로 실행하는 작업에 적합하다.

이 리소스 덕분에 Cron을 사용해 이벤트를 일으키는 애플리케이션을 따로 만들지 않아도 된다. 컨테이너 친화적인 특성을 유지하면서 스케줄에 따른 작업을 수행할 수 있다는 점이 가장 큰 이점이다.

---

2 파드가 종료되면 재실행해 항상 실행 상태를 유지한다. 파드는 이 값이 기본값이다.

3 실패 시 파드를 재생성해 실행.

4 실패한 파드를 재실행.

일반적인 Cron 작업은 서버의 CronTab으로 관리되는 데 반해, 크론잡 리소스는 매니페스트 파일로 정의된다. 스케줄 정의 등을 깃허브의 풀 리퀘스트를 통해 검토할 수 있기 때문에 구성을 코드로 관리할 수 있다는 점에서도 유리하다.

다음과 같이 simple-cronjob.yaml 파일에 크론잡의 매니페스트 파일을 정의한다. 앞에서 본 잡의 매니페스트 파일과 크게 다르지 않다.

```yaml
apiVersion: batch/v1beta1
kind: CronJob
metadata:
  name: pingpong
spec:
  schedule: "*/1 * * * *"
  jobTemplate:
    spec:
      template:
        metadata:
          labels:
            app: pingpong
        spec:
          containers:
          - name: pingpong
            image: gihyodocker/alpine:bash
            command: ["/bin/sh"]
            args:
              - "-c"
              - |
                echo [`date`] ping!
                sleep 10
                echo [`date`] pong!
          restartPolicy: OnFailure
```

가장 큰 차이라 할 수 있는 spec.schedule 속성에 Cron과 같은 포맷으로 파드를 실행할 스케줄을 정의한다. spec.jobTemplate 아래에 잡 리소스와 마찬가지로 파드 정의가 들어간다. 이 매니페스트 파일을 적용하면 다음과 같이 잡이 생성되고 지정한 일정에 맞춰 파드를 생성한다.

```
$ kubectl apply -f simple-cronjob.yaml
cronjob "pingpong" created

$ kubectl get job -l app=pingpong
NAME DESIRED SUCCESSFUL AGE
pingpong-1514438104 1 1 12h
pingpong-1514438164 1 1 12h
pingpong-1514438224 1 0 12h


$ kubectl logs -l app=pingpong
[Thu Dec 28 14:15:10 UTC 2017] ping!
[Thu Dec 28 14:15:20 UTC 2017] pong!
[Thu Dec 28 14:16:10 UTC 2017] ping!
[Thu Dec 28 14:16:20 UTC 2017] pong!
[Thu Dec 28 14:17:10 UTC 2017] ping!
```

기존에는 작업을 정기적으로 실행하려면 작업을 실행하는 스크립트를 작성하고 리눅스 crontab으로 스케줄에 맞춰 이 스크립트를 실행하는 경우가 대부분이었다. 이 크론잡 리소스를 이용하면 이 모든 것을 컨테이너로 해결할 수 있다. 환경 관리, 구성, 실행 등 모든 것이 코드로 관리된다.

이 예제처럼 알파인 리눅스 등의 경량 이미지 컨테이너에 작업을 매니페스트 파일로 기술하는 방법도 있고, 구현을 매니페스트 파일 대신 도커 이미지에 포함시키는 방법도 사용할 수 있다.

시크릿

TLS/SSL 인증서나 비밀키, 패스워드 같은 기밀정보를 평문으로 다루는 것은 애플리케이션 개발에서 금기다.

쿠버네티스의 시크릿 리소스를 사용하면 이런 기밀 정보 문자열을 Base64 인코딩으로 만들 수 있다.

예를 들어, Nginx의 기본 인증정보가 적힌 파일을 시크릿으로 관리한다고 하자. 우선 openssl을 사용해 사용자명과 패스워드를 암호화한 다음, 그 결과를 Base64 문자열로 변환한다[5].

```
$ echo "your_username:$(openssl passwd -quiet -crypt your_password)" | base64
eW91cl91c2VybmFtZTpyejc5SXpTalplaWZvCg=
```

---

5   파워셸에서는 이 명령이 동작하지 않는다. 우선 책에 있는 Base64 문자열을 복사해서 사용하면 이후 동작에는 문제가 없을 것이다.

nginx-secret.yaml 파일에 시크릿 리소스의 매니페스트 파일을 작성한다. 인증정보 파일인 .htpasswd 파일을 생성하고 이 파일에 Base64로 변환된 문자열을 저장한다.

```
apiVersion: v1
kind: Secret
metadata:
name: nginx-secret
type: Opaque
data:
.htpasswd: eW91cl91c2VybmFtZTpyejc5SXpTalplaWZvCg==
```

리소스를 생성하면 Base64로 디코딩된 파일의 내용을 대시보드에서 확인할 수 있다.

```
$ kubectl apply -f nginx-secret.yaml
secret "nginx-secret" created
```

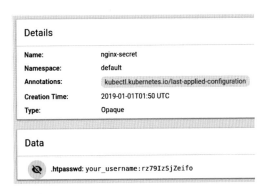

시크릿 리소스를 활용해 기본 인증이 적용된 Nginx를 구축해 보자. basic-auth.yaml 파일에 다음과 같이 서비스와 디플로이먼트를 정의한 매니페스트 파일을 작성한다.

```
apiVersion: v1
kind: Service
metadata:
  name: basic-auth
spec:
  type: NodePort
  selector:
```

```yaml
    app: basic-auth
  ports:
  - protocol: TCP
    port: 80
    targetPort: http
    nodePort: 30060

---
apiVersion: apps/v1
kind: Deployment
metadata:
  name: basic-auth
  labels:
    app: basic-auth
spec:
  replicas: 1
  selector:
    matchLabels:
      app: basic-auth
  template:
    metadata:
      labels:
        app: basic-auth
    spec:
      containers:
      - name: nginx
        image: "gihyodocker/nginx:latest"
        imagePullPolicy: Always
        ports:
          - name: http
            containerPort: 80
        env:
          - name: BACKEND_HOST
            value: "localhost:8080"
          - name: BASIC_AUTH_FILE
            value: "/etc/nginx/secret/.htpasswd"
        volumeMounts:
          - mountPath: /etc/nginx/secret
            name: nginx-secret
```

```
        readOnly: true
    - name: echo
      image: "gihyodocker/echo:latest"
      imagePullPolicy: Always
      ports:
        - containerPort: 8080
      env:
        - name: HTTP_PORT
          value: "8080"
  volumes:
  - name: nginx-secret
    secret:
      secretName: nginx-secret
```

앞에서 생성한 nginx-secret 시크릿을 볼륨으로 마운트할 준비를 한 다음, nginx 컨테이너 안의
/etc/nginx/secret 디렉터리에 마운트한다. 이렇게 하면 nginx-secret에 .htpasswd로 설정된
Base64 문자열이 디코딩돼 nginx 컨테이너의 /etc/nginx/secret/.htaccess 파일이 된다.

gihyodocker/nginx:latest 이미지에서 환경 변수 BASIC_AUTH_FILE에 인증정보 파일의 경로를 설
정해 기본 인증을 적용한다.

basic-auth.yaml 파일을 적용한다.

```
$ kubectl apply -f basic-auth.yaml
service "basic-auth" created
deployment.apps "basic-auth" created
```

동작을 쉽게 확인하기 위해 basic-auth 서비스에서 30060 포트를 노출했다. 다음과 같이 HTTP 요청
을 보내면 상태 코드 401이 응답으로 돌아오는 것을 봐서 인증이 잘 적용됐음을 알 수 있다.

```
$ curl http://127.0.0.1:30060
<html>
<head><title>401 Authorization Required</title></head>
<body bgcolor="white">
<center><h1>401 Authorization Required</h1></center>
<hr><center>nginx/1.13.12</center>
</body>
</html>
```

기본 인증에 필요한 인증정보를 더해 HTTP 요청을 보내면 상태 코드 200이 응답으로 돌아온다. 이렇게 해서 시크릿 리소스에서 지정한 인증정보가 잘 적용됐음을 확인했다[6].

```
$ curl -i --user your_username:your_password http://127.0.0.1:30060
HTTP/1.1 200 OK
Server: nginx/1.13.12
Date: Mon, 16 Jul 2018 14:51:12 GMT
Content-Type: text/plain; charset=utf-8
Content-Length: 14
Connection: keep-alive

Hello Docker!!
```

시크릿 리소스를 사용하면 민감한 정보를 평문으로 방치하지 않을 수 있다.

이미 눈치챈 사람도 있겠지만, 민감한 정보를 시크릿 리소스로 관리한다고 해서 보안이 완벽한 것은 아니다. Base64 인코딩 덕분에 깃허브 등 코드 저장소 상에서 검색에 걸릴 위험은 적어지겠지만, 이 시크릿 리소스를 잘 알고 있는 사람이라면 그리 어렵지 않게 내용을 알아낼 수 있다.

시크릿 리소스는 여러 층위에 걸친 보안 대책 중 하나라고 생각해야 한다. 리포지토리는 물론이고 쿠버네티스 대시보드 및 파드에도 제삼자가 접근하지 못하도록 하는 것이 중요하다.

칼럼 7-1. 인증정보를 환경 변수로 안전하게 관리하기

도커에서 환경변수를 사용해서 애플리케이션을 구축하다 보면 데이터베이스에 접근하기 위한 인증정보 같은 것을 환경 변수로 전달하는 경우가 많다. 그러나 환경 변수는 쿠버네티스 매니페스트 파일에 포함되기 때문에 평문 그대로 매니페스트 파일에 들어가지 않도록 해야 한다.

예를 들어, 데이터베이스 인증정보 문자열을 다음과 같이 Base64로 인코딩한다.

```
$ echo -n "gihyo:gihyo@tcp(mysql-master:3306)/tododb?parseTime=true" | base64
Z2loeW86Z2loeW9AdGNwKG15c3FsLW1hc3RlcjozMzA2KS90b2RvZGI/cGFyc2VUaW1lPXRydWU=

$ echo -n "gihyo:gihyo@tcp(mysql-slave:3306)/tododb?parseTime=true" | base64
Z2loeW86Z2loeW9AdGNwKG15c3FsLXNsYXZlOjMzMDYpL3RvZG9kYj9wYXJzZVRpbWU9dHJ1ZQ==
```

---

[6] 파워셸의 curl로는 이와 같은 확인이 어려우므로 윈도우 사용자는 브라우저에서 URL에 접근하면 된다.

그다음 인코딩된 문자열로 시크릿 리소스를 생성한다.

```
apiVersion: v1
kind: Secret
metadata:
name: mysql-secret
type: Opaque
data:
username: Z2loeW86Z2loeW9AdGNwKG15c3FsLW1hc3RlcjozMzA2KS90b2RvTG9GI/cGFyc2VUaW1lPXRydWU=
password: Z2loeW86Z2loeW9AdGNwKG15c3FsLXNsYXZlOjMzMDYpL3RvZG9kYYj9wYXJzZVRpbWU9dHJ1ZQ==
```

디플로이먼트로 인증정보를 환경 변수에 설정하는데, 이때 values 대신 valueFrom.secretKeyRef 값을 사용한다.

```
- name: api
      image: gihyodocker/todoapi:latest
      imagePullPolicy: Always
      ports:
      - containerPort: 8080
      env:
      - name: TODO_BIND
        value: ":8080"
      - name: TODO_MASTER_URL
        valueFrom:
          secretKeyRef:
            name: mysql-secret
            key: username
      - name: TODO_SLAVE_URL
        valueFrom:
          secretKeyRef:
            name: mysql-secret
            key: password
```

실행 중인 파드를 확인해 봐도 다음과 같이 인증정보가 숨겨져 있음을 알 수 있다.

```
$ kubectl describe pod todoapi-8597c987c4-d7bh5
Environment:
TODO_BIND: :8080
TODO_MASTER_URL: <set to the key 'username' in secret 'mysql-secret'> Optional: false
TODO_SLAVE_URL: <set to the key 'password' in secret 'mysql-secret'> Optional: false
```

02 사용자 관리와 RBAC

쿠버네티스를 운영하면서 보안을 확보하는 방법이 여러 가지 있다. 사용자마다 권한을 제한하는 정책은 그중에서도 기본적인 방법이다.

쿠버네티스에도 사용자 개념이 있는데, 쿠버네티스의 사용자는 다음과 같이 두 가지 개념으로 나뉜다.

명칭	내용
일반 사용자	클러스터 외부에서 쿠버네티스를 조작하는 사용자로, 다양한 방법으로 인증을 거친다.
서비스 계정	쿠버네티스 내부적으로 관리되며 파드가 쿠버네티스 API[8]를 다룰 때 사용하는 사용자

일반 사용자(normal user)는 개발자 및 운영 실무자가 쿠버네티스를 조작하기 위해 사용한다. 쿠버네티스 클러스터 외부로부터 들어오는 접근을 관리하기 위한 사용자다. 일반 사용자를 분류하는 그룹 개념도 있어서 이 그룹 단위로 권한을 부여할 수도 있다.

서비스 계정(service account)은 쿠버네티스 리소스의 일종이다. 쿠버네티스 클러스터 내부에서 권한을 관리하는 역할을 한다. 서비스 계정과 연결된 파드는 주어진 권한에 따라 쿠버네티스 리소스를 다룰수 있다.

서비스 계정 및 일반 사용자의 권한은 RBAC(role-based access control)[9]라는 메커니즘을 통해 제어된다. RBAC는 롤에 따라 리소스에 대한 권한을 제어하는 기능이자 개념이다[10]. RBAC를 적절히 사용해 쿠버네티스 리소스의 보안을 확보할 수 있다.

배포와 관련된 서비스나 디플로이먼트의 접근 권한을 일부 일반 사용자에게만 허용하거나 파드의 로그 열람 권한을 다른 일반 사용자에게도 허용하는 등의 정책을 일반 사용자 권한 부여로 실현할 수 있다.

서비스 계정은 애플리케이션을 통해 쿠버네티스 조작을 통제할 수 있다는 점이 장점이다. 클러스터 안에서 봇을 동작시키는 파드에 권한을 부여해두고, 이 봇으로 기존 디플로이먼트를 업데이트하거나 레플리카 수를 조절하는 식으로 활용할 수 있다.

---

7 UNIX 사용자와는 전혀 별개의 것이다. 지금부터 사용자라고만 하면 쿠버네티스 사용자를 의미한다.

8 쿠버네티스의 리소스(파드나 디플로이먼트 등)의 정보 참조, 생성, 수정 등의 기능을 제공하는 API. kubectl은 쿠버네티스 API와 통신해 동작한다.

9 이하 RBAC라고 한다.

10 쿠버네티스 1.8부터 rbac.authorization.k8s.io/v1이 안정 버전에 들어왔다.

지금부터는 클라우드 쿠버네티스 환경에서 실제로 RBAC와 관련된 리소스를 생성하고, 일반 사용자로 인증해 이 리소스를 조작하는 방법으로 쿠버네티스를 사용할 것이다. 그다음에는 서비스 계정을 사용해 파드에서 쿠버네티스 API를 사용하는 방법을 알아본다.

RBAC를 이용한 권한 제어

RBAC를 이용한 권한 제어는 크게 두 가지 요소로 구현된다. 하나는 어떤 쿠버네티스 API를 사용할 수 있는지가 정의된 롤(role), 다른 하나는 이 롤을 일반 사용자 및 그룹, 그리고 서비스 계정과 연결해주는 바인딩(binding)이다.

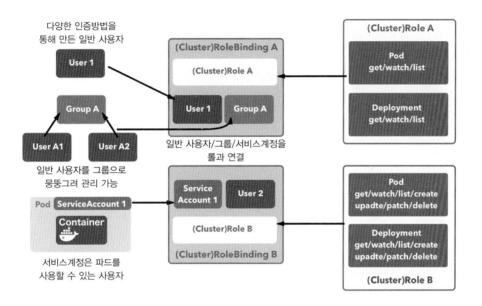

RBAC로 권한 제어를 하기 위한 리소스를 다음 표에 정리했다. Role과 ClusterRole이 롤이고, 이름이 Binding으로 끝나는 리소스가 바인딩에 해당한다.

이 리소스를 사용해 일반 사용자의 권한을 제어해 보자.

리소스	내용
롤	각 쿠버네티스 API의 사용 권한을 정의한다. 지정된 네임스페이스 안에서만 유효함.
롤바인딩	일반 사용자 및 그룹/서비스 계정과 롤을 연결.
클러스터롤	각 쿠버네티스 API의 사용 권한을 정의한다. 클러스터 전체에서 유효함.
클러스터롤바인딩	일반 사용자 및 그룹/서비스 계정과 클러스터롤을 연결.

윈도우용/macOS용 도커 안정 버전에도 RBAC와 관련된 리소스가 포함돼 있지만, 현재까지 나온 버전[11]에서는 기대에 걸맞는 권한 제어를 하기 어렵다. 이 책에서는 개인적으로 퍼블릭 클라우드에서 별도 구축한 쿠버네티스 클러스터에서 수행한 RBAC 동작을 기초로 설명한다. 이 클러스터의 이름을 gihyo-k8s라고 하자.

로컬 쿠버네티스에서 실제로 수행해 볼 수 있는 내용은 아니지만, RBAC는 매우 중요한 개념이다. 이 부분은 실제 운영에서 어떨지를 떠올리며 읽기 바란다. 실제 동작을 확인해 보고 싶다면 GKE나 kubespray로 구축한 환경을 이용하라.

롤과 바인딩 리소스 생성하기

다음과 같이 ClusterRole 리소스를 생성한다. 이 리소스에는 파드의 정보를 참조하기 위한 권한이 롤로 정의돼 있다[12].

```
$ cat <<EOF | kubectl apply -f -
kind: ClusterRole
apiVersion: rbac.authorization.k8s.io/v1
metadata:
name: pod-reader
rules:
- apiGroups: [""]
resources: ["pods"]
verbs: ["get", "watch", "list"]
EOF
```

그다음 ClusterRole과 일반 사용자를 연결해 줄 ClusterRoleBinding 리소스를 생성한다.

```
$ cat <<EOF | kubectl apply -f -
kind: ClusterRoleBinding
apiVersion: rbac.authorization.k8s.io/v1
metadata:
name: pod-read-binding
subjects:
- kind: ServiceAccount
```

---

11 버전 18.06.0-ce

12 여기서는 터미널을 사용하기 편리한 예를 든 것이다. 윈도우에서는 파일을 작성하고 편집하면서 진행하라.

```
name: gihyo-user
namespace: default
roleRef:
kind: ClusterRole
name: pod-reader
apiGroup: rbac.authorization.k8s.io
EOF
```

subjects 속성 아래 롤이 연결될 일반 사용자 또는 일반 사용자 그룹을 지정한다. 그리고 roleRef 속성에 사용자와 연결될 롤을 지정한다.

일반 사용자 및 일반 사용자 그룹 생성

롤 리소스와 롤 리소스를 연결할 바인딩 리소스는 준비됐으나, 롤에서 부여하는 권한을 받을 사용자가 아직 생성되지 않았다. 일반 사용자 및 일반 사용자 그룹을 생성해 롤을 연결한다. 일반 사용자의 인증은 다음과 같은 방법으로 할 수 있다.

- 서비스 계정 토큰 방식

- 정적 토큰 파일 방식

- 패스워드 파일 방식[13]

- X509 클라이언트 인증서 방식[14]

- OpenID 방식[15]

여기서는 서비스 계정 토큰 방식을 사용한다. 서비스 계정은 앞에서 설명했듯이 쿠버네티스 리소스 형태로 된 사용자라고 생각하면 된다.

우선 gihyo-user라는 이름으로 서비스 계정을 생성한다.

```
$ kubectl create serviceaccount gihyo-user
serviceaccount "gihyo-user" created
```

---

13 사용자와 패스워드를 파일에 정의하는 방식.

14 클라이언트 인증서를 이용한 인증 방식.

15 OpenID 프로바이더(구글 등)를 이용한 인증 방식.

새로 만든 서비스 계정의 정보를 확인해 보자. -o yaml 옵션을 사용해 yaml 포맷으로 출력한다.

```
$ kubectl get serviceaccount gihyo-user -o yaml
apiVersion: v1
kind: ServiceAccount
metadata:
creationTimestamp: 2018-07-05T05:04:29Z
name: gihyo-user
namespace: default
resourceVersion: "9617"
selfLink: /api/v1/namespaces/default/serviceaccounts/gihyo-user
uid: e5d87f4b-8010-11e8-821b-025000000001
secrets:
- name: gihyo-user-token-dwwmp
```

서비스 계정을 생성하면 그 인증정보가 되는 시크릿 리소스가 함께 생성된다. secrets 아래의 gihyo-user-token-dwwmp 부분이 이에 해당한다.

이 시크릿 리소스를 출력해 인증 토큰 부분을 복사한다.

```
$ kubectl get secret gihyo-user-token-dwwmp -o yaml
apiVersion: v1
data:
ca.crt: LS0tLS1...
namespace: ZGVmYXVsdA==
token: ZXlKaGJHY2lPaUpUVXpJMU5pSXNJbjR3WkNJNklpSjkuZXlKcGGMz.....
kind: Secret
metadata:
annotations:
kubernetes.io/service-account.name: gihyo-user
kubernetes.io/service-account.uid: e5d87f4b-8010-11e8-821b-025000000001
creationTimestamp: 2018-07-05T05:04:29Z
name: gihyo-user-token-dwwmp
namespace: default
resourceVersion: "9616"
selfLink: /api/v1/namespaces/default/secrets/gihyo-user-token-dwwmp
uid: e5dc2097-8010-11e8-821b-025000000001
type: kubernetes.io/service-account-token
```

data.token 부분이 이 서비스 계정의 인증에 사용되는 토큰이다[16].

이 토큰은 Base64 인코딩 문자열로, 이를 디코딩한 문자열이 실제 인증 토큰이 된다. 토큰을 잘 보관 해둔다.

```
$ echo 'ZXlKaGGJHY2lPaUpTV......' | base64 -D
eyJhbGci0iJSUzI1NiIsImtpZCI......
```

생성한 일반 사용자 사용하기

kubectl은 HTTP/HTTPS로 쿠버네티스 API를 호출해 쿠버네티스 클러스터의 마스터 노드[17]에 접근 한다.

이때 필요한 인증정보는 마스터 노드의 ~/.kube/config라는 yaml 파일에 설정돼 있는데, 이를 다음 과 같이 참조할 수 있다[18].

```
$ kubectl config view
apiVersion: v1
clusters:
- cluster:
insecure-skip-tls-verify: true
server: https://localhost:6443
name: docker-for-desktop-cluster
contexts:
- context:
cluster: docker-for-desktop-cluster
user: docker-for-desktop
name: docker-for-desktop
current-context: docker-for-desktop
kind: Config
preferences: {}
users:
- name: docker-for-desktop
user:
```

---

16 토큰의 길이가 매우 길어 표기가 생략됐다.

17 로컬 쿠버네티스 환경의 localhost에 해당.

18 로컬 쿠버네티스 환경의 출력 결과다.

```
client-certificate-data: REDACTED
client-key-data: REDACTED
```

예를 들어 로컬에 위치한 ~/.kube/config 파일을 보면 현재 컨텍스트를 의미하는 current-context 의 값이 docker-for-desktop-custer다. 컨텍스트는 '쿠버네티스 클러스터 API를 사용하는 주체가 되는 일반 사용자를 결정하는 정보'다.

docker-for-desktop의 context.user의 값이 docker-for-desktop이므로 docker-for-desktop 이라는 인증 사용자가 클러스터를 조작하는 주체임을 알 수 있다.

필자가 구축한 검증용 클러스터(gihyo-k8s)에서 권한 제어가 RBAC로 권한을 부여한 gihyo-user 사용자에 의해 이루어지는지 실제로 확인해 보자.

먼저 kubectl config set-credential 명령으로 gihyo-user의 인증 토큰을 설정한다. --token 옵션 의 값으로 앞에서 복사한 토큰 문자열을 사용하면 된다.

```
$ kubectl config set-credentials gihyo-user --token=eyJhbGciOiJSUzI1NiIsImtpZCI......
User "gihyo-user" set.
```

컨텍스트는 다음과 같이 설정한다. 이 과정은 일반 사용자 gihyo-user로 gihyo-k8s 클러스터를 조 작할 수 있게 하기 위한 것이다. 컨텍스트 명을 gihyo-k8s-gihyo-user로 설정한다.

```
$ kubectl config set-context gihyo-k8s-gihyo-user --cluster=gihyo-k8s --user=gihyo-user
Context "gihyo-k8s-gihyo-user" created.
```

set-context만으로는 컨텍스트가 완전히 전환되지 않는다. 마지막에 use-context 명령을 사용해야 한다.

```
$ kubectl config use-context gihyo-k8s-gihyo-user
Switched to context "gihyo-k8s-gihyo-user".
```

이제 컨텍스트 전환이 끝났으므로 kubectl을 통한 쿠버네티스 API 조작의 주체가 gihyo-user가 됐 다. 이 사용자로 파드 목록을 확인해 보자.

```
$ kubectl get pod --all-namespaces
NAMESPACE NAME READY STATUS RESTARTS AGE
```

```
kube-system default-http-backend-nb28c 1/1 Running 6 3h
...
```

사용자 gihyo-user는 파드 목록 확인 외의 권한을 갖고 있지 않기 때문에 다음에서 보듯이 디플로이 먼트 등 그 외 리소스 정보를 참조할 수 없다.

```
$ kubectl get deployment --all-namespaces
Error from server (Forbidden): deployments.extensions is forbidden:
User "system:serviceaccount:default:gihyo-user" cannot list deployments.extensions at the cluster
scope
```

컨텍스트를 docker-for-desktop으로 바꾸면 실행 사용자가 원래 대로 돌아간다.

```
$ kubectl config use-context docker-for-desktop
Switched to context "docker-for-desktop".
```

사용자 및 사용자 그룹을 생성하고, 이들에게 클러스터에 대한 접근 권한을 적절히 부여해야 보안성을 확보할 수 있다. 이는 개발자의 작업 중에 의도치 않은 리소스의 영향을 방지하기 위해서도 중요한 조치다.

다음 예는 일반 사용자 및 RBAC를 사용한 팀 개발 환경의 권한 관리 예다. 그 외에도 다양한 형태의 권한 설계가 가능하다. 프로젝트에 맞는 권한 설계를 꼭 해두기 바란다.

- admin, deployer, viewer로 그룹을 생성한 다음, 일반 사용자를 적절한 그룹으로 나눠 서비스 및 인그레스의 변경 권한을 일반 사용자에 부여.

- 대규모 구성 변경이 따르는 작업은 더 높은 권한을 갖는 전용 일반 사용자로 전환해 수행하며, 이 일반 사용자는 극히 제한된 인원만 사용하도록 함.

서비스 계정

일반 사용자 및 일반 사용자 그룹에 대한 RBAC는 일반적으로 쿠버네티스 클러스터 외부에서 조작하는 경우가 대부분이다. 이에 비해 서비스 계정은 클러스터 안에서 실행 중인 파드에서 역시 클러스터 안에 있는 리소스에 접근하기 위해 사용되는 리소스다.

서비스 계정 자체도 리소스이므로 클러스터 안에서 다른 리소스를 조작하는 봇을 담은 파드를 만들 때 사용할 수 있다.

kube-system 네임스페이스를 보면 쿠버네티스 리소스를 제어하기 위한 파드가 몇 개 실행되는 것을 볼 수 있다. 이 파드는 서비스 계정에 의해 다른 네임스페이스에서 실행되는 파드나 서비스, 인그레스 같은 리소스 정보를 참조하거나 리소스를 조작하는 데 사용된다.

권한 확장 외에도 목적하지 않은 리소스에 대한 접근을 차단함으로써 애플리케이션의 안전장치 역할을 할 수도 있다.

클러스터 안에 있는 파드에서 쿠버네티스 리소스 다루기

쿠버네티스 클러스터에서 실행 중인 파드의 정보를 받아보는 애플리케이션을 예제 삼아 구축해 보자.

가장 먼저 서비스 계정 gihyo-pod-reader를 생성한다.

```
$ cat <<EOF | kubectl apply -f -
apiVersion: v1
kind: ServiceAccount
metadata:
name: gihyo-pod-reader
namespace: kube-system
EOF
serviceaccount "gihyo-pod-reader" created
```

그다음 ClusterRoleBinding을 생성하고, 앞서 만든 서비스 계정 gihyo-pod-reader에 파드 정보에 접근하기 위한 권한을 부여(롤 바인딩)한다.

```
$ cat <<EOF | kubectl apply -f -
kind: ClusterRoleBinding
apiVersion: rbac.authorization.k8s.io/v1
metadata:
name: pod-reader-binding
subjects:
- kind: ServiceAccount
name: gihyo-pod-reader
namespace: kube-system
```

```
roleRef:
kind: ClusterRole
name: pod-reader
apiGroup: rbac.authorization.k8s.io
EOF
clusterrolebinding.rbac.authorization.k8s.io "pod-reader-binding" created
```

서비스 계정과 파드 연결하기

서비스 계정과 이 계정을 파드에 연결할 바인딩인 ClusterRoleBinding의 리소스 두 개를 생성했다. 이제 필요한 것은 실제로 동작하는 파드다. kubectl을 사용해서[19] 모든 네임스페이스의 파드 목록을 반복해서 받아오는 파드를 생성하자.

파드 정의에서 serviceAccountName 값에 서비스 계정 이름을 지정하면 이 파드로 권한이 주어진 쿠버네티스 API를 사용할 수 있다.

```
apiVersion: v1
kind: Pod
metadata:
  name: gihyo-pod-reader
  namespace: kube-system
  labels:
    app: gihyo-pod-reader
spec:
  serviceAccountName: gihyo-pod-reader
  containers:
  - name: kubectl
    image: lachlanevenson/k8s-kubectl:v1.10.4
    command:
    - sh
    - -c
    - |
      while true
      do
        echo "check pod..."
```

---

19 kubectl을 사용할 수 있는 이미지를 도커 허브에서 내려받아 사용했다. https://github.com/lachie83/k8s-kubectl

```
        kubectl get pod --all-namespaces
      sleep 30
    done
```

다음과 같이 파드 정보를 정상적으로 받아온다.

```
$ kubectl -n kube-system logs -f gihyo-pod-reader
check pod...
NAMESPACE NAME READY STATUS RESTARTS AGE
docker compose-6f784b699b-rb7kj 1/1 Running 0 6h
docker compose-api-75d86595dc-68rtx 1/1 Running 0 6h
kube-system etcd-docker-for-desktop 1/1 Running 0 6h
kube-system gihyo-pod-reader 1/1 Running 0 44s
kube-system kube-apiserver-docker-for-desktop 1/1 Running 0 6h
kube-system kube-controller-manager-docker-for-desktop 1/1 Running 0 6h
kube-system kube-dns-86f4d74b45-bfrhm 3/3 Running 0 6h
kube-system kube-proxy-hf5vc 1/1 Running 0 6h
kube-system kube-scheduler-docker-for-desktop 1/1 Running 0 6h
check pod...
```

서비스 계정 gihyo-pod-reader에는 파드 정보를 열람할 수 있는 권한만 주어져 있다. 현재 권한이 부여되지 않은 조작을 시도해서 제대로 권한이 설정됐는지 확인해 보자. 서비스 계정은 그대로 두고, 디플로이먼트 목록을 반복해서 받아오도록 파드는 다음과 같이 생성한다.

```
apiVersion: v1
kind: Pod
metadata:
  name: gihyo-deployment-reader
  namespace: kube-system
  labels:
    app: gihyo-deployment-reader
spec:
  serviceAccountName: gihyo-pod-reader
  containers:
  - name: kubectl
    image: lachlanevenson/k8s-kubectl:v1.10.4
    command:
```

```
  - sh
  - -c
  - |
    while true
    do
      echo "check deployment..."
      kubectl get deployment --all-namespaces
      sleep 30
    done
```

파드의 표준 출력에서 출력되는 내용을 보면 디플로이먼트에 대한 접근 권한이 없음을 확인할 수 있다.

```
$ kubectl -n kube-system logs -f gihyo-pod-reader
check deployment...
Error from server (Forbidden): deployments.extensions is forbidden:
User "system:serviceaccount:kube-system:gihyo-pod-reader" cannot
list deployments.extensions at the cluster scope
```

이렇듯 서비스 계정을 사용하면 파드가 쿠버네티스 API에 안전하게 접근할 수 있다. 특히 이러한 기능은 파드 안에서 수정이나 삭제 같은 작업을 수행하는 애플리케이션에서 유용하다.

또 serviceAccountName 속성은 파드의 정의에 포함되므로 레플리카세트나 디플로이먼트, 스테이트풀세트, 잡 같은 리소스가 생성하는 파드에도 부여할 수 있다.

서비스 계정을 이용하면 쿠버네티스 리소스를 확보하고 조작하는 애플리케이션을 구축할 수 있다.

개인적으로는 이 서비스 계정을 사용해서 프로덕트 운영에 맞춘 쿠버네티스 배포용 애플리케이션을 만들어 사용한다. 이 애플리케이션으로 디플로이먼트 업데이트나 스케일 아웃 등 다양한 운영 작업을 수행할 수 있다.

03 헬름

쿠버네티스를 운영할 때 단일 클러스터로만 운영하는 경우는 그리 흔치 않다.

간단하게 개발용 및 실제 서비스용으로 클러스터를 나누거나 부하 테스트용 클러스터를 따로 두는 등 다양한 운영 형태가 있을 수 있다. 이렇게 하나 이상의 클러스터를 운영하다 보면 같은 애플리케이션을 여러 클러스터에 배포해야 하는 경우가 발생한다.

쿠버네티스를 사용하면 하나의 애플리케이션 혹은 미들웨어를 디플로이먼트나 서비스, 컨피그맵 혹은 인그레스 등 여러 종류의 리소스를 조합하는 형태로 배포한다.

같은 애플리케이션을 여러 환경에 배포해야 하는 상황을 가정해 보자. 배포 대상 환경에 따라 사용하는 API나 데이터베이스 주소가 달라질 것이다. 이를 파드에 환경 변수를 통해 설정하려면 배포 대상 환경에 따라 환경 변수 값이 달라지도록 디플로이먼트의 매니페스트 파일을 작성해야 한다. 서비스 같은 리소스는 환경에 상관없이 공통으로 사용하는 경우가 많지만, 인그레스로 설정하는 도메인은 거의 무조건 배포 환경에 따라 달라진다.

이 매니페스트 파일을 클러스터 개수만큼 작성하는 환경에 따라 달리 적용하며 배포하기는 쉽지 않은 일이며 실수하기도 쉽다. 이 때문에 배포 환경에 따라 달라지는 설정값만 정의해 둔 다음 이에 따라 배포하는 메커니즘이 필요했다.

이런 문제를 해결한 것이 바로 헬름[20]이다. 헬름은 쿠버네티스의 하위 프로젝트로 관리되는 공식 도구다. 헬름 공식 사이트에는 다음과 같은 설명이 있다[21].

> Helm is a tool for managing Kubernetes charts. Charts are packages of pre-configured Kubernetes resources.
> 헬름은 쿠버네티스 차트를 관리하기 위한 도구다. 차트는 사전 구성된 쿠버네티스 리소스의 패키지다.

헬름은 패키지 관리 도구고, 차트가 리소스를 하나로 묶은 패키지에 해당한다. 헬름, 차트, 매니페스트 파일, 쿠버네티스의 관계는 다음과 같다.

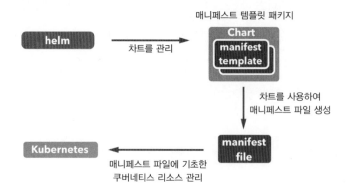

---

20 https://docs.helm.sh/

21 https://github.com/helm/helm에서 인용함. 영문 번역은 저자가 함.

헬름으로 차트를 관리하는 목적은 자칫 번잡해지기 쉬운 매니페스트 파일을 관리하기 쉽게 하기 위한 것이다. 앞에서 설명했던 여러 클러스터를 대상으로 하는 배포 역시 헬름을 사용해 쉽고 간결하게 관리할 수 있다.

헬름은 단순한 패키지 관리자가 아니라, 차트를 중심으로 하는 쿠버네티스 개발 업무의 종합 관리 도구라고 볼 수 있다.

실무에서는 로컬 및 운영 클러스터를 막론하고 여러 환경에 배포해야 하는 애플리케이션은 모두 차트로 패키징해 kubectl 대신 헬름으로 배포 및 업데이트를 수행한다. 그 대신 kubectl은 이미 배포된 리소스를 운영 중에 수정[22]하는 데 사용한다.

실제로 헬름을 사용해 보면서 익혀보자. 지금부터 헬름 설치[23] 및 주요 개념, 사용 예제를 설명한다.

헬름 설치

먼저 헬름 명령행 도구부터 설치한다. 헬름 코드 저장소의 배포본 페이지[24]에서 v2.x대 버전을 내려받아 설치한다.

헬름을 사용하려면 먼저 대상 클러스터에서 초기화 작업을 해야 한다. 로컬 쿠버네티스 클러스터에서 다음과 같이 초기화 작업을 한다.

```
$ kubectl config use-context docker-for-desktop
Switched to context "docker-for-desktop".

$ helm init
$HELM_HOME has been configured at /Users/username/.helm.

Tiller (the Helm server-side component) has been installed into your Kubernetes Cluster.
Happy Helming!
```

helm init 명령을 시행하면 틸러(Tiller)라는 서버 애플리케이션이 kube-system 네임스페이스에 배포된다. 틸러는 helm 명령에 따라 설치 등의 작업을 담당한다.

---

22 일반적인 레이블의 수정이나 추가 등.
23 쿠버네티스 클러스터를 미리 준비했다면 클러스터나 노드에서 특별히 더 준비할 것은 없다.
24 https://github.com/helm/helm/releases

```
$ kubectl -n kube-system get service,deployment,pod --selector app=helm
NAME TYPE CLUSTER-IP EXTERNAL-IP PORT(S) AGE
service/tiller-deploy ClusterIP 10.109.55.52 <none> 44134/TCP 17s

NAME DESIRED CURRENT UP-TO-DATE AVAILABLE AGE
deployment.extensions/tiller-deploy 1 1 1 1 17s

NAME READY STATUS RESTARTS AGE
pod/tiller-deploy-df4fdf55d-9g4nw 1/1 Running 0 17s
```

버전을 확인해 보면 다음과 같이 클라이언트(cli)와 서버(Tiller)의 버전이 각각 출력된다.

```
$ helm version
Client: &version.Version{SemVer:"v2.8.0", GitCommit:"14af25f1de6832228539259b821949d20069a222",
GitTreeState:"clean"}
Server: &version.Version{SemVer:"v2.8.0", GitCommit:"14af25f1de6832228539259b821949d20069a222",
GitTreeState:"clean"}
```

여러 클러스터를 다룰 때는 클라이언트와 서버의 헬름 버전을 일치시키는 것이 좋다. 최신 안정 버전으로 업그레이드하려면 다음과 같이 한다.

```
$ helm init --upgrade
```

특정 버전을 지정하고 싶다면 다음과 같이 틸러의 이미지 태그를 바꾸면 된다.

```
$ export TILLER_TAG=2.9.0
$ kubectl --namespace=kube-system set image deployments/tiller-deploy \
tiller=gcr.io/kubernetes-helm/tiller:$TILLER_TAG
```

헬름의 주요 개념

헬름을 사용한 패키지 설치 기능을 다음 그림에 정리했다.

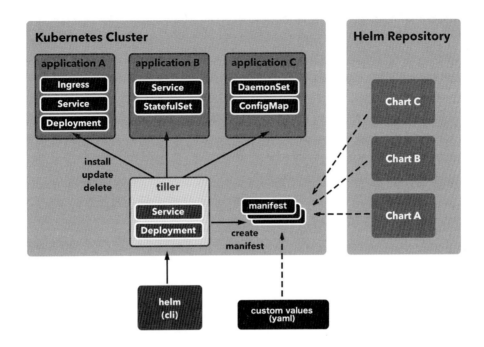

헬름은 클라이언트(cli)와 서버(쿠버네티스 클러스터에 설치되는 틸러)로 구성된다. 클라이언트는 서버를 대상으로 명령을 지시하는 역할을 한다. 서버는 클라이언트에서 전달받은 명령에 따라 쿠버네티스 클러스터에 패키지 설치, 업데이트, 삭제 등의 작업을 수행한다.

쿠버네티스는 서비스나 디플로이먼트, 인그레스 같은 리소스를 생성하고 매니페스트 파일을 적용하는 방식으로 애플리케이션을 배포한다. 이 매니페스트 파일을 생성하는 템플릿을 여러 개 패키징한 것이 차트다. 차트는 헬름 리포지토리에 tgz 파일로 저장되며, 틸러가 매니페스트를 생성하는 데 사용한다.

리포지토리

헬름 리포지토리는 다음과 같은 종류가 있다.

종류	내용
local	헬름 클라이언트가 설치된 로컬 리포지토리로, 로컬에서 생성한 패키지가 존재한다.
stable	안정 버전에 이른 차트가 존재하는 리포지토리다. 안정된 보안 수준과 기본 설정값을 포함하는 등 일정한 요건을 만족하는 차트만 제공될 수 있다.
incubator	stable 요건을 만족하지 못하는 차트가 제공되는 리포지토리다. 가까운 시일 내에 stable로 넘어갈 예정인 차트가 제공된다.

stable 리포지토리는 기본값으로 사용되는 리포지토리로, 깃허브 helm/charts[25] 리포지토리에 저장된 차트를 사용할 수 있다.

incubator 리포지토리는 기본값으로 사용되지는 않으나, 다음과 같이 리포지토리를 추가할 수 있다.

```
$ helm repo add incubator https://kubernetes-charts-incubator.storage.googleapis.com/
"incubator" has been added to your repositories
```

리포지토리에서 다음과 같이 차트를 검색할 수 있다. helm search 명령에 지정한 키워드로 검색 결과를 좁힐 수 있다.

```
$ helm search
NAME VERSION DESCRIPTION
stable/acs-engine-autoscaler 2.1.1 Scales worker nodes within agent pools
stable/aerospike 0.1.5 A Helm chart for Aerospike in Kubernetes
stable/artifactory 6.2.4 Universal Repository Manager supporting all maj...
stable/aws-cluster-autoscaler 0.3.2 Scales worker nodes within autoscaling groups.
...
```

stable 및 incubator 리포지토리에 있는 차트의 내용을 확인하려면 깃허브 helm/charts 리포지토리[26]를 참조하면 된다.

차트의 구성

차트는 다음과 같은 디렉터리 구성을 갖는다.

```
chart_name/ ─── templates/ 매니페스트 파일 템플릿 디렉터리
     ¦ ¦- xxxxx.yaml        각종 쿠버네티스 리소스의 매니페스트 템플릿
     ¦ ¦- _helper.tpl       매니페스트 렌더링에 사용되는 템플릿 헬퍼
     ¦ ¦- NOTE.txt          차트 사용법 등의 참조 문서 템플릿
     ¦
     ¦- charts/     이 차트가 의존하는 차트의 디렉터리
     ¦- Chart.yaml  차트 정보가 정의된 파일
     ¦- values.yaml 차트 기본값 value 파일
```

---

25 https://github.com/helm/charts/tree/master/stable/

26 https://github.com/helm/charts/

차트는 애플리케이션의 동작을 제어하는 설정의 기본값을 '기본값 value 파일'에 해당하는 values.yaml 파일에 정의한다. 설치할 때 이 기본값을 변경하려면 기본값 value 파일에서 변경할 값만 수정한 '커스텀 value 파일'을 만든다.

차트 설치하기

헬름을 사용해 쿠버네티스 클러스터에 애플리케이션을 설치해 보자. stable 리포지토리에 올라와 있는 차트는 설정값 등 설치와 관련된 문서가 잘 갖춰져 있어 크게 어려운 점이 없다. 프로젝트 관리 도구인 레드마인의 차트인 stable/redmine을 예제로 로컬 쿠버네티스 환경에 설치해 본다.

차트를 이용해 애플리케이션을 설치하려면 helm install 명령을 사용한다. 설치했던 애플리케이션을 업데이트하거나 삭제하려면 릴리스 네임이 필요하므로 --name 옵션으로 릴리스 네임을 붙여준다. 이 릴리스 네임은 해당 클러스터 안에서 유일한 값이어야 한다.

```
helm install [--name 릴리스_네임] 차트_리포지토리/차트명
```

helm install 명령을 실행하면 차트에 포함된 기본값 value 파일에 정의된 설정값으로 애플리케이션이 설치된다. 그러나 기본값 value 파일을 있는 그대로 사용하는 경우는 드물며, 일부 기본값을 수정한 커스텀 value 파일을 주로 사용한다.

레드마인 로그인 사용자명과 패스워드를 새로 설정하는 예제를 살펴보자. 깃허브에 공개된 레드마인 설정값에 대한 참고문서[27]를 보며 진행한다.

문서에 규정된 설정값을 따라 커스텀 value 파일을 작성한다. 그리고 다음과 같이 인증정보 설정을 담은 redmine.yaml 파일을 작성한다. 또 인그레스 대신 NodePort 서비스를 사용해 서비스를 노출할 것이므로 serviceType 필드의 값을 NodePort로 수정한다.

커스텀 value 파일은 기본값에서 수정할 항목만 포함하면 된다.

```
redmineUsername: gihyo
redminePassword: gihyo
redmineLanguage: ja

serviceType: NodePort
```

---

[27] https://github.com/kubernetes/charts/tree/master/stable/redmine#configuration

-f 옵션으로 커스텀 value 파일을 지정해서 레드마인을 설치한다.

```
$ helm install -f redmine.yaml --name redmine stable/redmine --version 4.0.0
NAME: redmine
LAST DEPLOYED: Thu Jul 5 00:34:40 2018
NAMESPACE: default
STATUS: DEPLOYED
...
```

설치가 끝나면 다음과 같이 릴리스 네임의 목록을 확인할 수 있다.

```
$ helm ls
NAME REVISION UPDATED STATUS CHART NAMESPACE
redmine 1 Thu Jul 5 00:34:40 2018 DEPLOYED redmine-4.0.0 default
```

레드마인 리소스가 생성됐는지 다음과 같이 확인한다. 노출하려는 서비스 redmine-redmine이 차트의 기본값 value 파일의 내용대로 LoadBalancer가 아닌 NodePort로 생성됐음을 알 수 있다.

```
$ kubectl get service,deployment --selector release=redmine
NAME TYPE CLUSTER-IP EXTERNAL-IP PORT(S) AGE
service/redmine-mariadb ClusterIP 10.106.75.45 <none> 3306/TCP 9m
service/redmine-redmine NodePort 10.111.195.248 <none> 80:30523/TCP 9m

NAME DESIRED CURRENT UP-TO-DATE AVAILABLE AGE
deployment.extensions/redmine-redmine 1 1 1 1 9m
```

NodePort는 30523 포트를 개방하고 있으므로 웹브라우저에서 http://localhost:30523에 접근하면 설치된 레드마인 페이지가 뜨며, 이 페이지에서 조금 전 커스텀 value 파일로 변경한 인증정보로 로그인할 수 있다.

헬름으로 설치된 릴리스를 업데이트하려면 다음과 같이 helm upgrade 명령을 사용한다. 차트나 커스텀 value 파일이 수정된 경우에 사용하면 된다.

```
$ helm upgrade -f redmine.yaml redmine stable/redmine --version 4.0.0
```

차트로 설치한 애플리케이션 제거하기

차트로 설치한 애플리케이션을 제거하려면 다음과 같이 릴리스 네임을 지정하면 된다.

```
$ helm delete redmine
release "redmine" deleted
```

애플리케이션을 제거해도 헬름에 롤백 기능이 있기 때문에 원하는 리비전으로 돌아갈 수 있다. 다음과 같이 리비전 번호를 확인한 다음 롤백을 실행한다.

```
$ helm ls --all
NAME REVISION UPDATED STATUS CHART NAMESPACE
redmine 2 Thu Dec 3 19:58:24 2017 DELETED redmine-2.0.1 default

$ helm rollback redmine 2
Rollback was a success! Happy Helming!
```

리비전 기록을 남기지 않고 애플리케이션을 완전히 제거하려면 다음과 같이 하면 된다.

```
$ helm del --purge redmine
release "redmine" deleted
```

RBAC를 지원하는 애플리케이션 설치하기

공개된 차트 중에는 RBAC를 활성화할 수 있는 애플리케이션도 여럿 있다. RBAC를 활성화한 애플리케이션을 설치하려면 실제 설치 작업을 수행할 틸러에 cluster-admin이라는 롤(ClusterRole)이 부여돼야 한다. 다음과 같이 cluster-admin 롤을 갖는 서비스 계정을 생성한 다음, 이 계정을 실행 중인 틸러의 서비스 계정으로 설정한다.

```
$ kubectl create serviceaccount tiller --namespace kube-system
serviceaccount "tiller" created

$ kubectl create clusterrolebinding tiller-cluster-rule \
--clusterrole=cluster-admin --serviceaccount=kube-system:tiller
clusterrolebinding "tiller-cluster-rule" created

$ kubectl patch deploy --namespace kube-system tiller-deploy \
-p '{"spec":{"template":{"spec":{"serviceAccount":"tiller"}}}}'

deployment "tiller-deploy" patched
```

테스트를 위해 RBAC 제어를 지원하는 stable/jenkins 차트로 젠킨스를 설치해 보겠다. stable/jenkins 차트의 기본값 value 파일에는 젠킨스에서 사용할 서비스 계정과 ClusterRoleBinding을 생성하기 위한 파라미터 rbac.install이 들어 있는데 이 속성의 기본값은 false다. 커스텀 value 파일 jenkins.yaml 파일을 다음과 같이 작성해 값을 true로 수정한다.

```
rbac:
install: true
```

stable/jenkins를 설치한다. 다음과 같이 서비스 계정과 ClusterRoleBinding이 생성되는 것을 볼 수 있다.

```
$ helm install -f jenkins.yaml --name jenkins stable/jenkins --version 0.13.0

$ kubectl describe sa,clusterrolebinding -l app=jenkins-jenkins
Name: jenkins-jenkins
Namespace: default
Labels: app=jenkins-jenkins
        chart=jenkins-0.13.0
        heritage=Tiller
        release=jenkins
Annotations: <none>
Image pull secrets: <none>
Mountable secrets: jenkins-jenkins-token-gt7x8
Tokens: jenkins-jenkins-token-gt7x8
```

```
Events: <none>


Name: jenkins-jenkins-role-binding
Labels: app=jenkins-jenkins
        chart=jenkins-0.13.0
        heritage=Tiller
        release=jenkins
Annotations: <none>
Role:
  Kind: ClusterRole
  Name: cluster-admin
Subjects:
  Kind Name Namespace
  ____ ____ _____
  ServiceAccount jenkins-jenkins default
```

stable 리포지토리에 공개된 대부분의 차트는 rbac.create나 rbac.install 속성값을 사용해서 RBAC의
활성 여부를 설정할 수 있다. 이 속성의 기본값은 false다.

사용자 차트 생성하기

사용자 차트를 만들고 이 차트를 사용해 애플리케이션을 설치해 보겠다. 쿠버네티스에서 동작하는 대
부분의 애플리케이션은 서비스나 인그레스, 디플로이먼트 같은 쿠버네티스 리소스로 구성된다. 차트는
이 구성을 추상화하고 패키징해 배포하기 위한 것으로, 매니페스트 파일을 복사해 하나 이상의 환경에
배포하는 방식보다 유지 보수성이 좋다.

3장에서 다룬 nginx와 echo로 구성된 애플리케이션의 차트를 만들어 보자.

로컬 리포지토리 활성화하기

다음과 같은 방법으로 헬름에서 사용할 수 있는 리포지토리를 확인할 수 있다. 기본 원격 리포지토리인
stable과 remote가 출력될 것이다. 로컬 리포지토리는 헬름이 실행되는 호스트 머신에 위치한다.

```
$ helm repo list
NAME URL
stable https://kubernetes-charts.storage.googleapis.com
local http://127.0.0.1:8879/charts
```

로컬 리포지토리의 URL이 나오기는 하지만, 일반적으로 이 URL에 해당하는 웹 서버는 실행되지 않는다. 이 URL에 HTTP 프로토콜로 접근할 수 있어야 우리가 만드는 차트를 사용할 수 있으므로 이 웹 서버를 실행한다. 차트를 생성하려다 보면 시행착오를 여러 번 반복해야 할 것이니 로컬 리포지토리에 항상 접근할 수 있도록 서버를 백그라운드로 실행한다[28].

```
$ helm serve &
[1] 37455
```

차트 템플릿 작성하기

차트를 생성하려면 먼저 차트의 디렉터리 구조를 만들어야 한다. 헬름에 이 템플릿을 만들어주는 기능이 있다.

예를 들어 nginx와 echo로 구성된 애플리케이션의 차트를 만든다면 다음과 같이 차트 이름을 지정해 템플릿을 만들면 된다.

```
$ helm create echo
Creating echo
```

차트의 템플릿은 다음과 같은 디렉터리 구조로 생성된다.

```
$ tree .
.
└── echo
    ├── Chart.yaml
    ├── charts
    ├── templates
    │   ├── NOTES.txt
    │   ├── _helpers.tpl
    │   ├── deployment.yaml
    │   ├── ingress.yaml
    │   └── service.yaml
    └── values.yaml

3 directories, 7 files
```

---

28 이 예제는 macOS를 기준으로 한다.

디플로이먼트

템플릿에 자동 생성된 deployment.yaml 파일이 있지만, 이 파일을 어떻게 수정해야 할지 바로 알 수가 없다. 헬름 템플릿 파일은 잠시 잊고 여기서 필요한 디플로이먼트를 만들려면 어떻게 매니페스트 파일을 작성해야 할지 생각해 보자.

이번에는 nginx 컨테이너로 gihyodocker/nginx:latest, echo 컨테이너로 gihyodocker/echo:latest의 기존 이미지를 활용할 것이다. 전달받은 HTTP 요청을 nginx가 같은 파드 안에 포함된 echo 컨테이너로 프록싱해주는 정석의 구성이다. 이를 매니페스트 파일로 구현하면 다음과 같다.

```yaml
apiVersion: apps/v1
kind: Deployment
metadata:
  name: echo
  labels:
    app: echo
spec:
  replicas: 1
  selector:
    matchLabels:
      app: echo
  template:
    metadata:
      labels:
        app: echo
    spec:
      containers:
      - name: nginx
        image: "gihyodocker/nginx:latest"
        imagePullPolicy: Always
        livenessProbe:
          httpGet:
            path: /
            port: 80
        readinessProbe:
          httpGet:
            path: /
            port: 80
```

```
      ports:
        - name: http
          containerPort: 80
      env:
        - name: BACKEND_HOST
          value: "localhost:8080"
    - name: echo
      image: "gihyodocker/echo:latest"
      imagePullPolicy: Always
      ports:
        - containerPort: 8080
      env:
        - name: HTTP_PORT
          value: "8080"
```

헬름이 자동 생성한 디플로이먼트의 템플릿 파일(deployment.yaml)로도 이 구성을 그대로 작성할
수 있는데, 여기서 수정이 필요한 부분은 spec.template.spec 부분, 다시 말해 파드 정의 템플릿뿐이
다. 자동 생성된 파일에는 containers의 자식 요소가 하나뿐이므로 nginx와 echo, 2개의 컨테이너 정
의를 작성하면 된다. 각 컨테이너에 설정값은 기본값 value 파일의 변수를 참조한다.

```
apiVersion: apps/v1
kind: Deployment
metadata:
  name: {{ template "echo.fullname" . }}
  labels:
    app: {{ template "echo.name" . }}
    chart: {{ template "echo.chart" . }}
    release: {{ .Release.Name }}
    heritage: {{ .Release.Service }}
  spec:
    replicas: {{ .Values.replicaCount }}
    selector:
      matchLabels:
        app: {{ template "echo.name" . }}
        release: {{ .Release.Name }}
    template:
      metadata:
        labels:
```

```
            app: {{ template "echo.name" . }}
            release: {{ .Release.Name }}
      spec:
        containers:
          - name: nginx
            image: "{{ .Values.nginx.image.repository }}:{{ .Values.nginx.image.tag }}"
            imagePullPolicy: {{ .Values.nginx.image.pullPolicy }}
            ports:
              - name: http
                containerPort: 80
            livenessProbe:
              httpGet:
                path: {{ .Values.nginx.healthCheck }}
                port: 80
            readinessProbe:
              httpGet:
                path: {{ .Values.nginx.healthCheck }}
                port: 80
            env:
              - name: BACKEND_HOST
                value: {{ .Values.nginx.backendHost | quote }}
          - name: echo
            image: "{{ .Values.echo.image.repository }}:{{ .Values.echo.image.tag }}"
            imagePullPolicy: {{ .Values.echo.image.pullPolicy }}
            ports:
              - containerPort: {{ .Values.echo.httpPort }}
            env:
              - name: HTTP_PORT
                value: {{ .Values.echo.httpPort | quote }}
            resources:
{{ toYaml .Values.resources | indent 12 }}
  {{- with .Values.nodeSelector }}
    nodeSelector:
{{ toYaml . | indent 8 }}
  {{- end }}
  {{- with .Values.affinity }}
    affinity:
{{ toYaml . | indent 8 }}
  {{- end }}
```

```
  {{- with .Values.tolerations }}
    tolerations:
{{ toYaml . | indent 8 }}
  {{- end }}
```

이 템플릿은 최대한 많은 항목을 변수로 만들었는데, 이렇게 과도하게 추상화하면 애플리케이션을 원하는 대로 조절하는 데도 수고가 많이 든다. 여기서 사용한 nginx 컨테이너처럼 딱 정해진 포트 80만으로 노출하는 컨테이너도 있으므로 외부로 배포할 차트가 아니라면 직접 80번 포트를 기재해 추상화 수준을 타협하는 것도 좋다. 아니면 다음과 같이 템플릿에 기본값을 설정하는 것도 한 가지 방법이다.

```
    ports:
      - name: http
        containerPort: {{ .Values.nginx.port | default "80" }}
```

기본값 value 파일 values.yaml의 내용은 다음과 같다. 템플릿에서 .Values로 시작하는 변수를 yaml 포맷으로 구조화해 기본값을 설정한다.

```
replicaCount: 1
nginx:
  image:
    repository: gihyodocker/nginx
    tag: latest
    pullPolicy: Always
  healthCheck: /
  backendHost: localhost:8080

echo:
  image:
    repository: gihyodocker/echo
    tag: latest
    pullPolicy: Always
  httpPort: 8080
```

서비스

서비스 역시 완성된 매니페스트 파일을 보며 설명하겠다. 다음과 같이 echo라는 이름으로 서비스를 구성한다. 80번 포트를 nginx 컨테이너의 80번 포트로 포워딩한다. targetPort 속성은 디플로이먼트에서 설정했던 ports[].name으로 설정하면 서비스 쪽에서 컨테이너 포트를 직접 설정할 필요가 없다.

```
apiVersion: v1
kind: Service
metadata:
    name: echo
    labels:
        app: echo
spec:
    type: ClusterIP
    ports:
        - port: 80
            targetPort: http
            protocol: TCP
            name: echo
    selector:
        app: echo
```

헬름으로 생성한 서비스의 템플릿인 service.yaml 파일을 다음과 같이 수정한다. 완성된 이미지와 마찬가지로 서비스의 포트를 nginx 컨테이너의 포트로 포워딩한다. 서비스 템플릿에서 수정할 부분은 이것이 전부다.

```
apiVersion: v1
kind: Service
metadata:
    name: {{ template "echo.fullname" . }}
    labels:
        app: {{ template "echo.name" . }}
        chart: {{ template "echo.chart" . }}
        release: {{ .Release.Name }}
        heritage: {{ .Release.Service }}
spec:
    type: {{ .Values.service.type }}
```

```
    ports:
       - port: {{ .Values.service.externalPort }}
           targetPort: http
           protocol: TCP
           name: {{ .Values.service.name }}
    selector:
       app: {{ template "echo.name" . }}
       release: {{ .Release.Name }}
```

기본값 value 파일의 service 부분은 다음과 같다.

```
service:
   name: nginx
   type: ClusterIP
   externalPort: 80
```

인그레스

역시 완성된 매니페스트 파일을 먼저 보자. 다음 정의는 ch06-echo.gihyo.local로 요청이 들어왔을 때 그 요청의 처리를 echo 서비스로 위임하는 간단한 인그레스다.

```
apiVersion: extensions/v1beta1
kind: Ingress
metadata:
   name: echo
spec:
   rules:
   - host: ch06-echo.gihyo.local
      http:
          paths:
          - backend:
               serviceName: echo
               servicePort: 80
```

ingress.yaml이 인그레스의 템플릿 파일이다. 인그레스는 배포 환경에 따라 커스터마이징이 많이 발생하는 부분이다. 경우에 따라 사용하지 않을 수도 있어, ingress.enabled의 값이 true가 아니면 이 파일이 생성되지 않는다.

```
{{- if .Values.ingress.enabled -}}
{{- $fullName := include "echo.fullname" . -}}
{{- $servicePort := .Values.service.port -}}
{{- $ingressPath := .Values.ingress.path -}}
apiVersion: extensions/v1beta1
kind: Ingress
metadata:
    name: {{ $fullName }}
    labels:
        app: {{ template "echo.name" . }}
        chart: {{ template "echo.chart" . }}
        release: {{ .Release.Name }}
        heritage: {{ .Release.Service }}
{{- with .Values.ingress.annotations }}
    annotations:
{{ toYaml . | indent 4 }}
{{- end }}
spec:
{{- if .Values.ingress.tls }}
    tls:
    {{- range .Values.ingress.tls }}
    - hosts:
        {{- range .hosts }}
            - {{ . }}
        {{- end }}
        secretName: {{ .secretName }}
    {{- end }}
{{- end }}
    rules:
    {{- range .Values.ingress.hosts }}
        - host: {{ . }}
            http:
                paths:
                    - path: {{ $ingressPath }}
                        backend:
                            serviceName: {{ $fullName }}
                            servicePort: http
    {{- end }}
{{- end }}
```

기본값 value 파일에서 인그레스에 해당하는 부분은 다음과 같다. 인그레스는 쿠버네티스 클러스터가 동작하는 플랫폼에 의존하는 면이 크기 때문에 대부분의 차트에서 비활성 상태다(enabled 값이 false). 지금은 헬름이 자동 생성한 값을 그대로 두면 된다.

```
ingress:
    enabled: false
    # Used to create an Ingress record.
    hosts:
        - chart-example.local
    annotations:
        # kubernetes.io/ingress.class: nginx
        # kubernetes.io/tls-acme: "true"
    tls:
        # Secrets must be manually created in the namespace.
        # - secretName: chart-example-tls
        # hosts:
        # - chart-example.local
```

차트 패키징

이제 완성된 차트를 패키징하자. Chart.yaml 파일에 차트의 이름과 버전을 정의할 수 있다. 이 정보는 패키징 과정에 사용된다.

```
apiVersion: v1
description: A Helm chart for Kubernetes
name: echo
version: 0.1.0
```

version 속성의 값은 0.1.0처럼 시맨틱 버전 형식을 따르거나 2 같은 자연수 형식으로 지정한다. 수정된 차트를 다시 패키징할 때마다 이 값을 늘려가면 된다.

패키징은 다음과 같이 완성된 차트가 위치한 디렉터리를 지정하면 된다. 이름은 echo이고 버전은 0.1.0이므로 echo-0.1.0.tgz라는 이름으로 패키징이 완료된다.

```
$ helm package echo
Successfully packaged chart and saved it to: ./path-to-path/echo-0.1.0.tgz
```

다음과 같이 echo로 차트를 검색해 보면 로컬 리포지토리에서 local/echo라는 이름이 검색된다.

```
$ helm search echo
NAME VERSION DESCRIPTION
local/echo 0.1.0 A Helm chart for Kubernetes
```

패키징된 차트 설치하기

로컬 리포지토리에 등록된 local/echo를 사용해서 echo 애플리케이션을 로컬 쿠버네티스 환경에 설치해 보자. 차트에는 쿠버네티스 리소스의 구성 및 설정 기본값이 들어 있기 때문에 로컬 환경에서 변경이 필요한 설정값이 담긴 커스텀 value 파일만 갖추면 된다.

```
ingress:
    enabled: true
    hosts:
        - ch06-echo.gihyo.local
```

다음과 같이 local/echo 차트를 설치한다. 커스텀 value 파일은 echo.yaml, 애플리케이션명은 echo로 지정한다.

```
$ helm install -f echo.yaml --name echo local/echo
NAME: echo
LAST DEPLOYED: Thu Dec 28 00:51:54 2017
NAMESPACE: default
STATUS: DEPLOYED

RESOURCES:
==> v1beta1/Ingress
NAME HOSTS ADDRESS PORTS AGE
echo-echo ch06-echo.gihyo.local 80 0s

==> v1/Pod(related)
NAME READY STATUS RESTARTS AGE
echo-echo-85546db445-s6c2n 0/2 ContainerCreating 0 0s

==> v1/Service
NAME TYPE CLUSTER-IP EXTERNAL-IP PORT(S) AGE
```

```
echo-echo ClusterIP 10.111.98.133 <none> 80/TCP 0s

==> v1beta1/Deployment
NAME DESIRED CURRENT UP-TO-DATE AVAILABLE AGE
echo-echo 1 1 1 0 0s



NOTES:
1. Get the application URL by running these commands:
  http://ch06-echo.gihyo.local
```

차트를 설치하니 echo 애플리케이션의 디플로이먼트, 서비스, 인그레스가 각각 구축됐다.

```
$ kubectl get deployment,service,ingress --selector app=echo
NAME DESIRED CURRENT UP-TO-DATE AVAILABLE AGE
deploy/echo-echo 1 1 1 1 12m

NAME TYPE CLUSTER-IP EXTERNAL-IP PORT(S) AGE
svc/echo-echo ClusterIP 10.111.98.133 <none> 80/TCP 12m

NAME HOSTS ADDRESS PORTS AGE
ing/echo-echo ch06-echo.gihyo.local localhost 80 12m
```

ch06-echo.gihyo.local에 HTTP 요청을 보내면 echo 애플리케이션의 응답을 받을 수 있다.

```
$ curl http://localhost -H 'Host: ch06-echo.gihyo.local'
Hello Docker!!
```

다양한 리소스로 이루어진 복잡한 애플리케이션도 헬름 차트로 패키징하면 설치 대상 클러스터가 여러 곳이어도 비교적 간단하게 배포할 수 있다. 또 애플리케이션을 차트로 추상화하면 퍼블릭 클라우드 간 에도 서비스를 쉽게 이전할 수 있다.

차트 사용자 리포지토리 구축

패키징된 차트는 로컬 리포지토리에서 불러다 사용할 수 있지만, 팀 개발 업무에서 이 차트를 사용하려 면 중앙에서 관리하는 원격 리포지토리가 필요하다.

헬름 차트 리포지토리는 차트 아카이브 파일(.tgz)과 리포지토리에 등록된 차트의 정보를 모아둔 인덱스 파일(index.yaml)을 HTTP/HTTPS로 제공하는 형태다. 이 파일을 호스팅하는 가장 간단한 수단이 깃허브 페이지다. 깃허브 페이지로 차트 리포지토리를 구축하는 방법을 설명한다[29].

먼저 차트 리포지토리로 사용할 깃허브 저장소를 만든다. 저장소 이름은 어떤 것을 사용해도 무방하다.

Create a new repository

A repository contains all the files for your project, including the revision history.

Owner　　　　**Repository name**

🐙 gihyodocker ▾　/　charts　　　✓

Great repository names are short and memorable. Need inspiration? How about upgraded-fortnight.

Description (optional)

◉ 📖 **Public**
　Anyone can see this repository. You choose who can commit.

○ 🔒 **Private**
　You choose who can see and commit to this repository.

☑ **Initialize this repository with a README**
　This will let you immediately clone the repository to your computer. Skip this step if you're importing an existing repository.

Add .gitignore: None ▾　　Add a license: None ▾　ⓘ

[Create repository]

새로 만든 깃허브 저장소를 로컬에 복제한 다음, gh-pages라는 이름의 브랜치를 생성한다. 이 gh-pages 브랜치의 내용이 깃허브 페이지가 된다.

```
$ git clone git@github.com:gihyodocker/charts.git

$ cd charts

(charts) git checkout -b gh-pages
Switched to a new branch 'gh-pages'
```

복제한 로컬 저장소 디렉터리 바로 아래에 stable이라는 디렉터리를 만든다. 여기서는 이 디렉터리를 차트 리포지토리의 루트 디렉터리로 사용할 것이다[30].

```
(charts) $ mkdir stable
```

---

29 아마존 S3나 구글 클라우드 스토리지를 사용해서도 구축할 수 있다.

30 이러한 디렉터리 구조로 깃허브 저장소 한 곳에서 여러 개의 차트 리포지토리를 운영할 수 있다.

stable 디렉터리 안에서 시험 삼아 차트를 만들어 보자. 내용을 수정하지 않고 그대로 패키징을 실행한다.

```
(charts/stable) $ helm create example
Creating example

(charts/stable) $ helm package example
Successfully packaged chart and saved it to: /path-to-path/charts/stable/example-0.1.0.tgz
```

그다음 리포지토리에 등록된 차트 정보를 담은 인덱스 파일(index.yaml)을 다음과 같이 생성한다.

```
(charts/stable) $ helm repo index .
```

이 명령을 실행한 시점에서 stable 디렉터리의 내용은 다음과 같다. 이 구조를 갖추면 stable 디렉터리는 차트 리포지토리로 기능할 수 있다.

```
(charts/stable) $ tree .
.
├── example
│   ├── Chart.yaml
│   ├── charts
│   ├── templates
│   │   ├── NOTES.txt
│   │   ├── _helpers.tpl
│   │   ├── deployment.yaml
│   │   ├── ingress.yaml
│   │   └── service.yaml
│   └── values.yaml
├── example-0.1.0.tgz
└── index.yaml
```

차트 및 index.yaml 파일을 커밋하고 gh-page 브랜치에 푸시한다.

```
(charts/stable) $ git add -A

(charts/stable) $ git commit -m "add first chart"

(charts/stable) $ git push origin gh-pages
```

그다음 깃허브 페이지로 이 내용을 공개하도록 설정한다. 깃허브 저장소 설정 화면의 Github Pages 항목에서 'Source'를 'gh-pages branch'로 설정한다.

"Your site is ready to be published at" 메시지 뒤에 나오는 URL이 이 깃허브 페이지를 볼 수 있는 URL이다. 예를 들어 리포지토리에서 배포되는 파일은 다음과 같이 내려받을 수 있다.

```
$ curl -s https://gihyodocker.github.io/charts/stable/index.yaml
```

마지막으로 이 원격 리포지토리를 로컬에 등록해 사용할 수 있게 한다. 로컬 환경에서 'helm repo add 리포지토리 이름 리포지토리 URL' 명령을 사용하면 원격 리포지토리가 로컬에 추가된다.

```
$ helm repo add gihyo-stable https://gihyodocker.github.io/charts/stable
"gihyo-stable" has been added to your repositories
```

helm repo update 명령으로 리포지토리를 업데이트한 다음, example 키워드로 검색하면 깃허브 페이지로 공개한 차트가 표시된다.

```
$ helm repo update

$ helm search example
NAME CHART VERSION APP VERSION DESCRIPTION
gihyo-stable/example 0.1.0 1.0 A Helm chart for Kubernetes
local/example 0.1.0 1.0 A Helm chart for Kubernetes
```

이제 이 차트를 사용해서 애플리케이션을 설치할 수 있다.

```
$ helm install --namespace default --name example gihyo-stable/example
```

이제 사용자 리포지토리에서 차트를 내려받아 애플리케이션을 설치할 수 있다. 팀 개발에서 헬름을 사용할 때는 이렇게 사용자 리포지토리를 구축해 차트를 배포하는 것이 중요하다.

04 쿠버네티스 배포 전략

배포 기능 및 배포 전략을 수립하는 것은 개발자의 주요 업무다. 컨테이너가 등장하기 전에는 산출물의 아카이브 파일이나 실행 파일을 서버로 전송하고 각 서버에서 배포 스크립트를 작성하거나 중단 없이 서버 한 대씩 돌아가며 배포[31]하는 등 다양한 요소를 고려해야 했다.

그러나 애플리케이션을 컨테이너로 배포하는 시대에 들어오면서 배포 전략에도 변화가 찾아왔다. 도커 컨테이너를 사용한 배포는 각 서버가 도커 이미지를 직접 받아가는 풀 배포(pull deployment)이므로 배포 및 스케일 아웃이 쉽다. 배포의 기본적인 부분은 도커와 컨테이너 오케스트레이션에 속하기 때문에 기존 방법처럼 많은 수고를 들일 필요가 없다.

쿠버네티스 역시 컨테이너의 장점을 살려 배포할 수 있다. 하지만 이제는 더욱더 정교한 운영을 위해 어떻게 배포 작업을 자동화하고 서비스 무중단을 유지해야 할지를 고민한다. 이 절에서는 몇 가지 사례를 통해 쿠버네티스 배포 전략에 대해 알아본다.

롤링 업데이트

디플로이먼트 리소스에서는 파드를 교체하는 전략을 .specs.strategy.type 속성에 정의했다. .specs.strategy.type의 값은 RollingUpdate와 Recreate[32]의 두 가지 값을 지정할 수 있는데, 기본값은 RollingUpdate다.

롤링 업데이트는 어떻게 동작할까

HTTP로 GET 요청을 전송하면 버전 넘버를 응답하는 애플리케이션의 예를 들어 롤링 업데이트가 어떻게 동작하는지 살펴보자. 다음과 같이 서비스와 디플로이먼트를 정의한 매니페스트 파일 echo-version.yaml을 작성하고 echo-verson을 배포한다.

---

31 롤링 업데이트.

32 기존 파드가 모두 삭제된 다음 새로운 파드를 생성하는 방법.

```yaml
apiVersion: v1
kind: Service
metadata:
  name: echo-version
  labels:
    app: echo-version
spec:
  ports:
  - port: 80
    targetPort: 8080
  selector:
    app: echo-version

---
apiVersion: apps/v1
kind: Deployment
metadata:
  name: echo-version
  labels:
    app: echo-version
spec:
  replicas: 1
  selector:
    matchLabels:
      app: echo-version
  template:
    metadata:
      labels:
        app: echo-version
    spec:
      containers:
      - name: echo-version
        image: gihyodocker/echo-version:0.1.0
        ports:
        - containerPort: 8080
```

이 애플리케이션을 재배포할 때 서비스 외부에서 상태를 관찰할 update-checker 파드를 준비한다. 이 파드는 echo-version 서비스에 1초 간격으로 GET 요청을 전송한다.

```
apiVersion: v1
kind: Pod
metadata:
  name: update-checker
  labels:
    app: update-checker
spec:
  containers:
  - name: kubectl
    image: gihyodocker/fundamental:0.1.0
    command:
    - sh
    - -c
    - |
      while true
      do
        APP_VERSION=`curl -s http://echo-version/`
        echo "[`date`] $APP_VERSION "
        sleep 1
      done
```

update-checker 파드의 표준 출력을 모니터링해 보면 현재 배포된 echo-version 버전 넘버인 0.1.0이 계속 출력된다. echo-version 애플리케이션의 변화를 관찰하기 위해 kubectl logs -f 명령으로 로그가 계속 출력되게끔 한다.

```
$ kubectl logs -f update-checker
...
[Sun Jan 14 10:08:23 UTC 2018] APP_VERSION=0.1.0
[Sun Jan 14 10:08:24 UTC 2018] APP_VERSION=0.1.0
...
```

그다음 echo-version 애플리케이션을 배포한다. 도커 이미지를 현재 배포된 gihyodocker/echo-version:0.1.0에서 gihyodocker/echo-version:0.2.0으로 변경한다. 이미지를 변경했으니 파드가 교체될 것이다.

```
$ kubectl patch deployment echo-version \
-p '{"spec":{"template":{"spec":{"containers":[{"name":"echo-version", "image":"gihyodocker/echo-
```

```
version:0.2.0"}]}}}}'
deployment "echo-version" patched
```

곧 update-checker의 표준 출력에서 출력되는 버전 넘버가 0.2.0으로 바뀐다. 서비스 외부에서 봐도 배포된 애플리케이션에 변화가 있었음을 알 수 있다.

```
[Sun Jan 14 10:17:48 UTC 2018] APP_VERSION=0.1.0
[Sun Jan 14 10:17:49 UTC 2018] APP_VERSION=0.1.0
[Sun Jan 14 10:17:50 UTC 2018] APP_VERSION=0.2.0
[Sun Jan 14 10:17:51 UTC 2018] APP_VERSION=0.2.0
```

이때 배포된 파드에는 어떤 변화가 일어난 것일까? 다음과 같이 kubectl -w 명령을 실행하면 파드의 상태 변화를 실시간으로 확인할 수 있다.

```
$ kubectl get pod -l app=echo-version -w
```

재배포 전의 파드 상태

```
NAME READY STATUS RESTARTS AGE
echo-version-75f7c9cd57-vp7dn 1/1 Running 0 21m
```

재배포를 실행한 시점의 파드 상태

새로운 파드가 생성(ContainerCreating)되고 있으나 기존 파드가 여전히 실행 중(Running)이다.

```
NAME READY STATUS RESTARTS AGE
echo-version-679d9bb888-15d8k 0/1 ContainerCreating 0 1s
echo-version-75f7c9cd57-vp7dn 1/1 Running 0 21m
```

파드 교체

새로운 파드가 실행 상태(Running)가 되고 기존 파드는 정지 중(Terminating)이 된다. 서비스 외부에서 봤을 때 echo-version에서 응답하는 버전 넘버가 바뀌기 시작하는 것이 이 시점부터다.

```
NAME READY STATUS RESTARTS AGE
echo-version-679d9bb888-l5d8k 1/1 Running 0 2s
echo-version-75f7c9cd57-vp7dn 0/1 Terminating 0 22m
```

재배포 완료

기존 파드가 완전히 폐기되고 파드 교체가 완료된다.

```
NAME READY STATUS RESTARTS AGE
echo-version-679d9bb888-l5d8k 1/1 Running 0 20s
```

지금까지 본 과정이 롤링 업데이트의 기본 동작이다. 이를 통해 무중단 배포가 가능하다.

롤링 업데이트의 동작 제어하기

레플리카 수가 1(replicas=1)인 경우에 대해 파드를 교체하는 롤링 업데이트를 해 봤다. 그러나 실제 운영에서는 대부분 하나 이상의 파드를 사용할 것이다. 쿠버네티스의 디플로이먼트 리소스는 특별한 설정 없이도 롤링 업데이트가 되지만, strategy 설정을 조절해 롤링 업데이트 시의 동작을 제어할 수 있다.

예를 들어 다음과 같은 디플로이먼트 매니페스트 파일에서 strategy 아래의 maxUnavailable과 maxSurge 속성을 보자.

```
apiVersion: apps/v1
kind: Deployment
metadata:
    name: echo-version-strategy
    labels:
        app: echo-version
spec:
    replicas: 4
    strategy:
        type: RollingUpdate
        rollingUpdate:
            maxUnavailable: 3
            maxSurge: 4
    selector:
```

```
      matchLabels:
          app: echo-version
    template:
      metadata:
        labels:
            app: echo-version
      spec:
        containers:
        - name: echo-version
          image: gihyodocker/echo-version:0.1.0
          ports:
          - containerPort: 8080
```

maxUnavailable은 롤링 업데이트 중 동시에 삭제할 수 있는 파드의 최대 개수를 의미하며, replicas
로 지정한 파드 수의 비율(퍼센트)로도 지정할 수 있다. 기본값은 replicas의 25퍼센트이므로, 예를 들
어 replicas 값이 8이면 그 25퍼센트에 해당하는 2개의 파드가 동시에 삭제될 수 있다.

이 매니페스트 파일에는 replicas가 4이고, maxUnavailable이 3이다. 그러므로 롤링 업데이트를 시
작하면 바로 파드 3개가 정지된다. 이 maxUnavailable 값을 크게 설정하면 동시에 교체되는 파드 수
가 늘어나므로 롤링 업데이트에 걸리는 시간이 줄어든다.

그러나 서비스에 투입된 파드의 수가 줄어들어 롤링 업데이트 중 그만큼 파드 하나에 몰리는 요청 수가
늘어나는 트레이드 오프가 발생한다. 애플리케이션이 처리하는 트래픽에 맞춰 적절한 값을 설정해야
하므로 처음에는 maxUnavailable=1로 설정해 파드를 하나씩 교체하는 것이 안전하다.

maxSurge는 롤링 업데이트 중 동시에 생성하는 파드의 개수다. 기본값은 replicas의 25퍼센트다. 예
를 들어 replicas가 4이고 maxSurge가 4라면 롤링 업데이트를 시작하고 새 버전 파드가 4개 생성된
다. 필요한 파드를 빨리 생성하므로 파드 교체 시간이 단축되는 효과가 있지만, 순간적으로 필요한 시
스템 자원이 급증하는 부작용이 있다.

실행 중인 컨테이너에 대한 헬스 체크 설정

쿠버네티스에서 파드에 포함된 컨테이너가 모두 시작되면 서비스로부터 요청을 받을 수 있는 상태가
된다. 그러나 애플리케이션에 따라 컨테이너가 모두 시작된 후에도 요청을 처리할 수 있는 상태가 될
때까지 좀 더 시간이 걸리는 경우가 있다. 이런 경우에는 파드가 Running 상태여도 애플리케이션이
제대로 된 응답을 하지 못하는 일이 발생한다.

쿠버네티스에는 이런 문제를 해결하기 위해 livenessProbe와 readinessProbe라는 컨테이너 헬스 체크 기능이 있다. 다음 매니페스트 파일은 echo-version 컨테이너에 이 헬스 체크 기능을 적용한 것이다.

```yaml
apiVersion: apps/v1
kind: Deployment
metadata:
    name: echo-version-hc
    labels:
        app: echo-version
spec:
    replicas: 1
    selector:
        matchLabels:
            app: echo-version
    template:
        metadata:
            labels:
                app: echo-version
        spec:
            containers:
            - name: echo-version
                image: gihyodocker/echo-version:0.1.0
                imagePullPolicy: Always
                livenessProbe:
                    exec:
                        command:
                        - cat
                        - /live.txt
                    initialDelaySeconds: 3
                    periodSeconds: 5
                readinessProbe:
                    httpGet:
                        path: /hc
                        port: 8080
                    timeoutSeconds: 3
                    initialDelaySeconds: 15
                ports:
                - containerPort: 8080
```

livenessProbe는 애플리케이션 헬스 체크 기능으로, 애플리케이션이 의존하는 컨테이너 안의 파일이 존재하는지를 확인하는 용도로 사용한다. 예를 들어, 컨테이너 안에 애플리케이션이 필요로 하는 live. txt 파일이 없다면 다음과 같이 헬스 체크 결과가 Unhealthy로 나와 파드를 다시 한 번 재시작한다.

```
$ kubectl describe pod -l app=echo-version
...
Events:
Type Reason Age From Message
____ _____ ___ ____ _____
Normal Scheduled 2m default-scheduler Successfully assigned
echo-version-hc-8554d47fb4-mtrpd to docker-for-desktop
Normal SuccessfulMountVolume 2m kubelet, docker-for-desktop MountVolume.SetUp succeeded for
volume "default-token-q28cw"
Normal Created 2m (x3 over 2m) kubelet, docker-for-desktop Created container
Normal Started 2m (x3 over 2m) kubelet, docker-for-desktop Started container
Normal Pulling 2m (x4 over 2m) kubelet, docker-for-desktop pulling image "gihyodocker/echo-
version:0.1.0"
Warning Unhealthy 2m (x7 over 2m) kubelet, docker-for-desktop Liveness probe failed: cat:
can't open '/live.txt': No such file or directory
Normal Killing 2m (x3 over 2m) kubelet, docker-for-desktop Killing container with id
docker://echo-version:Container failed liveness probe.. Container will be killed and recreated.
...
```

이에 비해, readinessProbe는 컨테이너 외부에서 HTTP 요청 같은 트래픽을 발생시켜 이를 처리할 수 있는 상태인지를 확인하는 기능이다. HTTP 요청을 처리하는 애플리케이션이라면 httpGet 속성으로 L7 수준에서 응답 여부를 확인할 수 있다. timeoutSeconds는 헬스 체크 요청의 타임아웃 시간이며 initialDelaySeconds 컨테이너 시작 후 헬스 체크를 시작하는 시간을 의미한다.

또, tcpSocket 항목은 L4 수준을 설정한다. 컨테이너 외부에서 온 트래픽을 처리하는 애플리케이션은 readinessProbe를 설정하면 정상 상태가 아닌 컨테이너가 애플리케이션에 투입되는 것을 막을 수 있으므로 반드시 설정해 두는 것이 좋다.

livenessProbe 및 readinessProbe가 설정된 컨테이너를 포함한 파드는 다음과 같이 Running 상태가 돼도 READY[33]가 0/1로 나오다가 모든 헬스 체크를 통과한 다음에야 1/1이 돼 트래픽을 처리할 수 있는 상태가 된다.

---

33 준비가 끝난 컨테이너의 수

```
$ kubectl get pod -l app=echo-version
NAME READY STATUS RESTARTS AGE
echo-version-hc-5b454b44c-52w8n 0/1 Running 0 2s

$ kubectl get pod -l app=echo-version
NAME READY STATUS RESTARTS AGE
echo-version-hc-5b454b44c-52w8n 1/1 Running 0 28s
```

칼럼 7-2. 안전을 위해 애플리케이션을 정지한 후 파드를 삭제한다

쿠버네티스의 롤링 업데이트에서는 파드가 순차적으로 정지되고 새로운 파드로 교체되는 과정이 일어난다. 이 자체로도 강력한 기능이지만, 파드를 삭제할 때 주의해야 할 점이 몇 가지 있다.

삭제 중인 파드의 컨테이너가 해당 시점에 사용자로부터 받은 요청을 처리 중이라면 사용자는 애플리케이션의 응답을 받지 못한다.

데이터스토어 컨테이너라면 종료 및 재시작에 제법 시간이 걸릴 수 있어 종료되기도 전에 컨테이너가 삭제되는 경우도 있을 수 있다.

이런 일을 방지하려면 애플리케이션이 확실히 안전하게 종료된 다음에 컨테이너를 삭제해야 한다. 이렇듯 미리 규정된 절차를 거쳐 안전하게 애플리케이션을 셧다운시키는 것을 'Graceful Shutdown(안전 종료)'이라고 한다.

파드에 종료 명령이 전달되면 파드에 속하는 컨테이너 프로세스에도 SIGTERM 시그널이 전달된다. SIGTERM 시그널을 받은 컨테이너는 terminationGracePeriodSeconds에 설정된 시간(기본값 30초) 안에 정상적으로 애플리케이션이 종료되지 않으면 SIGKILL 시그널을 보내 컨테이너를 강제 종료한다.

즉, 종료 처리에 시간이 오래 걸리는 컨테이너는 terminationGracePeriodSeconds 값을 다음과 같이 늘려 설정해야 한다.

```
spec:
    terminationGracePeriodSeconds: 60
    containers:
    - name: mysql
        image: gihyodocker/tododb:latest
```

Nginx는 또 다른 요소를 고려해야 한다. Nginx는 SIGTERM 시그널을 받으면 Graceful Shutdown이 아니라 즉시 종료된다. 더 큰 문제는 마스터 프로세스뿐만 아니라 워커 프로세스도 즉시 종료된다는 점이다. 이 프로세스 모두를 안전하게 종료해야 한다.

쿠버네티스는 lifecycle.preStop 속성에서 컨테이너 종료 시작 시점의 훅을 정의할 수 있다. 이 훅을 이용해 Nginx를 안전하게 종료하는 quit 명령을 실행한다.

```
spec:
    containers:
    - name: nginx
```

```
        image: gihyodocker/nginx:latest
        ports:
        - containerPort: 80
        lifecycle:
            preStop:
                exec:
                    command: ["/usr/sbin/nginx","-s","quit"]
```

각 컨테이너에서 실행하는 애플리케이션의 특성을 고려해 컨테이너를 안전하게 종료해야 한다.

블루-그린 배포

롤링 업데이트 메커니즘은 강력한 기능이긴 하지만, 다음과 같이 새 버전 파드와 구버전 파드가 함께 존재하는 시간이 불가피하게 발생한다. 이런 특성 때문에 애플리케이션과 연동된 프로그램이나 사용자 가 의도치 않은 부작용을 겪을 수 있어 롤링 업데이트가 적합하지 않은 애플리케이션도 있다.

```
$ kubectl logs -f update-checker
[Sun Jan 14 11:44:48 UTC 2018] APP_VERSION=0.1.0
[Sun Jan 14 11:44:49 UTC 2018] APP_VERSION=0.2.0
[Sun Jan 14 11:44:53 UTC 2018] APP_VERSION=0.2.0
[Sun Jan 14 11:44:54 UTC 2018] APP_VERSION=0.2.0
[Sun Jan 14 11:44:55 UTC 2018] APP_VERSION=0.1.0
[Sun Jan 14 11:44:56 UTC 2018] APP_VERSION=0.2.0
```

이러한 문제를 해결하기 위한 배포 방법으로 블루-그린 배포를 들 수 있다. 이것은 새 버전과 구버전 으로 2세트의 서버를 마련하고 이를 한꺼번에 교체하는 배포 방법이다. 이를 쿠버네티스에서 구현해 본다.

블루-그린 배포란?

블루-그린 배포란 기존 서버군과 별도로 새로운 버전이 배포된 서버군을 구성하고, 로드 밸런서 혹은 서비스 디스커버리 수준에서 참조 대상을 교체하는 방식으로 이뤄지는 배포를 말한다.

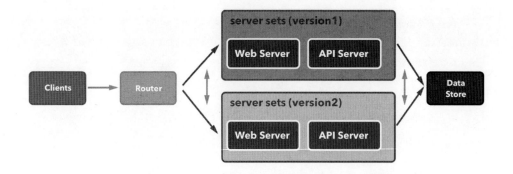

도커의 블루-그린 배포는 서버군이 아닌 컨테이너군을 통해 구현된다. 그래서 일시적으로나마 애플리케이션을 배포할 서버군을 2계통으로 유지해야 하기 때문에 롤링 업데이트보다 필요 리소스의 양이 늘어난다. 그러나 이러한 점을 감수하고도 이 방법에는 장점이 많다. 롤링 업데이트처럼 신버전과 구버전이 혼재하는 시간 없이 순간적인 교체가 가능하며, 한쪽 서버군을 릴리스 전 스탠바이 상태로 사용할 수 있는 것도 운영상 장점이다.

2계통의 디플로이먼트 준비하기

쿠버네티스로 블루-그린 배포를 구현하는 방법으로 먼저 디플로이먼트를 2계통으로 갖추는 방법이 있다. 즉, 배포 시에 기존 디플로이먼트를 업데이트하는 것이 아니라 새로운 디플로이먼트 리소스를 준비한 다음 기존 디플로이먼트와 교체한 후 기존 것을 폐기하는 과정을 말한다.

앞에서 '롤링 업데이트'를 설명할 때 사용했던 echo-version 애플리케이션을 바탕으로 새로 echo-version-blue.yaml(블루 서버군)과 echo-version-green.yaml(그린 서버군)의 2계통의 디플로이먼트를 준비한 다음, 각 디플로이먼트를 정의한다.

블루 디플로이먼트에 속한 파드에는 gihyodocker/echo-version:0.1.0 이미지를 적용하고 그린 디플로이먼트에 속한 파드에는 gihyodocker/echo-version:0.2.0 이미지를 적용한다. 그리고 labels.color 속성에 각 서버군을 구별할 수 있는 값(blue, gree)을 설정한다.

echo-version-blue.yaml(블루 서버군)

```
apiVersion: apps/v1
kind: Deployment
metadata:
  name: echo-version-blue
```

```yaml
  labels:
    app: echo-version
    color: blue
spec:
  replicas: 1
  selector:
    matchLabels:
      app: echo-version
      color: blue
  template:
    metadata:
      labels:
        app: echo-version
        color: blue
    spec:
      containers:
      - name: echo-version
        image: gihyodocker/echo-version:0.1.0
        ports:
        - containerPort: 8080
```

echo-version-green.yaml(그린 서버군)

```yaml
apiVersion: apps/v1
kind: Deployment
metadata:
  name: echo-version-green
  labels:
    app: echo-version
    color: green
spec:
  replicas: 1
  selector:
    matchLabels:
      app: echo-version
      color: green
  template:
    metadata:
```

```
    labels:
      app: echo-version
      color: green
  spec:
    containers:
    - name: echo-version
      image: gihyodocker/echo-version:0.2.0
      ports:
      - containerPort: 8080
```

두 매니페스트 파일을 kubectl을 사용해 적용한다.

```
$ kubectl apply -f echo-version-blue.yaml
$ kubectl apply -f echo-version-green.yaml
```

셀렉터 레이블을 변경해 디플로이먼트 교체하기

서비스의 spec.selector 설정 항목에서 레이블값을 지정해 요청받을 디플로이먼트를 결정한다. 이 기능을 이용하면 서비스에서 spec.selector.color의 설정값을 바꾸는 방법으로 사용할 디플로이먼트를 바꿀 수 있다.

다음과 같은 서비스를 생성하고 selector.app의 값은 echo-version으로, selector-color의 값은 구버전이 배포된 서버군을 의미하는 blue로 설정한다.

```
apiVersion: v1
kind: Service
metadata:
  name: echo-version
  labels:
    app: echo-version
spec:
  ports:
  - port: 80
    targetPort: 8080
  selector:
    app: echo-version
    color: blue
```

이 상태는 gihyodocker/echo-version:0.1.0이 배포된 블루 서버군이 선택된 상태다. 그러므로 현재 애플리케이션은 버전 0.1.0을 응답할 것이다.

```
$ kubectl logs -f update-checker
[Sun Jan 14 16:53:22 UTC 2018] APP_VERSION=0.1.0
[Sun Jan 14 16:53:23 UTC 2018] APP_VERSION=0.1.0
[Sun Jan 14 16:53:24 UTC 2018] APP_VERSION=0.1.0
...
```

이때, kubectl을 사용해 spec.selector.color의 값을 변경해 보자.

```
$ kubectl patch service echo-version -p '{"spec": {"selector": {"color": "green"}}}'
service "echo-version" patched
```

selector.color 값을 변경하면 곧바로 응답에 나오는 버전이 0.2.0으로 바뀐다.

```
[Sun Jan 14 16:53:34 UTC 2018] APP_VERSION=0.1.0
[Sun Jan 14 16:53:35 UTC 2018] APP_VERSION=0.2.0
[Sun Jan 14 16:53:36 UTC 2018] APP_VERSION=0.2.0
[Sun Jan 14 16:53:37 UTC 2018] APP_VERSION=0.2.0
```

새로 배포된 애플리케이션에 문제가 있다면 selector.color 값을 원래 대로 되돌려서 순간적으로 시스템을 롤백하면 된다.

이렇듯 블루-그린 배포는 애플리케이션의 구버전과 신버전이 함께 존재하는 문제가 없으며 교체에 걸리는 시간도 제로에 가깝다.

애플리케이션의 특성을 고려해 롤링 업데이트나 블루-그린 배포 중 한 가지 전략을 선택하기 바란다[34].

---

34 쿠버네티스에 Linkerd나 Istio를 연동시키면 카나리아 릴리스 전략을 사용할 수도 있다. 일부 사용자의 접근을 다른 버전의 애플리케이션으로 돌리거나 A/B 테스트에도 활용할 수 있다.

칼럼 7-3. 서비스 메시를 구현하는 Linkerd와 Istio

최근에는 모든 기능을 단일 시스템에 우겨넣는 모놀리식 설계 대신 기능 및 도메인 단위로 시스템을 분할한 여러 개의 서비스로 시스템을 구성하는 마이크로서비스 설계가 주류를 이룬다. 마이크로서비스 설계는 RESTful API와 gRPC 같은 인터페이스를 통해 서비스를 서로 연동시키는데, 여기에는 다음과 같은 장점이 있다.

- 각 서비스를 가장 적합한 언어나 프레임워크로 구현할 수 있다.

- 서비스 단위의 배포가 가능하다.

- 장애가 발생할 때 그 범위가 최소화된다.

이러한 이점이 있는 반면, 서비스 간 라우팅 관리나 통신 대상 서비스가 오류를 일으킬 경우에 대한 적절한 대처 등 운영상 고려해야 할 점이 늘어나기도 한다.

이런 문제를 해결하기 위한 것이 서비스 메시다. 서비스 메시는 서비스와 네트워크 사이에 위치하는 것으로, 개발자가 애플리케이션 코드를 작성하지 않고도 고기능 라우팅 제어를 할 수 있다. 또 일부 서비스가 장애를 일으켜도 트래픽이 과도하게 몰리지 않도록 하는 서킷 브레이커 기능 등 장애에 대한 내구성을 높이는 기능도 갖추고 있다.

서비스 메시를 구축하기 위해 사용하는 대표적인 오픈 소스 소프트웨어는 Linkerd[35]와 Istio[36]다.

Linkerd는 쿠버네티스를 비롯해 아마존 ECS, 바닐라 도커 등에 서비스 메시 시스템을 제공할 수 있다. 이미 몇 가지 상용 서비스에 적용된 실적도 있다. Linkerd는 Finagle[37]을 기반으로 하므로 Finagle에서 사용하는 Dtab이라는 형태로 라우팅 규칙을 기술한다.

Istio는 Linkerd보다 나중에 나왔지만, 구글과 IBM, 리프트가 주도적으로 개발 중이고 지금은 Linkerd보다 활발하게 개발되고 있으며 2018년 8월에 정식 버전이 출시됐다. 현재는 쿠버네티스만 정식 지원하지만, 앞으로 다양한 플랫폼으로 지원이 확대될 예정이다. Istio에서 라우팅 기능을 제공하는 코어는 envoy[38]라는 오픈 소스 소프트웨어다.

Linkerd와 Istio 모두 유연한 라우팅 기능을 제공하므로 블루-그린 배포나 카나리아 릴리스를 적용할 수 있으며 충실한 지표 수집 기능도 제공한다.

개인적으로도 아직은 이 두 서비스 메시 소프트웨어를 검증 중인데, Linkerd의 코어에 해당하는 Finagle이 JVM에서 동작하기 때문에 C++11로 구현된 envoy보다는 시스템 자원을 많이 필요로 한다. 그리고 현재 개발 추세나 클라우드 서비스 플랫폼에서 Istio의 매니지드 서비스를 제공하기 시작했다는 점을 감안하면 머지않아 Istio가 서비스 메시 소프트웨어의 주도권을 갖게 될 것으로 보인다.

---

35 https://linkerd.io/

36 https://istio.io/

37 트위터에서 발표한 JVM용 RPC 시스템. 병렬 실행 성능 향상을 목적으로 한다. https://twitter.github.io/finagle/

38 CNCF(Cloud Native Computing Foundation)에서 제공한다. CNCF는 컨테이너 실행 환경의 표준을 작성하는 단체다. envoy는 C++11로 구현됐으며 가벼운 것이 특징이다. https://www.envoyproxy.io/

컨테이너
운영

7장까지는 컨테이너로 시스템을 구축하는 방법적 측면, 즉 컨테이너 친화적인 애플리케이션이나 미들웨어를 구축하는 방법론이나 쿠버네티스를 이용한 컨테이너 오케스트레이션을 주로 다뤘다.

실제 운영 환경에서 다수의 컨테이너를 이용해 애플리케이션을 지속적으로 가동하려면 개발 지식만으로는 부족하다.

이번 장에서는 컨테이너 환경의 효율적인 로그 관리 등 관리 운영적 부분에 중점을 두고 운영 환경에서 알아둬야 할 주의 사항을 설명한다.

01 로깅 운영

지금까지 스웜이나 쿠버네티스를 사용해 다수의 컨테이너로 구성된 애플리케이션을 구축했다. 그러나 이 애플리케이션에서 생성하는 로그를 어떻게 다뤄야 하는지는 설명하지 않았다.

컨테이너 환경에서 로그를 운영하는 구체적인 방법을 설명하기 전에 컨테이너 환경에서 로그가 어떻게 생성되는지 살펴보자. 쿠버네티스가 아닌 로컬 환경에서 진행할 것이다[1].

---

1 5장과 6장은 클라우드 환경의 쿠버네티스에 집중했으나, 일단 로컬에 설치된 윈도우용/macOS용 도커로 돌아가기로 한다.

컨테이너에서 생성되는 로그

비컨테이너 환경의 애플리케이션에서는 어떤 방법으로 로그를 운영했는지 돌이켜보자.

웹 애플리케이션을 예로 들면, 프레임워크가 로깅 라이브러리를 포함하거나 옵션을 통해 로깅 구현체를 교체하는 기능을 갖추고 있었다.

이 라이브러리 대부분은 로그 로테이션이나 포매팅 기능을 갖추고 있다. 특히 비컨테이너 환경에서는 서버 업타임이 길기 때문에 로그가 누적돼 상당한 디스크 용량을 차지하는 일이 자주 발생한다. 로그 로테이션은 이런 경우에 중요한 기능이다.

이에 비해 도커에서는 로그 라이브러리를 사용해도 로그가 파일이 아니라 표준 출력으로 출력하고 이를 다시 Fluentd 같은 로그 컬렉터로 수집하는 경우가 많다. 이런 방법으로는 애플리케이션 쪽에서 로그 로테이션을 할 필요가 없으며 로그 전송을 돕는 로깅 드라이버 기능도 갖추고 있으므로 로그 수집이 편리하다. 이 절에서는 컨테이너에서 로그를 운영하는 방법을 설명한다.

표준 출력과 로그

HTTP GET 요청을 보내면 간단한 문자열을 응답하는 컨테이너 gihyodocker/echo:latest를 예로 들 것이다[2].

```go
package main
import (
    "fmt"
    "log"
    "net/http"
)

func main() {
    http.HandleFunc("/", func(w http.ResponseWriter, r *http.Request) {
        log.Println("received request")
        fmt.Fprintf(w, "Hello Docker!!")
    })

    log.Println("start server")
    server := &http.Server{Addr: ":8080"}
```

---

2   2장의 '간단한 애플리케이션과 도커 이미지 만들기'(37쪽) 절에 나온 main.go 파일로 구현된 애플리케이션이다.

```
    if err := server.ListenAndServe(); err != nil {
        log.Println(err)
    }
}
```

log.println 함수를 사용해 애플리케이션이 실행되는 시점과 HTTP 요청이 전달되는 시점에 메시지를 로그로 출력한다. 여기서 말하는 로그 출력이란 표준 출력을 의미하며 파일에 남기는 로그가 아니다.

다음과 같이 gihyodocker/echo:latest를 포어그라운드로 실행한 다음 http://localhost:8080에 GET 요청을 전송한다. 애플리케이션에서 출력된 표준 출력 내용은 도커 컨테이너에서도 표준 출력으로 출력된다.

```
$ docker container run -it --rm -p 8080:8080 gihyodocker/echo:latest
2018/07/24 06:46:54 start server
2018/07/24 06:50:21 received request
```

그다음 이 로그가 호스트에서 어떻게 출력되는지 확인해 보자. 이 로그는 호스트, 다시 말해 LinuxKit에서 동작하는 가상 머신에 출력된다.

실행 중인 컨테이너 ID를 미리 확인한다. 호스트에 컨테이너 데이터가 저장된 디렉터리인 /var/lib/docker/containers/컨테이너ID에 위치한 컨테이너ID-json.log 파일이 로그 파일이다. 이 로그 파일을 살펴보자. 윈도우용/macOS용 도커에서는 호스트에 위치한 로그 파일을 컨테이너와 공유하는 방법으로(-v 옵션) 로그를 확인한다.

```
$ docker run -it --rm -v /var/lib/docker/containers:/json-log alpine ash
/ # cd json-log/컨테이너ID
/json-log/컨테이너ID # ls
컨테이너ID-json.log
...
/json-log/컨테이너ID # cat 컨테이너ID-json.log
{"log":"2018/07/24 06:46:54 start server\r\n","stream":"stdout","time":"2018-07-
24T06:46:55.0756985Z"}
{"log":"^L^L^L2018/07/24 06:50:21 received request\r\n","stream":"stdout","time":"2018-07-
24T06:50:21.6909062Z"}
```

로그 파일의 내용을 확인해 보면 조금 전 컨테이너의 표준 출력으로 출력된 내용이 JSON 포맷으로 출력된 것을 확인할 수 있다.

다시 말해, 애플리케이션에서 로그를 파일에 출력하도록 구현하지 않았더라도 도커에서 컨테이너의 표준 출력을 로그로 출력해 주는 것이다. 따라서 로그 출력 자체를 완전히 도커에 맡길 수 있다.

컨테이너에서 로그를 어떻게 남겨야 하는지에 대한 베스트 프랙티스는 바로 뒤 '컨테이너 로그 다루기' 절에서 다룬다.

로깅 드라이버

도커 컨테이너의 로그가 JSON 포맷으로 출력되는 이유는 도커에 json-file이라는 기본 로깅 드라이버가 있기 때문이다. 로깅 드라이버는 도커 컨테이너가 출력하는 로그를 어떻게 다룰지를 제어하는 역할을 한다. json-file 외에도 다음과 같은 로깅 드라이버를 사용할 수 있다.

Syslog	syslog로 로그를 관리
Journald	systemd로 로그를 관리
Awslogs	AWS CloudWatch Logs로 로그를 전송
Gcplogs	Google Cloud Logging으로 로그를 전송
Fluentd	fluentd로 로그를 관리

도커 로그는 fluentd를 사용해 수집하는 것이 정석이다. 퍼블릭 클라우드에서 도커를 사용하는 경우에는 awslogs나 gcplogs를 많이 사용한다.

컨테이너 로그 다루기

비 컨테이너 환경에서 실행되는 애플리케이션은 당연히 로그를 파일에 출력한다. 그러나 이 방법은 컨테이너에 적용하기에는 몇 가지 어려움이 있다.

장애로 인해 예기치 않게 컨테이너가 정지되고 디스크에서 완전히 삭제됐다고 가정해 보자. 컨테이너 안에 로그를 파일로 남기면 컨테이너를 삭제할 때 로그도 함께 잃어버린다는 큰 문제가 발생한다.

도커처럼 로그를 표준 출력으로 남기면 로그가 호스트에 위치한 파일에 남는다. 호스트에서 컨테이너에 공유한 볼륨에 파일로 로그를 남기는 방법도 가능하지만, 로그는 표준 출력으로 남기고 이 내용을 호스트에서 파일에 수집하는 것이 더 간단하다. 도커에서는 이런 방법을 정석으로 여긴다.

컨테이너에서 출력한 로그를 어떻게 수집하고 운영하는지 그 방법을 구체적으로 살펴보자.

컨테이너 로그의 로테이션

애플리케이션에서 표준 출력으로 출력하기만 해도 로그를 파일에 출력할 수 있지만, 웹 애플리케이션처럼 컨테이너 업타임이 길거나 액세스 수에 비례해 로그 출력량이 늘어나는 경우에는 JSON 로그 파일 크기가 점점 커진다. 컨테이너를 오랜 시간 운영하려면 이 로그를 적절히 로테이션할 필요가 있다.

도커 컨테이너에는 로깅 동작을 제어하는 옵션인 --log-opt가 있어서 이 옵션으로 도커 컨테이너의 로그 로테이션을 설정할 수 있다. max-size는 로테이션이 발생하는 로그 파일 최대 크기이며 k/m/g(킬로, 메가, 기가 바이트) 단위로 파일 크기를 지정할 수 있다. max-file은 최대 파일 개수를 의미하며 파일 개수가 이 값을 초과할 경우 오래된 파일부터 삭제된다.

```
$ docker container run -it --rm -p 8080:8080 \
--log-opt max-size=1m \
--log-opt max-file=5 \
gihyodocker/echo:latest
```

max-size로 설정한 파일 크기에 도달하면 다음과 같이 파일이 로테이션된다.

```
/# ls -lh *log*
-rw-r----- 1 root root 11.0K Jan 2 17:20 24bf60e07693cde8cf16ef214bf
284c38a1c5b3c4a50dfb3c4714cfdeb60ca72-json.log
-rw-r----- 1 root root 1M Jan 2 17:20 24bf60e07693cde8cf16ef214bf
284c38a1c5b3c4a50dfb3c4714cfdeb60ca72-json.log.1
```

이 설정을 컨테이너마다 일일이 할 필요는 없고, 도커 데몬에서 log-opts 기본값으로 설정할 수 있다. 윈도우용/macOS용 도커에서는 Preference 화면에서 Daemon 탭의 Advanced 항목에서 다음과 같이 JSON 포맷으로 설정할 수 있다.

```
{
    "log-driver" : "json-file",
    "log-opts" : {
        "max-size" : "10m",
        "max-file" : "5"
    }
}
```

---

3 리눅스 계열 운영 체제에서는 /etc/docker/daemon.json 파일에 작성한다.

Fluentd와 Elasticsearch를 이용한 로그 수집 및 검색 기능 구축

도커 호스트를 여러 대 운영하다 보면 파일 기반의 로그 관리 방식은 번거롭다. 이를 해결하려면 컨테이너가 출력하는 JSON 로그 파일을 다른 곳으로 전송해 모아놓고 관리 및 열람하는 기능이 필요하다.

도커 호스트에서 컨테이너 로그를 수집하는 역할은 로그 컬렉터 Fluentd[4]를 사용하고 로그를 저장하는 데이터 스토어는 Elasticsearch[5]를 사용하는 예를 살펴보자.

로그 수집 메커니즘의 이해를 돕기 위해 여기서는 컴포즈를 사용한 로컬 도커 환경에서 다음과 같은 컨테이너를 대상으로 로그 수집 및 검색 기능을 구축해 볼 것이다.

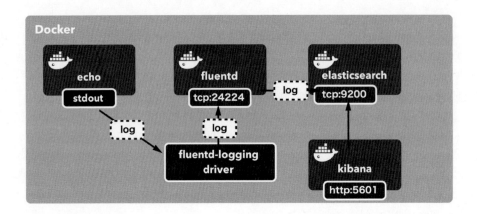

먼저 로그가 보관될 Elasticsearch와 로그 열람 기능을 제공할 Kibana[6]를 구축한다. 그다음 Fluentd를 구축하고 애플리케이션 컨테이너가 출력한 로그를 Fluentd에서 Elasticsearch로 전송한다. 마지막으로 Elasticsearch에 저장된 로그를 Kibana로 열람한다.

Elasticsearch와 Kibana 구축

docker-compose.yaml 파일을 다음과 같이 작성한다. Elasticsearch와 Kibana를 사용할 수 있도록 하고 포트는 5601을 열어둔다. Elasticsearch에 저장된 로그를 Kibana로 검색하거나 요약할 수 있으며, 통계를 그래프로 나타낼 수도 있다.

---

4 오픈 소스 소프트웨어에서 많이 사용되는 로그 콜렉터. https://www.fluentd.org/

5 ElasticSearch는 JVM에서 동작하는 풀텍스트 검색 엔진으로 잘 알려져 있는데, fluentd로 수집한 로그를 검색하는 용도로도 사용할 수 있다. fluentd+ElasticSearch는 로그 관리에서 단골로 사용되는 기법이다. https://www.elastic.co/kr/products/elasticsearch

6 데이터 시각화 도구. https://www.elastic.co/kr/products/kibana

```
version: "3"
services:
    elasticsearch:
        image: elasticsearch:5.6-alpine
        ports:
            - "9200:9200"
        volumes:
        - "./jvm.options:/usr/share/elasticsearch/config/jvm.options"

    kibana:
        image: kibana:5.6
        ports:
        - "5601:5601"
        environment:
            ELASTICSEARCH_URL: "http://elasticsearch:9200"
        depends_on:
        - elasticsearch
```

elasticsearch 컨테이너에는 호스트에 있는 jvm.options라는 설정 파일을 마운트한다. 지금처럼 로컬 머신에서 실행하는 경우에는 다음과 같이 jvm.options 파일에서 힙 사이즈와 관련된 에러를 발생하지 않게 한다.[7]

```
-Xms128m
-Xmx256m
-XX:+UseConcMarkSweepGC
-XX:CMSInitiatingOccupancyFraction=75
-XX:+UseCMSInitiatingOccupancyOnly
-XX:+AlwaysPreTouch
-server
-Xss1m
-Djava.awt.headless=true
-Dfile.encoding=UTF-8
-Djna.nosys=true
-Djdk.io.permissionsUseCanonicalPath=true
-Dio.netty.noUnsafe=true
-Dio.netty.noKeySetOptimization=true
```

---

7 ElasticSearch 이미지에서 JVM 힙 사이즈의 기본 설정값은 2GB다. 그러나 윈도우용/macOS용 도커의 메모리 기본 설정값을 초과하므로 메모리 부족을 일으킬 수 있다.

```
-Dio.netty.recycler.maxCapacityPerThread=0
-Dlog4j.shutdownHookEnabled=false
-Dlog4j2.disable.jmx=true
-Dlog4j.skipJansi=true
-XX:+HeapDumpOnOutOfMemoryError
```

먼저 2개의 컨테이너를 컴포즈로 실행한다. 브라우저에서 http://localhost:5601에 접근하면 Kibana 화면을 볼 수 있다. 이것으로 Elasticsearch와 Kibana 구축이 끝났다.

```
$ docker-compose up -d
$ docker container ls
CONTAINER ID IMAGE COMMAND CREATED STATUS PORTS NAMES
fd4eae06721d kibana:5.6 "/docker-entrypoint.…" 11 minutes ago Up 11 minutes 0.0.0.0:5601->5601/tcp
es_kibana_1
f9bc0c47b287 elasticsearch:5.6-alpine "/docker-entrypoint.…" 11 minutes ago Up 11 minutes
9200/tcp, 9300/tcp es_elasticsearch_1
```

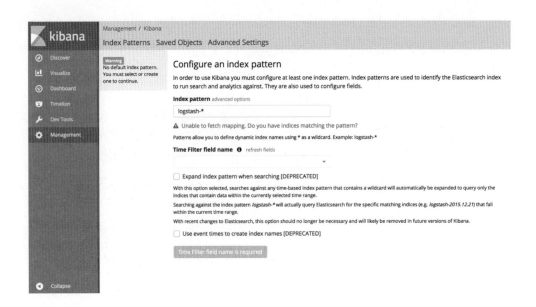

fluentd 구축

로그를 저장하는 역할을 할 Elasticsearch가 준비됐다. 이번에는 애플리케이션 로그를 Elasticsearch 로 보내는 역할을 하는 부분을 구축할 차례다.

우선 이 역할을 할 fluentd 컨테이너를 만든다.

fluentd의 설정 파일을 fluent.conf라는 이름으로 작성한 다음, Elasticsearch로 로그를 전송하게끔 설정을 추가한다. 여기서는 fluent.conf 파일에 Elasticsearch의 호스트명을 host 항목에 직접 기재했다. 컴포즈가 네임 레졸루션을 해주므로 elasticsearch로 지정하면 된다.

```
<source>
    @type forward
    port 24224
    bind 0.0.0.0
</source>

<match *.**>
    @type copy
    <store>
        type elasticsearch
        host elasticsearch
        port 9200
        logstash_format true
        logstash_prefix docker
        logstash_dateformat %Y%m%d
        include_tag_key true
        type_name app
        tag_key @log_name
        flush_interval 5s
    </store>
    <store>
        type file
        path /fluentd/log/docker_app
    </store>
</match>
```

이어서 Dockerfile을 작성해 이미지를 빌드한다. 공식 fluent/fluentd:v0.12-debian을 기반 이미지로 이용하고 fluent-plugin-elasticsearch 플러그인을 추가해 Elasticsearch로 로그를 보내게 한다. 마지막으로 앞에서 작성한 fluent.conf 파일을 복사하는 인스트럭션을 추가한 다음 이미지명을 ch08/fluentd-elasticsearch:latest로 지정한다.

```
FROM fluent/fluentd:v0.12-debian

RUN gem install fluent-plugin-elasticsearch --no-rdoc --no-ri --version 1.9.2
COPY fluent.conf /fluentd/etc/fluent.conf
```

```
$ docker image build -t ch08/fluentd-elasticsearch:latest .
Sending build context to Docker daemon 3.072kB
...
Successfully built 391c43c8c06b
Successfully tagged ch08/fluentd-elasticsearch:latest
```

fluentd 로깅 드라이버로 컨테이너 로그 전송하기

fluentd 로깅 드라이버를 사용해 실제 애플리케이션 컨테이너의 로그를 Elasticsearch로 보내보자.
docker-compose.yaml 파일을 다음과 같이 수정한다.

```
version: "3"
services:
    elasticsearch:
        image: elasticsearch:5.6-alpine
        ports:
            - "9200:9200"
        volumes:
        - "./jvm.options:/usr/share/elasticsearch/config/jvm.options"

    kibana:
        image: kibana:5.6
        ports:
        - "5601:5601"
        environment:
            ELASTICSEARCH_URL: "http://elasticsearch:9200"
        depends_on:
        - elasticsearch

    fluentd:
        image: ch07/fluentd:latest
        ports:
```

```
          - "24224:24224"
          - "24220:24220"
        depends_on:
        - elasticsearch

    echo:
        image: gihyodocker/echo:latest
        ports:
        - "8080:8080"
        logging:
            driver: "fluentd"
            options:
                fluentd-address: "localhost:24224"
                tag: "docker.{{.Name}}"
        depends_on:
        - fluentd
```

앞에서 만든 fluentd 컨테이너와 애플리케이션 컨테이너 echo를 추가했다.

echo 컨테이너의 설정 중 logging 항목에서 fluentd 로깅 드라이버를 사용하도록 했다. tag는 fluentd에서 로그를 식별하기 위한 것으로 .Name과 같이 컨테이너명을 포함한다.

수정한 docker-compose 파일을 적용한다. echo 컨테이너는 포트 8080을 개방하고 있으므로 HTTP 요청을 보내본다.

```
$ docker-compose up -d

$ curl http://localhost:8080/
Hello Docker!!
```

로그 확인하기

fluentd에서 수집한 로그를 바로 Elasticsearch로 보내지는 않는다.

fluent.conf의 flush_interval 값이 로그를 Elasticsearch로 보내는 시간 간격이다.

Elasticsearch는 fluentd에서 로그를 전달받아 데이터 파일에 인덱스를 생성한다. Elasticsearch가 만든 인덱스는 다음과 같이 확인할 수 있다.

```
$ curl http://localhost:9200/_cat/indices?v
health status index uuid pri rep docs.count docs.deleted store.size pri.store.size
yellow open docker-20180102 FSC409W9RUKUTSrT9dUCXA 5 1 3 0 324b 324b
yellow open .kibana o5SX0lIvSSeeV777RY9v7A 1 1 1 0 3.2kb 3.2kb
```

docker—yyyymmdd 형식으로 인덱스가 생성됐음을 확인할 수 있다. 이 이름은 fluent.conf 파일에서 logstash_prefix의 값과 logstash_dateformat 값으로 설정된 것으로, 인덱스 구조를 지금처럼 날짜 단위나 시간 단위로 관리하기 편하게 해준다. kibana에 접근하면 다음과 같이 'Configure an index pattern' 설정 화면이 나타난다. 이 화면에서 Elasticsearch에 등록된 인덱스에 담긴 데이터를 확인할 수 있다. docker—*를 검색하면 여러 날에 걸쳐 데이터를 검색할 수 있다.

이제 컨테이너 로그를 kibana로 검색할 수 있다.

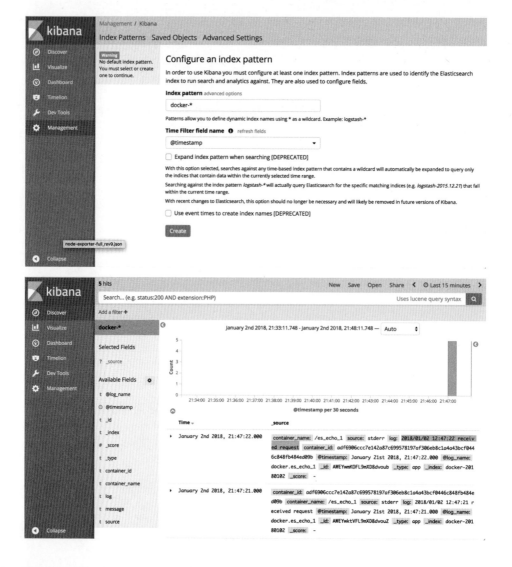

fluentd 로깅 드라이버의 운영 구조

지금까지 로컬 환경의 컴포즈에서 애플리케이션 컨테이너와 fluentd를 실행했다. 이를 통해 로그를 수집하고 확인하는 과정을 간단히 경험할 수 있었다. 실제 운영 환경처럼 도커 호스트를 여러 대 가동하고 있다면 로그 수집을 어떻게 운영해야 할까? 다음과 같은 형태가 일반적이다.

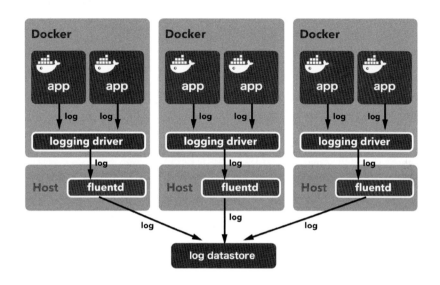

각 호스트에 fluentd를 배치하고 항상 가동 상태를 유지

개인적으로 권하고 싶은 방식은 fluentd를 각 호스트에 에이전트로 배치해 이를 도커 로깅 드라이버로 사용하는 형태다.

로그를 수집하는 fluentd를 어느 한 호스트에만 배치했다고 가정해 보자. 로그가 한 곳에서 수집되는 형태는 잉여성을 확보할 필요가 있고, 호스트 수나 발생하는 로그 양에 걸맞은 fluentd를 갖추기도 번거롭다.

이에 비해 각 호스트에서 로그를 분산 수집하는 형태는 장애가 발생해도 해당 호스트의 로그 수집에만 영향을 국한할 수 있다. 이 방법에서는 fluentd를 모든 호스트에 배치하는 것이 중요하다. 클라우드를 사용하는 경우에는 가상 머신 이미지에 fluentd를 포함시키거나 애플리케이션 컨테이너를 배포하기 전에 프로비저닝을 통해 fluentd를 배치하는 것이 효과적이다.

또 fluentd가 문제없이 동작하고 있는지 모니터링하는 것도 중요하다. fluentd를 모니터링할 때는 다음과 같은 사항을 살펴본다.

- buffer_queue_length: 버퍼에 저장된 청크의 수

- buffer_total_queued_size: 버퍼에 저장된 청크의 크기 합

- retry_count: 재시도 횟수

fluent.conf 파일에 monitor_agent를 설정해 이 항목의 상태를 확인할 수 있다.

```
<source>
    @type monitor_agent
    bind 0.0.0.0
    port 24220
</source>
```

monitor_agent를 지원하는 Sensu 플러그인도 제공되므로 다양한 통합 감시 소프트웨어로 fluentd를
모니터링할 수 있다.

```
$ curl http://localhost:24220/api/plugins
...
plugin_id:object:3fcc61c668cc plugin_category:output type:elasticsearch
output_plugin:true buffer_queue_length:0 buffer_total_queued_size:0
retry_count:0
...
```

칼럼 8-1. 가용성과 신뢰성을 갖춘 로그 스토리지 선택

애플리케이션의 로그 및 접근 로그는 매우 중요성이 높다. 최대한 손실 없이 스토리지에 수집해두는 것이 좋다.

다량의 트래픽으로 인해 로그 역시 많이 발생하는 환경에서는 Elasticsearch의 노드 수나 디스크 수 역시 상응하는 규모
가 필요하며 높은 가용성이 요구된다. 하지만 Elasticsearch 같은 데이터스토어를 안정적으로 운영한다는 것 자체가 쉬운
일은 아니다. Elastic 사가 제공하는 Elastic Cloud, Amazon Elasticsearch Service 같은 매니지드 서비스를 사용하는 것도
고려할 만하다.

또한, Amazon S3나 Google Cloud Storage 같은 클라우드 오브젝트 스토리지도 가용성과 신뢰성을 겸비한 솔루션이다.
Elasticsearch는 즉시성과 검색에 유리하지만, 저장 단가가 높기 때문에 로그를 장기 저장하는 데는 오브젝트 스토리지가
더 적합하다. 그리고 fluentd에서 Elasticsearch와 오브젝트 스토리지 양쪽 모두로 로그를 전송하되 최근의 로그는 일정
기간 Elasticsearch에서 다루게 하면 비용을 절감할 수 있다.

쿠버네티스에서 로그 관리하기

이어서 쿠버네티스 클러스터에서 로그를 관리하는 방법을 알아보자.

쿠버네티스의 로그 관리 역시 도커(도커 컴포즈)와 크게 다르지 않다. 컨테이너는 표준 출력으로만 로그를 내보내면 되며, 그에 대한 처리는 컨테이너 외부에서 이루어진다.

쿠버네티스는 다수의 도커 호스트를 노드로 운영하는데, 어떤 노드에 어떤 파드가 배치될지는 쿠버네티스 스케줄러가 결정한다. 그러므로 각 컨테이너가 독자적으로 로그를 관리하면 비용이 많이 든다.

실제 코드를 통해 살펴보자. 먼저 로컬 쿠버네티스 환경에 Elasticsearch와 Kibana를 구축한 다음, 로그를 전송할 fluentd와 DaemonSet을 구축한다. 마지막으로 애플리케이션 파드를 실행해 실제로 로그가 수집되는지 확인한다.

쿠버네티스에 Elasticsearch와 Kibana 구축하기

사전 준비를 위해 로컬 쿠버네티스 환경의 kube-system 네임스페이스에 Elasticsearch를 구축한다. kube-system은 쿠버네티스 클러스터의 기본 네임스페이스로, 쿠버네티스 코어 컴포넌트가 배치된다. 로그는 네임스페이스를 뛰어넘어 Elasticsearch에 모여야 로그 검색에 편리하므로 Elasticsearch를 kube-system 네임스페이스에 배치한다.

Elasticsearch를 구축하는 데 사용할 PersistentVolumeClaim, 서비스, 디플로이먼트, 컨피그맵 등의 매니페스트를 elasticsearch.yaml 파일에 작성한다.

```
kind: PersistentVolumeClaim
apiVersion: v1
metadata:
  name: elasticsearch-pvc
  namespace: kube-system
  labels:
    kubernetes.io/cluster-service: "true"
spec:
  accessModes:
    - ReadWriteOnce
  resources:
    requests:
      storage: 2G
```

```yaml
---
apiVersion: v1
kind: Service
metadata:
  name: elasticsearch
  namespace: kube-system
spec:
  selector:
    app: elasticsearch
  ports:
  - protocol: TCP
    port: 9200
    targetPort: http

---
apiVersion: apps/v1
kind: Deployment
metadata:
  name: elasticsearch
  namespace: kube-system
  labels:
    app: elasticsearch
spec:
  replicas: 1
  selector:
    matchLabels:
      app: elasticsearch
  template:
    metadata:
      labels:
        app: elasticsearch
    spec:
      containers:
      - name: elasticsearch
        image: elasticsearch:5.6-alpine
        ports:
        - containerPort: 9200
          name: http
        volumeMounts:
```

326 도커 / 쿠버네티스를 활용한 컨테이너 개발 실전 입문

```yaml
      - mountPath: /data
        name: elasticsearch-pvc
      - mountPath: /usr/share/elasticsearch/config
        name: elasticsearch-config
    volumes:
    - name: elasticsearch-pvc
      persistentVolumeClaim:
        claimName: elasticsearch-pvc
    - name: elasticsearch-config
      configMap:
        name: elasticsearch-config

---
kind: ConfigMap
apiVersion: v1
metadata:
  name: elasticsearch-config
  namespace: kube-system
data:
  elasticsearch.yml: |-
    http.host: 0.0.0.0

  log4j2.properties: |-
    status = error

    appender.console.type = Console
    appender.console.name = console
    appender.console.layout.type = PatternLayout
    appender.console.layout.pattern = [%d{ISO8601}][%-5p][%-25c{1.}] %marker%m%n

    rootLogger.level = info
    rootLogger.appenderRef.console.ref = console

  jvm.options: |-
    -Xms128m
    -Xmx256m
    -XX:+UseConcMarkSweepGC
    -XX:CMSInitiatingOccupancyFraction=75
    -XX:+UseCMSInitiatingOccupancyOnly
```

```
-XX:+AlwaysPreTouch
-server
-Xss1m
-Djava.awt.headless=true
-Dfile.encoding=UTF-8
-Djna.nosys=true
-Djdk.io.permissionsUseCanonicalPath=true
-Dio.netty.noUnsafe=true
-Dio.netty.noKeySetOptimization=true
-Dio.netty.recycler.maxCapacityPerThread=0
-Dlog4j.shutdownHookEnabled=false
-Dlog4j2.disable.jmx=true
-Dlog4j.skipJansi=true
-XX:+HeapDumpOnOutOfMemoryError
```

이 Elasticsearch는 도커 컴포즈에 구축했던 것과 같으므로 세세한 설정에 대한 설명은 생략한다.

쿠버네티스는 컨피그맵을 사용해 컨테이너 안의 파일을 덮어쓸 수 있다. 이 점을 이용해 다음과 같이 매니페스트 파일 하나를 완성한다.

elasticsearch.yaml 파일을 적용한다.

```
$ kubectl apply -f elasticsearch.yaml
persistentvolumeclaim "elasticsearch-pvc" created
service "elasticsearch" created
deployment "elasticsearch" created
configmap "elasticsearch-config" created
```

이어서 Kibana를 구축할 차례다. kibana.yaml 파일을 다음과 같이 작성한다. Kibana 역시 Elasticsearch와 마찬가지로 kube-system 네임스페이스에 배치한다.

```
apiVersion: v1
kind: Service
metadata:
    name: kibana
    namespace: kube-system
spec:
    selector:
```

```
        app: kibana
    ports:
    - protocol: TCP
        port: 5601
        targetPort: http
        nodePort: 30050
    type: NodePort

---

apiVersion: apps/v1
kind: Deployment
metadata:
    name: kibana
    namespace: kube-system
    labels:
        app: kibana
spec:
    replicas: 1
    selector:
        matchLabels:
            app: kibana
    template:
        metadata:
            labels:
                app: kibana
        spec:
            containers:
            - name: kibana
                image: kibana:5.6
                ports:
                - containerPort: 5601
                    name: http
                env:
                - name: ELASTICSEARCH_URL
                    value: "http://elasticsearch:9200"
```

환경 변수 ELASTICSEARCH_URL의 값에 앞에서 구축한 Elasticsearch 서비스에 대한 URL을 지정
한다. 그리고 다음과 같이 kibana.yaml 파일을 적용한다.

```
$ kubectl apply -f kibana.yaml
service "kibana" created
deployment.apps "kibana" created
```

NodePort에서 포트 30050을 개방하고 있으므로 브라우저에서 다음 URL에 접근하면 Kibana가 정상적으로 작동하는지 확인할 수 있다.

```
http://localhost:30050
```

DaemonSet로 fluentd 구축하기

Elasticsearch의 준비가 끝났으니 fluentd를 준비할 차례다.

이번에는 DaemonSet라는 새로운 쿠버네티스 리소스를 사용할 것이다. DaemonSet는 파드를 관리하는 리소스로, 모든 노드에 하나씩 배치된다. 로그 컬렉터같이 호스트마다 특정한 역할을 하는 에이전트를 두고자 할 때 적합하다. 로컬 쿠버네티스 환경에서는 물론 호스트가 하나뿐이지만 호스트가 여러 대라고 가정하고 DaemonSet를 이용해 보자.

컴포즈 때는 fluentd 이미지 빌드부터 시작했지만, 이번에는 DaemonSet에서 사용하기에 최적화된 이미지인 fluent/fluentd-kubernetes-daemonset[8]를 사용한다. 이것이 도커의 로깅 드라이버 역할을 대신할 수 있다.

이번에도 역시 Elasticsearch를 사용하므로 fluent/fluentd-kubernetes-daemonset:elasticsearch 이미지를 사용한다. DaemonSet를 정의한 매니페스트 파일 fluentd-daemonset.yaml을 다음과 같이 작성한다.

```
apiVersion: apps/v1
kind: DaemonSet
metadata:
    name: fluentd
    namespace: kube-system
    labels:
        app: fluentd-logging
        version: v1
```

---

8 https://hub.docker.com/r/fluent/fluentd-kubernetes-daemonset

```yaml
      kubernetes.io/cluster-service: "true"
spec:
  selector:
    matchLabels:
        app: fluentd-logging
  template:
    metadata:
      labels:
          app: fluentd-logging
          version: v1
          kubernetes.io/cluster-service: "true"
    spec:
      tolerations:
      - key: node-role.kubernetes.io/master
        effect: NoSchedule
      containers:
      - name: fluentd
        image: fluent/fluentd-kubernetes-daemonset:elasticsearch
        env:
          - name: FLUENT_ELASTICSEARCH_HOST
            value: "elasticsearch"
          - name: FLUENT_ELASTICSEARCH_PORT
            value: "9200"
          - name: FLUENT_ELASTICSEARCH_SCHEME
            value: "http"
        resources:
          limits:
            memory: 200Mi
          requests:
            cpu: 100m
            memory: 200Mi
        volumeMounts:
        - name: varlog
          mountPath: /var/log
        - name: varlibdockercontainers
          mountPath: /var/lib/docker/containers
          readOnly: true
      terminationGracePeriodSeconds: 30
      volumes:
```

```
        - name: varlog
            hostPath:
                path: /var/log
        - name: varlibdockercontainers
            hostPath:
                path: /var/lib/docker/containers
```

로그를 전달받을 Elasticsearch의 주소를 환경 변수에 설정한다. 그리고 도커 컨테이너에서 데이터나 로그가 저장될 위치인 /var/lib/containers에 볼륨을 마운트한 다음 fluentd 컨테이너에서 로그를 받아간다.

```
$ kubectl apply -f fluentd-daemonset.yaml
daemonset "fluentd" created
$ kubectl -n kube-system get pod -l app=fluentd-logging
NAME READY STATUS RESTARTS AGE
fluentd-s27bs 1/1 Running 0 1s
```

애플리케이션 파드 실행하기

echo.yaml 파일을 다음과 같이 작성한 다음, nginx와 echo 컨테이너로 구성된 파드에서 로그가 Elasticsearch로 잘 보내지고 있는지 확인한다. gihyodocker/nginx:latest 이미지는 환경 변수 LOG_STDOUT의 값에 따라 JSON 포맷으로 된 접근 로그를 표준 출력으로 출력한다.

```
apiVersion: v1
kind: Service
metadata:
    name: echo
spec:
    selector:
        app: echo
    ports:
    - protocol: TCP
        port: 80
        targetPort: http
        nodePort: 30080
    type: NodePort
```

```
apiVersion: apps/v1
kind: Deployment
metadata:
    name: echo
    labels:
        app: echo
spec:
    replicas: 1
    selector:
        matchLabels:
            app: echo
    template:
        metadata:
            labels:
                app: echo
        spec:
            containers:
            - name: nginx
                image: gihyodocker/nginx:latest
                env:
                - name: BACKEND_HOST
                    value: localhost:8080
                - name: LOG_STDOUT
                    value: "true"
                ports:
                - name: http
                    containerPort: 80
            - name: echo
                image: gihyodocker/echo:latest
                ports:
                - containerPort: 8080
```

다음과 같이 echo.yaml 파일을 적용한다.

```
$ kubectl apply -f echo.yaml
service "echo" created
deployment "echo" created
```

echo 서비스의 NodePort는 30080이므로 다음과 같이 HTTP 요청을 전송한다.

```
$ curl http://localhost:30080
Hello Docker!!
```

로컬 쿠버네티스 환경에 구축된 Kibana에서 로그를 확인해 보자.

fluent/fluentd-kubernetes-daemonset 이미지의 기본 설정에 따라 인덱스가 logstash-*로 생성되므로 이 인덱스를 확인하면 된다.

디스커버 화면의 텍스트 필드에 kubernetes.labels.app:echo를 입력하고 검색을 수행한다. fluent/fluentd-kubernetes-daemonset는 쿠버네티스 리소스의 레이블 같은 필드를 로그에 추가할 수 있기 때문에 이런 식으로 검색 결과를 좁혀가며 원하는 컨테이너의 로그만 골라볼 수 있다.

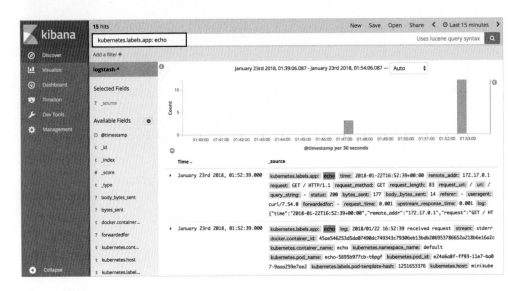

Kibana 검색 결과에서 다음과 같이 echo 컨테이너의 로그를 펼쳐보면 인덱싱된 로그의 필드를 볼 수 있다. echo 컨테이너에서 애플리케이션이 출력한 로그는 log 필드에 등록되며 그 외 레이블, 파드명, 컨테이너명 등을 볼 수 있다.

Table	JSON		View surrounding documents View single document
⊘ @timestamp	⊕ ⊖ ⊓ ✳	January 23rd 2018, 01:52:39.000	
t _id	⊕ ⊖ ⊓ ✳	AWEeyUstRSOR5BBySxaB	
t _index	⊕ ⊖ ⊓ ✳	logstash-2018.01.22	
# _score	⊕ ⊖ ⊓ ✳	-	
t _type	⊕ ⊖ ⊓ ✳	fluentd	
t docker.container_id	⊕ ⊖ ⊓ ✳	45ae546253d5da07490dc749343c79306eb13bdb206953786652a218b6e16a2c	
t kubernetes.container_name	⊕ ⊖ ⊓ ✳	echo	
t kubernetes.host	⊕ ⊖ ⊓ ✳	minikube	
t kubernetes.labels.app	⊕ ⊖ ⊓ ✳	echo	
t kubernetes.labels.pod-template-hash	⊕ ⊖ ⊓ ✳	1251653376	
t kubernetes.master_url	⊕ ⊖ ⊓ ✳	https://10.96.0.1:443/api	
t kubernetes.namespace_name	⊕ ⊖ ⊓ ✳	default	
t kubernetes.pod_id	⊕ ⊖ ⊓ ✳	e24a6a8f-ff93-11e7-ba07-9aaa259e7ae2	
t kubernetes.pod_name	⊕ ⊖ ⊓ ✳	echo-5695b977cb-t6pgf	
t log	⊕ ⊖ ⊓ ✳	2018/01/22 16:52:39 received request	
t stream	⊕ ⊖ ⊓ ✳	stderr	
t tag	⊕ ⊖ ⊓ ✳	kubernetes.var.log.containers.echo-5695b977cb-t6pgf_default_echo-45ae546253d5da07490dc749343c79306eb13bdb206953786652a218b6e16a2c.log	

nginx 컨테이너의 로그는 다음과 같다. 쿠버네티스와 관련된 필드뿐만 아니라 nginx 접근 로그의 항목도 별도의 필드로 포함돼 있음을 알 수 있다.

t kubernetes.pod_name	⊕ ⊖ ⊓ ✳	echo-5695b977cb-t6pgf
t log	⊕ ⊖ ⊓ ✳	{"time":"2018-01-22T16:52:39+00:00","remote_addr":"172.17.0.1","request":"GET / HTTP/1.1","request_method":"GET","request_length":"83","request_uri":"/","uri":"/","query_string":"-","status":"200","bytes_sent":"177","body_bytes_sent":"14","referer":"-","useragent":"curl/7.54.0","forwardedfor":"-","request_time":"0.001","upstream_response_time":"0.001"}
? query_string	⊕ ⊖ ⊓ ✳ ⚠	-
? referer	⊕ ⊖ ⊓ ✳ ⚠	-
? remote_addr	⊕ ⊖ ⊓ ✳ ⚠	172.17.0.1
? request	⊕ ⊖ ⊓ ✳ ⚠	GET / HTTP/1.1
? request_length	⊕ ⊖ ⊓ ✳ ⚠	83
? request_method	⊕ ⊖ ⊓ ✳ ⚠	GET
? request_time	⊕ ⊖ ⊓ ✳ ⚠	0.001
? request_uri	⊕ ⊖ ⊓ ✳ ⚠	/
? status	⊕ ⊖ ⊓ ✳ ⚠	200
t stream	⊕ ⊖ ⊓ ✳	stdout
t tag	⊕ ⊖ ⊓ ✳	kubernetes.var.log.containers.echo-5695b977cb-t6pgf_default_nginx-7018173825bb1f6e50bda2aea89fb579a3fd6e0279793b4b734c521453d8ea4e.log
? time	⊕ ⊖ ⊓ ✳ ⚠	2018-01-22T16:52:39+00:00
? upstream_response_time	⊕ ⊖ ⊓ ✳ ⚠	0.001
? uri	⊕ ⊖ ⊓ ✳ ⚠	/
? useragent	⊕ ⊖ ⊓ ✳ ⚠	curl/7.54.0

echo 컨테이너의 로그는 일반 텍스트 형태였으나, nginx 컨테이너의 로그는 JSON 포맷으로 출력되는 접근 로그다. fluentd/fluentd-kubernetes-daemonset를 사용하면 컨테이너에서 출력된 표준 출력 로그가 JSON 포맷일 경우 이를 파싱해 모든 속성을 인덱싱에 포함해준다.

이 점을 이용해 애플리케이션 및 미들웨어 컨테이너의 로그를 전부 JSON 포맷으로 변환해 별도로 인덱싱하고 싶은 항목을 속성으로 분리해두는 것이 중요하다.

도커/쿠버네티스 로그 관리 원칙

지금까지 컴포즈 및 쿠버네티스 환경에서 로그를 관리하는 요령에 대해 알아봤다. 도커가 사용되는 시스템에서 로그 운영은 다음의 원칙을 따르는 것이 좋다.

- 애플리케이션 로그는 모두 표준 출력으로 출력한다. 컨테이너로 운영하는 것을 전제로 한다면 파일 출력 자체가 불필요하다.

- nginx 등의 미들웨어는 로그가 표준 출력으로 출력되도록 이미지를 빌드한다.

- 표준 출력으로 출력되는 로그는 모두 JSON 포맷으로 출력해 각 속성을 검색할 수 있게 한다.

- 쿠버네티스 환경에서는 fluent/fluentd-kubernetes-daemonset를 포함하는 파드를 DaemonSet를 사용해 각 호스트에 배치한다.

- 쿠버네티스 리소스에는 적절히 레이블을 부여해 로그를 검색할 수 있게 한다

그 외의 로그 수집 도구

지금까지 정석이라고 할 수 있는 fluentd와 Elasticsearch를 이용한 로그 운영에 대해 알아봤다. 퍼블릭 클라우드에는 이런 로그 운영까지 매니지드 환경에 포함된다.

구글 스택드라이버

구글 스택드라이버(이하 스택드라이버)는 GCP나 AWS에서 로깅 및 모니터링에 사용되는 매니지드 서비스다.

GKE에서 스택드라이버를 이용해 애플리케이션을 모니터링해 보자[9].

---

9 GCP 콘솔 왼쪽 메뉴의 STACKDRIVER 항목에서 '모니터링'을 선택한다.

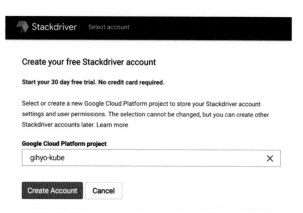

스택드라이버 계정을 아직 만들지 않았다면 다음과 같이 계정 생성 마법사 화면이 나타난다.

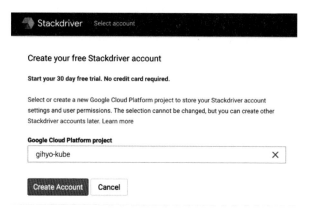

그다음 gihyo-kuber 프로젝트를 모니터링 대상에 추가한다.

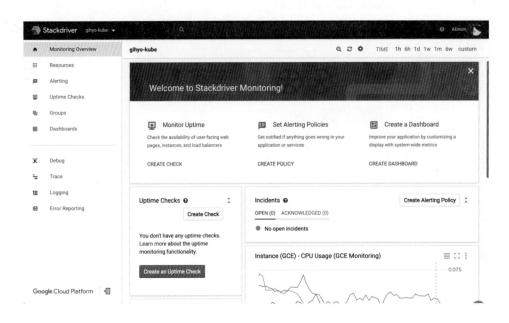

그다음에 나오는 'Monitor AWS account' 항목은 그냥 넘어간다. 설정이 완료되면 다음 그림과 같은 스택드라이버 대시보드 화면이 나타난다. 왼쪽 메뉴에서 'Logging'을 선택하면 Stackdriver Logging 화면이 나온다.

Stackdriver Logging 화면에서는 Kibana와 Elasticsearch에서처럼 구조화된 인덱스를 검색할 수 있다.

스택드라이버에서는 로그를 Cloud HTTP 로드 밸런서나 GKE 컨테이너 같은 카테고리별로 나눠 볼 수 있다. 그리고 컨테이너에서 JSON 포맷 등으로 구조를 가진 로그를 출력한다면 'jsonPayload.속성: 값'의 형식으로 검색 결과를 좁힐 수 있다. 또한 입력 시에 가능한 속성명에 자동 완성 기능을 제공해 더욱 편리하다.

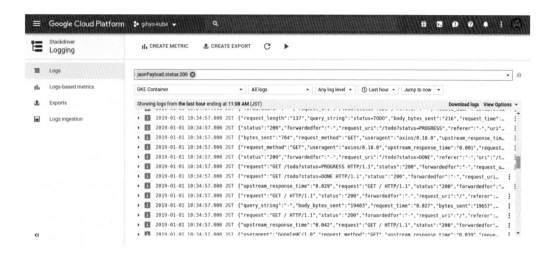

이 자동 완성 기능은 GKE의 쿠버네티스 클러스터 노드에 배치된 fluentd-gcp 리소스다. 이 장의 '쿠버네티스에서 로그 관리하기'(325쪽) 절에서 봤던 Fluentd와 비슷한 구성을 갖는다.

```
$ kubectl -n kube-system get daemonset,pod -l k8s-app=fluentd-gcp
NAME DESIRED CURRENT READY UP-TO-DATE AVAILABLE NODE SELECTOR AGE
ds/fluentd-gcp-v2.0.9 3 3 3 3 3 beta.kubernetes.io/fluentd-ds-ready=true 20d

NAME READY STATUS RESTARTS AGE
po/fluentd-gcp-v2.0.9-5sn89 2/2 Running 0 37m
po/fluentd-gcp-v2.0.9-7b5gv 2/2 Running 0 34m
po/fluentd-gcp-v2.0.9-v8qcn 2/2 Running 0 32m
```

GKE는 이런 기능을 매니지드 환경으로 제공해 개발자가 직접 관리할 필요가 없다. 애플리케이션 컨테이너에서 로그를 JSON 포맷으로 출력하기만 하면 스택드라이버로 로그를 열람할 수 있다.

스택드라이버는 이 외에도 애플리케이션의 병목을 검출하는 트레이싱(스택드라이버 트레이스) 기능, 애플리케이션 오류 탐지 기능인 에러 리포팅(스택드라이버 에러 리포팅) 등의 기능을 제공한다. GKE에서는 필수적인 도구라 할 수 있다.

stern

Kibana와 스택드라이버를 이용한 로그 열람도 편리하지만, 용도에 비해 너무 거창한 느낌이 있다. 개발자 입장에서는 명령행에서 가볍게 로그를 열람하는 쪽이 더 편할 것이다.

kubectl logs -f 파드 ID 명령으로 실행 중인 파드의 로그를 볼 수 있기는 하지만, 파드 ID를 매번 확인해야 한다는 불편함이 있다.

쿠버네티스 로그 열람을 돕는 도구로 stern[10]이 있다. 이것을 이용하면 레이블만 지정하면 간단히 로그를 확인할 수 있다.

로컬 쿠버네티스에서 동작하는 echo 파드를 예로 로그를 열람해 보겠다. echo 파드의 레이블은 app: echo다. 다음과 같이 원하는 레이블을 지정하면 실행 중인 파드에 속한 컨테이너의 로그를 볼 수 있다.

```
$ stern -l app=echo
+ echo-5695b977cb-9l7tg > echo
+ echo-5695b977cb-9l7tg > nginx
echo-5695b977cb-9l7tg nginx {"time":"2018-01-20T06:25:51+00:00","remote_addr":"17
2.17.0.1","request":"GET / HTTP/1.1","request_method":"GET","request_length":"83"
,"request_uri":"/","uri":"/","query_string":"-","status":"200","bytes_sent":"177"
,"body_bytes_sent":"14","referer":"-","useragent":"curl/7.54.0","forwardedfor":"-
","request_time":"0.000","upstream_response_time":"0.000"}
echo-5695b977cb-9l7tg echo 2018/01/20 06:25:46 start server
echo-5695b977cb-9l7tg echo 2018/01/20 06:25:51 received request
```

이렇듯 레이블 기반으로 발생하는 로그를 지속해서 보여주므로(tail) 파드가 삭제됐다고 해도 같은 레이블을 갖는 파드가 다시 생성됐다면 그대로 다시 새 파드의 로그를 볼 수 있다.

이 기능은 로컬 쿠버네티스 환경뿐만 아니라 매니지드 환경을 제공하는 쿠버네티스 클러스터에서도 사용할 수 있다. 예를 들면 6장에서 구축했던 todoweb 애플리케이션에서도 다음과 같이 --context 옵션을 사용해 로그를 확인할 수 있다.

---

10 설치 방법은 깃허브에서 stern의 참조 문서를 확인하라. macOS라면 Homebrew를 이용해 설치할 수 있다. https://github.com/wercker/stern/releases

```
$ stern -l app=todoweb --context gke_gihyo-kube-xxxxxx_asia-northeast1-a_gihyo
+ todoweb-8bfbcb588-4291c > web
+ todoweb-8bfbcb588-4291c > nginx
+ todoweb-8bfbcb588-dvmsx > web
+ todoweb-8bfbcb588-dvmsx > nginx
...
```

stern에서 제공하는 (bash와 zsh의) 자동 완성 기능을 함께 사용하면 편리하게 로그를 열람할 수 있다.

02 도커 호스트 및 데몬 운영

도커를 리눅스 환경에서 운영하다 보면 윈도우용/macOS용 도커를 사용할 때는 겪어보지 못한 상황과 맞닥뜨릴 수 있다.

특히 비 매니지드 환경에서 도커를 운영하면 도커 호스트 및 도커 데몬(dockerd)을 직접 다루는 경우가 많은데, 이번 절에서는 리눅스에서 도커를 운영할 때 유용한 포인트를 몇 가지 짚어보고자 한다.

컨테이너의 라이브 리스토어

도커 데몬(dockerd)은 도커 이미지와 컨테이너, 네트워크를 관리하는 데몬이다.

docker 명령 자체도 컨테이너를 다루기 위해 이 도커 데몬과 통신하는 것이다. 그런 만큼 도커 데몬은 컨테이너를 실행하기 위해 꼭 필요한 것이지만, 사실 도커 데몬이 실행 중이 아니어도 컨테이너를 실행할 방법은 있다.

바로 라이브 리스토어라는 기능을 이용하는 것이다. 도커 데몬을 실행할 때 --live-restore 옵션을 붙이면 실행 중인 컨테이너를 정지하지 않고도 도커[11]를 정지할 수 있다.

이런 방법으로 컨테이너 정지 없이 온더플라이(on-the-fly) 방식으로 도커를 업데이트할 수 있다. 보안 업데이트 등의 이유로 도커를 업데이트하지 않으면 안 되는 상황이 있는데, 이렇게 업데이트하는 동안 애플리케이션 컨테이너를 정지하지 않고 유지할 수 있다는 점이 큰 장점이다.

---

11 dockerd 등 도커 본체.

예를 들어 우분투 16.x 환경에서 systemd로 도커를 서비스 형태로 운영한다면 /lib/systemd/system/docker.service 파일의 내용에 다음과 같이 --live-restore 옵션을 추가한다.

```
[Service]
ExecStart=/usr/bin/dockerd --live-restore
```

변경된 내용을 systemd에 반영한 다음 도커를 재시작한다.

```
$ systemctl daemon-reload
$ service docker restart
```

이때 실행 중인 컨테이너가 1개라면 프로세스는 다음과 같이 컨테이너 프로세스와 dockerd 프로세스 2개가 동작하고 있을 것이다.

```
$ ps -A ¦ grep docker
1970 ? 00:00:00 docker-containe
3290 ? 00:00:00 dockerd
```

컨테이너가 실행 중인 상태에서 dockerd를 정지해 보자. 그러면 dockerd가 정지했음에도 컨테이너 프로세스가 아직 실행 중임을 볼 수 있다.

```
$ service docker container stop

$ ps -A ¦ grep docker
1970 ? 00:00:00 docker-containe
```

이 상태에서 도커 업데이트 등 유지보수 작업을 진행하면 된다.

dockerd 튜닝하기

dockerd의 동작을 튜닝할 수 있다.

옵션 설정은 명령행에서도 가능하지만, 리눅스 계열 운영 체제에서는 /etc/docker/daemon.json 파일을 수정하는 방법을 사용할 것이다.

max-concurrent-downloads

max-concurrent-downloads 옵션은 docker image pull 명령에서 일어나는 이미지 다운로드를 수행하는 스레드 수를 결정하는 옵션으로, 기본값은 3이다. 한 이미지를 동시에 내려받는 스레드 수를 뜻하는 것이지, 동시에 내려받는 이미지의 수를 의미하는 값이 아니다.

기본값이 3이므로, 다음과 같이 3개 레이어에서 다운로드가 진행되며 그 이상의 레이어는 대기 상태임을 볼 수 있다.

```
$ docker image pull ubuntu:18.04
18.04: Pulling from library/ubuntu
9dc28067479e: Pulling fs layer
2f93236311d4: Download complete
674d470597e3: Download complete
616c777d0c1c: Waiting
787cd08ca56c: Waiting
```

daemon.json 파일에서 max-concurrent-downloads=5로 설정하면 다음과 같이 대기 상태인 레이어가 사라지고 5개 레이어에서 병렬로 다운로드가 일어난다.

```
{
    "max-concurrent-downloads": 5
}
```

```
$ docker image pull ubuntu:18.04
18.04: Pulling from library/ubuntu
9dc28067479e: Downloading [============>          ] 7.945MB/35.93MB
2f93236311d4: Download complete
674d470597e3: Download complete
616c777d0c1c: Download complete
787cd08ca56c: Download complete
```

max-concurrnet-uploads

max-concurrent-uploads 옵션은 docker image push 명령에서 일어나는 이미지 업로드를 수행하는 스레드 수를 결정하는 옵션으로, 기본값은 5다. max-concurrent-downloads 옵션을 업로드로만 바꾼 것이라고 생각하면 된다. daemon.json 파일에 다음과 같이 설정한다.

```
{
    "max-concurrent-uploads": 8
}
```

registry-mirror

regisry-mirror는 도커 허브의 미러를 설정하는 옵션이다. 도커 허브에서 이미지를 자주 내려받게 되면 허브에 불필요한 트래픽이 발생한다. 도커 호스트 로컬에 레지스트리를 마련하고 이를 도커 허브의 미러로 사용한다. daemon.json에 다음과 같이 미러 설정을 할 수 있다.

```
{
"registry-mirrors" : [
    "http://localhost:5000"
    ]
}
```

미러 레지스트리를 활성화하려면 도커 허브에서 받아온 이미지를 미러 레지스트리에 캐싱해야 한다. 그러므로 미러 레지스트리에서 도커 허브를 프록시로 설정해 이미지가 캐시되게 한다.

새로 만들 레지스트리의 설정 파일 config.yaml을 다음과 같이 작성한다. proxy.remoteurl이 프록시 설정이므로 이 설정의 값을 도커 허브 레지스트리의 URL로 설정하면 된다.

```
version: 0.1
log:
    fields:
        service: registry
storage:
    cache:
        blobdescriptor: inmemory
    filesystem:
        rootdirectory: /var/lib/registry
http:
    addr: :5000
    headers:
        X-Content-Type-Options: [nosniff]
health:
    storagedriver:
```

```
      enabled: true
      interval: 10s
      threshold: 3
proxy:
    remoteurl: https://registry-1.docker.io
```

작성이 끝나면 이 파일로 미러 레지스트리를 생성한다.

```
$ docker container run -d -p 5000:5000 \
-v ${PWD}/config.yml:/etc/docker/registry/config.yml registry:2.6
```

미러 레지스트리 생성이 끝나면 다음과 같이 레지스트리에 저장된 이미지 목록을 확인한다. 현재는 아무 이미지도 등록돼 있지 않다.

```
$ curl http://localhost:5000/v2/_catalog
{"repositories":[]}
```

도커 허브에서 아무 이미지나 내려받아 보자.

```
$ docker image pull redis
Using default tag: latest
latest: Pulling from library/redis
...
89340f6074da: Pull complete
Digest: sha256:4aed8ea5a5fc4cf05c8d5341b4ae4a4f7c0f9301082a74f6f9a5f321140e0cd3
Status: Downloaded newer image for redis:latest
```

미러 레지스트리의 이미지 목록을 다시 한 번 확인하면 조금 전 내려받은 이미지가 추가됐음을 알 수 있다.

```
$ curl http://localhost:5000/v2/_catalog
{"repositories":["library/redis"]}
```

앞으로 docker image pull 명령으로 이전에 내려받은 적이 있는 이미지를 받으려고 하면 미러 레지스트리에서 이미지를 받아온다. 도커 허브에서 이미지가 업데이트됐다면 업데이트된 이미지가 다시 미러 레지스트리에 캐싱된다.

미러 레지스트리를 사용하면 도커 허브의 응답 시간의 영향을 적게 받는다.

칼럼 8-2. 도커/쿠버네티스 운영에는 매니지드 환경이 유리할까?

도커나 쿠버네티스 같은 컨테이너 오케스트레이션 도구를 이용한 애플리케이션 개발에서 매니지드 환경과 비 매니지드 환경 중 어느 쪽이 유리한지는 의견이 분분하다.

도커와 쿠버네티스 모두 비교적 최신 기술인데도 현재 많은 기업에서 운영 환경에 적용하고 있어 풍부한 피드백을 확보하고 있다. 그런 만큼 매니지드 환경이든 비 매니지드 환경이든 큰 문제는 없을 것이다.

특히 매니지드 서비스가 착실히 개선되면서 현재는 매우 안정된 상태다. 그러므로 높은 가용성을 원한다면 GCP에서는 GKE, AWS에서는 ECS나 EKS 등의 매니지드 서비스를 사용하는 것이 좋다.

매니지드 서비스의 장점은 도커나 쿠버네티스 운영 수요의 대부분을 흡수한다는 점이다. 그 덕분에 개발자는 애플리케이션 개발에만 전념할 수 있다.

매니지드 환경의 개발 효율만 강조하다 보면 온프레미스 등의 비 매니지드 환경에서 도커나 쿠버네티스를 운영하는 것이 불리하지 않을까 하는 생각이 들 수 있다.

개발이 어느 정도 궤도에 오르기까지의 시간이 짧다는 점이나 초기 비용 면에서는 확실히 매니지드 환경이 우위에 있다.

그러나 도커 생태계를 구성하는 대부분의 도구는 비 매니지드 환경에서도 사용할 수 있다. 스택드라이버 등의 서비스도 그렇고 fluentd+Elasticsearch 등의 정석 구성도 헬름을 사용해 쉽게 도입할 수 있다.

온프레미스 환경은 기존 시스템과의 연동면에서 유리하며 운영 포인트만 파악한다면 초기 비용 역시 상당 부분 조절할 수 있으므로 충분히 안정적으로 운영할 수 있다.

속도를 중시해야 할 상황에서는 망설임 없이 매니지드 환경을 이용해야 한다는 게 개인적인 견해다. 그러나 그 외의 경우에는 비 매니지드 환경도 충분히 선택지에 포함시킬 만하다. 생태계를 구성하는 도구를 잘 활용해 운영비를 절감하고 온프레미스 환경만의 장점을 살려 높은 생산성을 유지할 수 있을 것이다.

---

03 장애 대책

도커와 쿠버네티스가 애플리케이션 개발 및 운영에 큰 도움이 되는 것은 사실이지만, 모든 문제를 해결하는 만병통치약은 아니다. 운영을 잘못하면 장애를 일으킬 수 있다.

이번 절에서는 도커와 쿠버네티스에서 장애를 일으키기 쉬운 요인에 대해 알아본다.

도커 운영 시의 장애 대책

도커에서 일어나는 장애는 주로 dockerd 자체보다는 운영하는 사람의 실수나 부주의에서 비롯되거나 서버 리소스에 의한 것이 많다.

이러한 리스크를 줄일 수 있는 대책을 알아보자.

장애를 막기 위한 이미지 운영

도커 컨테이너는 docker container run 명령에 실행할 이미지를 지정하는 방법으로 실행한다. 그러나 이것만으로는 실행될 컨테이너 내용의 정확성까지는 보장되지 않는다.

다음 상황처럼 이미지 빌드나 실행에 문제가 있는 경우, 의도하지 않은 내용의 컨테이너가 실행될 위험이 있다.

- 운영 환경에서 'latest' 버전의 이미지를 실행하거나 컨테이너 오케스트레이션 과정에서 최신 이미지를 실행한 상황
- latest 외의 버전 이미지를 덮어쓴 상황
- example/aaa:latest 태그로 빌드해야 할 이미지를 example/bbb:latest 태그로 빌드한 상황(다른 이미지와 바뀜)

이미지 테스트

자동화한다고 하더라도 빌드된 이미지에 들어 있는 애플리케이션이 정상으로 동작하는지는 실행 단계에 가서야 알 수 있는 경우가 많다. 이런 문제를 해결하려면 이미지가 원하는 구조로 돼 있는지 테스트해야 한다. 이미지 테스트에는 주로 container-structure-test[12]가 많이 사용된다.

container-structure-test는 구글에서 오픈 소스로 공개한 테스트 프레임워크로, 도커 이미지를 테스트 대상으로 한다. 설치 방법은 container-structure-test 공식 페이지를 참고하라.

container-structure-test를 사용해 gihyodocker/tododb:latest 이미지를 테스트해 보자. 다음과 같이 테스트 설정 파일 test-tododb.yaml을 작성한다.

```yaml
schemaVersion: "2.0.0"

fileExistenceTests:
- name: "init-data.sh"
    path: "/usr/local/bin/init-data.sh"
    shouldExist: true
    permissions: "-rwxr-xr-x"

fileContentTests:
- name: "mysqld.cnf"
    path: "/etc/mysql/mysql.conf.d/mysqld.cnf"
    expectedContents: ['log-bin=\/var\/log\/mysql\/.*\.log']
```

---

12 https://github.com/GoogleContainerTools/container-structure-test

fileExistenceTests는 컨테이너 안에 특정 파일의 존재 여부를 테스트하며, fileContentTests는 파일의 내용을 확인하는 테스트다.

앞에서 작성한 설정 파일을 이용해 다음과 같이 이미지를 테스트한다.

```
$ container-structure-test test --image gihyodocker/tododb:latest --config test-tododb.yaml
========================================
===== Test file: test-tododb.yaml =====
========================================


INFO: File Content Test: mysqld.cnf
=== RUN: File Content Test: mysqld.cnf
--- PASS
INFO: File Existence Test: init-data.sh
=== RUN: File Existence Test: init-data.sh
--- PASS


========================================
================ RESULTS ===============
========================================

Passes: 2
Failures: 0
Total tests: 2

PASS
```

이런 방법으로 빌드된 이미지가 원하는 내용과 같은지 테스트할 수 있다. 이렇게 하면 빌드 및 태그 부여, 이미지의 내용을 한꺼번에 검증할 수 있으므로 이미지로 인한 장애 발생 위험을 상당 부분 억제할 수 있다.

디스크 용량 부족에 주의할 것

일반적인 서버와 마찬가지로 도커 호스트 역시 디스크 용량 부족을 주의해야 한다. 디스크 용량이 가득 차면 새로운 컨테이너를 실행할 수 없으며 기존 컨테이너의 실행에도 지장이 생긴다.

서드파티 모니터링 도구를 사용한 호스트 디스크 용량 모니터링은 필수이며, 도커에서도 디스크 용량을 낭비하지 않도록 해야 한다.

컨테이너 배포가 잦은 환경이라면 내려받은 도커 이미지나 종료된 컨테이너 등이 디스크 용량을 많이 차지할 것이다. 이를 방지하기 위해 불필요한 이미지나 컨테이너는 디스크에서 삭제하는 것이 좋다.

이런 경우 2장의 'prune – 컨테이너 및 이미지 파기'(73쪽) 절에서 소개한 docker system prune -a 명령이 유용하다. 이 명령을 사용하면 실행 중인 컨테이너를 제외하고 사용하지 않는 이미지나 컨테이너를 일괄 삭제할 수 있다. 야간에 이 명령을 자동으로 실행하게끔 cron 설정으로 스케줄링하면 된다.

```
$ docker system prune -a
WARNING! This will remove:
- all stopped containers
- all volumes not used by at least one container
- all networks not used by at least one container
- all images without at least one container associated to them
Are you sure you want to continue? [y/N]
```

또한 이 장의 '컨테이너 로그 다루기'(314쪽) 절에서도 설명했듯이 호스트에 로그가 지나치게 많이 쌓이지 않도록 한다. 로그 로테이션은 물론 로그 발생량 자체를 애플리케이션 쪽에서 적당히 조절할 필요가 있다.

쿠버네티스 운영 시의 장애 대책

쿠버네티스는 장애에 강한 컨테이너 오케스트레이션 시스템이지만, 노드 다운 등 장애를 일으킬 수 있는 몇 가지 요인이 있다.

반드시 운영에 적용해야 할 장애 대책을 소개한다.

노드가 장애를 일으켰을 때 쿠버네티스는 어떻게 동작할까

쿠버네티스에서 애플리케이션 파드가 배포될 때는 레플리카세트가 자동으로 파드를 배치한다. 하지만 그렇다고 해서 개발자가 노드를 전혀 신경 쓰지 않아도 되는 것은 아니다. 사실 절대로 그렇게 생각해서는 안 된다.

쿠버네티스를 사용한다고 해도 서버를 운영한다는 점은 변함이 없다. 그러므로 서버 장애로 인해 노드가 정상 작동하지 않을 가능성을 염두에 두고 파드를 배포해야 한다.

먼저 노드가 장애를 일으켜 다운됐을 경우, 장애를 일으킨 노드에 배포된 파드가 어떻게 되는지 알아보자.

다음 그림은 2개 노드 중 하나가 다운됐을 경우의 파드 배치 상황을 나타낸 것이다.

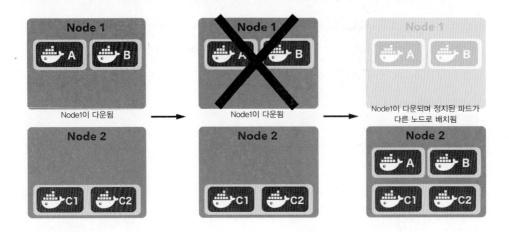

다운된 노드에 배포된 모든 파드는 즉시 정지되며 정상적인 다른 노드로 재배치된다. 이는 파드를 생성하는 레플리카세트가 지정된 수의 파드를 유지하려고 하기 때문이다.

이러한 기능을 오토힐링(auto-healing)이라고 한다. 레플리카세트가 관리하는 파드를 노드에서 의도적으로 삭제한 경우에도 같은 일이 일어난다.

즉, 쿠버네티스에서는 레플리카세트를 관리하는 디플로이먼트나 스테이트풀세트, 데몬세트를 이용해 파드를 생성하는 것이 가장 좋은 대책이다.

파드 안티 어피니티를 이용해 장애에 강한 파드 배치 전략 수립하기

레플리카세트의 오토힐링 기능은 편리하지만 완벽하지는 않다. replicas=1이거나 노드가 다운된 순간부터 다른 노드로 파드가 재배치되는 동안에는 다운타임을 피할 수 없다.

그러므로 임의의 노드가 다운돼도 문제가 발생하지 않도록 파드가 여러 노드에 나눠 배치돼야 한다. 이를 위해 replicas 값을 적절히 조절하는 방법을 사용한다. 파드가 여러 노드에 걸쳐 배치돼 있는 만큼 다운타임 없이 파드가 재배치될 수 있을 것이다.

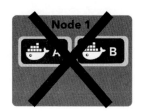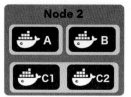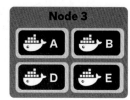

Node 다운으로 인해 전체 서비스가 다운되지 않도록
노드를 여유있게 갖추고 여러 노드에 걸쳐 파드를 배치한다

파드 재배치에도 함정이 있다. 가령 replicas=2일 때 두 파드가 모두 같은 노드에 배치된다면 어떻게 될까? 이 노드가 다운되면 파드가 모두 정지되므로 다운타임이 발생한다. 파드를 여러 개 준비했어도 SPOF가 발생하는 것이다.

쿠버네티스는 시스템 리소스가 여유 있는 노드를 골라 파드를 배치하기 때문에 같은 노드에 같은 파드를 여러 개 배치할 가능성을 배제할 수 없다.

이를 해결하는 기능이 파드 안티 어피니티(Pod AntiAffinity)다. 이것은 파드 간의 상성을 고려한 파드 배치 전략을 규칙으로 정의한다[13]. 파드 안티 어피니티에 'C 파드가 배치된 노드에는 D 파드를 배치하지 말 것'과 같은 규칙을 정의할 수 있다. 장애에 강해지도록 같은 종류의 파드를 같은 노드에 배치하지 않는다는 규칙을 정의해 보자. 디플로이먼트 정의에서 spec.affinity.podAntiAffinity 설정에 이를 정의할 수 있다.

```
apiVersion: apps/v1
kind: Deployment
metadata:
  name: echo
  labels:
    app: echo
spec:
  replicas: 3
  selector:
    matchLabels:
      app: echo
  template:
    metadata:
```

---

13 파드 어피니티라는 기능도 있다. 파드 어피니티는 '파드 A는 파드 B와 자주 통신하므로 같은 노드에 배치한다' 같은 경우에 활용할 수 있다. 이름에서 알 수 있듯 파드 안티 어피니티와는 반대되는 기능이다. 어피니티(affinity)란 친화성을 의미한다.

```
    labels:
      app: echo
  spec:
    affinity:
      podAntiAffinity:
        requiredDuringSchedulingIgnoredDuringExecution:
        - labelSelector:
            matchExpressions:
            - key: app
              operator: In
              values:
              - echo
          topologyKey: "kubernetes.io/hostname"
    containers:
    - name: nginx
      image: gihyodocker/nginx:latest
      env:
      - name: BACKEND_HOST
        value: localhost:8080
      ports:
      - containerPort: 80
    - name: echo
      image: gihyodocker/echo:latest
      ports:
      - containerPort: 8080
```

labelSelector는 'app=echo인 파드'라는 조건을 나타내며, topologyKey는 이 조건을 적용할 대상, kubernetes.io/hostname은 노드가 가져야 할 레이블을 의미한다. 이 내용을 합쳐보면 '레이블이 app=echo인 파드가 배포된 노드'가 되는데, podAntiAffinity이므로 이러한 조건을 거부하는 것이다. 이를 다시 설명하면 실제 파드가 배치되는 조건은 다음과 같다.

app=echo인 파드가 배치된 노드에는 app=echo인 파드를 배치하지 않는다.

이 규칙에 따라 파드를 배치하면 다음 그림과 같은 상황이 된다. 같은 종류의 파드가 한 노드에 몰려 배치되는 문제가 해결된 것을 알 수 있다.

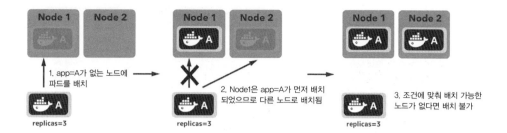

레플리카세트는 지정된 replicas 값만큼 파드를 실행하려고 하는데, 파드 어피니티/파드 안티 어피니티 규칙을 따랐을 때 파드를 배치할 수 있는 노드가 부족하면 파드를 지정한 수만큼 배치할 수 없다. 이런 경우 다음과 같이 파드가 Pending, 즉 배치 보류 상태가 된다.

```
$ kubectl get pod
NAME READY STATUS RESTARTS AGE
echo-8558dc94cb-g9mcx 2/2 Running 0 10m
echo-8558dc94cb-pd668 0/2 Pending 0 10m
```

Pending 상태에 있는 파드는 새로운 노드가 클러스터에 추가된 시점에 배치된다.

이렇듯 파드 어피니티/파드 안티 어피니티를 이용하면 파드 배치를 좀 더 전략적으로 할 수 있다. 꽤 고급 기능이므로 앞에서 설명한 SPOF를 제거하는 방법을 먼저 적용하기 바란다.

CPU 부하가 큰 파드를 노드 어피니티로 격리하기

애플리케이션에 따라 CPU 부하가 큰 특성을 갖기도 한다.

배치잡처럼 일시적으로 CPU 자원을 많이 사용하는 파드를 실행하는 경우, 같은 노드에 배치된 다른 파드의 성능을 떨어뜨린다. 이런 경우에는 CPU 자원을 과도하게 소모하는 파드를 전용 노드로 격리해서 다른 파드에 대한 영향을 차단해야 한다.

이를 위해서는 먼저 노드에 용도별로 구분 짓는 레이블을 부여하고 파드 배치 규칙에 해당 레이블을 갖는 노드에만 파드를 배치하면 된다. 특정 레이블이 부여된 노드에만 파드를 배치하는 규칙을 정의하는 것이 바로 노드 어피니티다.

노드에 레이블을 부여하려면 instancegroup 값을 설정하면 된다. 웹 애플리케이션이나 API 파드만을 배치할 노드에는 webapi, 배치 잡만을 처리할 노드에는 batch라는 레이블을 붙여 용도를 구분한다.

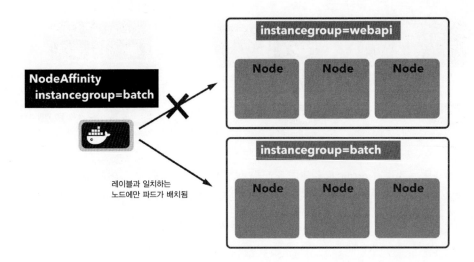

이를 위해 디플로이먼트 매니페스트의 spec.affinity.nodeAffinity 속성에 다음과 같은 규칙을 정의
한다.

```
apiVersion: apps/v1
kind: Deployment
metadata:
    name: high-cpu-job
    labels:
        app: high-cpu-job
spec:
    replicas: 2
    selector:
        matchLabels:
            app: high-cpu-job
    template:
        metadata:
            labels:
                app: high-cpu-job

        spec:
            affinity:
                nodeAffinity:
                    requiredDuringSchedulingIgnoredDuringExecution:
                        nodeSelectorTerms:
```

```
                - matchExpressions:
                    - key: instancegroup
                      operator: In
                      values:
                        - "batch"
        containers:
        - name: high-cpu-job
            image: example/high-cpu-job:latest
```

위와 같이 정의하면 instancegroup=batch 레이블이 부여된 노드에만 파드가 배치된다[14]. 정의된 규칙에 부합하는 노드가 없는 경우, 파드는 배치되지 않고 Pending 상태로 남는다.

노드 어피니티를 이용해 파드를 부하 수준에 맞는 노드로 배치할 수 있으며, 다른 파드의 성능 저하를 방지할 수 있다.

칼럼 8-3. 그 외의 레이블 부여 방법

노드에 레이블을 부여하는 방법이 이 외에도 몇 가지 있다. instance=group이라는 레이블을 어떤 노드에 붙이고 싶다면 다음과 같이 하면 된다.

```
$ kubectl label nodes node-batch1 instancegroup=batch
```

이 방법은 이미 존재하는 노드에 레이블을 부여하는 것으로, kubespray로 관리하는 클러스터는 처음부터 레이블을 부여해 노드를 생성할 수 있다[15]. GKE에서는 NodePool이 같은 역할을 한다[16].

HPA를 이용한 파드 오토 스케일링

HPA(horizontal pod autoscaler)[17]는 시스템 리소스 사용률에 따라 파드 수를 자동으로 조정하는 쿠버네티스 리소스다. HPA는 파드의 오토 스케일링 조건을 디플로이먼트나 레플리카세트에 부여하기 위한 리소스다.

노드에 대한 파드의 CPU 사용률이 40퍼센트를 넘었을 때 파드에 오토 스케일링을 적용하고 싶다면 다음과 같이 매니페스트 파일을 작성한다.

---

14 GKE의 NodePool에 부여되는 레이블은 cloud.google.com/gke-nodepool이다.

15 https://github.com/kubernetes-incubator/kubespray/blob/master/docs/vars.md#other-service-variables

16 https://github.com/kubernetes-incubator/kubespray/blob/master/docs/vars.md#other-service-variables

17 이하 HPA.

```
apiVersion: autoscaling/v2beta1
kind: HorizontalPodAutoscaler
metadata:
    name: echo
spec:
    scaleTargetRef:
        apiVersion: apps/v1
        kind: Deployment
        name: echo
    minReplicas: 1
    maxReplicas: 3
    metrics:
    - type: Resource
      resource:
          name: cpu
          targetAverageUtilization: 40
```

생성된 HPA를 다음과 같이 확인할 수 있다.

```
$ kubectl get hpa
NAME REFERENCE TARGETS MINPODS MAXPODS REPLICAS AGE
echo Deployment/echo <unknown>/40% 1 3 1 41s
```

설정된 CPU 사용률 기준을 초과하면 자동으로 새로운 파드를 생성한다. 다만 maxReplicas에 설정된
개수 이상의 파드를 생성할 수는 없다. HPA를 사용하면 개발자가 일일이 파드 수를 조정할 필요가 없
다. 또한 HPA는 Cluster Autoscaler와 함께 사용할 때 효과가 극대화된다.

Cluster Autoscaler를 이용한 노드 오토 스케일링

HPA가 파드의 오토 스케일링 기능을 제공한다고 해도 파드를 배치할 노드 리소스가 충분하지 못할 수
있다.

이런 경우에는 Cluster Autoscaler를 사용한다. Cluster Autoscaler는 쿠버네티스 클러스터의 노드
수를 자동 조정하는 역할을 한다. Cluster Autoscaler는 쿠버네티스 리소스가 아니라 노드 오토 스케
일링 기능을 제공하는 별도의 도구다.

쿠버네티스에서 노드 수를 조절하는 작업은 쿠버네티스가 실행 중인 플랫폼에 따라 달라지는데, Cluster Autoscaler는 GCP, AWS, 애저 등의 플랫폼을 지원한다.

GKE에서는 Cluster Autoscaler를 매니지드 서비스로 제공하므로 gcloud 명령만으로 Cluster Autoscaler가 적용된 클러스터를 생성할 수 있다. --enable-autoscaling 옵션으로 오토 스케일링을 활성화하고 --min-nodes로 최소 노드 수, --max-nodes로 최대 노드 수를 지정한다.

```
$ gcloud container clusters create gihyo --cluster-version=1.9.7-gke.1 \
--machine-type=n1-standard-1 \
--num-nodes=5 \
--enable-autoscaling \
--min-nodes 3 \
--max-nodes 10
```

GKE 외의 플랫폼에서는 Cluster Autoscaler를 별도로 설치해야 한다. 하지만 헬름을 이용하면 다음과 같이 편리하게 설치할 수 있다.

```
$ helm install --namespace kube-system --name cluster-autoscaler stable/cluster-autoscaler
```

Cluster Autoscaler는 HPA와 연동해 파드 수의 증감에 따라 노드 수를 자동으로 조정할 수 있다. 이러한 기능은 클러스터 비용 통제를 위해 반드시 필요하다.

헬름의 릴리스 히스토리 제한

헬름으로 애플리케이션을 배포하는 경우에도 주의할 점이 있는데, 릴리스 히스토리로 인한 문제가 바로 그것이다.

헬름을 이용하는 쿠버네티스 클러스터에서 다음과 같이 컨피그맵의 목록을 확인해 보라. 다음과 같이 애플리케이션명과 버전명이 붙은 컨피그맵이 생성돼 있을 것이다.

```
$ kubectl -n kube-system get configmap
NAME     DATA  AGE
echo.v1  1     10m
echo.v2  1     2m
echo.v3  1     10s
```

헬름을 사용해 애플리케이션 설치와 업데이트를 반복하다 보면 그 횟수만큼 컨피그맵이 생긴다. 이것은 헬름이 설치 히스토리를 저장하기 위해 컨피그맵을 사용하기 때문이다. 이런 과정을 반복하다 보면 컨피그맵이 너무 많이 쌓여 helm ls 명령의 반응이 느려지거나 최악의 경우 배포 자체가 안 되는 경우가 생긴다.

이런 문제를 피하기 위해 helm init 명령으로 틸러를 배포할 때 --history-max 옵션으로 히스토리 저장 최대 건수를 정하는 것이 좋다.

```
$ helm init --history-max 20
```

모든 릴리스 히스토리를 유지할 필요는 없으므로 1~2주 정도의 히스토리를 유지할 개수 정도만 설정하면 된다.

칼럼 8-4. GKE On-Prem

컨테이너 개발 환경을 하나부터 열까지 직접 운영하려고 하면 쉽지 않은 작업이 된다. GKE On-Prem의 등장으로 온프레미스에서도 개발 환경을 쾌적하게 유지할 수 있을 듯하다.

GKE On-Prem은 쿠버네티스 클러스터를 구성하기 위한 소프트웨어를 온프레미스 환경에 제공하는 것으로, 사용자의 온프레미스 환경에서도 GKE와 동등한 쿠버네티스 환경을 구축할 수 있게 해준다.

기존의 온프레미스 환경에서는 클러스터 구축 및 관리에 Kubespray를 사용해야 했다. 그러나 GKE On-Prem을 사용하면 GKE와 같이 최적화된 쿠버네티스 클러스터를 구축할 수 있다. 구글 클라우드 콘솔에서 온프레미스 환경의 쿠버네티스 클러스터를 관리할 수 있기 때문에 업그레이드 등 클러스터 운영 작업이 간단해진다.

구글이 온프레미스 환경과 밀접한 솔루션을 제공하는 것은 획기적인 일로, 쿠버네티스 보급에 구글의 역량을 투입하고 있다는 증거로 볼 수 있다.

CHAPTER

09

가벼운 도커 이미지
만들기

지금까지 다양한 도커 이미지를 이용해 봤다. 도커 허브에 공개된 이미지는 물론이고 이 책에서 새로 만든 이미지도 있다.

그러나 지금까지는 도커 이미지의 최적화보다는 애플리케이션의 동작을 우선시했다. 일정 규모 이상의 애플리케이션을 본격적으로 구축하려면 도커 이미지 크기에도 신경 써야 한다.

이번 장에서는 효과적인 운영이 가능한 도커 이미지를 만드는 방법과 이때 중요한 몇 가지 포인트를 짚어볼 것이다.

01 가벼운 도커 이미지가 왜 필요할까

이 책에서 지금까지 사용했던 도커 이미지의 크기는 다음과 같다.

이미지	이미지 크기
buildpack-deps:Jessie	615MB
golang:1.9	733MB
node:9.2.0	676MB
mysql:5.6	299MB

모든 이미지의 크기가 100MB부터 1GB를 넘지 않는다. docker image ls 명령으로 이미지 크기를 확인할 수 있으므로 이미지 크기를 신경 쓴 사람이라면 이미 알 것이다. 과연 이 이미지의 크기는 운영상 적정한 크기일까?

이미지 크기 증가에 따라 나타나는 문제

먼저 이미지 크기 증가가 개발 및 운영 업무에 어떤 영향을 미칠지 파악해야 한다. 이미지 크기는 다음과 같은 요인을 통해 이미지 빌드부터 컨테이너 실행에 걸리는 시간에 영향을 준다. 100MB부터 1GB 사이의 이미지를 다루다 보면 그에 걸리는 시간이 점점 누적될 것이다.

- 이미지 빌드 시간(기반 이미지 다운로드 시간 포함)

- 이미지를 도커 레지스트리에 등록하는 시간

- 컨테이너를 실행할 호스트 혹은 노드에서 이미지를 다운로드하는 시간

이 요인은 다음과 같은 문제를 일으킬 수 있다.

- 클러스터를 구성하는 노드의 디스크 용량 낭비

- CI 소요 시간 증가

- 개발 중 시행착오 소요 시간 증가로 인한 생산성 저하

- 오토 스케일링으로 컨테이너가 투입되는 소요 시간 증가(노드에 이미지가 없는 경우 새로 받아와야 하므로)

도커로 대규모 시스템을 구축하는 경우, 마지막 오토 스케일링과 관련된 문제가 가장 크게 다가올 것이다. 서버 리소스가 부족해지면 오토 스케일링을 통해 새로운 노드가 투입될 텐데, 이 새 노드에 얼마나 빨리 도커 이미지를 배치할 수 있는가가 중요하기 때문이다.

도커 이미지 크기를 어느 정도까지 줄일 수 있고, 운영상 현실적인 크기의 이미지를 어떻게 만드는지 알아보자.

02 기반 이미지를 가볍게

이 책에서 지금까지 사용한 기반 이미지는 대부분 100MB가 넘는 것이었다. 우선 기반 이미지의 크기를 얼마나 줄일 수 있는지부터 생각해 보자.

원점으로 돌아가서, 도커는 애플리케이션 배포에 특화된 가상화 기술이라는 점을 생각하면 컨테이너에는 애플리케이션을 실행하는 데 최소한으로 필요한 도구 및 라이브러리만 갖추면 문제가 없을 것이다.

이번 절에서는 크기가 작은 가벼운 이미지를 만드는 데 유리한 기반 이미지를 몇 가지 소개한다.

scratch

scratch는 빈 도커 이미지로, 도커가 이름을 예약한 특수 이미지다.

scratch 이미지는 도커 허브에도 등록돼 있으나, docker image pull 명령으로 내려받을 수는 없다. Dockerfile의 FROM 인스트럭션에서 참조만 가능하다.

scratch 이미지는 Dockerfile의 지시에 따라 컨테이너 외부로부터 파일을 주입 받은 후에야 실체를 갖게 된다. 현재 존재하는 모든 도커 이미지의 기반 이미지를 따라가 보면 결국 이 scratch 이미지에 이르게 된다. 다시 말해 scratch 이미지는 모든 이미지의 조상 격이라고 할 수 있다.

scratch 이미지는 아무것도 담고 있지 않다. 이 이미지를 기반 이미지로 사용하면 필요한 파일을 모두 외부에서 복사해와서 이미지를 구성한다. 이전까지는 sh 명령을 사용해 컨테이너 안으로 들어가 보면 일반적인 리눅스 환경과 비슷할 정도로 여러 가지가 갖춰져 있었다. 이 scratch 이미지로 어떻게 그렇게 쓸 만한 운영 체제 환경을 만들었는지 궁금해질 정도다.

ubuntu:trusty 이미지가 어떻게 구성되는지 살펴보겠다.

scratch 이미지로 만든 이미지 빌드 들여다보기

ubuntu:trusty 이미지는 다음 Dockerfile로 빌드된다.

```
FROM scratch
ADD ubuntu-trusty-core-cloudimg-amd64-root.tar.gz /

RUN set -xe \
  \
  && echo '#!/bin/sh' > /usr/sbin/policy-rc.d \
  && echo 'exit 101' >> /usr/sbin/policy-rc.d \
  && chmod +x /usr/sbin/policy-rc.d \
  \
```

---

1 https://hub.docker.com/r/library/scratch/

```
   && dpkg-divert --local --rename --add /sbin/initctl \
   && cp -a /usr/sbin/policy-rc.d /sbin/initctl \
   && sed -i 's/^exit.*/exit 0/' /sbin/initctl \
   \
   && echo 'force-unsafe-io' > /etc/dpkg/dpkg.cfg.d/docker-apt-speedup \
   \
   && echo 'DPkg::Post-Invoke { "rm -f /var/cache/apt/archives/*.deb /var/cache/apt/archives/
partial/*.deb /var/cache/apt/*.bin || true"; };' > /etc/apt/apt.conf.d/docker-clean \
   && echo 'APT::Update::Post-Invoke { "rm -f /var/cache/apt/archives/*.deb /var/cache/apt/archives/
partial/*.deb /var/cache/apt/*.bin || true"; };' >> /etc/apt/apt.conf.d/docker-clean \
   && echo 'Dir::Cache::pkgcache ""; Dir::Cache::srcpkgcache "";' >> /etc/apt/apt.conf.d/docker-clean
\
   \
   && echo 'Acquire::Languages "none";' > /etc/apt/apt.conf.d/docker-no-languages \
   \
   && echo 'Acquire::GzipIndexes "true"; Acquire::CompressionTypes::Order:: "gz";' > /etc/apt/
apt.conf.d/docker-gzip-indexes \
\
&& echo 'Apt::AutoRemove::SuggestsImportant "false";' > /etc/apt/apt.conf.d/docker-autoremove-
suggests

RUN rm -rf /var/lib/apt/lists/*

RUN sed -i 's/^#\s*\(deb.*universe\)$/\1/g' /etc/apt/sources.list

RUN mkdir -p /run/systemd && echo 'docker' > /run/systemd/container

CMD ["/bin/bash"]
```

일일이 모든 내용을 파악할 필요는 없다. 맨 처음 ADD 인스트럭션에서 컨테이너 외부로부터 https://
partner-images.canonical.com/core/trusty/current/ubuntu-trusty-core-cloudimg-
amd64-root.tar.gz 파일을 추가한다. 이 파일은 우분투 운영 체제를 구성하는 최소한의 파일을 디렉
터리 구조 그대로 압축한 것이다.

ADD 인스트럭션으로 운영 체제 압축 파일이 해제되고 나면[2] root 사용자 권한으로 실행이 계속된다. 환경 변수 PATH에 /usr/bin 등의 경로가 설정되는데, 이 과정을 통해 일반적인 우분투처럼 다양한 명령을 실행할 수 있다.

마지막으로 CMD 인스트럭션에 /bin/bash 명령을 지정한다. 컨테이너가 /bin/bash를 포어그라운드로 실행하므로 우분투 서버 자체가 상주 형태로 실행되는 것처럼 보인다. 그러나 사실 이것은 /bin/bash를 실행하는 우분투 파일 및 디렉터리만 갖는 이미지다.

이렇게 리눅스 환경을 흉내 낸 이미지는 여러모로 쓸모가 있다. 하지만 애플리케이션을 실행하는 데 운영 체제를 구성하는 파일을 모두 사용하는 것은 아니기 때문에 대부분의 파일은 쓸모없이 이미지의 용량만 차지한다[3].

ubuntu:trusty를 통해 scratch 이미지로부터 원하는 이미지를 만드는 방법을 알았으니 scratch 이미지의 특성을 살려 크기를 줄인 애플리케이션 이미지를 만들어 보자. 극단적으로 크기를 줄이면 실행 바이너리 하나만 들어 있는 이미지를 만들 수 있지 않을까?

테스트를 위해 다음과 같은 Go 프로그램을 hello.go 파일에 작성한다.

```go
package main
import "fmt"

func main() {
    fmt.Println("hello, scratch!")
}
```

scratch에 바이너리를 복사할 수 있도록 다음과 같이 컨테이너 밖에서 컴파일한다[4].

```
GOOS=linux GOARCH=amd64 go build hello.go
```

Dockerfile에서는 컴파일된 바이너리 hello를 컨테이너에 복사한 다음 CMD 인스트럭션에서 이를 실행하면 된다.

---

2   ADD 인스트럭션은 COPY와 달리, 컨테이너 안에 복사한 압축 파일을 압축 해제하는 특징이 있다. scratch 이미지는 비어 있기 때문에 아무 명령도 실행할 수 없다. 그래서 이런 기능이 없으면 압축 해제조차 불가능하다.

3   각종 배포판은 컨테이너가 유행하면서 배포 크기가 줄고 있다.

4   Go 언어는 멀티 플랫폼 타깃 빌드 기능을 갖추고 있다. 여기서는 환경 변수 값으로 AMD64 아키텍처를 타깃 플랫폼으로 컴파일했다.

```
FROM scratch

COPY hello /

CMD ["/hello"]
```

그다음 이미지를 빌드한다.

```
$ docker image build -t ch09/hello:latest .
Sending build context to Docker daemon 374.9MB
Step 1/3 : FROM scratch
--->
Step 2/3 : COPY hello /
---> Using cache
---> adacb3c7d06f
Step 3/3 : CMD ["/hello"]
---> Running in c100d4d9b7bd
Removing intermediate container c100d4d9b7bd
---> 26b2a8de2725
Successfully built 26b2a8de2725
Successfully tagged ch08/hello:latest
```

빌드된 이미지를 실행하면 'hello, scratch!'라는 메시지가 출력되므로 컨테이너에서 애플리케이션이
정상적으로 실행된 것을 확인할 수 있다.

```
$ docker container run -t ch09/hello:latest
hello, scratch!
```

자, 그럼 이미지의 크기는 얼마나 줄어들었을까? docker image ls 명령으로 확인해 보면 1.56MB로
나온다. 이 정도면 컴파일된 실행 파일의 크기와 거의 같으므로 원하는 이미지의 크기를 극한까지 줄여
만들어 냈다고 할 수 있다.

```
$ docker image ls | grep hello
ch09/hello latest 26b2a8de2725 4 minutes ago 1.56MB
```

Go 언어로 작성한 애플리케이션을 컴파일해 보면 실행 가능한 정적 바이너리 파일 1개만 생성된다. 그러므로 이미지 크기를 극단적으로 줄일 수 있다. 그러나 다른 언어로 된 애플리케이션은 언어 런타임이나 라이브러리 등을 이미지에 포함해야 하므로 Go 언어에 비해서는 이미지 크기가 커지는 경향이 있다.

네이티브 라이브러리 링크

scratch 이미지를 기반으로 크기가 작은 이미지를 만들려면 대부분의 경우 C 언어나 GO 언어에서 빌드한 실행 바이너리를 컨테이너에 복사하기만 하면 된다. 매우 간단한 방법이지만 애플리케이션이 동적 링크를 사용하는 경우 주의해야 한다.

Go 언어처럼 단일 바이너리 파일을 생성하는 경우에는 빌드 시 네이티브 의존 라이브러리를 정적 링크하도록 하면 이미지를 만드는 수고를 크게 덜 수 있다.

루트 인증서

예를 들어 다음과 같은 애플리케이션에서 TLS/SSL이 적용된 HTTPS 웹 사이트에 접근해야 한다고 하자.

```
package main

import (
    "fmt"
    "io/ioutil"
    "net/http"
)

func main() {
    fmt.Println("hello, scratch!")

    resp, err := http.Get("https://gihyo.jp/")
    if err != nil {
        panic(err)
    }
    defer resp.Body.Close()
    body, err := ioutil.ReadAll(resp.Body)
    if err != nil {
        panic(err)
```

```
    }

    fmt.Println(string(body))
}
```

이 애플리케이션을 빌드하고 도커 이미지를 만들어 컨테이너로 실행하면 다음과 같이 'x509: failed to load system roots and no roots provided' 오류가 발생한다.

```
$ docker container run -t ch09/hello:latest
hello, scratch!
panic: Get https://gihyo.jp/: x509: failed to load system roots and no roots provided

goroutine 1 [running]:
main.main()
/Users/stormcat/work/dockerbook/ch09/hello/hello.go:14 +0xea
```

TLS/SSL이 적용된 HTTPS 웹 사이트에 접근하려면 루트 인증서가 필요하다. 일반적인 운영 체제라면 당연히 루트 인증서가 포함돼 있겠지만, scratch 이미지에는 루트 인증서 자체가 없기 때문에 이런 오류가 발생하는 것이다.

HTTPS 접속이 필요한 경우가 아주 흔하므로 루트 인증서를 내려받아 컨테이너 내 /etc/ssl/certs/ 디렉터리에 추가한다. 루트 인증서는 https://curl.haxx.se/ca/cacert.pem 등의 URL에서 내려받을 수 있다.

```
FROM scratch

COPY hello /
COPY cacert.pem /etc/ssl/certs/

CMD ["/hello"]
```

```
$ curl -O https://curl.haxx.se/ca/cacert.pem
$ docker image build -t ch08/hello:latest .
Sending build context to Docker daemon 5.668MB
Step 1/4 : FROM scratch
--->
```

```
Step 2/4 : COPY hello /
---> Using cache
---> 490818142cb6
Step 3/4 : COPY cacert.pem /etc/ssl/certs/
---> Using cache
---> 4b52e9f7fbc4
Step 4/4 : CMD ["/hello"]
---> Using cache
---> 8fd0080e6e34
Successfully built 8fd0080e6e34
Successfully tagged ch08/hello:latest
```

이렇게 만든 이미지로 컨테이너를 실행하면 HTTPS 사이트의 응답을 정상적으로 받을 수 있다.

```
$ docker container run -t ch09/hello:latest
hello, scratch!
<!DOCTYPE html>
<html xmlns="http://www.w3.org/1999/xhtml" xmlns:og="http://opengraphprotocol.org
/schema/" xmlns:fb="http://www.facebook.com/2008/fbml" xml:lang="ja" lang="ja">
<head>
(중략)
```

운영 체제가 포함된 이미지라면 패키지 관리자를 통해 필요한 라이브러리나 도구를 추가할 수 있겠지만, scratch 이미지에는 패키지 관리자 같은 것이 당연히 존재하지 않는다. 모든 것을 스스로 갖추는 수밖에 없다.

scratch 이미지의 실용성

개인적으로도 이미지의 크기를 극한까지 줄이기 위해 scratch 이미지 사용을 검토한 적이 있다. 그러나 이 책에서 지금까지 다룬 웹 애플리케이션 기준으로는 그리 현실적인 선택지가 아니었다. 예를 들면 기존의 미들웨어를 scratch 이미지에서 동작하려면 빌드부터 시작해야 하는 것은 물론, 다양한 의존 모듈이 필요하므로 상당한 수고를 들여야 한다.

현실적으로는 적용 가능한 범위가 상당히 제한되기 때문에 단일 바이너리 파일로 실행되는 에이전트 타입 애플리케이션이나 명령행 도구 등이 고작일 것이다.

또 디버그를 하려고 해도 셸이 없기 때문에 컨테이너 안의 상황을 파악하기가 어렵다. 이 점은 이미지의 크기와 트레이드 오프 관계를 가지므로 이러한 부분을 포기하더라도 작은 이미지가 필요한 상황이라면 scratch도 선택지에 포함시킬 수 있을 것이다.

BusyBox

BusyBox[5]는 임베디드 시스템에서 많이 사용하는 리눅스 배포판으로, 크기가 매우 작다는 것이 특징이다.

BusyBox는 수백 종 이상의 기본 유틸리티(echo, ls, pwd 등)를 갖추고 있음에도 운영 체제 크기를 상당히 작게 유지한다. 일반적인 운영 체제와 달리, 단일 바이너리 파일 /bin/busybox에 모든 유틸리티가 포함된 형태다.

그렇다면 실제 이미지 크기는 얼마나 될까? busybox:1.27 이미지를 도커 허브에 내려받을 수 있다. 크기를 확인해 보면 1.13MB밖에 되지 않는다. 그래도 최소로 필요한 운영 체제 기능을 갖춘 이미지의 크기가 이 정도라는 것은 정말 놀라운 일이다. 이 때문에 도커 사용자에게 인기가 높다.

```
$ docker image ls | grep busybox
busybox 1.27 6ad733544a63 7 weeks ago 1.13MB
```

1MB 남짓 크기의 이미지로 뭘 할 수 있을지 의심스러울 것이다. 그렇다면 BusyBox 컨테이너의 내용을 한 번 확인해 보자. 다음과 같이 busybox:1.27 컨테이너를 실행한다.

```
$ docker container run -it busybox:1.27 sh
/ #
```

/bin 디렉터리 안에 바이너리 파일 busybox를 확인할 수 있다.

```
/ # cd /bin
/bin # ls -lh busy*
-rwxr-xr-x 385 root root 1.0M Nov 1 22:58 busybox
```

---

5 https://busybox.net/about.html

/bin 디렉터리의 내용을 필터 없이 확인해 보면 파일이 여럿 있다. 이 파일은 모두 크기가 1MB 정도인데, 1MB짜리 파일 개수가 이 정도면 이미지 크기가 1.13MB밖에 안 될 리가 없다.

BusyBox에 사용된 트릭이 바로 여기에 있다. ls 명령에서 출력된 내용 중 가장 왼쪽 칼럼값은 inode 값이다. 이 값이 모든 파일에서 같다는 것은 이 파일이 하드링크가 걸려 있다는 의미다. 다시 말하면, /bin 디렉터리 안에 있는 파일은 /bin/busybox 파일 하나뿐이다.

```
/bin # ls -lhi
total 395860
1179683 -rwxr-xr-x 385 root root 1.0M Nov 1 22:58 [
1179683 -rwxr-xr-x 385 root root 1.0M Nov 1 22:58 [[
1179683 -rwxr-xr-x 385 root root 1.0M Nov 1 22:58 acpid
1179683 -rwxr-xr-x 385 root root 1.0M Nov 1 22:58 add-shell
1179683 -rwxr-xr-x 385 root root 1.0M Nov 1 22:58 addgroup
1179683 -rwxr-xr-x 385 root root 1.0M Nov 1 22:58 adduser
1179683 -rwxr-xr-x 385 root root 1.0M Nov 1 22:58 adjtimex
1179683 -rwxr-xr-x 385 root root 1.0M Nov 1 22:58 ar
1179683 -rwxr-xr-x 385 root root 1.0M Nov 1 22:58 arp
1179683 -rwxr-xr-x 385 root root 1.0M Nov 1 22:58 arping
1179683 -rwxr-xr-x 385 root root 1.0M Nov 1 22:58 ash
1179683 -rwxr-xr-x 385 root root 1.0M Nov 1 22:58 awk
(생략)
```

이런 원리로 ls /bin은 /bin/busybox ls /bin을 실행한 것과 같다. BusyBox는 약 1MB 크기의 바이너리에 모든 유틸리티를 포함시켜 이 정도 크기로 최소한의 운영 체제 기능을 제공할 수 있는 것이다.

표준 C 라이브러리별 이미지

도커 허브의 BusyBox 페이지를 보면 -glibc, -uclibc, -musl 등의 태그가 붙어 있는 것을 볼 수 있다. 이 태그의 의미는 BusyBox에 포함된 표준 C 라이브러리의 차이에 있다.

이렇듯 표준 C 라이브러리별 이미지가 따로 마련된 데는 이유가 있다.

glibc는 GNU C 라이브러리를 의미하는데, 이 라이브러리는 매우 널리 사용되는 C 표준 라이브러리 구현체다. 다양한 스펙 및 독자적인 확장 기능을 제공하기 때문에 유연하지만 그만큼 라이브러리 크기가 크다는 단점이 있다. BusyBox처럼 임베디드 환경에서 널리 사용되는 배포판에서는 그리 자주 사용하지 않는 기능 때문에 디스크 용량을 낭비한다는 문제가 있다.

이 때문에 BusyBox에서는 uClibc라는 라이브러리를 사용한다[6]. uClibc는 용량이 수백 KB밖에 되지 않기 때문에 수 MB가 넘어가는 glibc보다 용량 면에서 유리하다. uClibc는 glibc의 기능 중 꼭 필요한 기능을 골라 임베디드 환경에 특화된 가벼운 라이브러리로 추린 것이다.

musl도 가벼운 C 라이브러리 중 하나로 임베디드 환경에서 널리 사용된다. musl은 정적 링크에 최적화돼 있어 애플리케이션을 이동에 유리한 단일 바이너리로 빌드하기에 좋다. musl은 비교적 최근에 나온 구현체로 glibc보다 POSIX 표준을 더 충실히 구현한다.

아키텍처나 운영 체제가 다른 환경에서 glibc로 빌드한 바이너리는 uClubc나 musl을 사용하는 컨테이너에서 실행이 되지 않는다. 이렇듯 빌드 환경과 실행 환경의 차이를 배제하기 위해 −glibc, −uclibc, −musl과 같이 라이브러리별 이미지를 제공하는 것이다.

scratch 이미지를 사용했던 Dockerfile에서 기반 이미지만 busybox:1.27로 바꾼 다음 이미지 크기를 비교해 보자. scratch로 만든 이미지는 5.66MB였던데 비해, busybox를 사용한 이미지는 6.79MB가 나왔다. 당연히 scratch로 만든 이미지보다는 좀 더 용량이 크지만, 1MB 정도는 도커 이미지에서 오차 범위 이내라고 봐도 좋을 것이다.

```
$ docker image ls | grep hello
ch09/hello busybox 0c19a1268937 20 seconds ago 6.79MB
ch09/hello scratch 8fd0080e6e34 5 minutes ago 5.66MB
```

BusyBox의 실용성

BusyBox는 최소한의 운영 체제 기능을 제공하면서도 운영 체제로 인한 이미지 크기 증가를 거의 제로에 가깝게 줄여준다. BusyBox를 포함한 이미지는 scratch로 만든 이미지보다 1MB 정도 크기가 크지만, 셸을 포함하고 있어 컨테이너 안에서 디버깅 작업이 가능하다는 점에서 데이터 볼륨 컨테이너로 이용하기에 적합하다. 물론 scratch와 마찬가지로 에이전트 타입 애플리케이션이나 명령행 도구를 사용하는 데도 사용할 수 있다.

그러나 BusyBox에는 패키지 관리자 등이 없으므로 어느 정도의 불편은 감수해야 한다.

−glibc, −uclibc, −musl 등을 포함한 별도의 이미지가 갖춰져 있긴 하지만, 억지로 BusyBox를 꼭 쓸 필요는 없다. 이미지 크기에 구애받지 않거나 이미지 빌드가 까다로운 경우에는 우분투나 CentOS

---

6 busybox:1.27과 busybox:1.27−uclibc는 같은 이미지다. 그러므로 C 라이브러리 종류가 명시되지 않은 이미지는 uclibc를 사용한다는 것을 알 수 있다.

등의 이미지를 사용하는 것이 편리하다. 이어서 소개할 알파인 리눅스 기반 공식 이미지가 있다면 그것을 사용하는 것도 좋다.

알파인 리눅스

마지막으로 알파인 리눅스[7]를 소개한다. 알파인 리눅스는 BusyBox를 기반으로 한 리눅스 배포판으로, '보안, 간결함, 리소스 효율을 중시하는 파워 유저'를 대상으로 설계됐으며 표준 C 라이브러리 구현체 중 musl을 사용한다.

BusyBox의 이미지 크기가 1MB 정도였는데, 알파인 리눅스의 이미지 크기는 4MB 정도다. 기능이 추가된 만큼 당연히 이미지 크기도 커진다. 그러나 ubuntu:sturdy 이미지의 크기 221MB에 비하면 압도적으로 가벼운 이미지라고 할 수 있다.

알파인 리눅스는 현재 도커에서 사용되는 리눅스 배포판의 표준이라 할 수 있다. 2016년부터 순차적으로 공식 리포지토리에 등록된 이미지에 알파인 리눅스 지원을 추가해 나가고 있다.

알파인 리눅스가 도커 이미지의 기반 이미지로 많이 사용되고, 나아가 공식 이미지에까지 사용되는 이유는 무엇일까? 이미지 크기가 작다는 이유도 물론 있겠으나, 그보다는 패키지 관리자인 apk를 사용할 수 있다는 점 때문이다.

도커를 사용해 이미지를 만드는 방법은 Dockerfile을 작성하는 방법이 주류다. Dockerfile의 내용이 너무 장황하거나 이미지 빌드에 필요한 사전 준비가 지나치게 늘어나면 이미지의 전체 내용을 파악하기가 어려워진다. 이런 문제를 해결하려면 쓸 만한 패키지 관리자가 반드시 필요하다[8,9].

작은 이미지 크기를 유지하면서도 이미지 빌드에 편리한 패키지 관리자를 갖춘 배포판인 알파인 리눅스가 많이 사용되는 것은 자연스러운 일이다.

현재는 도커 허브 공식 리포지토리뿐만 아니라 여러 유명 리포지토리에서도 알파인 리눅스를 공식 기반 이미지로 사용한다. 일찍이 도커를 도입했던 기업들도 알파인 리눅스를 운영 환경에 무사히 도입한 사례를 여럿 보여줬기 때문에 알파인 리눅스가 기반 이미지의 사실상 표준을 차지한다고 할 수 있다.

개인적으로도 알파인 리눅스 이미지를 자주 사용한다. API 서버나 웹 애플리케이션부터 Nginx 등의 미들웨어까지 다양한 이미지에서 알파인 리눅스를 기반 이미지로 사용한다.

---

7 https://alpinelinux.org/
8 scratch나 BusyBox도 충분히 가벼운 이미지여서 기반 이미지로 많이 사용되지만, 이들 이미지는 패키지 관리자가 없어서 이미지를 만들기에는 알파인 리눅스만 못하다.
9 알파인 리눅스 리포지토리는 다양한 패키지를 보유하고 있으며 유지보수도 활발히 이루어지고 있다.

패키지 관리자인 apk와 패키지 리포지토리에 대해 추가로 공부가 필요하기는 하지만, 애플리케이션 이미지의 크기를 큰 비용 없이 줄일 수 있다는 점이 매력적이다.

그럼 알파인 리눅스를 직접 사용해 보자.

칼럼 9-1. 알파인 리눅스의 도입 예

알파인 리눅스는 다수의 이미지에서 기반 이미지로 사용된다. dind에서 사용되는 docker 이미지[10] 역시 알파인 리눅스 기반이다.

데비안 및 우분투 기반 이미지와 함께 알파인 리눅스 기반 이미지를 함께 제공하는 경우도 많다. 예를 들어 도커 허브에서 제공되는 Nginx 공식 리포지토리[11]에는 -alpine 태그가 붙은 이미지가 있다. 알파인 리눅스 기반 이미지는 기존 데비안 및 우분투 기반 이미지에 비해 확연하게 용량이 적은 것을 알 수 있다.

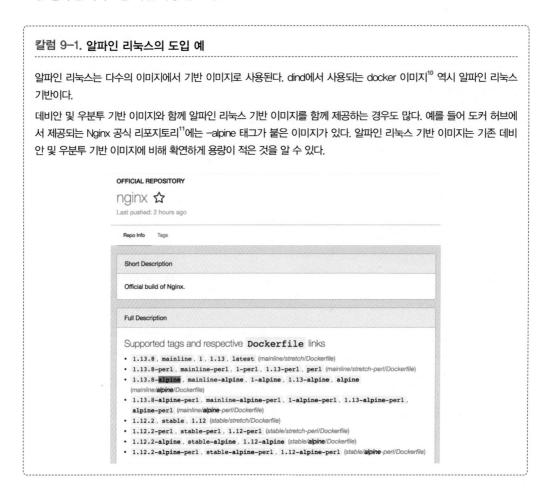

---

alpine 컨테이너 실행하기

알파인 리눅스의 가장 큰 특징인 패키지 관리자 apk의 사용법부터 알아보자. 다른 리눅스 배포판과 비교할 때 가장 큰 차이점인 만큼 apk 사용법만 익히면 도커 이미지를 빌드하는 데는 아무 문제가 없다.

---

10 https://hub.docker.com/_/docker/

11 https://hub.docker.com/_/nginx/

다음과 같이 alpine:3.7 이미지를 사용해 알파인 리눅스를 실행한다. 컨테이너 안에서 apk 명령의 사용법을 익힌다.

```
$ docker container run -it alpine:3.7 sh
```

패키지 관리자 apk 사용법

apk는 패키지 관리자 도구로, 다른 리눅스 배포판의 패키지 관리자와는 달리 패키지 리포지토리가 중앙 집권적이라는 차이가 있다.

> https://pkgs.alpinelinux.org/packages

apk update

apk update 명령은 로컬에 캐싱된 apk 패키지 인덱스를 업데이트하는 명령이다. 패키지 검색 및 설치는 이 로컬에 캐싱된 인덱스에 든 정보를 이용한다. 인덱스 캐시는 /var/cache/apk 디렉터리에 저장된다.

```
$ apk update
fetch http://dl-cdn.alpinelinux.org/alpine/v3.7/main/x86_64/APKINDEX.tar.gz
fetch http://dl-cdn.alpinelinux.org/alpine/v3.7/community/x86_64/APKINDEX.tar.gz
v3.7.0-35-g1f6e64f5d4 [http://dl-cdn.alpinelinux.org/alpine/v3.7/main]
v3.7.0-36-g07f89546be [http://dl-cdn.alpinelinux.org/alpine/v3.7/community]
OK: 9046 distinct packages available
```

apk search

apk search 명령은 현재 사용할 수 있는 패키지를 검색하는 명령이다.

```
apk search node
pgpool-3.7.0-r0
nodejs-8.9.3-r0
nodejs-npm-8.9.3-r0
munin-node-2.0.34-r0
nodejs-current-doc-9.2.1-r0
nodejs-current-9.2.1-r0
```

```
perl-tree-dag_node-1.29-r0
lvm2-2.02.175-r0
nodejs-dev-8.9.3-r0
nodejs-current-dev-9.2.1-r0
sngtc_client-1.3.7-r1
nodejs-doc-8.9.3-r0
perl-tree-dag_node-doc-1.29-r0
```

apk add

apk add 명령은 패키지를 설치하는 명령이다. 설치하려는 패키지 이름을 지정하면 된다.

```
$ apk add nodejs
(1/10) Installing ca-certificates (20171114-r0)
(2/10) Installing nodejs-npm (8.9.3-r0)
(3/10) Installing c-ares (1.13.0-r0)
(4/10) Installing libcrypto1.0 (1.0.2n-r0)
(5/10) Installing libgcc (6.4.0-r5)
(6/10) Installing http-parser (2.7.1-r1)
(7/10) Installing libssl1.0 (1.0.2n-r0)
(8/10) Installing libstdc++ (6.4.0-r5)
(9/10) Installing libuv (1.17.0-r0)
(10/10) Installing nodejs (8.9.3-r0)
Executing busybox-1.27.2-r6.trigger
Executing ca-certificates-20171114-r0.trigger
OK: 61 MiB in 21 packages
```

--no-cache 옵션을 사용하면 /var/cache/apk 디렉터리에 저장된 apk 인덱스 대신 새로 받아온 인덱스 정보를 이용해 패키지를 설치한다. 또한 /var/cache/apk 디렉터리에 캐시를 저장하지 않으므로 이 디렉터리의 내용을 따로 삭제할 필요도 없다. 이러한 이유로 가벼운 이미지를 만들기 위한 Dockerfile에서 apk add --no-cache 명령을 자주 사용한다.

```
$ apk add --no-cache nodejs
fetch http://dl-cdn.alpinelinux.org/alpine/v3.7/main/x86_64/APKINDEX.tar.gz
fetch http://dl-cdn.alpinelinux.org/alpine/v3.7/community/x86_64/APKINDEX.tar.gz
(1/10) Installing ca-certificates (20171114-r0)
(2/10) Installing nodejs-npm (8.9.3-r0)
(3/10) Installing c-ares (1.13.0-r0)
```

```
(4/10) Installing libcrypto1.0 (1.0.2n-r0)
(5/10) Installing libgcc (6.4.0-r5)
(6/10) Installing http-parser (2.7.1-r1)
(7/10) Installing libssl1.0 (1.0.2n-r0)
(8/10) Installing libstdc++ (6.4.0-r5)
(9/10) Installing libuv (1.17.0-r0)
(10/10) Installing nodejs (8.9.3-r0)
Executing busybox-1.27.2-r6.trigger
Executing ca-certificates-20171114-r0.trigger
OK: 61 MiB in 21 packages
```

--virtual 옵션은 여러 패키지를 합쳐 하나의 별명을 붙이는 기능을 제공한다. 이미지를 생성할 때 필요한 패키지 중에는 빌드 과정에서는 사용되지만 이미지를 실행할 때는 불필요한 것이 있다. 빌드 시에만 필요한 이미지를 그대로 남겨두면 이미지 크기가 불필요하게 증가할 수 있으므로 이 라이브러리를 제거하는 것이 좋다. 이렇듯 이미지에 포함할 이미지와 그렇지 않은 이미지를 편리하게 구분하기 위해 --virtual 옵션을 사용한다. 이미지에 포함하지 않을 패키지를 모아 별명을 붙인 다음 apk del [별명] 명령을 사용하면 불필요한 패키지를 한 번에 제거할 수 있다.

다음 예를 보면 ruby-dev, perl-dev 등 이미지 빌드 시에만 사용되는 라이브러리에 build-deps라는 별명을 붙여 설치한다.

```
$ apk add --no-cache --virtual=build-deps ruby-dev perl-dev
fetch http://dl-cdn.alpinelinux.org/alpine/v3.7/main/x86_64/APKINDEX.tar.gz
fetch http://dl-cdn.alpinelinux.org/alpine/v3.7/community/x86_64/APKINDEX.tar.gz
(1/20) Installing gmp (6.1.2-r1)
(2/20) Installing libgcc (6.4.0-r5)

===(중략)===
(20/20) Installing build-deps (0)
Executing busybox-1.27.2-r6.trigger
OK: 69 MiB in 31 packages

$ apk del --no-cache build-deps
WARNING: Ignoring APKINDEX.70c88391.tar.gz: No such file or directory
WARNING: Ignoring APKINDEX.5022a8a2.tar.gz: No such file or directory
(1/20) Purging build-deps (0)
(2/20) Purging ruby-dev (2.4.3-r0)
```

apk del

apk del 명령은 설치된 패키지를 제거하는 명령이다. apk add --virtual 명령과 함께 사용하면 불필요한 패키지를 한 번에 지울 수 있다.

```
$ apk del nodejs
(1/10) Purging nodejs-npm (8.9.3-r0)
(2/10) Purging nodejs (8.9.3-r0)
(3/10) Purging ca-certificates (20171114-r0)
Executing ca-certificates-20171114-r0.post-deinstall
(4/10) Purging c-ares (1.13.0-r0)
(5/10) Purging libssl1.0 (1.0.2n-r0)
(6/10) Purging libcrypto1.0 (1.0.2n-r0)
(7/10) Purging libstdc++ (6.4.0-r5)
(8/10) Purging libgcc (6.4.0-r5)
(9/10) Purging http-parser (2.7.1-r1)
(10/10) Purging libuv (1.17.0-r0)
Executing busybox-1.27.2-r6.trigger
OK: 4 MiB in 11 packages
```

패키지 관리자 apk의 기본 사용법을 알아봤다. 이 명령을 Dockerfile에서 어떻게 사용하는지는 깃허브 등에 공개된 기존 알파인 리눅스 기반 Dockerfile을 참고하기 바란다.

알파인 리눅스 기반 도커 이미지 만들기

apk의 사용법도 익혔으니 알파인 리눅스 기반의 도커 이미지를 만드는 간단한 Dockerfile을 작성해 보자.

이 책에서 다룬 todoapi의 Dockerfile을 알파인 리눅스 기반으로 옮기면 다음과 같다.

```
FROM alpine:3.7

WORKDIR /
ENV GOPATH /go

# ① 빌드 시에만 필요한 라이브러리 및 도구 설치
RUN apk add --no-cache --virtual=build-deps go git gcc g++
```

```
# ② 실행 시에도 필요한 라이브러리 및 도구 설치
RUN apk add --no-cache ca-certificates

# ③ todoapi를 빌드해 실행 파일을 만듬
COPY . /go/src/github.com/gihyodocker/todoapi
RUN go get github.com/go-sql-driver/mysql
RUN go get gopkg.in/gorp.v1
RUN cd /go/src/github.com/gihyodocker/todoapi && go build -o bin/todoapi cmd/main.go
RUN cd /go/src/github.com/gihyodocker/todoapi && cp bin/todoapi /usr/local/bin/

# ④ 빌드 시에만 필요한 라이브러리 및 도구 제거
RUN apk del --no-cache build-deps

CMD ["todoapi"]
```

①은 Go 언어로 구현한 애플리케이션을 빌드하기 위해 apk로 Go, Git, gcc, g++ 등 빌드에 필요한 패키지를 설치하는 부분이다. --virtual 옵션을 사용해 나중에 일괄 삭제할 수 있도록 했다.

②는 컨테이너를 실행한 후 애플리케이션에 TLS/SSL을 적용한 사이트에 접속할 수 있도록 루트 인증서(ca-certificates)를 설치하는 부분이다.

③은 todoapi가 의존하는 Go 언어 라이브러리를 go get 명령으로 받아온 다음, go build 명령으로 애플리케이션을 빌드하는 부분이다.

④에서는 todoapi의 실행 파일 빌드가 끝났으므로 --virtual=build-deps 별명을 붙여 설치한 패키지가 불필요해졌다. 이들 패키지를 apk del 명령으로 일괄 삭제한다.

apk를 사용해 라이브러리 및 도구를 컨테이너 실행 중 필요한 것과 이미지 빌드에만 필요한 것으로 나눠 관리할 수 있다. 불필요한 패키지를 삭제하는 과정 역시 간결하게 작성할 수 있다.

칼럼 9-2. 알파인 리눅스 기반 이미지를 꼭 사용해야 할까

2015년경 도커가 본격적으로 유행하기 시작하던 무렵에는 도커 이미지의 크기에 대한 논의가 그리 많지 않았다. 실제로도 당시 도커 허브에서 제공되던 공식 이미지 역시 알파인 리눅스를 채용하기 전이었으며 실행에 사용되는 기반 이미지 중에도 100MB를 넘는 것이 있었다.

그러나 실제 운영 환경에 도커 도입이 늘어나면서 이미지 크기가 개발 이터레이션 시간에 미치는 영향이 표면에 드러나기 시작했다. 도커에서 알파인 리눅스가 많이 사용된 것은 이러한 경향에 따른 자연스러운 결과였다.

공식 기반 이미지로 알파인 리눅스가 사용되면서 유명 오픈 소스 소프트웨어 등도 공식 이미지를 알파인 리눅스 기반으로 바꾸기 시작했고, 현재는 애플리케이션과 미들웨어를 막론하고 운영 환경에도 알파인 리눅스 기반 이미지가 사용된다. 이만하면 알파인 리눅스의 신뢰성이 충분히 인정받았다고 할 수 있다.

하지만 상황에 따라 알파인 리눅스를 사용할 수 없는 경우도 있다. CentOS 등 레드햇 계열 배포판에 친숙하고 (유료) 지원을 받는 개발자라면 임베디드 계열에 가까운 알파인 리눅스를 신뢰하기 어려운 게 사실이다. 표준 C 라이브러리를 손에 익은 glibc에서 다른 것으로 바꾸는 것만으로도 기존 개발 업무가 크게 변하는 경우도 있다. 그런가 하면 데비안이나 CentOS에는 없었던 알파인 리눅스에서만 발생하는 버그가 일어날 확률도 배제할 수 없다.

가벼운 이미지 대신 안정적인(glibc) 개발 환경을 택해 CentOS나 우분투 이미지를 기반 이미지로 사용하는 개발자도 있다[12]. 알파인 리눅스 대신 익숙한 플랫폼과 기술을 사용해 도커 도입에 따른 불필요한 말썽을 배제하는 것도 현명한 판단이다.

이미지 크기 면에서는 알파인 리눅스에 비해 불리한 면이 있는 만큼 트레이드 오프가 존재하지만, 도커 이미지의 기반 레이어는 캐싱이 가능하므로 기반 레이어가 이미 저장된 서버에 반복적으로 배포가 이루어진다면 두 번째 이후부터는 오버헤드가 그리 크지 않을 것이다. 또한 최근에는 알파인 리눅스 외의 기반 이미지도 착실히 이미지 크기를 줄이고 있다. ubuntu:18.04는 약 80MB까지 크기가 줄었다. 그만큼 이미지 크기 측면의 불리함은 서서히 줄고 있다.

그렇지만 여전히 이미지 크기 면에서는 알파인 리눅스가 우위를 점하고 있다. 이미지 크기에서 10배 이상의 차이가 나기 때문이다. 레이어 캐싱을 고려해도 모든 경우에 캐싱이 적용되는 것이 아니므로 이미지 크기를 가볍게 생각할 수만은 없다.

패키지 관리자 같은 최소한의 편의 기능을 갖추면서도 이미지 크기 역시 최소한으로 억제할 수 있는 리눅스 배포판은 지금으로서는 알파인 리눅스뿐이다.

이미지 크기 감소분과 여기에 드는 시간은 당연히 트레이드 오프 관계에 있다.

알파인 리눅스는 아직 여러 개발자에게 익숙지 않은 배포판이기 때문에 후자가 무시되는 경향도 분명히 있으나, 이번 장에서 익힌 내용을 통해 알파인 리눅스의 가치를 충분히 발휘할 수 있을 것이다.

03 가벼운 도커 이미지 만들기

도커 이미지의 크기를 줄이려면 가벼운 기반 이미지를 선택하는 것이 효과적이다. 도커 이미지 빌드 과정에서 이미지의 크기를 어떻게 억제할 수 있는지 생각해 보자.

배포 대상 애플리케이션의 크기 줄이기

도커 컨테이너에는 배포 대상 애플리케이션 및 의존 라이브러리, 도구 등이 들어간다. 따라서 그 크기를 줄이는 것이 이미지 크기를 줄이는 기본적인 방법이다.

---

12 호환성 확보를 위해 알파인 리눅스에 glibc를 설치하는 개발자도 있다.

애플리케이션 크기 최적화

애플리케이션의 크기는 도커 이미지 크기와 직결되므로 Dockerfiler를 사용해 이미지를 빌드하는 개발자는 애플리케이션과 그 빌드 과정을 완전히 파악하고 있어야 한다. 애플리케이션 수정을 통해 크기를 줄이는 것도 중요한데, 다음과 같은 포인트에서 크기를 줄일 여지가 없는지 확인해 보자. 이 포인트는 모두 기본 요소이므로 CI 등을 통해 지속해서 모니터링하는 것이 좋다.

- 불필요한 파일 삭제

- 불필요한 프로그램 최소화

- 의존 라이브러리 최소화

- 웹 애플리케이션의 애셋(주로 이미지) 용량 줄이기

.dockerignore 파일

git 저장소 전체를 도커 컨테이너로 복사해 빌드하는 경우도 있지만, 이 경우에도 불필요한 파일 및 디렉터리가 컨테이너에 들어가지 않게 하는 것이 중요하다. 특히 .git 디렉터리로 대표되는 불필요한 숨김 파일이 컨테이너에 들어가기 쉽다. 이 문제를 해결하기 위해 도커에는 Dockerfile과 같은 디렉터리에 위치한 .dockerifnore 파일에 컨테이너에 포함하지 않을 파일이나 디렉터리를 정의하는 기능이 있다. 다음과 같이 빌드 대상 애플리케이션 내용에 따라 .dockerignore 파일을 작성한다.

```
.git
.idea
*.swp
*.log
.DS_STORE
```

도커 이미지의 레이어 구조 고려하기

지금까지는 도커 이미지의 내부 구조까지는 신경 쓰지 않고 이미지를 만들었다. 그러나 이미지의 크기를 최적화하려면 이 내부 구조까지 깊이 이해할 필요가 있다.

이 책에서 도커 이미지를 여러 개 만들었는데, 이미지를 만들 때 어떤 내용이 출력됐는지 기억하는가? 바로 이 출력 내용에 도커 이미지의 내부 구조를 알 수 있는 열쇠가 숨어 있다. 예를 들어 4장에서 만든

TODO 앱의 API(ch04/todoapi:latest) 이미지를 빌드해 보면 다음과 같은 내용이 출력되는데, 그 내용을 보면 각 단계별로 Dockerfile에 기술된 명령이 실행되는 것을 알 수 있다.

```
$ docker image build -t ch04/todoapi:latest .
Sending build context to Docker daemon 13.31kB
Step 1/8 : FROM golang:1.9
 ---> 138bd936fa29
Step 2/8 : WORKDIR /
 ---> Using cache
 ---> 617f52d9d635
Step 3/8 : COPY . /go/src/github.com/gihyodocker/todoapi
 ---> Using cache
 ---> 327490c0dafd
Step 4/8 : RUN go get github.com/go-sql-driver/mysql
 ---> Using cache
 ---> 1506fa7e0457
Step 5/8 : RUN go get gopkg.in/gorp.v1
 ---> Using cache
 ---> 09d3bb097b90
Step 6/8 : RUN cd /go/src/github.com/gihyodocker/todoapi && go build -o bin/todoapi cmd/main.go
 ---> Using cache
 ---> 81808f52bb14
Step 7/8 : RUN cd /go/src/github.com/gihyodocker/todoapi && cp bin/todoapi /usr/local/bin/
 ---> Using cache
 ---> ba30a93243c6
Step 8/8 : CMD ["todoapi"]
 ---> Using cache
 ---> 0e8cc1c76009
Successfully built 0e8cc1c76009
Successfully tagged ch04/todoapi:latest
```

도커 이미지는 Dockerfile에 작성된 명령을 단위로 레이어를 구성한다. 명령 1개마다 레이어가 만들어지는 것이다. 또 이 레이어 자체도 이미지이므로 레이어를 여러 겹 겹치는 과정을 통해 이미지가 최종 완성된다.

docker image history 명령으로 해당 이미지가 어떤 레이어로 구성되는지 자세한 정보를 볼 수 있다. 내용을 보면 각 레이어에서 실행된 명령과 파일 크기가 보인다.

```
$ docker image history ch04/todoapi:latest
IMAGE CREATED CREATED BY SIZE (이후 생략)
0e8cc1c76009 41 s... /bin/sh -c #(nop) CMD ["todoapi"] 0B
ba30a93243c6 41 s... /bin/sh -c cd /go/src/github.com/gihyodocker/todoapi && ··· 7.35MB
81808f52bb14 42 s... /bin/sh -c cd /go/src/github.com/gihyodocker/todoapi && ··· 7.35MB
09d3bb097b90 44 s... /bin/sh -c go get gopkg.in/gorp.v1 1.36MB
1506fa7e0457 48 s... /bin/sh -c go get github.com/go-sql-driver/m··· 1.76MB
327490c0dafd 53 s... /bin/sh -c #(nop) ADD dir:0921af5733c475e18c··· 7.01kB
617f52d9d635 53 s... /bin/sh -c #(nop) WORKDIR / 0B
138bd936fa29 2 we... /bin/sh -c #(nop) COPY file:ea7c9f4702f94a0d··· 2.48kB
<missing> 2 we... /bin/sh -c #(nop) WORKDIR /go 0B
<missing> 2 we... /bin/sh -c mkdir -p "$GOPATH/src" "$GOPATH/b··· 0B
<missing> 2 we... /bin/sh -c #(nop) ENV PATH=/go/bin:/usr/loc··· 0B
<missing> 2 we... /bin/sh -c #(nop) ENV GOPATH=/go 0B
<missing> 2 we... /bin/sh -c set -eux; dpkgArch="$(dpkg --pr··· 298MB
<missing> 2 we... /bin/sh -c #(nop) ENV GOLANG_VERSION=1.9.2 0B
<missing> 2 we... /bin/sh -c apt-get update && apt-get install··· 162MB
<missing> 2 we... /bin/sh -c apt-get update && apt-get install··· 142MB
<missing> 2 we... /bin/sh -c set -ex; if ! command -v gpg > /··· 7.8MB
<missing> 2 we... /bin/sh -c apt-get update && apt-get install··· 23.8MB
<missing> 2 we... /bin/sh -c #(nop) CMD ["bash"] 0B
<missing> 2 we... /bin/sh -c #(nop) ADD file:eb2519421c9794ccc··· 100MB
```

각 레이어에 해당하는 이미지는 도커 파일 시스템 안의 tar.gz 파일에 저장된다. 다음 그림과 같은 구조를 생각하면 된다.

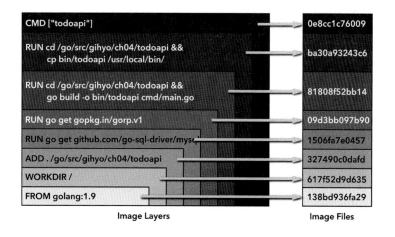

지금까지 docker image build를 여러 번 실행하면서 봤듯이, 이미 빌드한 Dockerfile에 RUN이나 COPY 인스트럭션을 추가해 다시 빌드해도 이전에 실행에 성공했던 부분은 뛰어넘고 새로운 부분만 차분 빌드가 수행된다. 이 차분 빌드가 가능한 것도 이미지가 이처럼 여러 겹의 레이어 구조로 돼 있기 때문이다.

레이어 자체도 이미지다. 다음과 같이 중간 과정의 이미지에 특정한 태그를 붙일 수도 있다.

```
$ docker image tag 09d3bb097b90 ch08/todoapi:latest
```

레이어의 수를 최대한 줄이기

이미지를 구성하는 레이어 자체도 이미지 파일 형태로 디스크에 존재하기 때문에 빌드 중에 필요했던 파일도 최종 결과물이 될 이미지에서 불필요한 파일이라면 결국 최종 이미지에 불필요한 파일에 들어간다.

다음과 같이 깃허브에서 entrykit을 내려받아 설치하는 과정을 수행하는 이미지를 예로 들어 보겠다. alpine:3.7을 기반 이미지로 사용하되 패키지 관리자 apk를 사용해 wget을 설치한 다음, 이어서 entrykit 압축 파일을 내려받고 설치하는 과정까지가 RUN 인스트럭션으로 기술돼 있다.

```
FROM alpine:3.7

RUN apk add --no-cache wget
RUN wget https://github.com/progrium/entrykit/releases/download/v0.4.0/
entrykit_0.4.0_Linux_x86_64.tgz
RUN tar -xvzf entrykit_0.4.0_Linux_x86_64.tgz
RUN rm entrykit_0.4.0_Linux_x86_64.tgz
RUN mv entrykit /bin/entrykit
RUN chmod +x /bin/entrykit
RUN entrykit --symlink
```

이 Dockerfile을 ch09/entrykit:standard라는 이름으로 빌드한 다음, 이미지의 내용을 확인해 보자.

```
$ docker image build -t ch09/entrykit:standard .
Sending build context to Docker daemon 2.048kB
Step 1/8 : FROM alpine:3.7
---> e21c333399e0
```

```
(중략)
Step 8/8 : RUN entrykit --symlink
---> Using cache
---> 81e34dce6135
Successfully built 81e34dce6135
Successfully tagged ch08/entrykit:standard


$ docker image ls | grep entrykit | grep standard
ch09/entrykit standard 81e34dce6135 5 minutes ago 34.9MB
```

빌드 결과 약 35MB 크기의 이미지를 얻었다. 이 이미지의 각 레이어 별 크기를 다음과 같이 확인할 수 있다. docker image history 명령으로 확인한 각 레이어의 크기를 모두 합하면 34.9MB가 된다.

```
$ docker image history ch09/entrykit:standard
IMAGE CREATED CREATED BY SIZE (이후 생략)
81e34dce6135 4 minutes ago /bin/sh -c entrykit --symlink 32B
6ac2ba327fcc 4 minutes ago /bin/sh -c chmod +x /bin/entrykit 9.19MB
364fa2222778 4 minutes ago /bin/sh -c mv entrykit /bin/entrykit 9.19MB
43a1da6d93f1 4 minutes ago /bin/sh -c rm entrykit_0.4.0_Linux_x86_64.tgz 0B
6f481109ce23 4 minutes ago /bin/sh -c tar -xvzf entrykit_0.4.0_Linux_x8… 9.19MB
bd0efc2b696d 4 minutes ago /bin/sh -c wget https://github.com/progrium/… 2.71MB
2bdb31acf993 4 minutes ago /bin/sh -c apk add --no-cache wget 520kB
e21c333399e0 3 weeks ago /bin/sh -c #(nop) CMD ["/bin/sh"] 0B
<missing> 3 weeks ago /bin/sh -c #(nop) COPY file:2b00f26f6004576e2… 4.14MB
```

이번 빌드에서 레이어 수가 늘었기 때문에 다음과 같이 이미지 크기가 증가했다.

- bd0efc2b696d => entrykit_0.4.0_Linux_x86_64.tgz를 내려받아 약 2.7MB 차이 발생

- 6f481109ce23 => entrykit 압축파일을 해제해 약 9.2MB 차이 발생

- 43a1da6d93f1 => entrykit_0.4.0_Linux_x86_64.tgz 파일을 삭제했으므로 차이가 발생하지 않음

- 364fa2222778 => entrykit 디렉터리를 이동해 약 9.2MB 차이 발생

- 6ac2ba327fcc => entrykit의 권한을 변경해 약 9.2MB 차이 발생

각 레이어에서 파일을 조작할 때마다 최종 이미지의 크기가 증가함을 알 수 있다. 이런 현상을 피하려면 Dockerfile을 빌드해 생성되는 이미지의 레이어 수를 줄이는 것이 가장 효과적이다. 그러므로

Dockerfile을 다음과 같이 수정한다. 각각 별도의 RUN 인스트럭션을 사용하는 명령을 &&으로 연결해 한 번에 실행한다. 이렇게 RUN 인스트럭션 하나로 모든 명령을 실행하면 이미지를 구성하는 레이어 수도 그만큼 줄어든다.

```
FROM alpine:3.7

RUN apk add --no-cache wget && \
wget https://github.com/progrium/entrykit/releases/download/v0.4.0/entrykit_0.4.0_Linux_x86_64.tgz && \
tar -xvzf entrykit_0.4.0_Linux_x86_64.tgz && \
rm entrykit_0.4.0_Linux_x86_64.tgz && \
mv entrykit /bin/entrykit && \
chmod +x /bin/entrykit && \
entrykit --symlink
```

이 Dockerfile을 ch09/entrykit:light 태그로 빌드하고 이미지의 크기를 확인해 보자.

```
$ docker image build -f Dockerfile.light -t ch09/entrykit:light .
Sending build context to Docker daemon 3.072kB
Step 1/2 : FROM alpine:3.7
---> e21c333399e0
Step 2/2 : RUN apk add --no-cache wget && wget https://github.com/progrium/entryki
t/releases/download/v0.4.0/entrykit_0.4.0_Linux_x86_64.tgz && tar -xvzf entrykit_0
.4.0_Linux_x86_64.tgz && rm entrykit_0.4.0_Linux_x86_64.tgz && mv entrykit /bi
n/entrykit && chmod +x /bin/entrykit && entrykit --symlink
---> Running in 20f5477da2e4

==(중략)==

Removing intermediate container 20f5477da2e4
---> 6909aac23232
Successfully built 6909aac23232
Successfully tagged ch09/entrykit:light
$ docker image ls | grep entrykit | grep light
ch09/entrykit light 6909aac23232 37 seconds ago 13.9MB
```

13.9MB까지 이미지 크기를 줄였다. 각 레이어의 크기를 확인해 보면 다음과 같이 alpine:3.7 이미지가 약 4MB, entrykit 실행 파일이 약 9MB다. 이제 불필요한 요소가 거의 없는 이미지가 됐다.

```
$ docker history ch09/entrykit:light
IMAGE CREATED CREATED BY SIZE COMMENT
6909aac23232 31 minutes ago /bin/sh -c apk add --no-cache wget && wg… 9.71MB
e21c333399e0 3 weeks ago /bin/sh -c #(nop) CMD ["/bin/sh"] 0B
<missing> 3 weeks ago /bin/sh -c #(nop) ADD file:2b00f26f6004576e2… 4.14MB
```

가독성과 이미지 크기의 트레이드 오프

RUN 인스트럭션의 횟수를 줄여서 레이어 수를 줄이고 그만큼 이미지 크기를 줄이는 방법은 매우 유용한 방법이지만, &&나 백슬래시를 많이 사용해야 하며 빌드 스타일에 따라 cd 명령을 자주 사용하게 되므로 Dockerfile의 가독성을 해치게 된다. 또한 이미지 빌드를 시행착오와 함께 반복해야 하는 경우라면 중간 빌드를 재활용하는 이점을 누릴 수가 없다. 이는 불가피하게 개발 효율을 떨어뜨리므로 개발 과정에서는 각 명령을 별도의 RUN 인스트럭션으로 실행하되 빌드 내용이 고정된 다음에 RUN 인스트럭션의 실행 횟수를 줄이면 된다.

그리고 이 방법을 무리하게 모든 경우에 적용하지 않는 것이 좋다. 이 방법이 유용한 경우는 수 MB 이상의 파일을 자주 다루는 과정이 빌드에 포함되는 경우다. 따라서 다루는 파일 크기가 작아서 충분히 무시할 수 있는 수준이거나 애초에 중간 레이어 개수 자체가 적은 경우에는 굳이 적용할 필요가 없다.

Dockerfile 외의 방법으로 이미지를 빌드하는 방법을 선택할 수도 있다. 이 책에서는 다루지 않지만, 구성 관리 도구인 앤서블 컨테이너(Ansible Container)[13]는 앤서블을 이용해 도커 이미지 구축 기능을 제공한다. 복잡한 빌드 과정을 Dockerfile로 작성하면 번잡해지기 쉬우나 앤서블 컨테이너를 이용하면 플레이북(Playbook)으로 프로그램 가능한 빌드를 기술할 수 있으며 Dockerfile처럼 단계마다 레이어가 강제로 생성되는 일도 없다.

---

13 https://github.com/ansible/ansible-container

04 멀티 스테이지 빌드

도커 17.05 버전부터 멀티 스테이지 빌드(multi-stage build)라는 기능이 도입됐다. 이것은 가벼운 이미지를 만드는 데 유용한 기능이다.

도커 이미지를 빌드하는 과정에서 애플리케이션 빌드와 배포 과정이 모두 같은 컨테이너에서 이루어지는 경우가 많았다. 이 방식은 빌드 과정에만 필요한 라이브러리와 애플리케이션 실행에 불필요한 빌드 부산물을 완전히 제거할 수 없다는 한계가 있었다. 여러 해 동안 개발자들의 골치를 썩였던 이 문제를 해결하기 위한 대책이 바로 멀티 스테이지 빌드다.

빌드 컨테이너와 실행 컨테이너의 분리

멀티 스테이지 빌드[14]를 통해 빌드 산출물을 생성하는 빌드 컨테이너와 완성된 빌드 산출물을 배포해 실행하는 컨테이너를 분리할 수 있다. 빌드 컨테이너와 실행 컨테이너의 분리는 Dockerfile 하나로도 가능하며, 개발자 입장에서 빌드 과정을 분할하지 않고도 가벼운 도커 이미지를 만들 수 있다.

애플리케이션 빌드를 컨테이너에서 수행하려면 멀티 스테이지 빌드를 반드시 적용해야 한다[15]. 4장에서 만들었던 TODO 애플리케이션 API의 Dockerfile에 멀티 스테이지 빌드를 적용해 보자. 원래 Dockerfile의 내용은 다음과 같았다. 애플리케이션을 빌드하고 실행하는 전형적인 패턴을 따르고 있지만, 기반 이미지인 golang:1.9가 700MB나 된다는 게 문제다. 일반적인 빌드 관점에서는 대상 언어의 버전을 지원하는 이미지를 사용하는 것이 유리하지만, Go 언어는 런타임 없이도 빌드된 바이너리를 실행할 수 있다.

```
FROM golang:1.9

WORKDIR /
COPY . /go/src/github.com/gihyodocker/todoapi
RUN go get github.com/go-sql-driver/mysql
RUN go get gopkg.in/gorp.v1
RUN cd /go/src/github.com/gihyodocker/todoapi && go build -o bin/todoapi cmd/main.go
RUN cd /go/src/github.com/gihyodocker/todoapi && cp bin/todoapi /usr/local/bin/

CMD ["todoapi"]
```

---

14 사실 도커 17.05 이전에도 빌드용과 실행용 Dockerfile을 분리할 수 있었으나 방법이 복잡했다.
15 운영 환경의 컨테이너 안에서 빌드하는 경우에는 원칙적으로 멀티 스테이지 빌드를 적용해야 한다.

이 Dockerfile에 멀티 스테이지 빌드를 적용하면 다음과 같다.

```
FROM golang:1.9 AS build

WORKDIR /
COPY . /go/src/github.com/gihyodocker/todoapi
RUN go get github.com/go-sql-driver/mysql
RUN go get gopkg.in/gorp.v1
RUN cd /go/src/github.com/gihyodocker/todoapi && go build -o bin/todoapi cmd/main.go

FROM alpine:3.7

COPY --from=build /go/src/github.com/gihyodocker/todoapi/bin/todoapi /usr/local/bin/
CMD ["todoapi"]
```

여기서 가장 큰 특징은 FROM 인스트럭션이 2번 사용됐다는 점이다. 첫 번째와 두 번째 FROM 인스트럭션 사이의 내용은 빌드 컨테이너에서 일어나는 처리이며, 그 이후 부분이 실행 컨테이너의 처리다.

멀티 스테이지 빌드를 적용하면 FROM 인스트럭션을 'FROM 이미지명 AS 컨테이너명' 형태로 사용할 수 있다. 여기서는 빌드 컨테이너에 build라는 이름을 붙였다. 실행 컨테이너의 COPY 인스트럭션에서 이 이름을 참조한다. COPY --from [컨테이너명] [해당 컨테이너 내 원본 경로]의 형태로 빌드 컨테이너의 파일, 다시 말해 빌드 산출물을 다른 컨테이너로 복사할 수 있다.

ch09/todoapi:multi라는 이름으로 다음과 같이 이미지를 빌드해 보자. 크기가 11.5MB인 작은 이미지가 완성된다. 여기서는 실행 컨테이너만 사용할 것이므로 빌드 컨테이너가 폐기된 상태로 이미지가 빌드된다.

```
$ docker image build -t ch09/todoapi:multi .
Sending build context to Docker daemon 13.31kB
Step 1/9 : FROM golang:1.9 AS build
---> 138bd936fa29
Step 2/9 : WORKDIR /
---> Using cache
---> 617f52d9d635
Step 3/9 : COPY . /go/src/github.com/gihyodocker/todoapi
---> 7930fa99b1c7
Step 4/9 : RUN go get github.com/go-sql-driver/mysql
```

```
---> Running in 8384a8e62383
Removing intermediate container 8384a8e62383
---> 26bcfc51fcb5
Step 5/9 : RUN go get gopkg.in/gorp.v1
---> Running in 4e2259459007
Removing intermediate container 4e2259459007
---> c00dccd4e0c8
Step 6/9 : RUN cd /go/src/github.com/gihyodocker/todoapi && go build -o bin/todoapi cmd/main.go
---> Running in ac2501c9cd84
Removing intermediate container ac2501c9cd84
---> d5e7d7ca19aa
Step 7/9 : FROM alpine:3.7
---> e21c333399e0
Step 8/9 : COPY --from=build /go/src/github.com/gihyodocker/todoapi/bin/todoapi /usr/local/bin/
---> Using cache
---> 4ffc2f4692ad
Step 9/9 : CMD ["todoapi"]
---> Running in adb658fda99f
Removing intermediate container adb658fda99f
---> 50513d2d81e6
Successfully built 50513d2d81e6
Successfully tagged ch09/todoapi:multi

$ docker image ls | grep todoapi | grep multi
ch09/todoapi multi 50513d2d81e6 10 minutes ago 11.5MB
```

실행 컨테이너에 불필요한 파일을 전혀 포함하지 않고 가벼운 이미지를 만들 수 있다.

앞에서 알파인 리눅스를 설명할 때 사용했던 RUN 인스트럭션 실행 횟수를 줄이는 방법은 아무래도 가독성을 해칠 수밖에 없다. 그러나 멀티 스테이지 빌드는 빌드 컨테이너를 폐기하기 때문에 억지로 RUN 인스트럭션의 실행 횟수를 줄일 필요는 없다. Dockerfile의 가독성을 유지하면서도 이미지의 크기를 억제할 수 있다.

멀티 스테이지 빌드는 이미지 크기 감소뿐만 아니라 이식성에도 도움을 준다. 기존에는 호스트 머신이나 다른 도커 컨테이너에서 생성된 빌드 산출물을 실행 컨테이너에 복사하는 방법을 사용했는데, 이 방법은 빌드 환경에 의존성을 가지며 실행 컨테이너에서 항상 동작하리라는 보장이 없다. 그러나 멀티 스테이지 빌드는 하나의 Dockerfile 안에서 컨테이너 간에 파일을 주고받기 때문에 도커 호스트와 상관없이 항상 같은 최종 결과물을 얻을 수 있다는 것이 장점이다.

지금까지 가벼운 이미지를 만드는 데 있어 중요한 사항을 알아봤다. 기반 이미지의 선택 요령과 알파인 리눅스를 이용한 이미지 빌드, 이미지 레이어를 줄이는 방법과 멀티 스테이지 빌드 등 이미지 크기를 줄일 수 있는 방법을 살펴봤다.

크기가 작은 이미지는 빠른 오토 스케일링은 물론 개발 효율 개선에도 효과적이므로 도커를 사용해 일정 규모 이상의 애플리케이션을 구축하는 데 중요한 요소다.

칼럼 9-3. 언어에 중점을 둔 distroless 이미지

distroless[16]란 운영 체제를 포함하지 않고 언어에 중점을 둔 도커 이미지를 말한다. 주로 구글이 만들어 공개하고 있다.

gcr.io/distroless/base 이미지는 glibc를 기반으로 하며, Go 언어와 Rust 언어로 작성된 애플리케이션을 실행하는 데 적합하다. ca-certificates 및 TLS/SSL 관련 라이브러리[17] 등 필요한 최소한의 라이브러리만 포함한다. 이미지 크기는 약 16MB로, 알파인 리눅스만큼은 아니지만 상당히 작다.

todoapi에 멀티 스테이지 빌드를 적용해 distroless 이미지를 만들려면 다음과 같은 Dockerfile을 작성한다.

```
FROM golang:1.9 as build

WORKDIR /
COPY . /go/src/github.com/gihyodocker/todoapi
RUN go get github.com/go-sql-driver/mysql
RUN go get gopkg.in/gorp.v1
RUN cd /go/src/github.com/gihyodocker/todoapi && go build -o bin/todoapi cmd/main.go

FROM gcr.io/distroless/base
COPY --from=build /go/src/github.com/gihyodocker/todoapi/bin/todoapi /usr/local/bin/
CMD ["todoapi"]
```

gcr.io/distroless/base 외에도 각 언어에 최적화된 이미지를 갖췄다. 크기가 작은 이미지를 만들 수 있으며 이미지 빌드도 간단하기 때문에 사용자가 점점 증가하는 추세다.

- gcr.io/distroless/java

- gcr.io/distroless/cc

- gcr.io/distroless/python3

- gcr.io/distroless/nodejs

- gcr.io/distroless/dotnet

---

16 https://github.com/GoogleContainerTools/distroless
17 libssl 혹은 openssl

CHAPTER

10

다양한 도커
활용 방법

지금까지 도커를 이용한 웹 애플리케이션 구축 방법과 쿠버네티스를 이용한 컨테이너 오케스트레이션의 정석적인 방법을 배웠다. 이번 장에서는 팀 개발에서 개발 환경을 통일하고 명령행 도구를 통한 도커 컨테이너 사용법, 도커를 이용한 부하 테스트 방법을 알아본다.

01 팀 개발에서 개발 환경 통일하기

도커의 강점은 뛰어난 이식성을 통해 환경 재현이 편리하다는 점이다.

3장의 '도커 친화적인 애플리케이션'(98쪽)에서 설명했듯이, 애플리케이션 및 미들웨어의 동작을 환경 변수로 제어하는 방법으로 도커 이미지의 추상 수준을 높일 수 있었고 더불어 다양한 환경에 배포하기 쉽게 할 수 있었다.

이 방법은 개발 환경 그대로 운영 환경에 재현하기 위한 것이었지만, 여러 명으로 구성된 개발 팀에서 개발 환경을 공유하고 통일하는 방법으로도 이용할 수 있다.

소프트웨어 및 도구 통일

팀 개발에서 개발에 사용하는 소프트웨어와 도구를 통일하면 불필요한 트러블을 미연에 방지할 수 있다. 또 여러 프로젝트를 오가며 작업하는 경우에도 호스트 환경이 지저분해지기 쉬운데, 이를 방지하기 위해서도 호스트에서 격리된 환경에 필요한 도구를 갖춘 도커 컨테이너를 공통 개발 환경으로 사용하는 것이 바람직하다.

예를 들어 MySQL이나 Redis 같은 데이터스토어를 사용하는 프로젝트는 이 데이터스토어를 조작하기 위한 클라이언트 도구가 필요하다. 고성능 MySQL 클라이언트인 mycli 혹은 Redis 클라이언트인 redis-tools를 팀의 표준 도구로 지정하면 다음과 같은 도커 이미지를 공통 개발 환경으로 사용할 수 있다.

```
FROM ubuntu:16.04

RUN apt -y update
RUN apt -y install net-tools \
iproute2 \
inetutils-ping \
iproute2 \
tcpdump \
mycli \
redis-tools
```

이것은 데이터스토어를 조작할 도구와 기본적인 네트워크 유틸리티 등을 포함해 다양한 용도로 활용할 수 있는 workspace 컨테이너다.

이 이미지는 '하나의 컨테이너에 하나의 관심사'라는 도커의 원칙에는 어긋나지만, 애플리케이션을 배포하는 용도가 아니므로 그냥 넘어가자.

```
$ docker image build -t ch10/workspace:latest .

$ docker container run --rm --name workspace -it ch10/workspace:latest bash
root@8a75ac7dbf29:/#
```

이 workspace 컨테이너는 이미지를 빌드할 때 설치한 도구를 이용하거나 다른 컨테이너와 통신을 통해 디버깅을 진행하는 등 마치 간이 운영 체제처럼 사용할 수 있다. 필자가 속한 개발팀에서도 이런 컨테이너를 잘 활용하고 있다.

쿠버네티스에서도 비슷한 방법을 사용할 수 있다. kubectl로 실행한 컨테이너는 쿠버네티스 클러스터에 들어갈 수 있으므로 디버깅은 물론이고 서비스의 통신 확인까지 할 수 있다.

```
$ kubectl run -i --rm --tty workspace --image=ch10/workspace:latest --restart=Never -- bash -il
```

개발 환경은 집단지성의 결과

모두가 사용하지는 않더라도 팀 내 표준 개발 환경을 도커 컨테이너 형태로 제공하는 것은 매우 의미 있는 일이다. 일단 개발 환경을 공유하면 여러 개발자가 수고를 덜 수 있지만, 장점은 그것뿐만이 아니다.

팀 개발에서는 각 개발자가 서로 다른 전문 영역을 가지며 개발 스타일과 선호하는 도구도 다른 경우가 많다. 개발 환경 통일은 결과적으로 각자가 가진 노하우를 공유하고 이렇게 형성한 집단지성을 업무에 활용하는 것이다.

그리고 그렇게 형성한 표준 개발 환경을 다시 도커로 구성하는 것은 매우 좋은 선택이다. 환경 구성 절차를 Dockerfile 형태의 프로그램으로 작성할 수 있으며, 신속하게 컨테이너를 실행하고 폐기할 수 있기 때문에 개발 환경에 베스트 프랙티스를 지속해서 반영할 수 있다.

칼럼 10-1. 도커는 베이그런트의 대체재인가?

베이그런트(Vagrant)[1] 역시 표준 개발 환경을 제공하는 목적으로 널리 사용된다. 최근 도커 붐을 타고 베이그런트의 자리를 도커로 대체하려는 사람도 있는 것으로 안다.

도커 컨테이너는 실행도 빠르고 불륨 마운트 기능을 통해 호스트와 파일 시스템을 공유할 수 있으므로 베이그런트보다 훨씬 낫다고 볼 수도 있다. 필자 역시 예전에는 베이그런트를 애용했으나, 현재는 로컬 환경에서도 도커만 사용한다.

어떤 경우에 베이그런트가 적합한지부터 생각해 보자. 운영 환경에서 도커를 사용하지 않고 현재 베이그런트로 안정적인 개발 환경을 구축한 상태라면 굳이 이주할 필요가 없다.

도커는 호스트 운영 체제의 리소스를 공유하는 하이퍼바이저 타입 가상화 기술이다. 그러므로 완전한 가상화라고는 할 수 없다. 도커를 통해 운영되지 않는 애플리케이션은 운영 체제의 상태에 의존적인 경우가 많은데, 극단적으로 불필요한 기능을 걷어낸 도커 컨테이너 안에서 애플리케이션이 원하는 대로 동작한다는 보장이 없다. 이 문제를 해결하는 데도 개발자의 수고가 들 수 있다.

가벼움을 추구해 로컬 환경을 베이그런트에서 도커로 옮겼다고 하자. 로컬 테스트 환경은 가볍게 동작하겠지만, 도커가 아닌 운영 환경에 배포하면 환경 차이로 인한 트러블이 발생할 가능성이 높다. 운영 환경 역시 도커를 적용하지 않으면 이식성은 보장되지 않는다.

베이그런트의 대체재로 도커를 이용할 경우 개발 환경부터 운영 환경까지 모두 도커 적용을 전제로 하지 않는 한 도커의 장점을 완전히 살리기 어렵다.

여러 개의 도커 컨테이너로 이루어진 시스템은 도커 컨테이너와 컨테이너 오케스트레이션 시스템으로 구성하는 것이 좋다. 앞서 언급한 workspace 컨테이너는 간이 운영 체제 형태로 사용되기 때문에 베이그런트의 사용 형태와 매우 가깝지만 애플리케이션이나 미들웨어 컨테이너는 포함되지 않는다. 이런 개발 보조 도구는 도커나 베이그런트 어느 것으로도 대체가 가능하다.

---

1 버추얼박스 등의 가상화 소프트웨어로 실행한 가상 머신에 개발 환경에서 사용하는 애플리케이션 및 미들웨어를 편리하게 설치할 수 있는 도구. https://www.vagrantup.com/

정리하자면 다음과 같다. 다양한 유스케이스가 있겠지만, 다음과 같은 기준을 기본으로 하면 될 것이다.

- 전적으로 도커 컨테이너만으로 구성되는 시스템은 도커를 사용한다.

- 일반적으로 컨테이너 형태로 운영하지 않는 애플리케이션 혹은 미들웨어는 굳이 베이그런트에서 이주할 필요가 없다.

- 베이그런트에서 도커로 이주한다면 운영 환경까지 도커로 옮겨간다는 것을 전제로 검증 및 테스트를 충분히 거쳐야 한다.

02 도커 컨테이너에서 명령행 도구(CLI) 사용하기

도커는 웹 애플리케이션 서버나 미들웨어 같은 상주형 애플리케이션에 사용되는 경우가 많다. 그러나 그 외에도 다양한 형태로 활용할 수 있다. 명령행 도구 역시 도커를 효과적으로 활용할 수 있는 영역이다.

Dockerfile의 문법 검사를 도와주는 명령행 도구인 hadolint를 도커 컨테이너 형태로 실행해 보자.

먼저 알파인 리눅스를 기반 이미지로 하는 간단한 Dockerfile을 아무 디렉터리에서든 작성한다. hadolint를 실행하는 도커 컨테이너로 이 Dockerfile의 문법 검사를 수행할 것이다[2]. 그 결과, 경고 DL3006이 출력됐다. Dockerfile의 FROM 인스트럭션에 alpine 이미지의 버전이 생략되면 latest 이미지를 사용하는데, hadolint에서 이미지 버전 생략은 경고 대상이다.

```
FROM alpine

RUN echo "docker!"
```

```
$ docker container run --rm -i hadolint/hadolint < Dockerfile
/dev/stdin:1 DL3006 Always tag the version of an image explicitly
```

docker container run 명령을 실행할 때 인자로 지정한 이미지가 존재하지 않으면 자동으로 이미지를 받아온다(pull). 그러므로 도구를 처음 사용하더라도 추가적인 수고는 들지 않는다.

---

2 hadolint는 검사 대상 Dockerfile의 경로를 실행 인자로 받지만, 도커 컨테이너에서 실행할 때는 호스트 쪽에 있는 Dockerfile의 경로를 리다이렉트해 전달받는다. 그러나 파워셸에서는 이 방법이 동작하지 않는다. cat Dockerfile | docker container run --rm -i hadolit/hadolint와 같이 해야 한다.

docker container run 명령에 사용된 옵션을 살펴보자. 실행 후 컨테이너를 남겨둘 필요가 없으니 --rm 옵션을 사용하고 -i 옵션은 실행할 Dockerfile을 리다이렉트로 전달하기 위한 것이다. 여기서는 사용되지 않았지만, -v 옵션도 자주 사용된다.

명령행 도구도 호스트에 설치하지 않고 도커 컨테이너 형태로 사용할 수 있다. 지금 예로 든 hadolint 는 다중 플랫폼을 지원하지만, 그렇지 않은 도구를 윈도우 및 macOS 환경에 도입할 때는 매우 중요한 기능이다. 자신이 리눅스를 사용하더라도 새로운 버전을 시험해 보기 위한 목적으로 유용하다.

여러 번 반복해 설명했듯이 도커 컨테이너는 하나의 애플리케이션으로 기능한다. 따라서 도커 허브를 보면 여러 개의 컨테이너가 단일 애플리케이션으로 동작하는 형태로 배포된다. 이 점은 베이그런트나 그 외 애플리케이션 배포를 목적으로 하지 않는 컨테이너 가상화 기술보다 유리하다.

그리고 도커는 일회용 스크립트 실행 환경으로도 쓸모가 많다.

이번 절에서는 도커 컨테이너에서 명령행 도구나 스크립트를 활용하는 실용적인 활용법에 대해 알아 본다.

이미지에서 명령행 도구 버전 변경하기

명령행 도구를 사용할 때 중요한 점이 도구의 버전을 관리하는 것이다. 명령행 도구를 편리하게 사용하 려면 도구 버전을 업데이트하거나 특정 버전으로 고정시키는 작업이 꼭 필요하다. 명령행 도구를 사용 하면서 다음과 같은 필요가 발생할 수 있다.

- 항상 최신 버전(보안 패치가 모두 적용된)을 사용하고 싶다.
- 버전이 바뀔 때마다 변경 사항이 많은 도구라서 특정 버전을 고정적으로 사용하고 싶다.

도구를 패키지 관리자로 관리하고 있다면 최신으로 업데이트하거나 특정 버전으로 고정해 두는 것이 그리 어렵지 않다. 그러나 그렇지 않은 상황에는 관리가 복잡해지기 쉽다³. 버전 업데이트 및 확인, 특 정 버전 다운로드와 설치 작업까지 모든 것을 수작업으로 해야 하는 경우도 드물지 않다.

더 어려운 문제는 상황에 따라 필요한 버전이 다른 경우다.

이런 문제를 해결하려면 명령행 도구의 도커 이미지를 버전 별로 만들어두는 것이 좋다. 이렇게 해두면 언제든지 필요한 버전의 명령행 도구를 사용할 수 있다. JSON 파싱 도구인 jq를 도커 컨테이너로 실행 하는 예제를 살펴보자.

---

3 다른 도구의 업데이트로 인해 의도치 않게 버전이 올라가는 경우 등의 문제가 있다.

```
FROM alpine:3.7

RUN apk add --no-cache --virtual=build-deps wget && \
wget https://github.com/stedolan/jq/releases/download/jq-1.5/jq-linux64 && \
mv jq-linux64 /usr/local/bin/jq && \
chmod +x /usr/local/bin/jq && \
apk del build-deps

ENTRYPOINT ["/usr/local/bin/jq", "-C"]
CMD [""]
```

이 Dockerfile을 ch10/jq:latest로 빌드한다.

```
$ docker image build -t ch10/jq:latest .
...
Successfully tagged ch10/jq:latest
```

jq 1.5 버전이 담긴 이미지이므로 태그를 ch10/jq:1.5로 달아준다.

```
$ docker image tag ch10/jq:latest ch10/jq:1.5
```

jq는 일반적으로 표준 출력 결과를 jq로 파이핑하는 방식으로 사용한다.

```
$ echo '{"version":100}' | jq '.version'
100
```

도커 이미지로 만든 jq를 똑같은 방식으로 사용해 보자. ch10/jq:1.5의 ENTRYPOINT는 jq -C이므로 컨테이너를 실행할 때 jq 쿼리만 지정하면 똑같은 결과를 얻을 수 있다.

```
$ echo '{"version":100}' | docker container run -i --rm ch10/jq:1.5 '.version'
100
```

매번 docker container run 명령을 입력하기 번거로우므로 다음과 같이 앨리어스를 설정해두면 편리하다.

```
$ alias jq1.5='docker container run -i --rm ch10/jq:1.5'
$ echo '{"version":100}' | jq1.5 '.version'
100
```

이렇게 버전 별로 명령행 도구 컨테이너를 만들어 두고 새 버전이 나올 때마다 태그를 추가하면 쉽게 사용할 버전을 선택할 수 있다.

명령행 도구를 컨테이너로 만들어 두는 방법이 편리하기는 하나, 도구 개발자가 모든 버전의 도커 이미지를 도커 허브에 공개하지 않아서 컨테이너를 직접 만들어야 하는 경우도 많다. 도커 허브에서 jq 이미지를 확인해 봐도 latest만 존재하는 리포지토리가 대부분이다.

그러나 최근에는 Hashicorp 사처럼 모든 버전의 도커 이미지를 도커 허브에 공개하는 경우도 늘어나고 있다. 오픈 소스 도구는 깃허브뿐만 아니라 도커 허브에도 모든 버전의 컨테이너를 지원함으로써 도구의 사용 편의성을 향상시킬 수 있다.

도커 컨테이너로 셸 스크립트 실행하기

jq를 도커 컨테이너로 사용한 사례는 단순히 바이너리 파일 실행을 컨테이너 실행으로 바꾼 형태로, 특정 도구를 딱 한 번 실행한다. 그러나 실제로는 배포 및 운영과 관련된 내용을 포함하는 셸 스크립트를 다양한 도구를 이용해 실행하는 경우도 많다. 이렇게 여러 도구를 한꺼번에 다루거나 처리 과정을 코드로 옮겨 작업할 수 있다면 작업 효율을 향상시킬 수 있을 것이다. 이럴 때도 도커가 유용하다.

여러 환경에 스크립트를 배포하는 상황에서는 스크립트가 필요로 하는 도구 및 라이브러리의 존재가 보장되는 환경을 갖추는 것이 중요하다. 기껏 작성한 셸 스크립트가 특정한 운영 체제나 환경에서 원하는 대로 동작하지 않았던 경험이 한두 번 정도는 있을 것이다. 기본으로 사용되는 명령의 차이나 심하면 셸의 버전 차이로 인해서도 의도하지 않은 동작을 일으킬 수 있다.

스크립트가 자신이 의존하는 도구나 라이브러리의 버전을 업데이트하면서 또 다른 도구의 동작이 달라지는 경우도 있다. 셸 스크립트가 가볍고 편리하기는 하나 모든 환경에서 같은 동작을 보장하려면 여러모로 신경 써야 한다.

환경 차이에서 오는 불필요한 트러블을 방지하려면 스크립트와 스크립트가 의존하는 도구를 함께 도커 컨테이너에 격리해 놓으면 된다. 이식성 향상 면에서는 이것이 매우 훌륭한 방법이다. 이러한 예로 jq에 의존하는 셸 스크립트인 show-attr.sh 등이 있다. 이 스크립트를 컨테이너로 실행해 보자. 이 스크립트는 표준 출력으로 출력된 JSON 문서에서 지정한 속성의 속성값을 추출한다.

```
#!/bin/bash

ATTR=$1
if [ "$ATTR" = "" ]; then
    echo "required attribute name argument" 1>&2
    exit 1
fi

echo '{
    "id": 100,
    "username": "gihyo",
    "comment": "I like Alpine Linux"
}' | jq -r ".$ATTR"
```

이 스크립트를 실행할 도커 이미지를 만들어 보자. 기반 이미지를 알파인 리눅스로 하고 jq를 설치한 다음 show-attr.sh 스크립트를 호스트에서 복사해 ENTRYPOINT로 삼는다. 이런 형태가 스크립트를 컨테이너로 만드는 기본 방법이다.

```
FROM alpine:3.7

RUN apk add --no-cache --virtual=build-deps wget && \
    wget https://github.com/stedolan/jq/releases/download/jq-1.5/jq-linux64 && \
    mv jq-linux64 /usr/local/bin/jq && \
    chmod +x /usr/local/bin/jq && \
    apk del build-deps

COPY show-attr.sh /usr/local/bin/

ENTRYPOINT ["sh", "/usr/local/bin/show-attr.sh"]
CMD [""]
```

ch10/show-attr:latest 태그를 붙여 이미지를 빌드한다.

```
$ docker image build -t ch10/show-attr:latest .
...
Successfully tagged ch10/show-attr:latest
```

show-attr.sh는 하나의 인자를 필요로 하는 스크립트다. JSON 문서에서 추출하려는 값의 속성명만 인자로 전달하면 된다. 다음과 같이 username을 인자로 전달하면 JSON에서 username 속성의 값을 출력한다.

```
$ docker container run ch10/show-attr:latest username
gihyo
```

명령행 도구 및 스크립트를 컨테이너로 편리하게 사용하는 방법을 알아봤다.

컨테이너로 된 명령행 도구를 사용하면 호스트에서는 안정 버전을 사용하고 컨테이너에서는 개발 버전을 사용하는 등 간단히 구분 지어 사용할 수 있다.

컨테이너 이전의 셸 스크립트는 스크립트가 의존하는 도구나 라이브러리의 관리 문제와 스크립트만 봐서는 환경 구축 시에 알아야 할 내용을 파악하기 어렵다는 문제가 있다.

컨테이너를 이용해 스크립트와 그 실행 환경 자체를 분리하면 이식성 확보는 물론이고 Dockerfile 안에 스크립트가 의존하는 도구 및 라이브러리가 한눈에 정리된다는 장점이 있다. 나아가 CI/CD 단계에서 스크립트를 포함하는 컨테이너 자체를 테스트할 수도 있다.

03 부하 테스트

도커의 유용한 활용 방법 중 하나로 부하 테스트를 꼽을 수 있다. 컨테이너를 복제하고 여러 노드에 나눠 배치함으로써 많은 수의 HTTP 요청을 보낼 수 있기 때문이다.

이번에는 로커스트(Locust)라는 부하 테스트 도구를 이용해 도커 컨테이너로 부하 테스트를 수행하는 방법을 살펴볼 것이다.

테스트 환경 구축

로커스트는 부하 테스트 도구의 한 종류로, 여러 개의 호스트를 이용한 분산 실행을 지원한다[5]. 로커스트는 파이썬으로 구현돼 테스트 시나리오도 파이썬으로 작성할 수 있다. 부하 테스트 시나리오를 코드로 작성할 수 있다는 점에서 자유도와 기민성이 뛰어나다.

---

4 docker container run 명령에 ENTRYPOINT와 CMD 인스트럭션을 조합하면 된다.

5 부하 테스트 도구 중에는 Jmeter가 유명하고 기능도 뛰어나지만, GUI를 사용해야 하기 때문에 부하 테스트를 실행하기까지 여러 단계를 거쳐야 하고 그만큼 장벽이 높다.

다음과 같은 단순한 테스트 시나리오를 작성한다. 이 테스트 시나리오는 파이썬으로 작성됐으며 파일명을 scenerio.py로 한다. 테스트 시나리오 자체는 /에 GET 요청을 보내는 매우 단순한 내용이다.

```python
from locust import HttpLocust, TaskSet, task

class UserBehavior(TaskSet):
    @task(1)
    def index(self):
        self.client.get("/")

class WebsiteUser(HttpLocust):
    task_set = UserBehavior
    min_wait = 5000
    max_wait = 10000
```

로커스트를 실행하기 위해 다음과 같은 Dockerfile을 작성한 다음 ch10/locust:latest 이미지를 빌드한다.

```dockerfile
FROM python:3.5-alpine3.4

RUN apk add --no-cache --virtual=build-deps build-base && \
    apk add --no-cache g++ && \
    pip3 install locustio pyzmq && \
    apk del --no-cache build-deps

WORKDIR /locust
COPY senario.py /locust/

ENTRYPOINT [ "/usr/local/bin/locust" ]

EXPOSE 8089 5557 5558
```

```
$ docker image build -t ch10/locust:latest .
Sending build context to Docker daemon 3.072kB
Step 1/6 : FROM python:3.5-alpine3.4
...
Successfully built b14cb13971a7
Successfully tagged ch10/locust:latest
```

스웜을 이용해 로커스트 실행하기

여러 노드에서 테스트 대상에 접근할 수 있도록 구성해 운영 환경과 비슷한 조건을 만들어 보자.

3장에서 로컬 환경으로 사용했던 dind 기반 스웜 환경에서 부하 테스트해 볼 것이다[6]. 로컬에 스웜 환경이 구축되지 않았다면 3장 '도커 스웜'(108쪽)의 내용을 참고하기 바란다. 우선 테스트 전용 네트워크로 loadtest를 생성한다.

```
$ docker container exec -it manager\
docker network create --driver=overlay --attachable loadtest
```

테스트 대상 준비하기

다음과 같이 테스트 대상이 될 서비스를 ch10-target.yaml 파일에 작성한다. 컨테이너는 gihyodocker/echo:latest를 이용하며 worker 노드에만 3개 배치한다.

```yaml
version: "3"
services:
    echo:
        image: gihyodocker/echo:latest
        deploy:
            replicas: 3
            placement:
                constraints: [node.role != manager]
        networks:
            - loadtest

networks:
    loadtest:
        external: true
```

```
$ docker container exec -it manager docker stack deploy -c /stack/ch10-target.yml target
Creating service target_echo
```

스웜에서 사용할 수 있도록 이미지에 ch10/locust:latest 태그를 부여하고 레지스트리에 등록한다.

---

6   여기서는 편의상 스웜을 사용했으나, 쿠버네티스 등 다른 오케스트레이션 환경을 사용해도 부하 테스트를 진행할 수 있다.

```
$ docker image tag ch10/locust:latest localhost:5000/ch10/locust:latest
$ docker image push localhost:5000/ch10/locust:latest
```

스웜에 로커스트 배포하기

스웜의 서비스로 로커스트를 배포하겠다. 다음과 같이 ch10-locust.yaml 파일을 작성한 다음 로컬의
stack 디렉터리(manager에 마운트된 디렉터리)에 위치시킨다.

```
version: "3"
services:
    locust:
        image: registry:5000/ch09/locust:latest
        ports:
            - "80:8089"
        command:
            - "-f"
            - "senario.py"
            - "-H"
            - "http://target_echo:8080"
        deploy:
            mode: global
            placement:
                constraints: [node.role = manager]
        networks:
            - loadtest

networks:
    loadtest:
        external: true
```

ENTRYPOINT가 /usr/loca/bin/locust이므로 locust 컨테이너로 실행되는 프로세스는 다음 명령을
실행한 것과 같다. -f 옵션에 시나리오 파일을 지정하고 -H 옵션은 요청을 보낼 대상을 지정한다. 테스
트 대상 서비스는 target_echo라는 이름으로 네임 레졸루션된다.

```
$ /usr/local/bin/locust -f scenario.py -H http://target_echo:8080
$ docker container exec -it manager docker stack deploy -c /stack/ch10-locust.yml locust
Creating service locust_locust
```

locust 컨테이너의 8080포트에 접근해 보면 웹 관리 UI를 볼 수 있다. 로컬의 dind 스웜 환경은 manager 노드의 80 포트로 포트 포워딩되므로 로컬에서 접근하려면 http://localhost:80에 접근하면 된다.

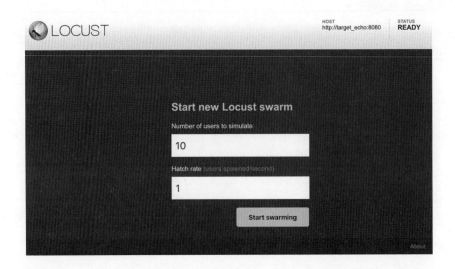

이 화면의 'Number of users to simulate'는 테스트에 사용할 가상 클라이언트의 수이며 'Hatch rate'는 가상 클라이언트의 테스트 투입 속도다. 여기서는 'Number of users to simulate'를 10으로 설정하고 'Hatch rate'는 1로 설정해 부하 테스트를 진행한다.

Statistics는 요청이 실행되는 상황을 보여주며, Charts는 실시간으로 처리 중인 요청 수와 평균 응답시간을 그래프로 확인할 수 있다.

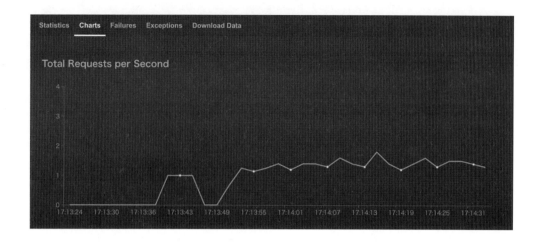

마스터-슬레이브 구성으로 부하 테스트하기

하나의 호스트가 동시에 보낼 수 있는 HTTP 요청 수에는 한계가 있기 때문에 실제 부하 테스트에서는 하나 이상의 호스트로 테스트 시나리오를 실행해 서비스의 가용성을 테스트한다.

대부분의 테스트 도구는 하나 이상의 호스트로 테스트를 진행하기 위해 마스터-슬레이브 구성을 취하는데, 마스터는 슬레이브에 요청 실행 및 결과 요약을 요청하고 슬레이브는 이 요청에 따라 테스트 대상에 실제 요청을 전송하는 역할을 맡는다[7]. 로커스트 역시 여러 호스트를 사용할 때 마스터-슬레이브 구성을 취한다. 마스터-슬레이브 구성은 컴포즈를 이용하면 쉽게 설정할 수 있다. 최대 요청 수는 슬레이브 수로 조절할 수 있으므로 컨테이너를 이용한 부하 테스트는 효율적인 방법이다.

ch10-locust.yaml 파일에서 마스터-슬레이브 구성을 다음과 같이 수정한다.

```
version: "3"
services:
    master:
        image: registry:5000/ch10/locust:latest
        ports:
            - "80:8089"
        command:
            - "-f"
            - "scenario.py"
```

---

7 JMeter 역시 마찬가지다.

```
            - "-H"
            - "http://target_echo:8080"
            - "--master"
        deploy:
            mode: global
            placement:
                constraints: [node.role == manager]
        networks:
            - loadtest

    slave:
        image: registry:5000/ch10/locust:latest
        command:
            - "-f"
            - "scenario.py"
            - "-H"
            - "http://target_echo:8080"
            - "--slave"
            - "--master-host=master"
        depends_on:
            - master
        deploy:
            replicas: 3
            placement:
                constraints: [node.role != manager]
        networks:
            - loadtest

networks:
    loadtest:
        external: true
```

manager 노드에 배치된 로커스트의 서비스 컨테이너를 실행할 때 --master 옵션을 붙여 해당 컨테이너를 마스터로 설정한다. 그다음 슬레이브를 담당할 서비스를 추가하고 여기에서 컨테이너를 3개 실행한다. 슬레이브 컨테이너 역시 --slave 옵션과 --master-host 옵션을 추가해 마스터 컨테이너의 위치를 알려준다. 슬레이브는 마스터에 의존하므로 마스터만 네임 레졸루션이 가능하면 된다.

앞에서 생성한 locust 스택을 삭제한 다음 다시 스웜에 배포한다.

```
$ docker container exec -it manager docker stack rm locust
Removing service locust_locust

$ docker container exec -it manager \
docker stack deploy -c /stack/ch10-locust.yml locust
Creating service locust_master
Creating service locust_slave
```

스웜의 Visualizer[8]로 확인해 보면 로커스트 마스터와 슬레이브가 각 노드에 배치된 것이 보인다.

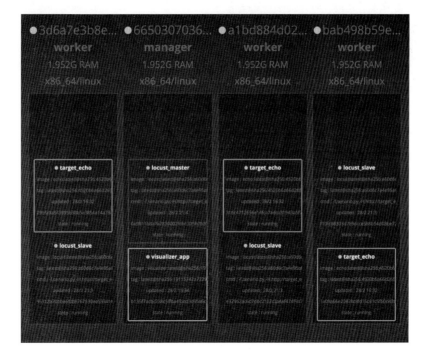

로커스트 관리 화면에서도 슬레이브가 3개임을 확인할 수 있다.

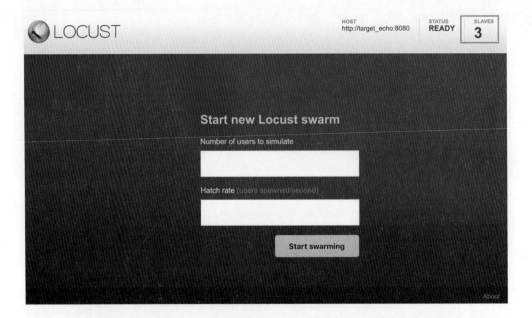

이런 방법으로 컨테이너를 사용해 마스터-슬레이브로 구성된 부하 테스트 환경을 간단히 구축했다. 배포에 드는 수고를 감안하면 테스트 대상 역시 컨테이너로 만드는 것이 대세일 것이다.

이 예제에서는 로컬의 dind 스웜 환경을 사용했으나, 실무에서는 충분한 사양을 갖춘 호스트를 슬레이브 컨테이너 수만큼 준비해 각 노드가 충분한 성능을 발휘할 수 있도록 부하 테스트 환경을 구축한다.

부록

A

보안

이 책의 내용은 도커나 쿠버네티스 같은 컨테이너 오케스트레이션 기술을 활용한 애플리케이션 개발 및 운영에 중점을 두고 있다. 지금까지 다룬 내용만으로 실제 업무에서 도커를 운영하기에는 충분하지만, 보안 측면에서 도커를 이용할 때 주의할 점이 몇 가지 있다. 이러한 위험을 이해하고 도커 컨테이너를 더욱더 안전하게 사용하자.

01 공개된 도커 이미지의 안전성

인터넷상에는 공개 도커 레지스트리가 있고 이 레지스트리에서 많은 수의 도커 이미지 리포지토리가 공개된다. 이 중 도커 허브는 깃허브처럼 계정만 있다면 무료로 자신만의 리포지토리를 만들 수 있어 그만큼 많은 개발자가 이용한다. 이러한 생태계를 통해 애플리케이션 구축 과정에 필요한 번잡스러운 업무에서 해방되고 다양한 플랫폼에 애플리케이션을 쉽게 배포할 수 있다. 그리고 그로 인해 도커의 사용 역시 폭발적으로 증가했다.

이제는 각종 운영 체제와 언어 런타임 이미지를 비롯해 서드파티 제품과 대규모 오픈 소스 프로젝트에 이르기까지 다양한 이미지가 사용자들의 기여로 제공된다. 그러나 공개적인 생태계의 특성상 악의적인 이미지가 포함될 가능성을 배제할 수 없다[1].

---

1 가상화폐를 마이닝하는 악의적인 이미지가 도커 허브에 1년 가까이 등록된 채로 방치돼 컨테이너 사용자의 시스템 리소스가 부정 이용된 사건이 있었다.

공개된 이미지를 충분히 활용하기 위해서도 안전하고 품질이 뛰어난 도커 이미지를 스스로 가려 사용하는 것이 중요하다. 안전한 도커 이미지를 판단하는 기준을 파악하고 위험한 이미지와 가려내는 안목을 기르자.

도커 허브

도커 허브는 가장 잘 알려진 공개 레지스트리다. 도커는 기본적으로 이 도커 허브 레지스트리를 참조한다.

2장 'docker search – 이미지 검색'(53쪽)에서 docker search 명령으로 도커 허브에 등록된 이미지를 검색했던 것을 기억하는가? nginx를 키워드로 해서 이미지를 검색해 보면 nginx와 관련된 이미지가 여럿 검색된다.

```
$ docker search nginx
NAME         DESCRIPTION      STARS     OFFICIAL     AUTOMATED
nginx   Official build of Nginx. 7925 [OK]
jwilder/nginx-proxy        Automated Nginx reverse proxy for docker con… 1270 [OK]
richarvey/nginx-php-fpm    Container running Nginx + PHP-FPM capable of… 514 [OK]
jrcs/letsencrypt-nginx-proxy-companion      LetsEncrypt container to use with nginx as p… 306 [OK]
kong    Open-source Microservice & API Management la… 157 [OK]
webdevops/php-nginx        Nginx with PHP-FPM 96 [OK]
kitematic/hello-world-nginx        A light-weight nginx container that demonstr… 92
bitnami/nginx    Bitnami nginx Docker Image 44 [OK]
linuxserver/nginx          An Nginx container, brought to you by LinuxS… 33
1and1internet/ubuntu-16-nginx-php-phpmya... ubuntu-16-nginx-php-phpmyadmin-mysql-5 25 [OK]
...
```

docker search 명령의 검색 결과는 리포지토리의 스타 수[2]순서로 정렬되므로 먼저 나오는 검색 결과가 더 인기 있는 리포지토리라고 생각하면 된다. 그러나 스타 수는 인위적으로 얼마든지 조작할 수 있는 값이기도 하다. 그리고 도커 허브의 리포지토리 검색 결과는 스타 수 외에도 pull 횟수(이미지를 내려받은 횟수)[3]순으로도 정렬할 수 있다. pull 횟수 역시 CI나 배포 과정에서 반복해서 증가하기 때문에 평가 기준으로는 스타 수보다 딱히 나을 것이 없다.

이때 도움이 되는 기준이 docker search 명령의 검색 결과 중 OFFICIAL 항목이다. 이 항목 값이 [OK]이면 해당 리포지토리가 도커 허브의 공식 리포지토리임을 의미한다. 이 OFFICIAL 표시가 붙은

---

2 페이스북의 '좋아요' 같은 개념.

3 해당 이미지를 대상으로 docker image pull 명령이 실행된 횟수.

리포지토리는 도커 사에서 해당 소프트웨어의 전문가나 보안 전문가와 협조해 이미지의 품질을 담보하기 위한 리뷰를 거친 것이며 그 결과에 대해 상당 부분 책임을 진다. 그리고 공식 리포지토리에서 제공하는 이미지는 보안 검색 과정을 거치므로 일정 수준의 보안성을 확보했다고 할 수 있다[4].

당연히 공식 리포지토리는 스타 수와 pull 횟수가 일반 리포지토리보다 훨씬 높은 경향을 보인다. 그러므로 해당 리포지토리나 소프트웨어에 대한 사전지식이 없는 상태라면 우선 공식 리포지토리인지 아닌지를 보는 것이 좋다.

Quay.io

도커 허브 외의 레지스트리 서비스 중 최근 점점 그 세력을 확장하는 것이 있는데, 바로 CoreOS에서 운영하는 Quay.io다. Quay.io는 도커 허브와 마찬가지로 사설 리포지토리 및 자동 빌드(automated build)를 지원한다. 또한 조직 관련 기능으로 팀 구성 및 롤 설정 기능을 제공하므로 도커 허브보다 훨씬 충실하게 팀 개발을 뒷받침할 수 있다.

Quay.io의 가장 큰 특징은 도커 이미지의 보안성이나 레이어 구조 등을 분석해주는 분석 기능을 잘 갖추고 있다는 점이다.

도커 이미지를 구축할 때 애플리케이션이 필요로 하는 다양한 패키지를 설치하는데, Quay.io는 취약점 정보 데이터베이스인 CVE 정보를 기초로 설치된 패키지를 통해 취약점 포함 여부를 확인한다.

Quay.io의 패키지 취약점 검사 결과

---

4 AUTOMATED 컬럼값이 OK인 이미지는 자동 빌드가 설정된 리포지토리다.

이 기능은 Quay.io의 무료 플랜에서도 사용할 수 있어 여러 오픈 소스 프로젝트가 이 기능 때문에 Quay.io를 선택하기도 한다.

도커 허브에서 제공하는 공식 이미지나 Quay.io의 취약점 검사 등은 이미지의 안전성을 평가할 수 있는 중요한 지표다. 이 지표가 완벽한 것은 아니다. 계획 중인 유스케이스에 따라 어떤 위험이 따르는지 직접 확인하는 것이 중요하다.

02 안전한 도커 이미지와 도커 운영 체계 꾸리기

도커 허브에서 제공하는 공식 이미지는 품질 면에서 신뢰할 수 있다. 실무에서는 각 개발자가 안전한 도커 이미지를 만들고 보안 위험이 발생하지 않도록 운영 체계를 구축할 필요가 있다.

Docker Bench for Security

Docker Bench for Security[5]는 운영 환경에서 도커를 적용할 때 반드시 따라야 할 베스트 프랙티스의 준수 여부를 검사하는 도구로, 도커 컨테이너의 보안 취약점을 발견하는 데 유용하다.

Docker Bench for Security는 docker/docker-bench-security 이미지로 제공된다. 다음과 같이 도커 호스트 상에서 실행할 수 있다.

```
$ docker container run -it --net host --pid host --userns host \
--cap-add audit_control \
-e DOCKER_CONTENT_TRUST=1 \
-v /var/lib:/var/lib \
-v /var/run/docker.sock:/var/run/docker.sock \
-v /usr/lib/systemd:/usr/lib/systemd \
-v /etc:/etc --label docker_bench_security \
docker/docker-bench-security
```

Docker Bench for Security는 실행 중인 컨테이너뿐만 아니라 도커 환경 전반에 걸친 취약점을 검사한다. 예를 들면, 검사 결과 중 'Docker daemon configuration' 항목을 보면 도커 데몬의 설정을 검사해 TLS/SSL이 적용되지 않은 비보안 레지스트리를 사용하고 있다면 '2.4 – Ensure insecure registries are not used'라는 경고를 띄운다.

---

5 https://github.com/docker/docker-bench-security/

```
[INFO] 2 - Docker daemon configuration
[WARN] 2.1 - Ensure network traffic is restricted between containers on the default bridge
[PASS] 2.2 - Ensure the logging level is set to 'info'
[PASS] 2.3 - Ensure Docker is allowed to make changes to iptables
[WARN] 2.4 - Ensure insecure registries are not used
...
```

도커 이미지나 Dockerfile에 대한 검사 결과는 'Container Images and Build File' 항목을 보면 된다. 컨테이너 안에 애플리케이션 실행만을 위한 별도의 유저를 생성하지 않았다면 '4.1 – Ensure a user for the container has been created'라는 경고를 띄운다.

```
[INFO] 4 - Container Images and Build File
[WARN] 4.1 - Ensure a user for the container has been created
[WARN] * Running as root: echo.1.xnu2f2uxmrh4u93yjbtu96p8h
[NOTE] 4.2 - Ensure that containers use trusted base images
[NOTE] 4.3 - Ensure unnecessary packages are not installed in the container
[NOTE] 4.4 - Ensure images are scanned and rebuilt to include security patches
...
```

이렇듯 Docker Bench for Security를 사용하면 운영 중 노출되기 쉬운 취약점을 탐지할 수 있으며 이 취약점을 해결하기 위한 베스트 프랙티스를 제시해 준다.

항목의 가짓수가 상당히 많으므로 모든 지적 사항을 해결하기가 어려울 수도 있다. 계획 중인 유스 케이스 안에서 운영 여건이 허락하지 않는 범위 안에서는 잠시 해결을 미룰 수도 있다. 우선 탐지된 취약점을 충분히 이해하는 것이 중요하다.

컨테이너에 파일을 추가하면서 발생하는 위험

Dockerfile로 컨테이너에 파일을 추가하는 인스트럭션은 COPY와 ADD의 두 가지가 있다. COPY 인스트럭션이 단순히 호스트에서 파일이나 디렉터리를 복사해오는 기능을 수행하는 데 반해, ADD 인스트럭션은 지정한 URL에서 파일을 내려받아 추가할 수도 있고 압축 파일을 자동으로 해제하는 기능도 있다. 이 두 인스트럭션은 적절히 용도를 나눠 사용하지 않으면 취약점이 생길 수 있다.

예를 들어 다음과 같이 ADD 인스트럭션으로 인터넷상에서 tar.gz 파일을 내려받아 컨테이너 안에 압축을 푼다고 생각해 보자.

```
FROM busybox

ADD https://example.com/archive.tar.gz
```

지금 사용한 방법의 문제점은 URL에서 내려받은 파일이 항상 안전하다는 보장이 없다는 데 있다. 파일이 웹 사이트 소유자에 의해 변경될 수도 있고 악의를 품은 제삼자가 파일을 변조했을 수도 있다. 또한 이미지가 빌드될 때마다 결과물도 달라질 것이므로 항등성도 담보할 수 없다.

ADD 인스트럭션을 사용하려면 호스트에서 추가하려는 파일의 안전성을 먼저 검증해야 한다. 애초에 ADD 인스트럭션을 반드시 사용해야 하는 경우는 그리 흔치 않다. 9장의 'scratch'(361쪽) 절에서 ubuntu:trusty 이미지를 만드는 과정이 scratch 이미지에 ubuntu-trusty-core-cloudimg-amd64-root.tar.gz 파일의 압축을 푼 것이라고 설명했는데, 이런 경우는 거의 운영 체제가 담긴 기반 이미지를 만드는 경우 정도에 한하기 때문에 직접 작성한 Dockerfile에는 ADD 인스트럭션 대신 COPY 인스트럭션을 사용하는 버릇을 들이는 것이 좋다.

물론 ADD와 COPY를 모두 이용하지 않고, RUN 인스트럭션에서 wget이나 curl을 이용해 파일을 추가하는 방법도 있다. 이 방법은 파일을 호스트로부터 추가하는 게 아니라 파일 추가 과정 자체를 컨테이너 안으로 국한시킬 수 있기 때문에 이식성이 뛰어나지만, ADD 인스트럭션과 마찬가지 취약점을 가질 수 있다는 점을 이해하고 사용해야 한다.

다운로드 위치에서 파일 체크섬 정보를 제공한다면 이미지 빌드 시에 내려받은 파일의 체크섬을 검증할 수도 있다.

예를 들어 프로비저닝 도구인 Terraform은 실행 파일을 포함하는 zip 파일과 함께 SHA256으로 생성한 체크섬 정보를 제공한다. 다음은 알파인 리눅스를 기반 이미지로 Terraform의 파일 정합성을 검사하는 예다.

```
FROM alpine:3.7

ENV VERSION=0.11.5

RUN apk --no-cache add --virtual=build-deps curl gnupg

# terraform과 배포 파일 체크섬 정보를 받음
ADD https://releases.hashicorp.com/terraform/$VERSION/terraform_${VERSION}_linux_amd64.zip .
ADD https://releases.hashicorp.com/terraform/$VERSION/terraform_${VERSION}_SHA256SUMS .
```

```
ADD https://releases.hashicorp.com/terraform/$VERSION/terraform_${VERSION}_SHA256SUMS.sig .

# Keybase에 공개된 Hashicorp사의 PGP 공개키 임포트
RUN curl https://keybase.io/hashicorp/pgp_keys.asc | gpg --import

# 체크섬의 전자서명 검증
RUN gpg --verify terraform_${VERSION}_SHA256SUMS.sig terraform_${VERSION}_SHA256SUMS


# 압축 파일의 체크섬 검증
RUN cat terraform_${VERSION}_SHA256SUMS | grep linux_amd64 | sha256sum -cs
RUN unzip terraform_${VERSION}_linux_amd64.zip
RUN mv terraform /usr/local/bin/
RUN terraform -v
```

Terraform을 개발한 Hashicorp는 Keybase[6]에 PGP 공개키를 공개 중이다. 먼저 체크섬 정보의 서명을 검증한다.

서명이 확인되면 이 체크섬 정보를 zip 파일로부터 계산한 체크섬과 비교하는 방법으로 zip 파일의 정합성을 검증할 수 있다. 체크섬 정보가 일치하지 않는다면 빌드는 실패 처리된다. 외부로 공개되는 Dockerfile에 이런 방식으로 검증 로직을 추가하면 이미지의 신뢰성을 향상시킬 수 있다.

적절한 접근 제어

접근 제어를 통해 더욱더 보안성 있는 운영을 실현하는 방법을 설명하겠다.

컨테이너를 침입으로부터 보호

컨테이너 중심의 개발 및 운영에서 가장 중요한 것이 외부인의 컨테이너 침입을 방지하는 것이다.

도커 자체는 보안성을 최우선으로 하지 않기 때문에 도커 외부의 인프라를 통해 보호되는 경우가 많다. 인프라에 따라 외부 침입을 방지하기 위한 다양한 대책이 있을 수 있다.

- root로 로그인 금지

- AWS의 보안 그룹, GCP의 방화벽을 적절히 설정하고 도커 호스트에 대한 접근 제어 설정

- VPN 적용 및 내부망 접근 제한

---

6 keybase.io. SNS 계정과 연결 가능한 공개키 보관 서비스다.

/var/run/docker.sock의 컨테이너와의 공유 금지

도커는 유닉스 도메인 소켓 /var/run/docker.sock을 -v 옵션으로 마운트하고 이를 이용해 원격지의 도커 데몬에 접근한다. 이 /var/run/docke.sock을 다루는 데는 세심한 주의가 필요하다.

이 소켓에 접근을 허용하면 컨테이너 생성 등의 작업을 원하는 대로 지시할 수 있다. 악의를 품은 제삼 자가 배포하는 이미지가 여기에 접근한다면 침입한 컨테이너에서 악의적인 다른 컨테이너를 생성해 호 스트 상의 정보를 유출하거나 공격할 우려가 있다. /var/run/docker.sock을 사용하는 이미지 사용은 원칙적으로 금해야 한다. 배포 중인 Dockerfile을 살펴보고 보호 대책을 마련해야 한다.

또 사용자가 이를 의도적으로 사용했다고 해도 어떤 방법으로든 컨테이너에 침입을 허용하면 매우 위 험하다. 마찬가지로 침입한 컨테이너에서 악의적인 다른 컨테이너를 생성하고 호스트 상의 정보를 유 출거나 공격할 수 있다. 특별한 사정이 없다면 호스트의 /var/run/docker.sock을 컨테이너에 마운 트하는 일은 하지 않는 것이 좋다.

컨테이너에 애플리케이션 실행용 사용자 추가

도커 컨테이너 안에서 애플리케이션을 실행하는 기본 사용자는 root다. 도커 허브에서 공개 중인 공식 이미지 역시 root로 실행된다. 도커 이미지를 빌드하는 과정이라면 root 권한을 갖는 쪽이 더 편하다.

하지만 이것이 보안에는 큰 구멍이 될 수 있다.

도커는 호스트의 리소스를 컨테이너에서 공유하는 기술적 특징을 갖는다. 사용자 UID도 예외가 아니 다. root 사용자의 UID는 0이므로 이를 공유하는 컨테이너 상의 root 사용자 역시 UID가 0이다. 즉, 호스트와 컨테이너의 root 사용자는 같은 권한을 갖는다. 모종의 경로를 통해 컨테이너에 침입했다면 사실상 호스트의 root 권한을 탈취한 것과 같다.

이런 문제를 방지하려면 다음과 같이 useradd 명령으로 애플리케이션 실행용 사용자를 생성하고 USER 인스트럭션에서 해당 사용자를 지정하면 된다.

```
FROM golang:1.9

RUN mkdir /echo
COPY main.go /echo
```

---

7   호스트의 /var/run/docker.sock을 컨테이너에 마운트할 것을 요구하는 이미지를 제법 흔하게 볼 수 있다. 이 중 CI/CD 서비스 관련 제품의 컨테이너는 컨테이너 안에서 다른 컨테이너를 만든다는 분명한 목적이 있지만, 원칙적으로는 금해야 하는 일이며 사용상 주의가 필요한 이미지다.

```
RUN useradd gihyo
USER gihyo


CMD ["go", "run", "/echo/main.go"]
```

컨테이너를 실행해 보면 다음처럼 앞에서 생성한 gihyo 사용자가 애플리케이션을 실행하고 있음을 알
수 있다.

```
$ docker exec -it 69dae2e6e219 bash
gihyo@69dae2e6e219:/go$
```

기밀정보 취급

도커 운영에서 애플리케이션이 필요로 하는 API 및 데이터베이스 인증정보 등의 기밀정보를 어떻게 다
룰지가 골칫거리 중 하나다.

환경 변수를 이용하는 방법

인증정보 자체는 문자열이므로 환경 변수를 통해 컨테이너로 전달할 수 있다. 그 예로 MySQL 공식 이
미지도 환경 변수로 패스워드를 설정할 수 있는데, 이런 방식은 여러 이미지에서 사용하는 가장 일반적
인 방법이다.

그러나 컨테이너의 환경 변수 값은 너무 간단히 노출된다. 컨테이너에서 env 명령만 사용할 수 있다면
모든 환경 변수 값을 볼 수 있고, docker container inspect 컨테이너 ID 명령 역시 마찬가지다.

환경 변수 방식을 적용하려면 권한이 없는 제삼자가 도커 호스트나 도커 데몬을 조작할 수 없도록 적절
한 접근 통제 정책을 먼저 실시해야 한다.

제삼자에게 기밀정보가 유출돼도 상관없도록 기밀정보 자체를 암호화하고 애플리케이션 안에서만 복
호화할 수 있도록 구현하는 것도 보안성을 향상하는 방법이다.

기밀정보를 외부에서 받아오는 방법

컨테이너 안에 기밀정보를 보관하는 방법은 컨테이너에 대한 접근을 통제할 수 있어야 가능하므로, 기
밀정보를 사람이 읽을 수 있는 형태로 둘 수 있다.

이와 달리, 컨테이너 안에 있는 애플리케이션이 직접 외부에서 기밀정보를 받아오는 방법이 있다. 이 경우, 컨테이너에 접근하더라도 사용자는 아무런 기밀정보를 볼 수 없으며 애플리케이션이 원격지에 위치한 기밀정보를 참조해오는 방식이다.

이 방법에 사용되는 기밀정보는 기계만 읽을 수 있는 형태이므로 기밀정보를 받아오는 통신 내용이 암호화되고 적절한 접근 통제만 되면 극히 안전한 방식이다. 이런 방식이 적용된 예로, 아마존 S3에 저장된 기밀정보에 접근하기 위해 IAM(Identify and Access Management)을 이용하는 방법이 있다.

이 방식이 좀 더 발전된 형태로 Hashicorp가 개발한 Vault[8]가 있다. Vault는 기밀정보를 저장하는 도구로, 애플리케이션을 기밀정보를 전달받을 데이터베이스로 활용할 수 있다. 기밀정보를 관리하는 기능도 매우 충실해서 암호화는 물론 기밀정보 열람 로그 기능, 무효화 기능 등을 제공한다.

칼럼 A-1. Knative와 GKE Serveless add-on

AWS Lambda 등이 등장하면서 서버리스가 개발 트렌드의 큰 흐름으로 자리 잡았다. 이와 함께 등장한 Knative 역시 주목할 만한 기술이다.

Knative는 서버리스 워크로드를 실현하는 오픈 소스 프레임워크로, 쿠버네티스에서 동작한다.

Knative는 레일스나 스프링 같은 애플리케이션 프레임워크에서 단골로 사용되는 패턴에 착안해 쿠버네티스에서 실행하는 워크로드를 구축하고 배포 및 스케일링 작업을 대신해준다. 개발자는 추상화된 간단한 API를 통해 애플리케이션 구현에만 전념하면 된다.

GKE에서는 Knative가 Serveless add-on[9]으로 제공된다. Serveless add-on을 활성화하면 GKE에서도 서버리스 워크로드를 실행할 수 있다.

---

8 https://www.vaultproject.io/

9 2018년 8월 현재 얼리 액세스 단계에 있다.

도커로 개발을 지원하는
도구 및 서비스

도커와 도커 생태계를 구성하는 컨테이너 오케스트레이션 기술만으로도 본격적인 애플리케이션 개발이 충분히 가능하지만, 더 수준 높은 운영을 위해서는 클라우드 플랫폼에서 제공하는 기술이나 서드파티 도구 및 서비스를 잘 활용하는 것이 중요하다.

이번 부록에서는 인하우스 도커 레지스트리 구축과 CircleCI를 예제로 CI/CD 서비스에서 도커 이미지 빌드하기, AWS에서 컨테이너를 이용해 서버 관리 업무를 제거하는 AWS Fargate, ECS에서 컨테이너 오케스트레이션을 적용하는 방법을 설명한다.

01 인하우스 도커 레지스트리 구축

도커 이미지를 보관하기에는 도커 허브나 Quay.io 같은 퍼블릭 레지스트리 서비스를 이용하는 것이 편리하다. 그러나 퍼블릭 레지스트리 사용이 불가능한 경우가 있다.

가장 흔한 문제는 퍼블릭 레지스트리의 지나치게 긴 응답 시간이다. 데이터 센터의 물리적 위치가 해외에 있다 보니 어느 정도의 지연 시간은 어쩔 도리가 없다. 한 번 내려받은 도커 이미지는 호스트에 저장되지만, 클라우드 환경이라면 여러 대의 서버를 지속해서 새로 생성하고 파기하는 과정을 반복하므로 이미지를 계속 내려받는 경우도 드물지 않다. 이 시간이 배포 시간에 영향을 끼칠 수도 있다.

두 번째 문제는 보안 측면의 문제다. 오픈 소스 소프트웨어라면 모를까, 운영 환경에 배포하기 위해 개발한 애플리케이션 이미지를 퍼블릭 레지스트리에 저장할 수는 없는 노릇이다. 도커 허브나 Quay.io에도 비공개 레지스트리 기능을 제공하기는 하지만, 보안 정책상 이 역시 이용하기 어렵거나 온프레미스 환경에서 인터넷에 연결되지 않은 레지스트리가 필요한 경우도 있다.

인하우스 도커 레지스트리를 구축하면 이러한 문제를 해결할 수 있다. 레지스트리를 직접 구축하면 어떤 보안 정책이라도 만족시킬 수 있을 것이고, 컨테이너를 배포하는 호스트와 가까이 도커 레지스트리가 위치할 것이므로 배포 속도 또한 개선할 수 있다.

Registry(Docker Distribution)

이것은 도커에서 인하우스 도커 레지스트리를 구축할 수 있도록 배포하는 도구로, Docker Distribution[1]과 함께 제공된다. Registry는 오픈 소스 소프트웨어이며 도커 컨테이너 형태로 실행할 수 있으므로 도커 호스트 역할을 할 운영 체제만 있으면 레지스트리 운영이 가능하다.

Registry는 공식 이미지 library/registry로 제공된다. 3장 '도커 스웜' 절에서 로컬 dind 환경에 스웜을 구축할 때 사용했던 레지스트리가 바로 이것이다. 이번에는 좀 더 운영 면에 중점을 두고 서버에 레지스트리를 구축한다.

Registry 설치(서버)

Registry를 서버에서 설치해 운영해 보자. 우분투 16.x 버전에 도커를 설치한 다음 systemd로 Registry 컨테이너를 서비스로 등록한다. 서비스에 등록하기 위한 systemd 설정 파일을 다음과 같이 작성한다.

```
$ cat << EOF > /etc/systemd/system/docker-container@registry.service
[Unit]
Description=Registry
Requires=docker.service
After=docker.service

[Service]
Restart=always
```

---

1 https://github.com/docker/distribution

```
ExecStart=/usr/bin/docker container  run --rm --name registry -p 5000:5000 library/registry

[Install]
WantedBy=multi-user.target
EOF
```

docker-container@registry.service를 syetemd 서비스로 활성화한다. 이렇게 하면 호스트를 재시작하더라도 Registry 컨테이너가 자동으로 실행된다. 그다음 systemctl start 명령으로 서비스를 시작한다.

```
$ systemctl enable docker-container@registry.service
$ systemctl start docker-container@registry.service
```

서비스가 시작되고 곧 registry 컨테이너가 실행된다.

```
$ docker container ls
CONTAINER ID IMAGE COMMAND CREATED STATUS PORTS NAMES
1f49e0e2eaf4 registry "/entrypoint.sh /e..." 7 seconds ago Up 6 seconds 0.0.0.0:5000->5000/tcp
registry
```

Registry에 이미지 등록하기

Registry는 HTTP API를 제공한다. 호스트의 5000번 포트로 포워딩 설정[2]이 돼 있으므로 Registry를 실행한 호스트에서 다음과 같이 API를 호출할 수 있다.

```
$ curl http://localhost:5000/v2/_catalog
{"repositories":[]}
```

태그를 부여해 기존 알파인 리눅스 이미지를 Registry에 등록한다.

```
$ docker image pull alpine:3.7
3.7: Pulling from library/alpine
...
```

---

2 설정 파일에 포트가 설정됨

```
$ docker image tag alpine:3.7 localhost:5000/gihyo/alpine:3.7

$ docker image push localhost:5000/gihyo/alpine:3.7
The push refers to a repository [localhost:5000/alpine]
cd7100a72410: Pushed
3.7: digest: sha256:8c03bb07a531c53ad7d0f6e7041b64d81f99c6e493cb39abba56d956b40eacbc size: 528
$ curl http://localhost:5000/v2/gihyo/alpine/tags/list
{"name":"gihyo/alpine","tags":["3.7"]}
```

Registry에서 이미지 내려받기

Registry 컨테이너를 실행한 호스트에서는 localhost:5000으로 접근하면 된다. 그 외 호스트에서
Registry에 접근하려면 도메인(localhost) 부분을 다른 호스트에서 참조 가능한 IP 주소나 호스트명으
로 바꿔야 한다.

예를 들어 Registry가 설치된 호스트가 gihyo-registry로 네임 레졸루션되는 상황이라면 docker
image pull gihyo-registry:5000/gihyo/alpine:3.7과 같이 이미지를 내려받을 수 있다. 다만
docker image pull 명령은 기본적으로 HTTPS를 통해 레지스트리에 접근하기 때문에 Registry 역시
HTTPS를 활성화하지 않으면 오류가 발생한다.

```
$ docker image pull gihyo-registry:5000/gihyo/alpine:3.7
Error response from daemon: Get https://gihyo-registry:5000/v2/: http: server gav
e HTTP response to HTTPS client
```

외부에서 접근이 불가능한 내부 네트워크 안에서만 이미지가 전송된다면 HTTPS를 굳이 적용하지 않
아도 된다. docker image pull 명령을 실행하는 쪽에서 /etc/docker/daemon.json 파일에 HTTP
통신을 허용하도록 레지스트리를 정의한다. 다음 예는 macOS를 기준으로 한다. 윈도우에서는 설정의
'Daemon', 'Insecure registries'에서 변경하면 된다.

```
$ cat << EOF > /etc/docker/daemon.json
{ "insecure-registries":["gihyo-registry:5000"] }
EOF
```

docker image pull 명령을 실행하는 쪽에서 도커를 재시작하면 /etc/docker/daemon.json을 수정
한 내용이 반영되며 HTTPS가 적용되지 않은 레지스트리에서도 이미지를 내려받을 수 있다.

```
$ docker image pull gihyo-registry:5000/gihyo/alpine:3.7
3.7: Pulling from gihyo/alpine
ff3a5c916c92: Already exists
Digest: sha256:8c03bb07a531c53ad7d0f6e7041b64d81f99c6e493cb39abba56d956b40eacbc
Status: Downloaded newer image for gihyo-registry:5000/gihyo/alpine:3.7
```

칼럼 B-1. Docker Trusted Registry

Registry는 간이 도커 이미지 저장소 기능만 제공한다. 운영 환경에서는 Registry만으로는 기능이 부족하다고 느끼는 경우가 많다.

Docker EE를 사용 중이라면 Docker Universal Control Plane[3]과 Docker Trusted Registry[4]를 사용할 수 있다.

UCP는 클러스터 관리 도구로, 웹 UI를 제공한다. DTR은 UCP와 연동할 수 있으며 유료 지원 서비스와 함께 제공되는 레지스트리다.

UCP를 사용해 다음과 같이 도커 이미지를 브라우징하는 것도 가능하다.

UCP의 도커 이미지 브라우징 화면

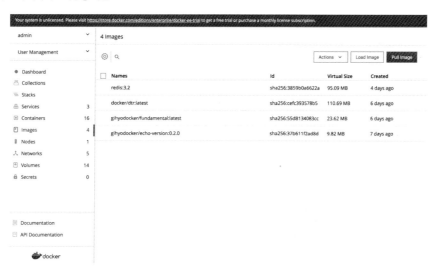

DTR은 UCP와 연동해 사용자 및 팀 관리 기능을 추가할 수 있으며 Docker Content Trust가 제공하는 도커 이미지 디지털 서명 기능이 있다. 높은 수준의 보안을 갖춘 레지스트리를 구축하는 데 적합하다.

이 책은 Docker EE를 주로 다루지는 않으며, UCP와 DTR 역시 도입을 위해 고려할 사항이 많기 때문에 구체적인 설명을 생략한다[5].

---

3 이하 UCP로 표기한다.

4 이하 DTR로 표기한다.

5 UCP와 DTR은 도커 이미지에 인스톨러가 포함되기는 하지만, 아직은 설치 환경에 따른 옵션 가짓수가 너무 많기 때문에 설치 과정이 그리 매끄럽지 않다.

02 도커와 CI/CD 서비스 연동

도커를 사용한 애플리케이션 개발 과정은 크게 구현 – 단위 테스트 – 애플리케이션 빌드 – 도커 이미지 빌드 – 도커 레지스트리 등록에 이르는 과정을 반복하는 형태가 된다.

이 반복 과정을 수작업으로 진행하면 실수가 발생하기 쉽다. CI/CD 서비스에 이 과정을 맡기면 실수를 줄이고 시간도 절약할 수 있으므로 적절한 자동화 도입이 매우 중요하다.

CI/CD 서비스 중 CircleCI를 예로 이 과정을 자동화하는 방법을 설명한다. 편의상 설명 내용은 깃허브 저장소를 기준으로 한다.

CircleCI

CircleCI[6]는 SaaS 형태로 제공되는 CI/CD 서비스다. 도커 이미지를 빌드할 수 있고 잡 자체도 도커 컨테이너로 실행된다[7]. 빌드 설정 역시 yaml 포맷으로 기술할 수 있다.

이번에 다루는 내용 안에서는 무료로 사용할 수 있다. 자세한 요금 체계를 알고 싶다면 요금표[8]를 참고하라.

이 외에도 CI 서비스가 몇 곳 더 있으므로 그것들을 사용해도 좋고, Jenkins 등을 직접 구축해서 사용해도 된다. 여기서는 도커와 가장 상성이 좋은 CircleCI를 기준으로 한다.

CircleCI는 깃허브 계정으로 OAuth 인증을 거쳐 가입하고 로그인할 수 있다[9].

---

6   https://circleci.com/

7   CircleCI 버전 2 이후부터 가능.

8   https://circleci.com/pricing/

9   깃허브 외에 비트버킷도 사용할 수 있다. 본래 깃허브와 비트버킷 저장소에 CI/CD 기능을 제공하는 서비스였기 때문이다.

프로젝트 추가

가입 및 로그인이 끝나면 CircleCI에 대상 저장소를 새로운 프로젝트로 추가한다. 'Add Project' 항목에서 프로젝트를 추가할 수 있으며 로그인한 사용자가 보유한 저장소를 후보로 제시해 바로 선택할 수 있다. 깃허브 조직 저장소를 추가하려면 깃허브 설정에서 CircleCI에 Organization access 권한을 부여해야 한다.

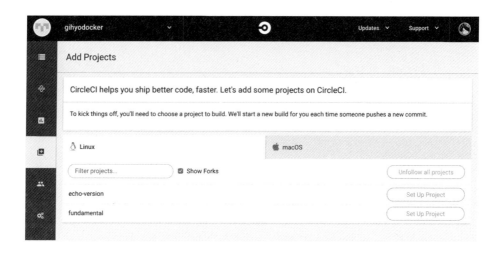

프로젝트가 추가되면 대상 저장소에 푸시가 일어날 때마다 웹훅이 CircleCI의 CI/CD 잡을 시작하게 한다.

빌드 설정 파일 작성

CircleCI는 특별한 설정 없이도 저장소의 구조(와 구현 언어 등)를 확인하고 테스트한다. 그러나 도커를 이용하는 저장소에는 이것만으로는 부족하다. 빌드 설정 파일을 작성해 빌드 과정을 커스터마이즈할 수 있다.

우선 Golang 저장소를 이용해 도커 이미지 빌드에 이르는 과정을 CircleCI로 설정해 보자. 대상 저장소는 https://github.com/gihyodocker/echo-version이다. 저장소에서 .circleci/config.yml 파일을 볼 수 있는데, CircleCI는 이 빌드 정의 파일의 내용에 따라 잡을 실행한다.

```
version: 2
jobs:
    # Golang 빌드 및 테스트 잡
```

```
build:
    # ① CircleCI 컨테이너의 작업 디렉터리
    working_directory: /go/src/github.com/gihyodocker/echo-version
    # ② 잡을 실행하는 컨테이너의 도커 이미지
    docker:
        - image: golang:1.9-alpine
    steps:
        - checkout # ③ 저장소에서 소스코드를 체크아웃
        - run: # ④ Golang 소스 코드 테스트
            name: test
            command: go test
        - run: # ⑤ 실행 파일 빌드
            name: build
            command: go build -o bin/echo-version main.go
        - persist_to_workspace: # ⑥ workspace를 후속 잡에서 사용할 수 있도록 유지
            root: .
            paths:
                - .
```

CicleCI는 1.x 버전과 2.x 버전에서 설정 파일 스키마에 차이가 있다. 여기서는 version: 2로 선언하여 Circle 2.x 버전의 스키마를 사용한다.

①에서 컨테이너 안의 작업 디렉터리를 지정한다. Golang은 체크아웃된 코드 저장소의 경로가 GOPATH에 포함돼 있어야 해서 이렇게 설정했다.

Go로 작성된 애플리케이션을 빌드해야 하므로 ②에서 Golang 공식 이미지를 사용한다. 이미지는 여러 개 정의할 수 있는데, 첫 번째로 정의된 이미지가 프라이머리 컨테이너가 돼 잡을 실행한다. 테스트 중 데이터스토어가 필요하다면 여기서 컨테이너를 두 개 이상 정의해 컨테이너 간 통신을 이용할 수 있다.

③부터 ⑤까지는 Golang 프로젝트의 빌드 과정을 기술한 것이다.

⑥은 컨테이너 안의 워크스페이스를 다른 잡에서도 사용할 수 있도록 퍼시스턴스 데이터로 남기는 역할을 한다. CircleCI의 워크플로 기능을 사용할 때 유용하다.

이와 같이 설정하고 저장소에 푸시가 일어나면 다음과 같이 잡이 실행된다.

워크플로 기능 사용

CircleCI의 워크플로 기능을 이용해 잡을 좀 더 잘게 분할할 수 있다. 이 기능을 이용하면 빌드를 재실행할 때 모든 과정을 처음부터 하는 대신 전에 실패한 부분부터 이어서 실행할 수 있다. Golang 프로젝트 빌드는 build 잡이다. 이 잡 수행이 끝난 후 도커 이미지를 빌드해 도커 허브에 등록하는 잡을 추가해 워크플로로 구성해 보겠다. .circleci/config.yml에 다음과 같이 정의를 추가한다.

```
version: 2
jobs:
  # ...

  docker_build_push:
    working_directory: /go/src/github.com/gihyodocker/echo-version
    docker:
      - image: docker:18.05.0-ce-dind # ⑦ docker 명령을 사용할 수 있는 컨테이너
    steps:
      - attach_workspace: # ⑧ ⑥에서 저장해둔 workspace를 배치
          at: .
      - setup_remote_docker: # ⑨ docker image build를 수행할 데몬 준비
          version: 18.05.0-ce
      - run: # ⑩ docker image build
          name: docker image build
          command: docker image build -t gihyodocker/echo-version:latest .
```

```
    - run: # ⑪ 빌드된 이미지 확인
        name: show docker image ls
        command: docker image ls
    - run: # ⑫ 도커 허브 로그인
        name: docker login
        command: docker login -u $DOCKER_USER -p $DOCKER_PASS
    - run: # ⑬ latest 이미지를 도커 허브에 등록
        name: release latest
        command: docker image push gihyodocker/echo-version:latest
```

도커 이미지 빌드 및 레지스트리 등록을 담당하는 잡으로 docker_build_push를 추가했다.

도커 명령을 사용할 수 있는 컨테이너가 필요하므로 ⑦에서 도커 공식 이미지를 프라이머리 컨테이너로 설정했다.

그리고 이전 잡의 워크스페이스를 그대로 사용할 것이므로 ⑧에서 퍼시스턴스 데이터로 남겨둔 워크스페이스를 컨테이너에 배치한다.

그다음 docker image build 명령을 수행할 원격 도커 데몬을 ⑨에서 마련한다.

⑩과 ⑪은 이미지를 빌드하고 빌드 결과를 확인하는 부분이다. 그다음 ⑫와 ⑬에서 도커 허브에 로그인하고 이미지를 등록한다.

도커 허브 로그인은 환경 변수를 이용하는데, 인증정보는 다음과 같이 CircleCI 프로젝트 설정 화면에서 저장할 수 있다.

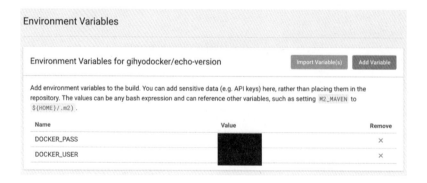

마지막으로 워크플로에 잡 실행 순서를 정의한다.

```
#...

workflows:
    version: 2
    build_and_push:
        jobs: # ⑭ workflows로 실행할 잡을 열거
            - build
            - docker_build_push:
                requires: # ⑮ build 잡 다음에 실행
                    - build
                filters: # ⑯ master 브랜치인 경우에만 실행
                    branches:
                        only: master
```

⑭를 보면 build, docker_build_push 순으로 잡이 실행된다. 그리고 ⑮를 보면 build 잡이 성공적으로 끝나야 docker_build_push 잡이 실행되게끔 돼 있다.

⑯은 실행 조건에 브랜치 조건을 추가한 것으로, master 브랜치에 푸시가 일어난 경우에만 latest 이미지를 업데이트하도록 했다.

이렇게 워크플로를 정의해두면 잡 build와 docker_build_push가 순서대로 실행된다.

CircleCI와 저장소를 연동해 애플리케이션 테스트 및 도커 이미지 빌드와 등록을 대신해주는 CI/CD 환경을 구축했다.

CircleCI 외에도 도커와 상성이 좋은 CI/CD 서비스가 있다. 이런 SaaS 서비스를 효과적으로 활용해 프로젝트와 통합된 CI/CD 서비스를 갖추는 것이 중요하다.

03 ECS에서 AWS Fargate를 이용한 컨테이너 오케스트레이션

AWS는 지금까지 독자적인 컨테이너 오케스트레이션 서비스 ECS[10]를 제공해왔다. ECS는 서버[11] 여러 대를 이용해 컨테이너 오케스트레이션을 구현하는 방식이다.

이름이 비슷한 EKS[12]라는 서비스도 있다. 이 서비스는 AWS에서 제공하는 매니지드 쿠버네티스 서비스다.

ECS는 독자적인 색이 강해서 사용자가 AWS에 감금될 가능성이 있는 서비스다. 그래도 ALB[13]라는 다른 AWS 서비스와 매끄럽게 연동된다는 점이 큰 장점이다. 마찬가지로 컨테이너 오케스트레이션 도구인 쿠버네티스는 기능이 상당히 강력하지만 사용 방법을 익히는 데 제법 시간이 걸린다. 이에 비해 ECS는 최초 도입이 쿠버네티스보다 쉽기 때문에 프로젝트 규모와 무관하게 널리 사용된다[14].

2017년 AWS는 컨테이너 오케스트레이션 기술을 지원하는 기술인 AWS Fargate를 새로 발표했다. AWS Fargate는 개발자가 서버나 클러스터를 직접 관리하지 않고도 컨테이너를 실행하는 기술이다. ECS나 EKS에서는 서버 관리, 클러스터 프로비저닝 등을 담당하는 서비스다.

컨테이너 오케스트레이션부터 서버 및 클러스터 관리에 이르기까지 가장 손이 많이 가는 작업을 제거했다는 점에서 획기적이라 할 수 있다. 컨테이너를 본격적으로 운영할 때 매우 유용하다.

ECS에서 AWS Fargate를 이용한 컨테이너 오케스트레이션 방법을 알아보자.

AWS Fargate는 간단한 사용법 외에도 AWS Lambda의 뒤를 잇는 차세대 서버리스 기술로서도 주목받고 있다. Lambda는 장시간 실행되는 배치 애플리케이션에는 적합하지 않은데, ECS는 이러한 약점을 보완할 수 있다. AWS Fargate는 서버 인스턴스를 신경 쓰지 않고도 간단히 컨테이너 오케스트레이션을 실현할 수 있으므로 컨테이너 기술 및 서버리스 기술 양쪽에서 새로운 트렌드가 될 것이다[15].

---

10 Elastic Container Service.

11 ECS의 경우 EC2 인스턴스

12 Amazon Elastic Container Service for Kubernetes. EKS는 2017년 re:invent 행사에서 Fargate와 함께 신규 컨테이너 오케스트레이션 서비스로 발표됐다.

13 Application Load Balancer.

14 ECS는 넷플릭스에서 대규모로 운영한 실적이 있다.

15 컨테이너 오케스트레이션 기술의 사실상 표준은 쿠버네티스가 차지하고 있다. 그런 면에서 EKS 역시 많은 주목을 받고 있다. 이 책에서는 EKS는 다루지 않는데, 쿠버네티스를 클라우드 플랫폼에서 사용하는 방법 등은 5장에서 다뤘기 때문에 크게 새로운 관점을 제공할 수 없어서다. 같은 이유로 EKS와 EKS Fargate 역시 이 책에서는 다루지 않는다.

Fargate로 ECS 클러스터 구축하기

그럼 Fargate를 사용해 보자.

AWS 관리 콘솔에서 'Elastic Container Service'를 선택하면 Fargate 마법사 화면이 나타난다. 어려워 보인다고 지레 겁먹지 말고 마법사의 지시를 따르면 된다[16].

'단계 1: Container and Task'에서 Container Definition 항목에 nginx를 선택한다. Task Definition 항목은 그대로 두고 다음(Next)을 클릭한다.

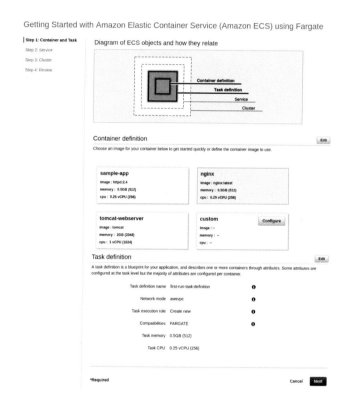

'단계 2: Service'에서 Load balancer type 항목에 Application Load Balancer를 선택하고 다음을 클릭한다.

---

16 AWS 서비스를 처음 시작하는 방법은 다루지 않는다.

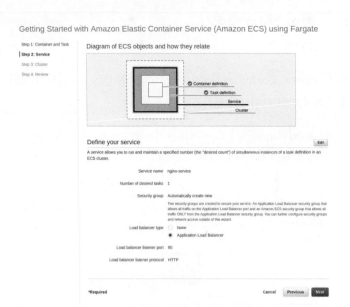

'단계 3: Cluster'에서 ECS 클러스터를 설정한다. Cluster name에 gihyo를 입력하고 다음을 클릭한다.

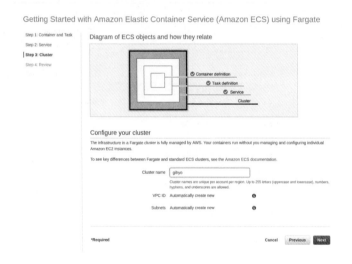

'단계 4: Review'는 입력한 내용을 확인하는 단계다. 그대로 '생성(Create)'을 클릭한다.

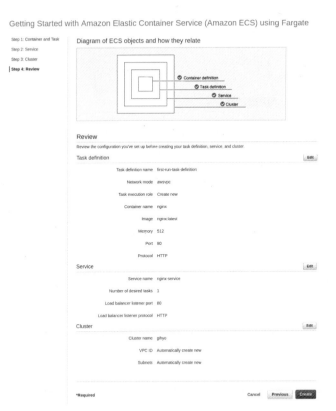

다음 그림처럼 ECS 관련 리소스와 CloudFormation stack, VPC, Subnet, 로드 밸런서 등 ECS에서 필요한 리소스가 수 분 만에 생성된다.

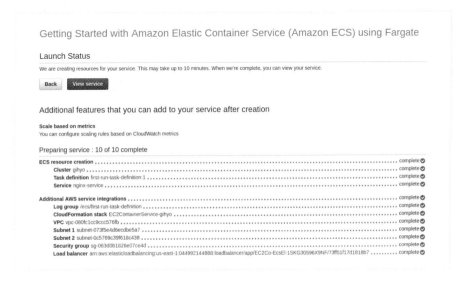

다시 관리 콘솔에서 'ECS' – '로드 밸런서'를 선택해 조금 전 마법사에서 생성된 로드 밸런서를 확인한다. ECS 클러스터에 배포된 컨테이너는 모두 ALB라는 로드 밸런서를 통해 접근하므로 지금 만든 ALB의 도메인 이름을 잘 기억하기 바란다.

웹 브라우저에서 'http://작성된 ALB의 도메인 이름'에 접근하면 Nginx의 Welcome 화면을 볼 수 있다. 이렇게 Fargate를 이용해 간단하게 애플리케이션을 배포하고 노출해 봤다.

ECS를 조작해 애플리케이션 배포하기

ECS 리소스는 작은 개념부터 Container Definition – Task Definition – Service – Cluster 순으로 커진다.

Container Definition과 Task Definition은 ECS 용어라서 익숙치 않을 것이다. 이 용어의 의미를 먼저 알아보자.

Task Definition 생성

Container Definition은 배포되는 각 컨테이너의 정의이며, Task Definition은 컨테이너의 집합인 Task의 정의다. 쿠버네티스로 치면 파드의 개념이 두 단계로 나뉘어 있다고 생각하면 된다.

앞에서 마법사를 사용할 때는 기본으로 설정된 nginx를 그대로 사용했는데, 이번에는 nginx와 echo 라는 두 개의 컨테이너를 실행하는 Task를 정의해 보겠다. 먼저 '태스크 정의' – '새로운 태스크 정의를 작성' 순서대로 선택한다. 이때 컨테이너 실행 환경을 선택해야 하는데 FARGATE를 선택하고 다음(Next step)을 클릭한다.

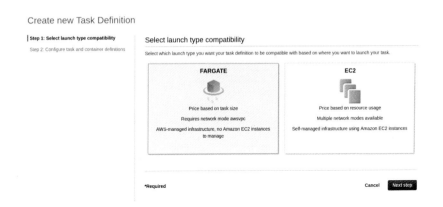

태스크 정의 이름은 echo-task로 한다. 네트워크 모드는 〈default〉, awsvpc, bridge, host, 없음 중에서 선택할 수 있는데, 그 차이는 다음 표에 정리했다. awsvpc는 태스크 수준에서 보안 그룹을 설정할 수 있어서 보안성이 매우 높다. 특별한 이유가 없다면 awsvpc를 선택하는 것이 좋다.

네트워크 모드	내용
〈default〉	네트워크 모드 기본값으로 bridge와 같다.
awsvpc	AWS에서만 제공되는 네트워크 모드다. ENI(Elastic Network Interface)가 태스크 자체에 VPC의 IP 주소를 할당한다.
bridge	도커 컨테이너를 호스트와 같은 네트워크에 배치해 라우팅 설정 없이도 컨테이너에 접근할 수 있게 하는 모드.
host	태스크가 배치되는 호스트의 네트워크를 공유하는 모드. Fargate에서는 사용할 수 없다.
없음	태스크에 속한 컨테이너의 외부 접근이 불가능하고 포트 매핑도 사용할 수 없다.

ECS 태스크에 메모리와 CPU 리소스를 설정할 수 있다. Task memory는 0.5GB, Task CPU(vCPU)는 0.25vCPU로 설정한다.

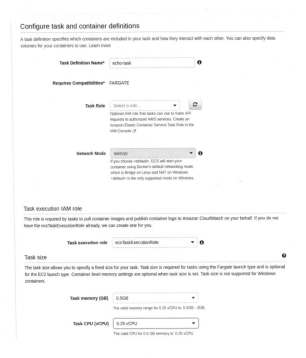

그다음 태스크가 포함할 컨테이너를 정의한다. stormcat24/echo:latest를 이용해 echo 컨테이너를 다음과 같이 설정한다. nginx 컨테이너에서 접근할 수 있도록 포트 매핑에 컨테이너 포트 8080을 설정한다.

nginx 컨테이너는 stormcat24/nginx-proxy:latest 이미지를 이용한다. 포트 매핑에는 컨테이너 포트 80을 설정한다.

nginx 컨테이너가 echo 컨테이너를 프록싱하도록 환경 변수 BACKEND_HOST의 값에 localhost:8080을 설정한다. 태스크의 네트워크 모드가 awsvpc이므로 쿠버네티스 파드와 마찬가지로 태스크를 하나의 가상 머신처럼 다룰 수 있기 때문이다. Task Definition은 한 번 생성하고 나면 수정할 수 없으므로 리비전 번호가 올라가면서 다시 생성된다.

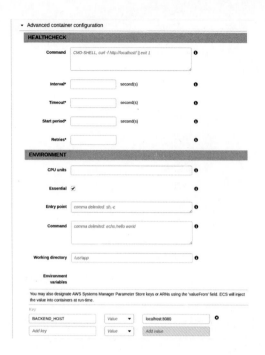

Service 수정하기

서비스는 배포될 Task의 수와 배포 대상 호스트를 제어하고 롤링 업데이트 시에 배포 및 오토 스케일링을 담당한다. 쿠버네티스로 치면 서비스, 디플로이먼트, 레플리카세트의 역할을 맡고 있다.

태스크 정의에서 앞에서 생성한 echo-task:1을 지정한다. Force new deployment에 체크하면 Service를 수정할 때 Task를 새로운 것으로 교체한다. 태스크 수를 1로 설정하고 다음(Next step)을 클릭한다.

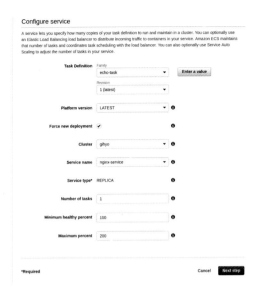

이후 화면은 수정 없이 다음을 클릭한다. Service 수정이 끝나면 이미 배포된 태스크가 정지되며 echo-task:1 태스크가 하나 배포된다. 그다음 태스크의 상세 정보를 확인해 보면 echo와 nginx 컨테이너를 포함한 태스크가 배포된 것을 알 수 있다.

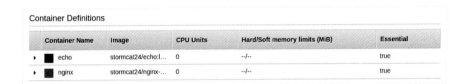

ALB와 Target Group

Service를 이용해 태스크를 배포했다. Service는 ALB와 연동해 외부로부터 접근할 수 있다. RUNNING 상태가 된 태스크는 ALB가 확인한 헬스 체크 결과가 healthy로 나와야 비로소 트래픽이 전달된다.

다시 대상 URL에 접근해 보면 'Hello Docker!!'라는 메시지가 출력된다.

CloudWatch Logs

ECS 클러스터를 Fargate로 구축했다면 태스크에 속한 컨테이너의 표준 출력 내용을 CloudWatch Logs에서 볼 수 있다. 실행 중인 태스크의 'Logs' 탭에서 원하는 컨테이너를 선택하면 컨테이너 로그를 볼 수 있다.

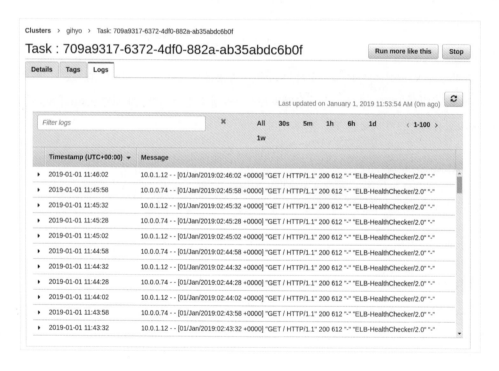

이제 대략적인 설정이 끝났다. 원래 대로라면 도커로 운영 환경을 꾸린다 해도 서버나 클러스터를 계속 신경 써야 할 것이다. 그러나 Fargate를 사용하면 한 번 설정하면 그 이후에는 자동으로 제어된다. 이는 도커를 적용한 운영 환경을 더욱 쾌적하게 해주는 기술이다.

주요 명령어
정리

이 책에서 사용한 주요 명령어를 정리했다.

01 도커 명령어

다음은 기본적인 도커 명령어의 목록이다.

명령어 형식/설명
docker image build [options] (Dockerfile경로 | URL)
Dockfile로부터 도커 이미지를 빌드
docker search [options] 키워드
도커 허브에서 제공되는 도커 이미지를 검색
docker image pull [options] 리포지토리명[:태그명]
도커 레지스트리에서 도커 이미지를 다운로드
docker image ls [options] [리포지토리명[:태그명]]
해당 도커 호스트가 보유한 도커 이미지의 목록을 출력
docker image tag 이미지원래이름[:태그] 이미지새이름[:태그]
도커 이미지 태그를 생성

명령어 형식/설명
docker image push [options] 리포지토리명[:태그명]
도커 레지스트리에 도커 이미지를 전송해 등록
docker container run [options] 이미지명[:태그] [명령] [명령인자 …]
도커 컨테이너를 새로 실행
docker container ls [options]
dockerd가 보유한 컨테이너 목록을 출력
docker container stop [options] (컨테이너ID ｜ 컨테이너명)
실행 중인 컨테이너를 정지
docker container restart [options] (컨테이너ID ｜ 컨테이너명)
정지한 컨테이너를 다시 실행
docker container rm [options] (컨테이너ID ｜ 컨테이너명)
컨테이너를 디스크에서 삭제
docker container logs [options] (컨테이너ID ｜ 컨테이너명)
컨테이너의 로그(표준 출력)를 화면에 출력
docker container exec –it [options] (컨테이너ID ｜ 컨테이너명) 컨테이너에서_실행할_명령
실행 중인 컨테이너에서 명령어를 실행
docker container cp [options] (컨테이너ID ｜ 컨테이너명):원본파일 대상파일
컨테이너에서 호스트로 파일 및 디렉터리를 복사
docker container cp [options 호스트_원본파일 (컨테이너ID ｜ 컨테이너명):대상파일
호스트에서 컨테이너로 파일 및 디렉터리를 복사
Ddocker container prune [options]
정지 상태인 모든 컨테이너를 디스크에서 삭제
docker image prune [options]
사용하지 않는 모든 도커 이미지를 디스크에서 삭제
docker system prune [options]
사용하지 않는 컨테이너 및 이미지, 볼륨, 네트워크 등 모든 도커 리소스를 일괄 삭제
docker container stats [options]
시스템 리소스 사용 현황을 컨테이너 단위로 실시간 출력

02 Dockerfile 인스트럭션

다음은 Dockerfile에서 사용되는 인스트럭션의 목록이다.

인스트럭션	내용
FROM	빌드하는 이미지의 기반 이미지를 지정.
RUN	이미지를 빌드할 때 컨테이너에서 실행할 명령어를 정의.
COPY	호스트에서 컨테이너로 파일 및 디렉터리를 복사.
ADD	COPY의 기능에 압축 파일 자동 해제 및 URL로부터 컨테이너에 파일 및 디렉터리 추가. 운영 체제를 담은 기반 이미지를 만들 때처럼 특수한 경우에 활용.
CMD	컨테이너에서 포어그라운드로 실행할 명령어 정의.
ENTRYPOINT	컨테이너를 실행 가능 파일로 사용할 때 정의하는 명령. CMD와 ENTRYPOINT를 함께 사용할 수 있음.
ARG	docker image build를 실행할 때 사용하는 변수.
ENV	컨테이너 안의 환경 변수를 정의.
EXPOSE	컨테이너가 노출하는 포트.
VOLUME	호스트나 다른 컨테이너에서 마운트할 수 있는 포인트를 생성.
LABEL	이미지에 추가하는 메타데이터.
STOPSIGNAL	컨테이너에 전달되면 컨테이너를 종료하는 시스템 시그널 설정.
HEALTHCHECK	컨테이너 안에서 명령을 실행하고 그 결과를 헬스 체크에 사용.
USER	컨테이너 실행 시 컨테이너 사용자. 이미지 빌드 시 USER 정의 뒤에 나오는 RUN 인스트럭션도 해당 사용자 권한으로 실행된다.
WORKDIR	컨테이너의 작업 디렉터리.
ONBUILD	컨테이너 안에서 실행되는 명령을 정의한다. 이미지에서는 실행되지 않는다. ONBUILD를 정의한 이미지를 기반 이미지로 삼아 다른 이미지를 빌드할 때 실행된다.

03 도커 컴포즈 명령어

다음은 기본 도커 컴포즈 명령어의 목록이다.

명령어 형식	내용
docker—compose build [options]	컴포즈로 관리하는 서비스를 이미지로부터 빌드.
docker—compose create [options]	컴포즈로 관리하는 서비스를 생성.
docker—compose start [options]	컴포즈로 관리하는 서비스를 시작.
docker—compose up [options]	컴포즈로 관리하는 서비스를 생성 및 시작.
docker—compose stop [options]	컴포즈로 실행 중인 서비스를 정지.
docker—compose rm [options]	컴포즈로 실행 중인 서비스를 삭제.
docker—compose down [options]	컴포즈로 실행 중인 서비스를 정지 및 삭제.
docker—compose ps [options]	컴포즈로 실행 중인 컨테이너의 목록을 출력.
docker—compose logs [options]	컴포즈로 실행 중인 컨테이너의 로그를 요약해 출력.

04 도커 스웜/스택 명령어

다음은 기본적인 도커 스웜/스택 명령어의 목록이다.

명령어 형식	내용
docker swarm init [options]	스웜 클러스터를 초기화.
docker swarm join [options] manager 호스트:포트	스웜 클러스터에 노드 혹은 매니저를 추가.
docker swarm leave [options]	스웜 클러스터에서 노드 혹은 매니저를 제거.
docker stack deploy [options] 스택명	스웜 클러스터에 스택을 배포.
docker stack (ls | list) [options]	스웜 클러스터에 배포된 스택 목록을 출력.
docker stack ps [options] 스택명	스택 안에서 실행 중인 태스크를 출력.
docker stack (rm | remove | down) [options] 스택명	스웜 클러스터에서 스택을 제거.
docker stack services [options] 스택명	스택에 포함된 서비스 목록을 출력.

05 헬름 명령어

7장 '헬름'(271쪽) 절에서 소개한 헬름 명령어는 내용상 필요한 최소한의 명령어였다. 자주 사용되는 헬름 명령어를 사용 예와 함께 소개한다.

helm init

헬름을 초기화해 대상 쿠버네티스 클러스터를 배포할 수 있는 상태로 만든다.

명령어 형식

```
helm init [options]
```

옵션

- --service-account 틸러가 사용할 서비스 계정
- --node-selectors 틸러를 배포할 노드의 레이블
- --upgrade 틸러 업그레이드
- --history-max 리소스 하나당 유지할 히스토리 최대 수

사용 예

그냥 헬름을 사용만 한다면 특별한 옵션은 필요없다.

```
$ helm init
```

운영 목적으로 사용한다면 서비스 계정 및 배포 대상 노드의 레이블, 릴리스 이력의 최대 수를 정해 둔다.

```
$ helm init --service-account tiller --node-selectors system --history-max 10
```

틸러를 새 버전으로 업그레이드하려면 다음과 같이 한다.

```
$ helm init --upgrade
```

helm version

헬름 명령행 도구와 틸러의 버전을 확인한다.

명령어 형식

```
helm version
```

사용 예

Client는 헬름 명령행 도구, Server는 틸러를 의미한다.

```
$ helm version
Client: &version.Version{SemVer:"v2.8.2", GitCommit:"a80231648a1473929271764b920a8e346f6de844",
GitTreeState:"clean"}
Server: &version.Version{SemVer:"v2.8.2", GitCommit:"a80231648a1473929271764b920a8e346f6de844",
GitTreeState:"clean"}
```

helm create

헬름 차트의 템플릿을 생성한다.

명령어 형식

```
helm create 차트명
```

사용 예

이름이 gihyo인 차트 템플릿을 로컬에 생성하려면 다음과 같이 한다.

```
$ helm create gihyo
```

helm lint

생성된 차트 템플릿이나 Chart.yaml, values.yaml 파일이 문법에 어긋나지 않는지 검사한다. 그러나 문법 외에 내용상의 오류는 탐지하지 못한다.

명령어 형식

```
helm init 차트명
```

사용 예

이름이 gihyo인 차트 템플릿의 문법을 검사하려면 다음과 같이 한다.

```
$ helm lint gihyo
⟹ Linting gihyo
[INFO] Chart.yaml: icon is recommended

chart(s) linted, no failures
```

helm package

차트를 압축 파일로 패키징한다.

명령어 형식

```
helm package [options] 차트 경로
```

옵션

- --version 차트의 버전
- -d, --destination 압축 파일을 출력할 디렉터리

사용 예

gihyo 차트를 패키징하려면 다음과 같이 한다. 이때 Chart.yaml에 정의한 version 값을 사용한다.

```
$ helm package gihyo
Successfully packaged chart and saved it to: /path-to-path/gihyo-0.1.0.tgz
```

버전을 지정하고 패키징된 압축 파일을 dist 디렉터리에 생성하려면 다음과 같이 한다.

```
$ helm package gihyo --version 0.2.0 ./dist
Successfully packaged chart and saved it to: dist/gihyo-0.2.0.tgz
```

helm repo list

헬름 명령행 도구로 사용할 수 있는 차트 리포지토리 목록을 출력한다.

명령어 형식

```
helm repo list
```

사용 예

```
$ helm repo list
NAME URL
stable https://kubernetes-charts.storage.googleapis.com
local http://127.0.0.1:8879/charts
```

helm repo add

차트 리포지토리를 추가한다.

명령어 형식

```
helm repo add 리포지토리명 리포지토리URL
```

사용 예

https://gihyodocker.github.io/charts/stable을 gihyo-stable이라는 이름으로 사용하려면 다음과 같이 한다.

```
$ helm repo add gihyo-stable https://gihyodocker.github.io/charts/stable
"gihyo-stable" has been added to your repositories
```

helm repo remove

현재 등록된 차트 리포지토리를 삭제한다.

명령어 형식

```
helm repo remove 리포지토리명
```

등록된 리포지토리 중 gihyo-stable 리포지토리를 삭제한다.

```
$ helm repo remove gihyo-stable
"gihyo-stable" has been removed from your repositories
```

helm repo update

등록된 차트 리포지토리에서 최신 차트 정보를 받아온다. 받아온 정보는 로컬에 캐시돼 helm search
명령 등에 사용된다.

명령어 형식

```
helm repo update
```

사용 예

```
$ helm repo update
Hang tight while we grab the latest from your chart repositories...
...Skip local chart repository
...Successfully got an update from the "incubator" chart repository
...Successfully got an update from the "stable" chart repository
Update Complete. * Happy Helming! *
```

helm search

등록된 차트 리포지토리에서 원하는 차트 정보를 검색한다.

명령어 형식

```
helm search [검색키워드] [options]
```

옵션

- -r, --regexp 키워드에 정규 표현식을 사용
- -l, --version 리포지토리에 등록된 버전 목록을 출력

사용 예

redis를 검색 키워드로 등록된 차트 리포지토리에서 부분 일치하는 차트를 출력하려면 다음과 같이 한다.

```
$ helm search redis
NAME CHART VERSION APP VERSION DESCRIPTION
stable/prometheus-redis-exporter 0.2.0 0.16.0 Prometheus exporter for Redis metrics
stable/redis 3.6.3 4.0.10 Open source, advanced key-value store. It is of...
...
```

--regexp 옵션을 사용하면 키워드로 나타낸 정규 표현식과 일치하는 차트를 검색할 수 있다.

```
$ helm search ^redis --regexp
NAME CHART VERSION APP VERSION DESCRIPTION
stable/redis 3.6.3 4.0.10 Open source, advanced key-value store. It is of...
stable/redis-ha 2.2.0 4.0.8-r0 Highly available Redis cluster with multiple se...
```

--version 옵션을 사용하면 현재 등록된 차트의 버전 목록을 출력한다.

```
$ helm search ^redis --regexp --versions
NAME CHART VERSION APP VERSION DESCRIPTION
stable/redis 3.6.3 4.0.10 Open source, advanced key-value store. It is of...
stable/redis 3.6.2 4.0.10-debian-9 Open source, advanced key-value store. It is of...
stable/redis 3.6.1 4.0.10 Open source, advanced key-value store. It is of...
...
```

helm fetch

차트 리포지토리에서 패키지를 내려받는다.

명령어 형식

```
helm fetch [options] 차트URL|차트 리포지토리나 차트명
```

옵션

- --version 내려받을 차트의 버전

stable/redis 차트 중 최신 버전을 내려받으려면 다음과 같이 한다.

```
$ helm fetch stable/redis
```

--version으로 패키지의 특정 버전을 지정해 내려받는다.

```
$ helm fetch stable/redis --version 3.6.0
```

helm serve

로컬 리포지토리로 사용할 웹 서버를 시작한다.

명령어 형식

```
helm serve [options]
```

옵션

- --address 서버가 개방할 주소(기본값은 127.0.0.1:8879)
- --repo-path 차트 리포지토리가 될 로컬 디렉터리 경로

사용 예

로컬 리포지토리로 사용할 웹 서버를 시작하려면 다음과 같이 한다.

```
$ helm serve
```

helm install

차트를 이용해 애플리케이션을 설치한다.

명령어 형식

```
helm install 차트리포지토리/차트명 [options]
```

옵션

- --dry-run 설치 시뮬레이션을 수행한다

- --name 릴리스명 (미지정 시 자동 생성)

- --namespace 설치 대상 네임스페이스 지정

- -f, --values YAML 파일의 경로 또는 URL(여러 개 지정 가능)

- --version 차트의 버전 지정

사용 예

릴리스명 gihyo-redis로 stable/redis를 설치하려면 다음과 같이 한다. --version을 따로 지정하지 않았으므로 최신 버전이 설치된다.

```
$ helm install stable/redis --name gihyo-redis
```

차트 버전 및 네임스페이스, 새로운 파라미터 파일을 지정해 설치하려면 다음과 같이 한다.

```
$ helm install stable/redis --version 3.6.0 --name gihyo-redis --namespace gihyo -f ./gihyo-
redis.yaml
```

helm update

기존에 설치된 릴리스를 업데이트한다.

명령어 형식

```
helm upgrade 릴리스명 차트리포지토리명/차트명 [options]
```

옵션

- -f, --values YAML 파일의 경로 혹은 URL(여러 개 지정 가능)

- --version 차트의 버전

- --install 릴리스가 존재하지 않는 경우 새로 설치를 진행

- --reuse-values 마지막 릴리스의 값을 재사용하고 새로운 값을 머지

gihyo-redis 릴리스를 업데이트하려면 다음과 같이 한다. --version을 지정하지 않았으므로 최신 버전이 설치된다.

```
$ helm upgrade gihyo-redis stable/redis
```

차트 버전 및 새로운 파라미터가 정의된 파일을 지정해 업데이트하려면 다음과 같이 한다.

```
$ helm upgrade gihyo-redis stable/redis --version 3.6.0 -f ./gihyo-redis.yaml
```

helm list

설치된 릴리스의 목록을 확인한다.

명령어 형식

```
helm list
```

옵션

- --deleted 삭제된 릴리스를 목록에 포함
- --namespace 지정한 네임스페이스의 릴리스만을 확인

사용 예

kube-system에 설치된 릴리스 목록을 확인하려면 다음과 같이 한다.

```
$ helm list --namespace kube-system
NAME REVISION UPDATED STATUS CHART NAMESPACE
gihyo-redis 4 Wed Jul 11 00:52:47 2018 DEPLOYED redis-3.6.3 gihyo
kubernetes-dashboard 1 Tue Jul 10 23:40:04 2018 DEPLOYED kubernetes-dashboard-0.5.3 kube-system
nginx-ingress 1 Tue Jul 10 23:40:05 2018 DEPLOYED nginx-ingress-0.22.0 kube-system
```

삭제된 릴리스를 포함해 확인하려면 다음과 같이 한다.

```
$ helm list --deleted
NAME REVISION UPDATED STATUS CHART NAMESPACE
gihyo-redis 5 Wed Jul 11 00:52:53 2018 DELETED redis-3.6.3 gihyo
kibana 1 Wed Jul 11 01:05:06 2018 DELETED kibana-0.6.0 default
```

helm get

설치된 릴리스의 상세 정보를 YAML 포맷으로 출력한다.

명령어 형식

```
helm get [options] 릴리스명
```

옵션

- --revision 릴리스의 리비전

사용 예

현재 설치된 gihyo-redis의 릴리스 상세 정보를 확인하려면 다음과 같이 한다.

```
$ helm get gihyo-redis
```

이 중 특정 리비전의 릴리스 상세 정보를 확인하려면 다음과 같이 한다.

```
$ helm get gihyo-redis --revision 2
```

helm delete

설치된 릴리스를 삭제한다.

명령어 형식

```
helm delete [options] 릴리스명
```

옵션

- --purge 릴리스를 삭제하고 릴리스명을 해제한다.

사용 예

설치된 gihyo-redis를 삭제하려면 다음과 같이 한다.

```
$ helm delete gihyo-redis
release "gihyo-redis" deleted
```

--purge 옵션을 사용하면 같은 릴리스명으로 차트를 설치할 수 있다.

```
$ helm del --purge gihyo-redis
release "gihyo-redis" deleted
```

- 「What is a Container | Docker」 https://www.docker.com/what-container

- 「Docker overview | Docker Documentation」 https://docs.docker.com/engine/docker-overview/

- 「Introducing runC: a lightweight universal container runtime - Docker Blog」 https://blog.docker.com/2015/06/runc/

- 「Announcing LinuxKit: A Toolkit for building Secure, Lean and Portable Linux Subsystems - Docker Blog」 https://blog.docker.com/2017/04/introducing-linuxkit-container-os-toolkit/

- 「Pricing | Docker」 https://www.docker.com/pricing

- 「docker | Docker Documentation」 https://docs.docker.com/engine/reference/commandline/docker/

- 「Dockerfile reference | Docker Documentation」 https://docs.docker.com/engine/reference/builder/

- 「Docker Compose | Docker Documentation」 https://docs.docker.com/compose/

- 「Best practices for writing Dockerfiles | Docker Documentation」 https://docs.docker.com/develop/ develop-images/dockerfile_best-practices/

- 「docker swarm | Docker Documentation」 https://docs.docker.com/engine/reference/commandline/swarm/

- 「docker stack | Docker Documentation」 https://docs.docker.com/engine/reference/commandline/stack/

- 「Concepts - Kubernetes」 https://kubernetes.io/docs/concepts/

- 「Kubernetes Components – Kubernetes」 https://kubernetes.io/docs/concepts/overview/components/

- 「Authenticating – Kubernetes」 https://kubernetes.io/docs/reference/access–authn–authz/authentication/

- 「kubernetes がサポートする認証方法の全パターンを動かす – Qiita」 https://qiita.com/hiyosi/items/43465d4fc.501c2044d01
  "쿠버네티스에서 사용할 수 있는 인증방법의 모든 패턴 – Qiita"

- 「Architecture – Helm」 https://docs.helm.sh/architecture/

- 「Linkerd Introduction」 https://linkerd.io/overview/

- 「Istio / What is Istio?」 https://istio.io/docs/concepts/what–is–istio/

- 「Horizontal Pod Autoscaler Walkthrough」 https://kubernetes.io/docs/tasks/run–application/horizontal–pod–autoscale–walkthrough/

- 「Cluster Autoscaler | Kubernetes Engine | Google Cloud」 https://cloud.google.com/kubernetes–engine/docs/concepts/cluster–autoscaler

- 「Github を使って簡単に helm repo を公開してみよう」 https://www.slideshare.net/ShingoOmura/github–helm–repo
  "깃허브로 간단히 helm repo 공개하기"

- 「musl – Introduction」 https://www.musl–libc.org/intro.html

- 「Alpine Linux package management – Alpine Linux」 https://wiki.alpinelinux.org/wiki/Alpine_Linux_package_management

- 「Use multi–stage builds | Docker Documentation」 https://docs.docker.com/develop/develop–images/multistage–build/

- 「Cloud Services Platform | Google Cloud」 https://cloud.google.com/solutions/cloud–services–platform/

- 「GKE On–Prem」 https://cloud.google.com/gke–on–prem/

- 「Knative」 https://cloud.google.com/knative/